存史资教
育人流芳

——『双一流』视域下高校档案工作创新发展论丛

冯兵　王金玉
甘露华　杨胜君/副主编

毕玉/主编

四川大学出版社
SICHUAN UNIVERSITY PRESS

图书在版编目（CIP）数据

存史资教　育人流芳："双一流"视域下高校档案
工作创新发展论丛 / 毕玉主编. — 成都：四川大学出
版社，2023.5
　　ISBN 978-7-5690-6052-2

Ⅰ．①存… Ⅱ．①毕… Ⅲ．①高等学校－档案工作－
中国－文集 Ⅳ．① G647.24-53

中国国家版本馆 CIP 数据核字（2023）第 056718 号

书　　　名：存史资教 育人流芳——"双一流"视域下高校档案工作创新发展论丛
　　　　　　Cunshi Zijiao Yuren Liufang——"Shuangyiliu" Shiyu xia Gaoxiao Dang'an
　　　　　　Gongzuo Chuangxin Fazhan Luncong
主　　编：毕　玉
副 主 编：冯　兵　王金玉　甘露华　杨胜君

选题策划：荆　菁　杨岳峰
责任编辑：荆　菁
责任校对：曾小芳
装帧设计：墨创文化
责任印制：王　炜

出版发行：四川大学出版社有限责任公司
　　　　　地址：成都市一环路南一段 24 号（610065）
　　　　　电话：（028）85408311（发行部）、85400276（总编室）
　　　　　电子邮箱：scupress@vip.163.com
　　　　　网址：https://press.scu.edu.cn
印前制作：四川胜翔数码印务设计有限公司
印刷装订：成都新恒川印务有限公司

成品尺寸：185 mm×260 mm
印　　张：20.75
字　　数：478 千字

扫码获取数字资源

版　　次：2023 年 6 月 第 1 版
印　　次：2023 年 6 月 第 1 次印刷
定　　价：98.00 元

四川大学出版社
微信公众号

本社图书如有印装质量问题，请联系发行部调换

目　　录

1

第三篇　文化开发

第四篇　校史钩沉

第一篇　管理创新

"双一流"语境下
加强和改进高校档案工作的川大实践

四川大学档案馆（校史办）　毕　玉

建设世界一流大学和一流学科，是党中央、国务院的重大决策，是实现中华民族伟大复兴的重要保障。高校档案馆作为大学记忆的传承者、学术研究的助推者以及行政工作的辅助者，不仅担负着永久保存和利用档案资源的重要责任，更肩负着资教育人、助力科研、服务社会、传承文化的特殊使命，为凝练一流大学的教育理念，提升一流大学的校园文化品格，发挥着不可替代的重要作用。

近年来，开放办学将档案工作推到大学治理和公共服务的重要位置，在全面推进"双一流"建设的新时期，如何适应法治校园建设推进依法治档，如何适应校务公开推进档案信息开放，如何适应师生多样需求改进档案服务，如何适应信息技术发展加强档案数字化与信息化管理，正日益成为高校档案工作面临的主要挑战。

面对新形势与新任务，近五年来，四川大学档案工作紧紧围绕学校全面推进党的建设新的伟大工程和建设世界一流大学新的伟大事业的奋斗目标，以档案资源、档案利用、档案安全三个体系建设为核心，以档案规章制度建设为基础，以服务师生、服务学校、服务社会为宗旨，积极推进档案治理法治化、档案资源多样化、档案利用便捷化、档案管理信息化、档案安全高效化进程，努力实现从单一性档案管理服务机构向集成化档案资源开发中心、从服务型校史研究展览机构向开放式校园文化建设中心转型，目前已取得了较好成效。

一、科学发展

（一）聚焦依法治校，全面优化档案治理效能

一是健全档案管理规章制度。依据《中华人民共和国档案法》等有关法律法规，修订完善了17项档案管理规章制度；推进档案信息依法公开，维护师生群众合法权益，提高依法治档水平。

二是大力宣传档案管理法规。向各单位和全校师生发放《档案管理服务手册》及相关档案法规，利用每年新生入学季、毕业季、"6·9"国际档案日等时机，开展档案普

法宣传，增强师生档案法治意识。

三是加强立卷单位业务指导和质量检查。近五年来，对校内二级单位、重大科研项目课题组开展档案管理现场业务指导300余次，对毕业班辅导员加强学生档案转递工作培训，编发学生档案宣传资料2万余册，师生档案意识明显提升，学生档案及时归档率上升20%，退档率下降50%。

（二）聚焦结构优化，健全完善档案资源体系

一是健全完善各门类档案归档范围和归档时间相关制度。采取专职档案人员对口联系、上门指导立卷部门的形式，切实做好立卷单位的协调和档案收集工作，确保各类档案的归档率、完整率和合格率达到档案规范化管理标准。近五年来，收集普通档案71686卷，整理入库75653卷，接收学生档案69401卷、材料75329份，馆藏档案总量从26万卷增加到近36万卷。

二是加大特色专题档案征集力度。近五年来，开展了川大党组织发展史专题档案、20世纪40年代进步学生团体民协历史资料、"川大英烈"历史资料、著名校史人物历史资料、抗战时期川大档案、新冠病毒感染疫情防控专题档案和相关见证物等的收集归档。周太玄老校长、杨达烈士、杨明照先生等人的一批珍贵遗物遗稿也被收藏入馆，丰富了馆藏档案资源。实施了"四川大学口述史料抢救计划"，共设立28项"口述史采集整理和校史研究项目"，抢救式保存川大精神文化遗产。

（三）聚焦开发兴档，充分激发档案文化活力

积极构建记史、存史、展史于一体的档案文化建设体系，加强档案文化宣传阵地建设，形成融线上与线下、课内与课外、传统媒体与新媒体于一体的校史文化立体式传播矩阵，极大地扩大了校史文化的覆盖面和影响力。

一是拓宽档案文化展览体系。2021年完成了校史馆全面改版升级，突出川大特色和文化品位，实现观赏性、文化性、艺术性、思想性的有机融合。加强讲解团队建设，凤鸣志愿讲解队获四川省首届高校志愿服务项目大赛银奖、第六届中国青年志愿服务项目大赛四川省赛银奖，并连续三年荣获四川大学青年志愿者协会十佳志愿集体，1名讲解员获年度"感动川大"十大人物。与四川大学附属实验小学联合开展"小小讲解员"活动，通过选拔优秀的川大附小学生担任讲解员，传扬川大校史文化，以此辐射社区、家长和周围的同学，让川大档案资源走出展馆，影响和教育更多的人。据不完全统计，近五年来，校史馆、江姐纪念馆共接待近20万人次参观，提供讲解2748场。同时，结合杰出校友诞辰纪念、重要时间节点、重大纪念活动、学校主题教育活动举办专题展览。近五年来，举办了庆祝改革开放40周年、庆祝新中国成立70周年、纪念五四运动100周年、庆祝建党100周年、诺贝尔奖获得者和外国政要在川大、四川大学红色文化传统等20余场专题展览。"中国共产党在川大百年历程专题展"展出期间，原中共川康特委副书记、106岁高龄的马识途先生亲自到场观展。同时，注重与兄弟单位、红色场

馆等联办展览，比如，与北京、重庆、乐山等地的郭沫若纪念馆联办"郭沫若诞辰125周年纪念展"，与中国人民大学、荣县吴玉章故居陈列馆联办"吴玉章诞辰140周年纪念展"，与重庆红岩联线文化发展管理中心、自贡市大安区联办"江姐诞辰100周年纪念展"，线上线下参观者达上百万人次。2022年，张澜先生150周年诞辰之际，与民盟四川省委联办"张澜教育思想与民主活动专题展"，全国人大常委会副委员长、民盟中央主席丁仲礼与全国政协原副主席、民盟中央第一副主席张梅颖出席了开幕式。此外，还参与了自贡市江姐故里、荣县吴玉章故居、华西校区红色历史文化景观、望江街道办望江坊、棕东社区党员活动中心的设计打造工作，在创新人才培养和营造社区文化氛围中发挥了积极作用。

二是深化档案文化编研体系。开展"纪念吴玉章诞辰140周年"系列活动，整理编印《吴玉章与四川大学》历史档案图册，编印纪念吴玉章诞辰140周年"不忘初心、牢记使命"学习教育读本，出版了《壮阔历程　时代华章——新中国成立70周年四川大学建设发展成就概览》，参加《百年华西　时代荣光》画册的编撰工作。近五年来，设立了86项档案与校史研究课题，承担学校、各级档案校史协会及档案馆科研项目65项，发表文章200余篇，出版专著8部。完成《四川省志·人物志（1986—2005）》川大卷中313人计120余万字的立传、立录工作，并在校报上开设校史专栏等。

三是丰富档案文化活动体系。举办了"一个甲子的川大情缘""四川大学两次并校改革与新校区建设历史回顾""梦绕魂牵的1978：我的大学生活""枫落华西坝""川大历史与川大精神""新文化运动·五四运动·五四新文化运动""四川大学红色文化传统"及新生校史校情讲座等校史大讲堂以及校史专题讲座30余场；面向全校学生开设了校史文化公选课，发放《四川大学校史读本》近9万册；指导学生校史文化协会开展缅怀川大英烈活动，举办校史演讲比赛和知识竞赛等丰富多彩的活动，利用交互型模式展现传统文化与大学文化的魅力，增强优秀档案文化的生命力和影响力。

（四）聚焦开放利用，提高档案公共服务质效

一是狠抓作风建设，增强服务效能。继续实施在全国高校档案馆具有创新性和引领性的9项管理服务新举措。如：基于国际标准（SERVQUAL）开展了常态化的"档案管理和校史工作满意度测评制度"，健全全校"档案服务推送和信息通报平台"，健全完善四川大学档案馆服务制度，优化面向师生和校友的35项管理服务的办事流程，改善档案馆和校史展览馆大楼服务环境，开发档案管理和校史工作网络服务新项目，全面试行"寒暑假假期集中服务制度"，开展"校史文化走出校园系列活动"，开展"校史文化走出展馆系列活动"；等等。

二是及时高效做好档案查阅利用服务工作。近五年来，利用各类档案近20万卷、6.9万人次，办理成绩证书翻译6732人、10737件、52132份，清查学生档案8.3万余卷，转递学生档案8.2万余卷，查阅学生档案1.2万卷（含政审），查阅离世教职工档案800余卷（人），出具各类档案证明25万余份。有效协调毕业生档案维权事件，做到

"0"诉讼。加大档案开放力度，启动馆藏涉密档案的解密工作。在中央巡视、教育部学籍档案核查、人事档案核查等学校重大专项工作中，提供大量档案以备查阅。

（五）聚焦风险防控，筑牢档案安全保障防线

一是加强安全工作机制建设。健全并严格执行四川大学涉密档案保密管理实施办法、防火安全责任制度、档案工作突发事件应急预案等5项安全管理制度，并与全馆职工签订了安全管理责任书和承诺书，形成了"分类负责、归口管理、目标明确、责任到人"的安全责任体系。深化档案安全教育培训，定期开展消防、应急处置实战演练，提升档案馆应急处置能力和档案风险防范能力。牵头对全校档案安全工作进行自查自纠，定期对档案馆和13个重点档案管理单位进行档案安全专项检查，及时消除安全隐患。

二是加强档案馆库建设与管理。针对档案馆大楼荷载超标等问题及档案库房日趋饱和紧张的情况，配合规建处，大力推进档案新馆建设规划论证工作，并对档案馆大楼安全隐患进行定期排查，开展安全鉴定。严格落实档案库房"八防"工作，加强对库房温湿度监测系统、档案虫霉防治监测系统、消防报警系统、监控系统的建设和电路改造，强化大楼物业管理，严格遵守出入登记制度。

三是加强档案数据信息安全监管。实施数字档案信息资源的数据治理工作，加强档案信息化安全管理，严把口令设置和身份认证关卡；加强服务器系统及数字化信息资源存储系统的管理，建立了包括图像数据库、目录数据库、全文数据库、胶片数据库和光盘数据库"五位一体"的数字档案信息存储系统，与纸质档案互为备份，有效保障数字档案资源的安全保存和良好利用。严格执行国家保密制度，完善档案信息公开保密审查机制，在国家安全日开展保密管理专题培训；对涉密档案进行全面清理和分类保存；加强对涉密档案专用库房的建设和管理，配备专用保密设备和涉密档案管理人员，备案人员均需按规定报备出国（境）信息。通过以上举措，有力地保障了学校档案安全，未发生过档案安全责任事故和失泄密事故。

（六）聚焦共建共享，扩大档案工作社会影响

与各类档案学会和档案馆、媒体、文化和史籍研究部门、科研院所、文化创意机构等密切合作，通过引智、借势、联手等方式，协同开发档案文化资源，努力实现档案资源品牌开发和档案信息社会化共享的常态化，创造出影响力强大的档案文化优质品牌。作为四川省高校档案工作协会理事长单位，组织开展全省高校档案管理服务协作，每年组织开展全省高校档案管理科研课题立项及评审；近五年来，承办了西南地区高校档案工作联盟第七届学术年会，主办了4次四川省高校档案工作协会和四川省文献影像技术协会学术年会；每年国际档案日牵头组织四川省高校开展活动，牵头举办了全省高校档案工作优秀案例评选、"新中国的记忆——档案见证高校发展"演讲比赛、档案工作服务抗疫大局典型案例征集评选活动、"档案见证中国共产党百年辉煌"档案红色故事宣展活动。同时，与江油王右木纪念园、重庆市红岩联线文化发展管理中心、荣县吴玉章

故居陈列馆、三地的郭沫若纪念馆、自贡市大安区、兄弟高校档案馆等开展档案互赠、共同发掘文史资料、联办展览等交流合作，推动红色资源共享共建。挖掘校史资源，指导广元市虎跳镇开展"镇史馆"建设；前往定点扶贫地区甘洛县斯觉镇指导"彝族文化展览馆"建设。开展了向邓小平、张澜、刘伯坚、吴玉章等著名校友家乡图书馆赠书活动，共赠送精选的各类工具书、科普知识图书和校史文化图书700余册。

二、特色亮点

（一）开发红色档案资源，创新铸魂育人路径

结合"不忘初心、牢记使命"主题教育、党史学习教育和《新时代爱国主义教育实施纲要》的贯彻落实，通过开展"传承弘扬江姐精神，培养新时代红色传人"系列活动，深入挖掘川大百年红色文化传统，为全校党员师生增强党性修养、坚定理想信念、激励担当作为提供学习平台，以实际行动彰显新时代档案人为党管档、为国守史、为民服务的初心和使命。

一是建成江姐纪念馆暨四川大学革命英烈事迹陈列馆。2018年金秋，在全党开展"不忘初心、牢记使命"主题教育之际，根据校党委统一部署，在红岩英烈江姐在校求学期间居住的女生院建设了江竹筠纪念馆；2019年11月，经中央主管部门批准，正式定名为"江姐纪念馆"，并加挂"四川大学革命英烈事迹陈列馆"牌子。该纪念馆占地面积700多平方米，建筑面积230余平方米。自2018年11月27日面向社会开放以来，共计接待9万余人次。2020年12月被中共四川省委、四川省人民政府评为"四川省爱国主义教育基地"，成为川大师生以及社会各界开展党团组织生活、加强理想信念教育的重要基地。

二是将红色档案资源的开发利用贯穿教书育人各环节。近年来，在川大各种重大活动和主题教育中，档案馆都成为重要的负责部门。2018年举办"庆祝改革开放暨恢复高考40周年专题展"。2019年举办"壮阔历程 时代华章——新中国成立70周年四川大学发展建设成就展"。2020年举行纪念江姐诞辰100周年系列活动，与重庆红岩联线文化发展管理中心、自贡市大安区联合举办"中华儿女革命的典型——四川大学校友江竹筠烈士纪念展"，线上线下参观者达上百万人次；举办"思想先锋 民族脊梁——四川大学红色文化传统专题展"、"传承红色文化，勇担时代重任"首届校史演讲大赛、"红梅傲雪、忠魂永铸"——纪念江姐百年诞辰知识竞答比赛；拍摄完成"川大英烈宣传片"；编印《江姐纪念馆》画册，开展关于江姐的史料编撰及江姐精神研究；实施川大革命英烈传记工程编纂工程；设立和承担了"抗战时期华西坝'五大学'史料整理""弘扬江姐精神，传承红色文化"等校园红色文化研究专项课题8项；参与"学习革命先辈崇高精神，做又红又专时代新人"座谈会以及"纪念江姐诞辰100周年暨红色文化传承"学术研讨会；举办"江姐在川大""四川大学红色文化传统"主题报告会；为艺

术学院师生创作诗意话剧《待放》、学工部艺教中心师生创作舞台剧《江姐在川大》提供历史素材，进行史实把关；参与筹备以弘扬江姐精神、高扬爱国主义旋律为主题的"放飞梦想"四川大学青春歌会，以及"让烈士回家"系列主题活动暨"红岩精神四川行"活动。

特别是在2021年，结合党史学习教育的开展和庆祝中国共产党成立100周年，档案馆牵头举办了"中国共产党在川大百年历程专题展"，编印画册《中国共产党在川大》，拍摄《烈火淬金——四川大学共产党组织的创建与发展》专题片，并发放给参加教育部社科司在川大举办的"社科界庆祝中国共产党成立100周年学术研讨会"来宾；推出了"川大党史故事"18期，并在抗美援朝志愿军出国作战70周年、辛亥革命110周年等重要时间节点，及时策划推出专题文章和网上展览，在全校师生党史学习教育中发挥了积极作用。作为四川省社科联设立的"大学精神与大学文化教育普及基地"，积极推进校园红色文化走出校园、走向社会，从传统的为校内师生服务向为社会大众提供公共服务转变。仅2021年，便在校内外开展川大党史故事宣讲23场，如前往自贡市江姐故里、成都市人民公园开展关于川大校友江姐、王右木等革命英烈的事迹宣讲，参加川渝地区档案系统"印记100"建党百年档案宣传系列活动，整理档案馆馆藏红色珍档名录，制作档案故事微视频，参加档案故事"云宣讲"。

同时，主动策划和配合新闻媒体讲好党史故事。档案馆先后与新华社总社、中央广播电视总台、四川电视台、《四川日报》、成都电视台、《成都商报》等媒体合作，提供党史学习教育素材、拍摄专题片、举办讲座。比如，联合中央电视台《国家记忆》栏目，制作了专题纪录片《寻找江姐——求学川大》，于2020年9月29日在中央电视台播出；2020年5月4日，协助央视四套《云游中国》栏目对江姐纪念馆进行专题报道；2021年协助中央电视台拍摄建党百年百集文献纪录片《山河岁月》第41集《烈火中的永生》，该纪录片已播出；协助中央电视台《故事里的中国》栏目拍摄"江姐与张桂梅"专题节目，该节目于2022年1月3日在央视一套晚8点黄金时段播出；参与中宣部、教育部和中央广播电视总台策划的庆祝建党百年"时代楷模"节目组的节目策划与拍摄；参与制作成都电视台"追寻党史印记、坚守初心如一"系列节目，其中王右木、江姐、吴玉章专题节目已播出。川大红色档案资源开发利用产生了良好的社会反响，新华社、中央电视台、《人民日报》、《光明日报》等50多家主流媒体进行了上百次相关宣传报道。

近五年来，以川大红色档案资源开发利用为重要内容的"传承红色基因，培育时代新人，深入挖掘校园红色文化资源加强立德树人工作"项目，入选"首届新时代四川高校十大党建创新案例"；"开发红色档案资源，助推立德树人工作"项目，获评四川省档案文化建设典型案例二等奖；"深挖红色文化资源，培育新时代红色传人的探索与实践"项目，获四川大学教学成果特等奖；"以弘扬江姐精神为引领的四川大学红色文化育人体系构建与实践"项目，获四川省高等教育教学成果一等奖；参与指导的《红梅花开薪火传：革命青年红色精神在当代学生中传播效果的调研报告——以江姐为例》，荣获第十七届"挑战杯"全国大学生课外学术科技作品竞赛红色专项活动一等奖。

（二）数字赋能科技智馆，推动档案信息化转型升级

以数字化手段推进档案工作实现全方位、系统性、重塑性变革，构建形成数字治理、科学精准、协同高效的档案工作运行体系。2017年6月以来，完成约22万卷档案数字化工作，馆藏档案数字化率由10%提高到近70%。在此基础上，构建了局域网和公共网双数据管理和服务平台，实现档案数字资源既能被有效保存又能被高效利用。同时，开发了多个类型的档案资源利用展示系统，如历史档案信息发布系统、学生成绩翻译系统、"学生档案补派改派"系统、学生个人档案管理系统等。建成"川大兰台"档案信息管理系统，查档用时由平均30分钟缩短到1至2分钟；建成档案可信电子签章系统，对接学信网，实现档案"无纸化"利用服务；建成毕业生档案去向远程查询系统，日常电话查询量减少了80%；开展OA电子文件线上归档工作，启动数字档案馆认证；建成档案远程利用服务系统，打造"指尖上的档案馆"，近三年来，该平台利用档案达2.8万人次，目前42%的教学档案利用业务在该平台办理，特别是在新冠病毒感染疫情防控期间，该系统保持"办事不见面、服务不断线"，为师生校友提供了优质高效的档案服务，该项目被评为四川省高校档案管理工作优秀案例一等奖。同时，档案数字化应用场景更加丰富，建成3D江姐馆暨四川大学革命英烈事迹陈列馆（http：//202.115.44.102：9602/）；开通微信校史自助讲解，打造"故事川大""影像校史""专题展览"等微信栏目；进一步完善"文化川大"网站、"川大记忆：四川大学校史文化资源专题网站"、网上校史展览馆、"校史答题王"、"四川大学时间轴"等网站和栏目功能，推动校史文化的传播。

三、获得荣誉

学校档案工作优秀经验辐射全国高校，2017年以来，有90余所高校和行业组织来馆考察学习；档案馆负责人在教育部直属高校档案工作协会馆长论坛、青年论坛、中国高等教育学会大学文化研究分会2021年年会暨第四届大学文化高峰论坛、四川省档案文化建设研讨会、四川省档案工作会议上做交流发言。近五年来，档案馆（校史办）获得教育部和四川省高校档案协会、学校、机关党委颁发的各类荣誉奖励共20余项，如：教育部直属高校档案规范化管理先进单位、四川省高校档案文化建设先进单位、四川省高校档案信息化建设工作先进单位、中国文献影像技术协会工作先进集体等。全馆有30余人次在教育部和四川省高校档案协会、学校、机关党委组织的各类评比中获奖。

初心不改使命在肩，实干担当兰台奋进。四川大学档案馆将坚持以习近平新时代中国特色社会主义思想为指导，深入贯彻落实党的二十大精神，以档案工作的新思路、新举措和新成果，为实现创建世界一流大学的"川大梦"和建设中国一流高校档案馆的"川大档案梦"做出新的更大的贡献。

高校基建档案收集及利用研究[①]

四川大学档案馆　陈　晶

高校基建档案（以下简称基建档案）不仅反映了学校建筑物的变化和发展，为高校规划、建设、管理工作提供现状信息和历史依据，也对推动高校可持续发展具有十分重要的意义。与此同时，基建档案也与人们的生活息息相关，具有参考、凭证、经济和社会公共服务作用。

长期以来，基建档案存在收集难、利用难的问题。随着我国高等教育事业的蓬勃发展，对教育投资的力度加大，各高校新（改、扩）建了一大批教学科研用房、办公用房、学生宿舍以及配套的基础设施，甚至很多学校都兴建了新校区，随之而来的便是基建档案数量的快速增长。基建档案的收集工作是利用工作的基础和前提，档案管理人员如何优化收集流程，克服收集的难点和盲点，更好地为基建档案的利用提供保障，最大限度地发挥基建档案的作用，是当前亟须解决的问题。

一、收集中存在的问题

随着高等教育走向大众化，许多高校进行了扩招，修建了更多的教学大楼、学生宿舍、食堂、学生活动中心等建筑物，开展了大规模的基建活动，产生了大量的基建档案，这使高校在基建档案的收集和管理上面临着巨大的压力和挑战。基建档案在收集过程中存在的问题也较多，如文件材料收集不全、质量不高、形式单一等，主要体现在以下几个方面。

（一）制度不完善，缺乏约束力

许多高校制定了岗位责任制和基建档案收集、管理制度，但实施细则或制度规范缺乏针对性，在基建档案收集工作上还没有制定相应的制约措施，基建档案收集工作并没有被纳入年度工作计划、分管领导岗位责任考核范围，学校档案馆不了解在建工程的情况，对其缺乏有效的制约措施。各参建单位在档案收集工作中承担的责任和应尽的义务落实难，责任追究无从谈起，资料收集齐全、完整与否，归档及时与否对各单位和个人没有影响，造成基建档案规章制度落实困难，基建档案收集工作难以开展，进而导致基

---

① 本文为四川大学档案和校史研究专项项目（项目编号：daxs2021-21）研究成果。

建档案归档工作滞后，随着时间推移，最终影响基建档案资源整体质量。

（二）管理人员专业知识欠缺，兼职人员变动频繁

一方面，由于档案管理人员大多是文科背景，不具备工程建设方面的专业知识，难以适应较为复杂的基建档案的收集管理工作。另一方面，档案管理人员分管的档案门类多，工作繁杂，不可能也没有更多的精力去一一了解并掌握新建或改（扩）建建筑物的收集整理情况，对兼职档案人员的业务指导和监督检查也不到位，加之各单位兼职档案人员变动频繁，工作没有延续性，这也严重影响了基建档案的收集质量。

（三）归档质量偏低，载体形式单一，分类管理复杂

1. 归档质量偏低

基建档案是基建工程在建设过程中形成的，经常存在以下问题。一是用不符合归档要求的工具（圆珠笔、铅笔）书写及绘图，导致数年后字迹模糊不清，难以辨认。二是归档的材料，特别是文字材料多数是复印件，无签章；图纸、竣工图章填写不完整，修改没有及时标注等。

2. 载体形式单一

随着时代的进步，电脑和电子产品的普及，高校在基建活动中所制作的基建图纸、合同、基建文字资料等，都会形成相应的电子文档，但目前多数高校基建部门只注重收集和归档纸质材料，忽视了电子档案文件的收集和归档，由此导致大部分高校基建档案的载体仍以传统的纸质为主，频繁挪动、翻阅纸质材料都会对其造成不同程度的损坏和遗失。

3. 基建档案的独特属性注定使其管理错综复杂

基建档案具有专业性、成套性、内容多样性、现实使用性等特点。基建项目是一个完整的系统工程，分为立项、招标、设计、施工、竣工验收、审计等阶段，各阶段所形成的档案是一个有机联系的整体。由于其建设周期长，如果不注重日常积累，就会导致基建档案收集不齐全，特别是工程的前期材料，这直接影响了基建档案的质量。加之学校基建部门的工作人员认为把材料放在自己的部门更便于工作查找和利用，这往往导致基建档案移交不及时、不完整和不齐全，不能实现有效利用。

基建档案不同于其他类型的档案，其他档案材料归档后，大多已完成了现行作用，仅留作日后历史查考。而基建档案不同，它具有动态性的特点：一方面建筑物建设周期长，少则几年，多则更长；另一方面建筑物使用寿命长，往往是几十年甚至是上百年，且在使用周期内还会因用途改变及其他原因进行不同程度的改（扩）建和修缮。所以基建档案会在原有建筑物档案的基础上不断添加和补充。如果后续材料没有得到及时整理

和补充归档，不仅会削弱原有基建档案的利用价值，影响档案利用，还可能造成不良后果。

基建工程在总承包后往往经过分包或转包，使得参建单位众多，人员变动大，档案收集工作的责任归属难以确定。而基建档案成套性的特点要求各参建单位相互协作配合，而各参建单位往往缺少沟通和协助，档案管理人员的业务指导和监督检查也不到位，这些都导致基建档案的收集很难齐全完整。另外，经常出现基建工程竣工前后名称不一致，即工程项目在计划立项时的名称和竣工后的名称不同的情况，这也严重影响了其后续的利用。

（四）数字化建设有待提高

在信息化环境下，档案的管理方式发生了很大的转变。高校大多安装了档案管理系统，普遍实施了传统载体档案管理和数字化档案管理相结合的模式，基本实现了档案办公的现代化，但信息化管理程度低。前期的基建档案基本上以纸质档案为主，各档案管理部门极少对纸质文件进行数字化处理，更少有原生的电子文件，因此在管理上较少应用档案管理系统进行全文管理，即使应用了系统，一般也只是对基建档案目录进行管理，使得查找和利用非常不便。加快基建档案数字化、信息化管理步伐，促进基建档案的数字化、信息化和网络化，是当前档案管理人员的任务和责任。

二、对策分析

（一）建立相应制约机制，保证基建档案收集的完整性

1. 健全制度，明确职责

完善基建管理的各项规章制度，是做好基建档案收集工作的基础。高校要根据《高等学校档案管理办法》，制定包括归档范围、分类标准、保管期限、领导责任制、岗位责任制、利用制度、竣工文件编制要求、档案移交办法等一系列基建档案工作的规章制度。按照"谁形成，谁负责收集积累"的总原则，制定建设单位、勘察设计单位、施工单位、监理单位以及学校档案管理职能部门具体职责条款，明确各单位在基建档案收集工作上的职责分工，使档案工作做到"有规可依，违规必究"，才能保证高校基建档案收集工作的规范化、标准化、制度化。一般而言，项目准备阶段形成的前期文件材料、征地拆迁、招投标文件、竣工验收文件、工程决算及审计报告以及设备、工艺和涉外文件由建设单位（高校）基建部门负责；勘察设计文件、设计基础资料由勘察设计单位负责；项目施工文件方面，项目实行总承包的，由分包单位负责其分包项目全部文件材料的收集归档，建设单位直接向几个单位发包的，由各承包单位负责收集积累；项目监理文件材料由监理单位负责；生产技术准备和试运行中形成的文件材料由试运行单位

负责。

　　学校档案馆基建档案管理人员在落实档案收集、归档责任的前提下，加强与基建部门、城建部门工作人员的合作，按照城建档案馆的归档要求，通过电话、微信、QQ 等联系方式，保持与施工单位兼职档案人员的紧密联系，对现行工程项目的档案管理工作提供指导。针对每一个阶段的档案收集情况，应进行汇总、查漏补缺，并对下一环节档案收集、归档任务进行细化明确，保证档案收集、归档工作的顺利进行。

　　2. 纳入合同管理、项目管理，严格考核

　　在工程项目的招投标和签订相关勘察设计、施工、监理等协议或合同时，实行项目竣工档案交付验收保证金制度；在合同中对项目文件质量、移交时间及违约责任等提出明确的要求。在项目监理合同或协议中，应当明确监理单位对竣工文件完整、准确、系统情况的审核责任，并可委任监理单位监督、检查项目建设中文件材料的收集和积累工作。在约定期限内（一般在工程交工验收三个月内），对档案资料不归档的情况，档案部门不得签章，财务部门不得给予项目结算，并可从项目相关经费中扣除竣工档案交付验收保证金。同时建立学校层面的考核机制，把档案工作纳入相关人员职责范围，制定岗位责任制，并对个人和单位进行严格考核，参照其他高校的做法，层层考核：可以让高校档案馆对基建部门的档案收集归档工作进行考核，而基建部门对各参建单位的档案收集归档情况进行考核，各兼职档案员由所在单位或部门进行考核，考核结果与经济利益挂钩。

（二）提高专兼职档案人员的专业水平

　　针对基建档案收集这一专业性较强的工作，相关人员必须具备扎实的档案管理类和工程建设类知识。因此，高校应着力提升档案管理人员的业务水平，不定期开展专业知识培训，以期提升其工作技能水平和职业素养，从而提高其对档案工作的满足感、责任感和自豪感，使他们爱岗敬业，保持档案队伍的稳定。

（三）提高基建档案质量

　　1. 落实专人负责，实行"三同步"过程管理和"两次审查"质量监控

　　一方面，根据国家对基建档案管理提出的基本要求，各高校要严格实行"三同步"管理，即基建工程动工与建立档案工作同步进行；工程建设过程中，要与竣工材料的积累、整编、审定工作同步进行；工程竣工验收时，要与提交一整套合格的竣工图并通过验收同步进行。另一方面，基建部门要有专人负责基建档案的收集，要严格按照城建档案馆及学校档案馆对基建档案质量提出的要求，对工程各阶段产生的档案进行形式审查和质量审查。基建档案移交过程中，档案馆工作人员应再一次审查，对发现的问题要及时反馈，并立即督促整改，确保基建工程档案归档齐全、完整、准确、规范。

2. 动态管理基建档案

基建档案具有动态性。高校大量基础设施经过一段时期的使用后就会进入维修期，建筑物改（扩）建、维修会产生新的文件材料，这些材料是基建档案重要的后续材料，如果前一次维修、改造没有整理材料并及时归档，那么再次维修时就会变得无据可依。因此，档案部门要把学校的改（扩）建、维修项目纳入档案工作范围，对这些项目要及时介入、全程监督，做好档案业务的指导和检查，确保基建文件材料的齐全完整。这些改建、扩建、维修项目所产生的新的文件材料作为建筑物原有基建档案的后续材料，应加以科学整理和有效利用。

针对基建工程竣工前后名称不一致的问题，在建筑物的名称和功能变化后，如果建筑物的名称和历史沿革等资料不能及时增补到原有基建档案中，不仅会给档案整理带来难度，还会妨碍档案的查询利用。许多高校历史悠久，在基建档案的实际利用中，一些用户只知道建筑物现在的名称，对其历史沿革不清楚，这往往让档案利用变得十分困难。档案馆要和学校资产管理、后勤服务部门主动沟通，要求他们定期将学校建筑物的名称和功能变化的资料移交档案馆。档案馆应及时整理这些后续材料并补充录入档案信息系统或编制馆藏基建档案与建筑物现用名称对照表，将其作为基建档案辅助检索工具加以有效利用。

（四）加快信息化建设

大数据背景下，高校档案馆应以"电子化、数字化"为契机，丰富基建档案资源，以新技术为基础，依托智能化技术手段，建立智能化的档案工作平台，把智能化的技术手段应用于基建档案工作的收集、管理、保存和利用等环节，实现在线归档，省去人工操作的过程，提高归档效率。同时利用文本识别、语义判断等人工智能技术，在收集档案时进行质量控制，可以有效提升收集效率，节约成本。充分利用互联网技术和现代化信息技术，对基建档案进行高效的整合存储，自动化识别、搜索基建档案全文，在安全保密的前提下，实现基建档案远程传输、保管和查阅，提升档案工作人员的效率，在保障档案安全的同时为需要档案资源的用户提供便利的利用条件。

三、结语

在基建档案的收集和利用过程中，影响因素有很多，工作人员应给予高度重视，相关工作人员必须从工程项目建设的全过程周期出发，对各管理主体、各阶段的工作进行统筹谋划，引进先进的管理方式，构建起行之有效的规章制度，提高管理人员的综合能力和素质，采取现代化的信息技术和手段来对管理人员的工作及基建档案信息进行资源系统整合，创新高校档案的收集和利用，拓展新途径和新方法，加快信息化网络化服务平台的建设。为学校的教学管理和运行提供强有力的教学、服务保障，在利用中体现基建档案的价值。

参考文献

［1］梅业新. 高校基建档案收集工作艰难的原因与对策［J］. 铜陵学院学报，2011，10（4）.

［2］牛小娜，茆文彦，何文祥. 高校档案馆基建档案收集和管理存在的问题及建议［J］. 城建档案，2014（7）.

［3］杨迎春. 高校基建档案收集质量的影响因素与相应措施［J］. 城建档案，2019（5）.

新时期高校教学档案收集与利用工作浅析

四川大学档案馆　朱连芳　向　红

一、新时期高校教学档案收集与利用工作的内涵

高等教育对经济发展起着极为重要的作用，承担着培养科技人才以及经济管理人才的重要责任，所以大力发展高等教育对我国全面实现小康社会，提升社会生产力起着重要作用。因此，我国高等教育在 20 世纪 90 年代末实行大规模扩招，现在我国大学规模居世界前列，每年的毕业生数以千万计，满足了人民和社会的需要。与高校学生数量发展规模相对应，各高校档案事业也进入了快速发展时期。

高校档案反映了学校建立、发展、变革的过程，体现了组织管理的发展和变化，承载了学校发展的过去和现在，也影响着学校发展的未来，对学校的建设和发展具有不可替代的作用。在高校档案中，教学档案记录了学校教育教学管理的过程和成果，是反映高校教学管理、教学实践和教学研究等活动的文件材料，是一所高校教学工作的真实记录，是体现教学管理水平和教学质量的重要标志，也是高校工作总结中的重要内容和制定工作计划的重要依据。

首先，高校教学档案的收集和利用具有重要的查考凭证的作用。高校教学档案中包含有学校在教育办学管理过程中遵循的国家教育法律法规、各项方针政策以及对各项政策具体落实的措施。这些资料不仅是高校办学管理中必不可少的政策依据，还是学校未来发展方向的政策指南，是学校实现可持续健康发展的政策性、纲领性依据。高校教学档案中的学籍档案，记载了大学生入学、就读、毕业情况等资料，是大学生在母校留下的足迹，从这些足迹可以看到学生的成长经历和学习状况，对学生的毕业证、学位证有印证作用，也可对学历进行鉴伪存真。

其次，高校教学档案的收集和利用具有宣传和教育的作用。教学档案保存的信息资源可以生动地再现学校的校史沿革、教学成果以及突出的人物事迹，具有极强的事实说服力，能够反映和体现学校历代教育工作者艰苦奋斗、自强不息的历程。通过对教学档案资源的挖掘和展现，可以更好地激发师生的爱校情怀和自豪之情，从而激励在校师生沿着前辈足迹奋发向上、为校争光的信心和决心。

实现高校教学档案收集和利用的规范化、科学化，是学校教学档案管理工作的必然要求，也是学校教学管理标准化的必然要求。及时完整地收集整理档案资料、建立健全

档案管理机制,不仅有助于学校档案管理工作实现正规化、科学化,而且对于总结教学工作经验、完善高校教学管理水平具有重要的意义。

二、新时期高校教学档案收集与利用工作存在的问题

加大高校教学档案资源的建设力度,调整优化教学档案馆藏结构,不断丰富教学档案馆藏,对于奠定高校档案事业基础,推动高校教育事业发展都具有非常重要的意义。进入新时期后,尤其是 2000 年以来,伴随着我国高等教育事业的快速扩张,高校教学档案大量产生,其在收集和利用的过程中,以下问题和矛盾比较突出。

其一,对高校教学档案思想认识不足、重视不够,档案意识淡薄,没有把档案工作纳入管理目标,进而影响了教学档案的归档时限和归档率。

其二,收集与利用的相关制度缺失或有待完善,没有形成合理完善的档案管理利用机制。

其三,管理规定不清晰,管理混乱,管理手段落后,档案库房设备落后,现代化手段不够,利用工作仍旧停留在原来的水平,仍然遵循老一套的案卷目录和手工检索,没有随着时代发展及时更新。

其四,现有的管理模式不能满足利用过程中出现的多种需求,出现管理和利用"脱节"的现象。

其五,部分档案管理人员专业素质不高,缺乏专业理论基础和基本功底,理论水平和实际操作能力脱节,不能满足教学档案收集利用的质量和效率。此外,由于部门或教职工的归档意识淡薄,造成档案收集工作人员很多时候忙于催收档案,无法对利用效果进行调研和交流。

其六,信息化时代,国内各高校档案管理机构纷纷投入大量的人力物力,进行本单位档案数字化建设,并取得了一定的规模,在这种时代趋势下,高校教学档案的收集与整理又面临着电子档案的归档和管理问题。

三、提升高校教学档案收集与利用工作的具体方法

(一)充分发挥信息化时代多媒体的作用

信息化时代,多媒体是一种新型的信息处理与传播技术。利用多媒体和现代化档案管理手段,为用户提供高效、准确、便捷的服务,是现代档案工作者的目标。在当今互联网普及,电脑、手机成为人与人间重要的交流工具的情况下,加快档案数字化建设,实现档案信息资源共享已成为时代的必然要求。为此,高校应加快教学档案资源数字化的建设速度,不断创新教学档案服务手段,开展内容丰富、形式多样的教学档案资源展览、宣传,加强教学档案知识培训、教学档案业务指导等,利用线上、线下相结合的方

式，拓宽教学档案利用服务的渠道，为教师的教学工作，为在校大学生的社会实践、毕业设计、实习等环节提供优质服务，从而发挥教学档案工作在教学、育人方面的重要作用。

信息化发展的形势下，对教学档案信息开发利用的速度和效率要求也越来越高，传统的管理利用模式已远远不能适应现代社会的快节奏。因此，高校教学档案管理部门应加强现代化管理模式和手段，建立校园网络体系，推进电子文件归档工作，提高远程服务水平，满足高科技信息时代发展对教学档案利用的需求。

（二）积极推动高校教学档案工作的有效开展

高校教学档案收集整理的目的是开发教学档案中的信息资源，向社会、学校提供有利用价值的信息，为学校未来的发展方向和工作决策提供参考。高校教学档案的收集直接影响到学校教学管理工作的水平，也对其以后的利用效果起决定性作用。因此，要在不断加强教学档案基础业务的建设中，以抓教学档案的收集为切入口，促进高校教学档案工作的有效开展。首先，在收集教学档案的过程中，从源头入手，严把质量关，规范程序，统一要求，从根本上规范各类教学档案文件材料的质量。其次，建立层级管理员制度，强化管理机制。除专职档案管理员外，各职能部门明确一名兼职档案员，负责本部门教学档案的收集、整理、移交工作，形成一个强有力的档案员管理体系。最后，档案管理部门结合各教学部门的档案内容和规律，加强业务指导，帮助院系做好平时的立卷工作，为最终归档打好基础。

（三）遵循规律，加强高校教学档案的收集工作

根据教育部（原国家教委）、国家档案局发布的《普通高等学校档案管理办法》《高等学校教学文件材料归档范围》及《关于加强高等学校档案工作的几点意见》，教学档案必须做到"三纳入""四同步"，与此相对应的是要建立和完善全面的教学档案归档制度，对各类档案文件的分类标准、保管期限以及归档范围进行详细的划分与说明；建立集中管理、同步管理、专人管理的管理模式，并将管理的年终考核纳入学校的考核体系。此外，定期对档案管理工作人员开展培训与考核，真正将归档制度落到实处。这些内容具体表现在以下五个方面。

（1）遵循教学档案的自然形成规律，根据形成过程，制定归档范围和归档时间，做到及时归档、分类保存、统一管理，确保完整、准确、精炼、规范。值得注意的是，随着计算机技术、摄影技术等先进手段的普及发展，档案工作向电子化、数字化发展已成为趋势，档案的存储介质也由原来单一的纸质档案转化为不同载体的档案共存，因此在教学档案的收集过程中也必须加强对电子档案的同步收集整理。

（2）保证教学档案完整准确。要严格注意教学档案的完整性和准确性，对于已形成的材料及时归档，对缺失的材料形成合理完善的补充机制，对不准确的材料及时核查。这些工作都是日后教学档案利用的前提和基础，任何一处细微的失误，都有可能造成

"无档可查"的严重后果，因此必须予以高度重视。

（3）建立健全教学档案归档制度，严格按照归档制度进行收集整理。各高校应根据自己的教学实际情况，在充分调研的基础上，分门别类制定相应的规章制度，在制度范围内开展教学档案的收集工作。除传统的教学档案收集外，高校档案馆还应拓宽服务领域，深入学校各项活动一线，针对专项工作进行专题档案征集，例如对抓住教学工作中的办学特色、突出教育教学效果的材料应重点收集，形成专题档案，以此丰富馆藏、激发档案收集活力。

（4）按照归档范围进行收集整理。根据国家的相关文件要求，教学档案应按照以下几个方面进行收集整理：综合类、学科建设与实验室类、招生类、学籍管理类、课堂教学与教学实践类、学位管理类、毕业生管理类、教材管理类、附录类。值得注意的是，各高校应根据实际情况进行调整，在归档时将有参考价值的历史文物、各种实物等作为教学档案的重要补充，比如各学院或专业历届毕业生的毕业照片对日后毕业聚会、校友身份确认等有重要的收藏价值和参考价值，应进行收集和管理。

（5）加强专（兼）职档案管理干部队伍建设。在职能部门、各学院（系）建立专（兼）职档案员，对本部门、本系统的教学文件材料统一管理，按期移交学校档案管理部门。还要加强对专（兼）职档案管理员的定期培训，提高其档案管理意识和责任感，特别要做好人员调动、学生毕业、材料交接等方面的档案管理工作，从基础上保证教学档案的连续性和完整性。

（四）结合实际，创新高校教学档案利用工作方法

高校教学档案资源利用是高校档案管理部门最基本的业务工作之一，是高校档案管理部门面向全校师生、面向社会大众提供档案服务的数据基础和必要的前提条件。高校教学档案利用的类型有很多种，其中最基本的利用形式是对教学活动中的相关材料查询，例如查询学生的新生录取名册、学籍成绩表、证书编号等，这也是当前高校档案管理部门最基本的业务之一，利用量大、工作任务比较繁重；其次是对教学管理文件的查询，该利用形式的特点是实用性强、概率大，多与学校的重点工作任务同步；还有就是学术利用形式，主要是教师或者学生围绕某一研究课题，有针对性地查询与其相关的资料或数据。因此，笔者认为各高校有必要结合自身实际，从以下方面对高校教学档案利用的工作方法进行创新。

（1）积极拓宽工作思路，主动根据利用者的不同需求，制定有针对性的开发计划以及查、借阅制度，完善服务举措，做好教学档案信息的开发利用工作。

（2）做好教学档案编研工作。编研工作对开发档案信息、提高利用工作水平有着极为重要的意义。因此，根据利用者的需求，依据教学档案内容，把分散的材料进行加工整理，使内容更加集中、系统，更直接、便捷地满足利用者的需求，更好地服务教学、教育工作。

（3）做好教学档案利用信息的分析和反馈工作。目前教学档案利用登记簿基本上都

是作为利用档案的记录，没能及时反映一个时间段内档案利用的基本情况和效果，因此，有必要加强对教学档案利用目的和效果的登记，并及时归纳总结，向有关职能部门反馈，从而形成收集和利用的良性循环。

（4）提高服务意识。档案工作人员要充分认识档案利用工作的重要性，把服务意识落实到行为上，强化"服务师生校友"的工作理念，坚持树立档案工作为教学科研服务的思想，努力学习，不断提高自身的业务水平和服务水平。

（5）建立应急预案，完善教学档案利用方式。面对突发、重大的公共事件，如受新冠病毒感染疫情的影响，在无法现场办理的情况下，探索和完善远程服务，让档案利用者"足不出户"就能查询档案，提高档案利用服务水平。

（五）建立多元化教学档案利用效果评价体系

高校档案馆应定期汇编教学档案利用实例，大力宣传教学档案利用过程中取得的实际效果，建立多元化教学档案利用效果评价体系，以此促进部门服务水平的提高。

另外，应加强高校教学档案利用工作的交流和合作，实现各高校教学档案收集利用工作由内部开发利用向联合开发利用转变，真正使一所高校的教学档案实现由内向外、由近及远的转变，形成高校之间教学档案信息顺畅流动，增强办学活力，从而促进高等教育水平的整体提高。

四、结语

新时期，高校教学档案的收集与利用是一个连续的过程，相辅相成，缺一不可：收集是利用的前提和基础，利用是收集的目的，利用效果受到前期收集内容的限制；反过来，利用对收集有着指导作用，利用过程中出现的各种问题对收集的内容提出了具体要求，利用过程中需要的材料必须是前期收集的资料。结合自身档案管理利用工作的经验，笔者认为必须切实加强高校教学档案的收集与整理工作，包括专题档案的收集与编研，以期为后续的利用环节提供依据，提高档案的利用效果和社会效益，促进高校教学事业发展。

参考文献

[1] 樊国庆. 浅析高等教育重要性 [J]. 经营管理者，2011（3）.

[2] 柳青，张金池. 简论高校教学档案收集整理 [J]. 中国成人教育，2003（4）.

[3] 陈玉. 新时期高校教学档案的收集工作刍议 [J]. 平顶山学院学报，2006（4）.

[4] 韩晓颖. 高校档案工作岗位设置管理 [J]. 兰台世界，2020（1）.

[5] 许森，王长建. 新冠肺炎疫情影响下高校档案工作新思考——以 A 大学档案馆为例 [J]，办公室业务，2021（10）.

新时代高校学生党员档案管理的实践研究

四川大学历史文化学院　石　琼[①]

党的十九大以来，高校深入贯彻全面从严治党方针，落实立德树人根本任务，着力加强基层党组织标准化规范化建设。党员发展工作是基层党建工作的重要组成部分，学生党员档案是党组织对党员培养全过程的真实记录，也是基层党建工作规范化、科学化水平的重要反映。做好新时代高校学生党员档案管理工作，对于推进全面从严治党向纵深发展，从源头上抓好党员队伍建设，为党和国家培养后备干部和人才都具有重要意义。

一、高校学生党员档案工作的重要性

（一）学生个人成长的重要资料

学生党员档案是党员人生经历的重要凭证，也是党员管理工作中最具价值的原始证明材料。一名高校学生从递交入党申请书开始，经过层层考察被培养为入党积极分子、发展对象，再到成为中共预备党员、正式党员，至少需要 2 至 3 年时间，每一个阶段都是学生自我进步、自我成长的重要经历。党员档案记录了党员发展的过程，客观准确地记录了每一位学生思想发展成熟的历程，是珍贵的个人成长档案。这是学生党员不断加深对党的认识、不断坚定共产主义理想信念的过程，也是思想政治素质和综合素质等各方面得到全面提升的过程，其间，党组织不断对其进行教育、培养和考察，学生党员才得以成长成熟，在思想与行动上向党组织靠拢，不断端正入党动机，坚定树立共产主义的崇高理想和信念，成长为担当时代使命的青年党员。

（二）基层党建水平的客观反映

培养合格的社会主义事业接班人是高校党建的根本任务，学生党员发展工作，必须严格按照党章要求，遵循严格的入党程序，学生党员档案则是这一工作开展情况的重要体现。发展党员的基本流程包括申请入党、入党积极分子的确定和培养考察、发展对象的确定和考察、预备党员的接收、预备党员的教育考察和转正 5 个环节，包含 25 项具

---

①　本文作者为四川大学历史文化学院专职组织员。

体工作步骤，每一个步骤都有明确的政治要求和工作准则，执行结果直接影响党员发展质量，每一份档案材料都记录了党组织对党员进行教育培养和考察的过程与细节，每一个步骤的规范化和严谨性也直接体现基层党建水平，影响党员队伍的质量，对实现高校立德树人目标具有重要意义。

（三）选拔干部和人才的依据

青年是国家和民族发展的希望，高校则是培养人才的摇篮，青年党员作为同龄人中的佼佼者，综合素质过硬，是党的事业的重要接班人。学生党员档案详细记录了一名学生党员自申请入党以来的总体情况和各主要环节的考察情况，是一份党组织对个人思想政治和实践能力的综合评价，能反映学生党员不断提高思想觉悟，参加理论学习以及社会实践，积极向党组织靠拢的政治品质，是极具参考价值的一手信息。按照新时代党的建设总要求和新时代党的组织路线，党员档案是干部选拔中"三龄两历"的重要组成部分，是党的干部选拔的重要依据，承担着重要的政治功能。近年来，中央组织部在全国部署开展了干部人事档案专项审核工作，也着重强调了这一点。党员档案同时也为企事业单位选人用人提供参考，故应从根本上对党员档案管理工作加以关注。

二、当前高校学生党员档案工作存在的问题

（一）重视程度不够

在高校，二级学院承担了学生党员的发展任务，作为一项常规性工作，领导的重视程度直接影响到工作质量。有的学院领导不够重视，没有树立正确的档案管理意识，人员配备不齐全，档案管理工作不能落于实处。发展学生党员和学生思政教育工作紧密相连，需要与学院思政辅导员紧密配合，共同对学生每阶段思想状况进行考察、引导。学生管理以班级、年级为单位，配有专职辅导员，而发展党员基础工作由各支部负责，支部书记、支部副书记及支委一般为兼职学生，工作经验与能力不足，流动性也较大，对入党流程和档案的要求不够了解，对档案重要性缺乏认识，没有站在政治严肃性角度来理解此项工作，这往往会导致党员档案质量不过关，内容过度简化、不规范等问题。部分学生在发展过程中，没有意识到档案作为将来升学、工作、提干的重要人事证明材料的重要性，以及对个人未来发展的意义，填写随意性大，不够认真严谨。学院党务工作人员专职专岗较少，在工作精力和投入方面有不足之处，这些情况造成学生党员档案工作存在不够细致、审查不严的情况。

（二）管理机制不健全

目前，高校二级学院一般沿袭传统的党员档案管理模式，管理比较松散粗放，管理人员往往按部就班，专业水平参差不齐，没有树立正确的档案管理理念，未能形成科学

有效的档案管理机制，制度建设欠缺，难以适应新时代党建工作要求。学生党员档案有其特殊性，是动态完善的过程，形成周期长，在高校不被纳入学校人事档案管理范畴，这造成各院系在对学生党员资料进行建档和归档时，存在较大的差异，随意性较大，没有统一标准，党员发展材料的填写、转接、保管等事项，没有具体细则和责任明确，也没有形成严格督查和考评机制，影响了学生党员档案管理的严肃性和有效性。近年来，许多用人单位招聘必审档案，反馈出许多党员档案存在的问题，各种信息不匹配、材料漏洞百出的现象，说明相关工作不够严谨，整个管理机制不够健全。

（三）缺乏规范性流程

党员档案经过本人、入党联系人、支部书记、学院党务人员等多人填写，管理环节多，容易出现各种纰漏。首先，内容上存在一定的不规范问题。一些支部没有认真指导入党学生严格按照相应的格式进行入党志愿书的填写，缺乏认真严肃的态度，对党员材料的更新、整理不及时，特别是谈话记录、公示材料、转正申请、政审材料等关键材料不够，造成几个重要时间点存在问题，如递交入党申请书、确定为积极分子、发展对象、预备党员时间的前后矛盾、涂改多等。其次，做不到专人专柜保管，档案查阅手续也不健全，个别党员的档案有遗失现象。毕业生党员转接组织关系时，档案的整理、归档和传送工作不规范，记录、整理、装档环节不严密，遗失、残缺等现象时有发生。近年来，因高校毕业生暂未就业、出国留学等原因，将党员档案暂存高校的现象越来越多，如何管理这类档案，使其既符合政策又避免留下隐患，已经成为不可忽视的问题，要想将其解决，需要不断改进和优化档案管理流程。

三、提升学生党员档案管理水平的建议

（一）加强基层党建，提升党支部组织力

根据《中国共产党发展党员工作细则》第三条规定：发展党员工作应当贯彻党的基本理论、基本路线、基本纲领、基本经验、基本要求，按照控制总量、优化结构、提高质量、发挥作用的总要求，坚持党章规定的党员标准，始终把政治标准放在首位。作为一项严肃的政治工作，党员档案管理是发展党员工作中一项重要内容，程序科学、管理规范、材料齐全、内容准确是党组织工作的基本原则，做好党员档案管理是落实全面从严治党的基础，这对基层党组织的工作水平提出了更严格的要求。首先，明确学院作为党员发展和党员档案工作的责任主体，毕业生档案转出前，应承担管理责任，各级领导干部必须对此予以高度重视，提高政治站位，深刻意识到这关系着为党育人、为国育才的政治责任和使命，关系着巩固和扩大党在青年一代的执政基础，是整个高校人才培养不可或缺的重要一环。为此，学院必须强化组织领导作用，由党委书记亲自抓，确保工作层层落实到位。其次，党支部作为战斗堡垒，是党全部工作和战斗力的基础，承担了

发展党员和党员档案管理的重任，必须"守土有责、守土负责、守土尽责"，只有提升党支部的组织力，加强标准化、规范化建设，做到程序到位、责任到人、规范管理，支部的凝聚力、战斗力得到加强，才能提高学生党建工作的规范化水平。《中国共产党发展党员工作细则》规定：各级党委应当把发展党员工作列入重要议事日程，纳入党建工作责任制，作为党建工作述职、评议、考核和党务公开的重要内容。在高校，党员发展工作已成为基层党建考核和校内巡察的重要方面，而学院对支部及支部书记考核中党员发展工作相关方面的考评不够、重视不多，因此可以进一步将其纳入年度支部考核及支部书记述职评议中，对学生党员档案定期抽查，及时发现问题，填写不规范、不完整的材料应要求相关学生党员及所在支部限时整改，以督促各支部重视档案工作。

（二）加强制度化、规范化、标准化建设

十九大以来，根据新时代党的建设总要求、新时代党的组织路线，以及《中国共产党支部工作条例（试行）》，党支部开展了一系列标准化、规范化建设。为适应新形势党员档案工作目标要求，依据《高等学校档案管理办法》《中国共产党发展党员细则》等法规规定，学院党委迫切需要建立并完善党员档案的长效管理机制，制定统一可执行性的学生党员档案管理办法，使党员档案管理工作更加制度化和规范化。党员档案管理是一项细致复杂的工作，在具体的构建过程中，需进一步明确发展党员工作的 5 个环节、25 个小项中的每项具体工作。应准确规范地形成各阶段党员材料，引导入党积极分子和发展对象加强党性修养，认真准确地填写各项内容，确保材料的真实性；在记录、保管、审查、传递的整个管理过程中，应明确各阶段的责任主体，具体到管理科室、管理责任人、管理人员，规范管理的程序，以便做到有章可循；应对档案内容、格式等细节方面制定统一的标准，统一表格格式，使之具有较强的可操作性和科学性；应完善学生党员档案收集整理制度，明确收集范围、分类要求；应制定档案借阅登记、保管保密、调查转递管理制度，确保档案不丢失，保护档案的原始性及完整性；应加强师生对档案的法治意识，对档案应合理合法使用，形成整套规范的档案清单、规范的签字交接手续和有据可查的记录，实现有序衔接，确保党员档案有人建、有人管，分工协作，防止归档遗漏。在毕业生党员档案转接组织关系过程中，本着对学生高度负责的态度，应将形成的党员档案存入个人档案，按照毕业送档程序，实现程序完整、职责清晰、真实规范、完善齐全。

（三）提升队伍建设专业化水平

近年来，高校由于党员发展的数量增多，党员档案管理工作任务加重，常出现人手短缺的现象，狠抓队伍建设成为提升工作专业化水平的关键。学院应选拔党性强、素质高的组织员、党务工作人员、辅导员和学生党支部书记组成学生党员档案管理队伍。一方面，应强化档案管理人员的纪律意识，提高其政治素养和责任意识，增强其自身的管理意识，以及主动服务、勇于担当的精神，培养其理论素养及政策功底，使其掌握扎实

的档案管理知识，加强其对档案管理工作重要性和必要性的认识。另一方面，党委应定期开展相关培训，培养相关人员管理的基本技能与制度规范意识，使其熟悉学生党员档案内容和管理程序，提高其对学生党员档案管理的业务素质和专业技能，使其掌握网络信息管理技术及有关操作流程，从而改善基层党组织的归档管理能力。同时，学院党委应建立激励机制和奖惩制度，将档案管理作为年度考核的重要指标，并与档案管理人员签订相关责任书，提高其党务工作积极性，增强其工作成就感、获得感，促进党员档案管理工作走向规范化。

（四）推进档案管理信息化建设

信息化时代发展背景下，传统的党员档案管理工作的方法已经难以满足新形势下党员档案管理工作的需求，对党员档案进行信息化、网络化管理是加强党员档案管理工作的必然要求，也是未来工作发展的必然趋势。传统档案管理工作模式，管理结构单一，效率低下。通过建立档案信息化管理系统，打造党员档案信息库，能有效提高档案工作的效率和质量，进而改善基层党建工作整体质量。在人员设备配置上，学校要予以一定经费支持，构建完善的硬件、软件系统，建立档案信息管理平台。学院党务管理员在利用好"全国党员管理信息系统"的基础上，应将档案数字化，通过大数据模式将信息进行全面整合，及时录入每一阶段发展的学生党员基础信息，例如成为入党积极分子时间、发展对象时间、预备时间、组织关系变动、奖惩情况与党组织评价意见等，对党员档案进行动态更新管理，方便统计、分析和整理。应建设查询系统，扫描重要表格进行电子备份，永久保存重要资料，这也能方便管理人员和学生党员的查询，提高档案利用率，充分发挥纸质档案和电子档案的优势，实现二者的优势互补。

四、结语

习近平总书记强调，要提高党员发展质量，加强党员教育管理，使广大党员在改革发展稳定中充分发挥先锋模范作用。深入推进新时代党的建设，要始终抓好党员队伍建设这一基础工程，从源头抓好党员质量建设，把好质量关、守好入口关。党员档案内容真实反映着党员教育与发展的质量，在社会发展的新时代，其重要性和价值更加凸显，做好党员档案管理工作对做好党建工作具有十分重要的时代意义和价值。因此，高校必须与时俱进，提高主人翁意识，进一步推动基层党组织的建设与发展，加强党员档案管理工作势在必行。

参考文献

[1] 张华一. 高校学生党员档案管理的实践探索 [J]. 档案天地，2022（2）.

[2] 常华. 高校学生党员档案管理探析 [J]. 北京档案，2021（3）.

[3] 覃燕春. 加强党员档案管理工作的思考 [J]. 档案管理，2020（3）.

高校影像档案在校史研究工作中的地位与作用

四川大学信息化建设与管理办公室　温　静　黎　生

习近平总书记指出，不忘历史才能开辟未来，善于继承才能善于创新。一所好的大学一定要重视校史研究。高校校史不仅记录和展示了学校的发展历程，还蕴含着高校的治学理念、文化传承和精神价值。在网络信息技术飞速发展的大背景下，高校影像档案也应大力发挥其在档案信息化中的作用。影像档案是高校档案中重要的一部分，也是校史研究中不可或缺的组成部分，它以照片、视频等形象化的表现方式，生动形象地展示了高校某一历史时期的重大变革、教学活动及师生面貌，也可以与校史文字记录相结合，图文并茂，使文字记录更加丰满和富有说服力。

一、高校影像档案的概念及分类

所谓高校影像档案指的是高等学校在招生、教学科研以及管理等行为中形成的，对于学校师生以及社会具有保存价值的，以光盘、电脑文件等作为载体的影像资料。它能真实记录和生动还原某一教学场景或学校重大会议及活动的画面和情境。高校影像档案分为照片档案和视频档案两大类别。照片档案是采用感光材料、利用摄影方法记录影像的单个画面。视频档案是利用摄像方法记录影像的连续画面，是动态的影像档案，它相对于静态的照片档案，同时具备声音和图像，因而呈现方式更加丰富和生动。

传统档案都是以文字等为单一维度的记录保存，影像档案以视听语言符号生动形象地记录了历史与文化的某一时段或瞬间，具有一定的艺术价值和良好的传播效果。高校影像档案可以是在学校某一历史时期教学科研活动的照片或视频，也可以是和学校相关的纪录片、宣传片，或是教师上课的课程录像、教学片、口述史影像等。同时，传统的纸质档案和磁带影像档案会随着时间损坏，如老化、变黄、发霉，这将影响档案的质量和寿命。而数码照片和视频档案由于其本身的数字技术特性而可用计算机存储，方便永久保存、使用和共享。

二、高校影像档案在校史研究工作中的地位与作用

（一）影像档案是高校校史挖掘和延续的重要载体

"今天的影像，就是明天的历史。"影像采集可以用来记录历史，各种影像档案可以

用来挖掘校史资源，丰富校史资源。影像档案作为高校历史文化传承和延续的重要载体，具有原始性、真实性、客观性、继承性等特点，为我们研究学校历史提供了有力的依据和史料资源。研究影像档案可以使高校的办学理念、治学方案、优良传统得以延续和再现。影像档案更加形象、直观和立体地展现了高校某一历史时期的发展过程、重大活动及校风校貌，丰富了校史档案结构，增加了校史档案素材，让校史文化的呈现更具画面感和欣赏价值。作为校史文字档案资料的补充，影像档案是校史资料储备中不可或缺的一部分，可作为一种媒介载体将大学历史、大学文化、大学精神传承下去。

（二）影像档案是校史文化创新的灵感源泉

有所继承才能有所创新，有所传承才能有所发展。校史文化集合了各个历史时期大学的宝贵精神财富，凝结了各年代优秀校友的智慧结晶。通过查阅和观赏影像档案，我们能够深刻感知大学历史上的某一瞬间，见证学校历史上重要人物的音容笑貌和先进事迹，从他们身上感受到大学历史文化的精神内涵，从而激发我们的工作和创作灵感，并在前人积累的成果和实践经验基础之上，学习和吸收前人的经验教训，如此更容易发展和创新。

（三）影像档案的传播发挥了校史文化的育人功能

一所大学最根本的任务在于育人，习近平总书记在 2016 年全国高校思想政治工作会议上指出，要坚持把立德树人作为中心环节，把思想政治工作贯穿教育教学全过程，实现全程育人、全方位育人，努力开创我国高等教育事业发展新局面。影像档案作为一种传播媒介，具有易传播、易保存、立体多维的特点。影像档案的有效传播有助于发挥校史文化的育人功能，其图文并茂、有声有画的呈现方式能使学生们在学习校史文化时，更好地入眼、入脑、入心，更直观地感受校史文化的精神内涵，增强大学生对校史知识的了解、对大学精神的认可，激发他们的爱国爱校热情，使他们以母校历史为荣，凝聚人心，团结奋进。

四川大学有着悠久的历史和深厚的文化底蕴，一直十分重视校史文化，建有全国实体面积最大的校史展览馆且面向校内外开放，馆内以大量图片、文字记录和实物为主，展示了四川大学在各个历史时期的发展历程和辉煌成就。此外，还建有历史文化长廊、江姐纪念馆、3D 江姐馆等，这些都成为学校开展大学生文化素质教育和爱国爱校教育的重要基地。3D 江姐馆利用新媒体技术手段，集合了大量的图片和视频等影像资料，提供了虚拟场景，使学生们不用到现场，在网上就可以观看和体验到同现场一样的效果。这些都让学生们真切地感受到四川大学深厚的人文底蕴，尤其是深刻地感悟到以校训"海纳百川，有容乃大"和校风"严谨、勤奋、求是、创新"为核心的川大精神。

（四）推进校史档案的信息化进程

科技改变生活，信息网络技术向着数字化、网络化以及智能化发展的同时，也引领着其他领域的技术进行着大变革。因此，信息化背景下的传统高校校史档案管理也面临着严峻考验。传统模式的高校档案保存主要是以磁带、光盘、纸质图片和文字记录等作为载体。但是在档案资料的不断增多、查找烦琐、服务范围窄、档案安全性不够以及管理人员的专业能力不足等诸多因素的影响下，传统高校档案保存模式已经远不能满足近年来不断高速发展的数字化、信息化需求。随着时间推移，传统档案面临着发黄、老旧、损坏等问题，对校史档案进行数字化处理成为必然趋势。我们可以将传统影像档案图片翻拍成数字文件，将磁带录像转化为视频输出，这样就可以将其永久保存，方便观看与分享。将不同形式的档案资料进行数据化的整合和分类，更加便于检索和查阅，这将推进校史档案管理的自动化和信息化进程。

近年来，随着4K超高清视频的普及，具有一定条件的高校也可对需要留档的素材以4K分辨率拍摄，可同时以4K输出并变换高清输出。4K影像留存可为日后二次利用时提供画质更好的源素材，提高档案在不同平台要求下的利用率，提高数据库的存储率和实时读取数据的效率，但维护成本也较高。

三、信息化背景下高校影像档案工作建设举措

（一）建立专门的影像档案资源库

高校影像档案见证了高校历史的风雨历程，有着服务教学、文化宣传、传播育人等多维度的价值体现。随着新媒体技术的发展，越来越多的影像档案需要存储、备案，面对海量的影像档案资源有必要建立专门的校史影像档案资源库，对这些资源进行集中、统一、有效的管理，这样可以大大提升档案的查询和利用效率，从手动管理模式升级到自动化、智能化管理模式，以适应时代发展需求。

四川大学"大川学堂·数字资源中心"是一个集中管理校本优质教学、科研等资源的综合性平台，可供全校师生随时随地在线浏览、观看、学习、点播。"大川学堂"的重点功能之一就是对资源的智能化处理，可在此平台上对校史影像档案进行分类和统一管理，同时利用语音识别技术，可以精准定位检索信息，大大提高档案的查询效率，从而推进档案的信息化发展进程。如有个别下载需求可以向档案馆和相关部门申请下载保存权限。同时档案馆要联合学校其他部门，如出产照片和视频资源较高的宣传部、校园电视台、信息化建设与管理办公室、校工会等，同这些部门密切联系，收集影像档案，并对影像档案进行归档处理。

（二）加大影像档案的采集和建设力度

学校可以联动各个部门的优秀摄影摄像人才，组建一支具有专业影像技术的拍摄制作团队，拍摄主题可以是不同时期的校园风光、校园建筑，反映学校的历史变迁和校园风貌，也可以拍摄以校园人物为主的人物传记或人物风采，或者以学校某一历史时期的

大事件为主题拍摄纪录片。四川大学校史上有包括江姐在内的七十多名英烈，有历史上的著名人物、川大杰出校友如朱德、张澜、郭沫若、巴金等，红色校史构成了具有川大特色的红色文化。可以将他们在川大的故事拍成微电影，让这些革命先烈和历史名人的事迹能更鲜活地展现在我们面前，有利于川大学子学习他们的思想和精神。另外，也可以拍摄人物采访，以口述的方式展现学校某位专家教师的人生经历与经验。近来，由四川大学信息化建设与管理办公室主导的系列访谈栏目《川大人》正在拍摄制作中，该栏目从不同领域、不同专业搜寻川大的"宝藏教师"，挖掘他们身上的闪光点，听他们讲述自己和川大的故事、教书育人的故事，分享他们的人生经验，以期树立榜样，影响青年教师和学生。该栏目的内容不仅仅是知识的传递，更是精神价值的传递。这些影像资料可以作为口述史档案留存，是宝贵的精神财富，可以代代相传。

（三）完善健全高校影像档案管理制度

目前，很多高校只对纸质和实物档案有明确的管理制度，而对于影像档案普遍缺乏科学、有效、统一的管理，也没有出台相应的健全完善的管理制度。对影像档案在校史文化传承和发扬上的认识不足，导致许多高校对影像档案不够重视，管理意识淡薄。2019年5月6日至9日，由国家互联网信息办公室、国家发展和改革委员会、工业和信息化部、福建省人民政府共同主办的第二届数字中国建设峰会如期举办，会上"数字政务"成为热点话题。5月9日，国家档案局在电子政务分论坛发布《推进电子档案单套管理的政策与步骤》，旨在提高行政效率，提升档案资源安全保管意识及水平。

随着信息技术发展，影像档案越来越多，但是面对多而杂的影像档案，若高校没有对其进行有效管理，难免会引起校史资源重复混淆或重要历史资源流失。高校应该建立一套科学有效的影像档案管理制度，对影像档案进行归档、编码，标明照片或视频的拍摄时间、地点、人物及重要人物的姓名和简略事迹介绍等。配备专门的影像档案管理专员，负责影像档案的日常管理与维护，定期整理，陆续归档、统计。确保影像档案的信息安全、完整、真实有效，保存规范，有档可查。

（四）提升影像档案管理人员信息素养

影像档案管理人员最好同时具备档案管理及数字媒体和计算机网络等相关知识，如果相关知识储备不足，也要积极学习、熟悉各种办公自动化软件及图片视频处理软件，方便对传统纸质档案进行扫描、翻拍等数字化处理及影像档案修复和存档。同时，还要具备一定的网络安全意识，定期更新杀毒软件，并对电脑进行查杀，设立网络防火墙防止黑客攻击，并对影像档案进行分级管理，设置访问、浏览及下载权限，确保影像档案的信息安全和完整，避免因管理不当引起重要史料资源的遗失或损坏。

（五）利用信息技术提升影像档案查阅及观赏效果

随着网络信息技术的飞速发展，虚拟现实、语音识别及全息投影等最新的信息技术已经渗透到社会生活的方方面面，我们可以将这些新技术应用到影像档案的人机交互模式构建上，提升影像档案的交互性和档案查阅者的体验感。通过虚拟现实技术和全息投影技术可以为影像档案查阅者带来沉浸感，三维立体的场景展示可以最大限度地让我们回到当时的历史场景中，使我们真切地感受到学校在那个历史时期的文化氛围和年代气息，这样的档案查阅体验可以提升用户阅读史料的临场感，加强对校史文化和大学精神的领悟力。利用语音识别技术实现快速高效的人机交互，可以提升影像档案查阅效率和用户交互体验。这些新技术的运用能加快整体数字校园建设，推进档案的数字化和信息化进程。

一所高校的校史有着以史育人、以文化人的功能和意义，可以直接体现大学的人文底蕴和精神内涵，影像档案作为承载校史文化和史料的重要载体，生动、形象、直观地反映了一所大学的文化精神内涵，我们要充分重视影像档案在校史研究工作中的地位和作用，合理有效利用影像档案，最大程度发挥影像档案的价值，使其为校史研究工作服务，继而将大学文化和大学精神发扬光大，使之代代相传。以史为鉴，开创未来，影像档案工作者也应不断在传承中创新，为建设更加美丽而富有内涵的大学校园和培养一代又一代的莘莘学子而不懈努力。

参考文献

[1] 林敏. 高校影像档案信息化的管理与应用 [J]. 文学教育（下），2017（5）.

[2] 梁传萍. 高等学校照片档案管理工作现状与对策 [J]. 右江民族医学院学报，2007（1）.

[3] 新华社. 习近平：把思想政治工作贯穿教育教学全过程 [EB/OL]. [2016−12−08] http://www.xinhuanet.com/politics/2016−12/08/c_1120082577..htm.

[4] 赵林林，顾炜，司献英. 全方位育人背景下高校校史育人路径创新研究 [J]. 兰台世界，2018（3）.

[5] 武文秀. 高校校史研究与高校档案文化建设的互动发展探讨 [J]. 办公自动化，2017，22（17）.

新时代高校档案管理队伍建设研究[①]

四川大学档案馆　向　红　陈　涛

随着我国高等教育的迅猛发展，政府越来越重视教育事业，逐年加大教育经费的投入，随之而来的是对档案管理的要求日益提高。以往的高校档案管理工作，多以归纳、整合、分类、存放、统计、利用等为主，但是信息时代的来临，使高校档案管理工作迎来了新的发展与变革。在这种情况下，高校档案管理人员必须改变传统的档案管理形式，不断创新发展思路，寻求更好的发展。要想高校档案管理工作得到进一步发展，就要保障高校档案管理队伍的建设，使之带动高校档案管理的可持续发展。

档案人才既不是单指广义上的档案管理工作人员，也不是单指具有极强业务能力的人才，而是指身兼档案专业知识储备与技能，还在人品道德层面拥有优秀品质的人才。档案工作新内容的增加也必然要求培养出大量具有良好素养、多元知识结构和高度综合能力的档案人才。在此情况下，建设高校档案管理人员队伍有着重要的意义，也是当下时代发展的必经之路。

一、高校档案管理队伍建设的重要性

建设世界一流大学是新时代国家建设教育强国的重要战略部署，更是新时代赋予我们新的历史使命。知识与信息代表着效益、时间与效率，要加快"双一流"建设的步伐，就必须重视知识和信息。而对高校来说，知识和信息就储存在高校档案馆中，因此重视高校档案的社会价值，发挥其作为高校建设知识与信息记录载体的作用，就显得尤为重要。但这里有一个前提，就是高校档案管理工作的质量必须要高，即档案信息内容要丰富、涉及学科专业要全面、收集速度要及时、编研要科学合理，同时服务还要完善，否则高校档案也就是一堆"无用"的信息数据，难以在高校建设中发挥出实际的价值。而要保证高校档案工作高质量发展，其中最重要的一点，就是保证高校档案管理队伍建设工作的质量。

一方面，档案管理队伍建设是提升高校档案管理工作效率的客观要求。档案管理工作是高校的基础性、服务性、支撑性工作，档案管理队伍的整体素质和业务能力是制约

① 本文系四川大学档案馆（校史馆）2021年档案和校史研究专项项目（课题编号：daxs2021-23）"新时期高校档案管理队伍建设研究"阶段性成果。

高校档案管理工作质量的重要方面。尤其是在新时代背景下，各地高校急需造就一批专业知识扎实、业务精湛、基本素养好的高素质档案管理队伍，通过理念创新、方法创新和服务创新，不断推进档案管理工作转型升级，提高档案管理工作水平。

另一方面，档案管理队伍建设是提升高校管理水平的现实需要。高校档案管理是学校日常管理工作的重要内容，其工作水平也是衡量高校办学水平的重要标志之一。在新时代，如何通过信息化等现代化档案管理手段，对大量档案数据进行采集汇总，并为学校各类决策提供数据支持，是高校管理面临的重要问题。解决这一问题需要一大批优秀的专业档案人员，为高校档案管理现代化提供必要的人才支撑。

同时，档案管理队伍建设也是提升高校档案管理服务水平的内在要求。档案管理工作具有很强的服务属性，在服务学校管理决策、服务地方经济社会发展和服务人民生产生活方面发挥着重要作用。档案管理队伍的素质和能力是制约高校档案管理服务水平的重要方面。只有加强档案管理队伍建设，才能充分发挥高校档案的资源优势和专业优势，更好地满足学校、社会和相关组织的档案需求。

二、高校档案管理队伍现状及问题所在

近年来，各地高校档案馆档案人才队伍不断壮大，队伍的年龄、专业和学历结构不断优化，但也存在专业化程度不高、梯队结构不合理、科研基础薄弱等问题。作为学校教学、科研服务的重要支撑部门，档案馆应如何建设与"双一流"相适应的智慧型服务支撑体系，最大限度地统筹资源，优化档案人才队伍结构，提升队伍质量，助推"双一流"建设，这些问题值得探讨。

（一）档案管理队伍统计分析

以笔者所在的四川大学档案馆为例。截至 2021 年年底，全馆档案专业技术职称人员总计 34 人，其中男性 7 人，女性 27 人，性别结构上，以女性居多，具体见表 1。目前人员中，有正高职称 1 人，副高职称 3 人，中级职称 29 人，中级及以上职称占总人数的 97％。在职人员中，45 岁以上的人数最多，约占总人数的 62％；30 至 45 岁的人员 12 人，约占总人数的 35％；30 岁以下人员仅 1 人，年龄结构较不合理。现有博士学位人员 5 人，占总人数的 15％；硕士学位人员 16 人，占总人数的 47％；本科学历人员 11 人，占总人数的 32％；本科以下 2 人，占总人数的 6％。从中可以看出，高学历人才得以充实。在职人员的教育背景较丰富多样，涉及档案学、计算机、文学、历史学等多个学科，具有档案学专业背景的人数仅 2 人，约占队伍总数的 6％。

表1　四川大学档案馆档案专职人员情况统计表

结构特征	类别	人数（个）	所占比例（%）
性别	男	7	21%
	女	27	79%
年龄	45岁以上	21	62%
	30~45岁	12	35%
	30岁以下	1	3%
学历	博士	5	15%
	硕士	16	47%
	本科	11	32%
	本科以下	2	6%
专业	档案学	2	6%
	计算机	3	9%
	其他专业	29	85%
职称	正高	1	3%
	副高	3	9%
	中级	29	85%
	初级	1	3%

（二）档案管理队伍建设存在的问题

四川大学档案馆虽然只是一个"点"，但也可以看出高校档案馆在人才队伍建设上的一些共性问题。虽然近年来高校档案人才队伍在学历层次、业务水平、综合素质等方面都有很大提高，但在队伍建设上也存在一些问题，主要表现在以下方面。

1. 专业化程度有待提高

在文化程度上，虽然硕士以上的高学历人才不少，但在专业程度上，相关人员缺乏档案专业背景，系统接受过档案专业教育的为数不多，其对档案专业知识和技能的学习途径以接受岗前培训和继续教育为主。档案信息化建设人才缺乏，具备档案专业知识且精通计算机应用技术的复合型人才少之又少。进入新时代，档案工作出现了很多新变化、新内容，档案作用的多元化、档案存储方式的现代化、档案利用目的的多样化，都对档案从业人员的素质和能力提出了新的更高要求。档案从业人员需要具备较高的专业知识水平、较强的现代管理能力及较为宽广的知识面；同时，还要掌握一定的信息处理技术。然而在实际工作中，由于档案部门的社会认识程度和影响力不足以吸引较高层次人才，既懂档案业务知识，又精通相关信息化知识的"全才""通才"少之又少，存在专业水平较低、知识结构单一、高级技术职称人员占比低等现象，跟不上档案现代化发展步伐。

2. 队伍梯队结构有待均衡

目前，高校档案管理队伍中年龄失衡的情况比较普遍，以四川大学档案馆为例，45岁以上的人员居多，占比为 62%，30 岁以下的工作人员仅有 1 人，年龄结构呈现出"头重脚轻"的倒三角分布状态，比例极不均衡。很多高校认为档案工作技术含量较低，对相关人员的素质和水平缺乏必要的考核。更有部分单位认为档案部门是"养老场所"，把一些年龄偏大、身体偏差的人员安排到档案室工作，造成档案室从业人员"先天不足"，档案从业队伍年龄老化、质量不高、结构不合理。

3. 档案管理工作普遍不受重视

虽然档案管理工作地位特殊、作用独特，但在很多高校存在"说起来重要、做起来次要、忙起来不要"的现象，领导对档案管理工作普遍不够重视，给予的关注较少，这在一定程度上影响了从业人员的工作积极性，导致其缺乏进取意识，安于现状，不愿意学习新知识、掌握新技能，缺乏长期从事档案管理工作的热情与奉献的精神，更多时候考虑的是自身职务的提升、待遇的高低、利益的多少，对档案事业的发展需求、工作要求、前景追求考虑不多。

4. 在职培训教育不到位

某些高校不关注对从业人员的再培训、再教育，没能建立起正常的教育培训机制，档案从业人员难以接受最新的知识培训，能力跟不上时代发展。部分高校即使认识到培训的重要性和必要性，也往往出现形式大于内容的问题，对培训的目的、对象、方法把握不准，或不具备相应的考核评估机制，导致培训工作流于形式，没有真正发挥作用，不利于其及时更新知识、提升能力。

三、新时代对高校档案人才提出新要求

2021 年 6 月 9 日，中共中央办公厅、国务院办公厅印发《"十四五"全国档案事业发展规划》（以下简称《规划》），为推动"十四五"时期档案事业高质量发展指明了方向，同时也对新时代档案人才的培养提出了新要求。这些要求对高校档案人才同样适用。

（一）加强政治能力建设

随着新修订《中华人民共和国档案法》的实施，"为党管档""依法治档"得到进一步明确，这标志着档案管理工作的政治性仍然是其核心属性之一。因此，忠诚、干净、

担当的政治品格是档案人才应具备的核心素质，具有政治判断力、政治领悟力、政治执行力是衡量档案人才政治能力的核心标准。

（二）加强业务能力建设

"收、管、存、用"是档案管理工作的基础业务，从《规划》中提到的"拓展档案资源收集范围""加强档案资源质量管控""优化馆藏档案结构""强化档案安全保护工作"等要求可以看出，过硬的档案业务能力仍是档案人才应具备的基础素质。只有将基础打好，才能够将档案事业融入党和国家的中心工作，才能够结合新思想、新技术、新工具，创造出新的理论支撑、技术支撑和决策支撑，进一步推动档案事业向前发展。

（三）加强信息化能力建设

随着档案"存量数字化、增量电子化"和"单套制"的逐渐实现，档案管理工作迎来重要转型升级期。档案管理从"人工管理"变成"电子管理"，从"信息管理"变成"数据管理"，模式上发生的改变会导致原本的理论、技术、标准等要素的更新换代。所以，加强档案人才的信息化能力建设是这一阶段的重点任务，是完成新时代档案管理工作转型升级发展的需要。

（四）加强服务能力建设

习近平总书记在批示中明确了档案管理工作"更好地服务党和国家工作大局、服务人民群众"的目标任务。新时代，档案管理工作不能仅仅是事后的收集保管，还应当贯穿整个档案形成的过程。应将档案管理工作的"战线"前移，通过合作、谋划、研发、指导等方式承担更多责任，从而让档案"流动"起来，"蔓延"出去，以此打通档案本身与外部环境的壁垒，更好地起到资政、辅政、利民、惠民的作用。这就需要档案人才增强服务意识，提高资源整合能力，打破传统思维，拓宽知识覆盖面，创新利用服务模式，主动把做好服务作为档案管理工作的落脚点。

（五）加强创新能力建设

各地高校档案馆日常都会承办各种类型的展览，或者作为"爱国主义教育基地""党史学习教育基地"来展示某一地区的文化底蕴和传播某一事件的时代精神。但当前档案馆的展览普遍存在设计不足、样式单一、内容陈旧、展示方式呆板、参与互动性少等问题，档案文化产品更是创新力不够、吸引力不足，这需要加强档案人才创新能力建设，培养文化底蕴，对馆藏资源进行深耕细作，挖掘出档案的知识内涵，传播出档案的社会价值，打造出具有广泛影响力的档案文化精品。

（六）加强科研能力建设

李克强总理在中山大学考察时强调，整理档案需要有科学精神。新时代的档案管理工作正面临着转型升级，要平稳过渡必须要有先进理论和创新科技作为支撑。对高校档案馆来说，应该有一批热爱档案行业、理论基础扎实、业务水平拔尖、科研能力突出的档案人才，加大新时代档案管理工作理论和重点科研攻关力度，使新时代档案治理相关理论与政策研究取得新突破。

四、新时代高校档案管理队伍建设策略

（一）强化档案人才的政治能力建设

习近平总书记强调，做好人才工作必须坚持正确政治方向。坚持正确的政治方向需要强化政治意识、突出政治属性、善于从政治上考量问题。中共中央政治局委员、中央书记处书记、中央办公厅主任丁薛祥曾在中央档案馆国家档案局调研时指出，从事档案工作的同志要形成一种职业敏感，凡事首先要从政治上进行考量，看是否符合党的路线方针政策，是否符合社会主义核心价值观和我们党的意识形态，是否符合党和国家的根本利益。这些要求同样适用于高校档案管理人员。档案人才只有政治素质过硬，才能有坚定的理想信念，才能主动担负起时代赋予的使命责任，才能在档案管理工作岗位经得住各种考验，做到爱岗敬业、无私奉献。

在平时工作中，应充分发挥基层党组织的先锋模范作用，引导业务骨干积极向党组织靠拢，将其培养成入党积极分子，发展成为共产党员，提升他们的政治理论水平，不断增强其政治意识、大局意识、核心意识、看齐意识，进一步坚定其为党管档、为国守史、为民服务的理念，树立其忠诚担当的服务观念。

（二）提高对档案管理队伍建设重要性的认识

进入新时代，档案管理工作面临新形势、新变化，地位更加凸显、作用更加明显。习近平总书记指出，档案管理工作是一项非常重要的工作，经验得以总结，规律得以认识，历史得以延续，各项事业得以发展，都离不开档案。因此，各级领导干部要提高认识，充分认清档案管理工作在中国特色社会主义事业中的特殊位置，进一步把档案管理工作摆上重要议程，将档案管理工作与其他各项工作同部署、同推进、同落实，认真落实档案管理工作责任制，给予相应的人员、资金和政策支持。

对高校来说，应该把档案管理及档案队伍建设工作提上重要的议事日程，思想上重视，认识上提高，积极行动起来，推动档案管理队伍健康持续发展。另外，高校档案馆自身也要积极宣传档案管理工作的特殊地位、特殊作用，扩大档案管理工作的社会影响力。同时，积极拓展高校档案社会化服务，宣传档案管理工作取得的成绩，提高社会对档案管理工作的认知度和认可度，提高档案管理工作的社会地位，使档案管理工作成为令人向往的工作，吸引更多高层次人才，特别是档案管理专业的高校毕业生加入档案事业队伍。

（三）改善年龄专业结构，加强档案管理队伍建设

针对档案从业人员队伍年龄结构老化、专业结构不合理的问题，应建立健全促进人才开发的长效机制，营造档案人才成长环境，搭建平台，精准施策。尤其是高校档案馆，可凭靠身在高校的优势，有针对性地对档案学、历史学、汉语言文学和计算机应用等专业的硕士研究生进行宣讲，同时可邀请专业的职业指导师对拟录用人员和拟引进人才进行职业倾向（兴趣）测评，按照其职业倾向（兴趣），将适合档案管理工作的人员录用、吸收、引进到档案行业中来，发挥人才资源的最佳效用。

（四）丰富培训内容，加强业务能力建设

注重人才引进，更要注重人才培育，要力图构建以能力建设为核心、文化需求为导向、知识更新为主线的人才培训体系，拓宽档案管理工作者的知识面，提升其工作能力，推进档案专业人才快速成长，提高档案管理工作队伍综合素质和水平。

首先，科学确定培训对象。对所有在职人员，依据不同层次、不同需求，分类指导、按需施教，定期进行各种类型的继续教育培训，既要对新录取人员进行上岗前的培训，也要重视对老员工进行继续教育。要通过岗前培训、任前培训等方式，加快提升初级人才队伍的能力素质；通过实训和专业教育等方式，扩大中级人才队伍的规模；通过高层次专业化培训，提升高级人才队伍整体水平。

其次，丰富培训方式方法。充分利用各种资源、各类渠道，灵活开展研讨交流、学术论坛、岗位轮训等形式的继续教育，提升教育实效性。

再次，增加实时外派学习机会，提高干部业务水平。选派好学上进的档案管理工作人员到上级单位或发达地区学习相关业务知识，使其进一步开阔视野、拓展思路，提升其挖掘档案文化价值和信息化管理的水平，使其热衷于档案事业，并能创造性地推进档案管理工作，进一步提升档案行业部门的社会地位，充分发挥档案资政育人的作用，提高人民群众对档案管理工作的满意度。

最后，加强档案部门之间的学习交流。每个档案部门的管理重点不一样，有各自的好经验、好做法，开展档案部门之间的交流，可以汲取档案管理经验，交流人才培养方法，取他人之长，补自己之短，加快档案管理水平的提升。

（五）完善考核评估机制，倒逼档案管理队伍建设

首先，要建立教育培训档案，如实记载干部参加培训的时间、内容、考核结果等。其次，将教育培训结果作为干部考核和任职、晋升的重要依据之一，提升从业人员继续教育的积极性。再次，深化档案专业人才评价体系改革，优化档案专业技术职称评定办法，对评价指标进行细化、量化，适时调整专业评审指标，倒逼档案从业人员提高自身素质。最后，完善档案人才培养考核机制，把人才队伍建设情况作为考核各级领导干部实绩的重要指标，及时总结推广先进经验和做法，表彰先进单位和个人；对不重视档案

人才队伍建设、没有制定人才队伍建设规划的单位，采取一定的考核措施，促进档案管理队伍建设工作落地落实。

　　档案人才是档案管理工作的支撑，进入新时代，优化档案人才培养机制时不我待。2022 年是党的二十大和四川省第十二次党代会召开之年，更是档案事业发展的奋进之年。各地高校档案馆要将档案人才的培养和队伍建设作为一项重要且需长期坚持的工作来抓，通过健全培养机制，加大培养力度，培养一批与社会主义现代化强国档案事业建设相适应的高层次、创新型专业人才，以人才培养带动队伍建设，以促进新时代高校档案事业长远发展、科学发展。

参考文献

[1] 覃兰花，蒋宏灵，韩效东，等. "十四五"时期档案人才培养需求分析 [J]. 中国档案，2021（11）.

[2] 朱晓燕. 加强新时代档案人才队伍建设探析 [J]. 档案与建设，2021（4）.

[3] 张秋梅. 高校档案队伍建设中出现的问题及策略研究 [J]. 中国市场，2018（4）.

[4] 于咏梅，张媛媛. 加强档案队伍建设推进档案事业繁荣发展 [J]. 兰台世界，2015（35）.

新冠病毒感染疫情下
对学籍档案资料邮寄工作的思考

——以四川大学档案馆为例

四川大学档案馆　熊元源

档案，是国家、社会和个人一切活动的真实记录，是了解昨天、把握今天、开创明天的钥匙，是汲取走向未来智慧的密码，更是党和国家的宝贵财富。习近平总书记指出，档案工作是一项非常重要的工作，经验得以总结，规律得以认识，历史得以延续，各项事业得以发展，都离不开档案。虽说邮寄工作只是高校档案工作的冰山一角，却关系着众多用人单位、广大校友、青年学子、望子成龙的家长等。作为高校档案工作的新人，笔者也曾有过大众最普遍的想法，认为学籍档案资料的邮寄工作跟快递员的工作区别不大，还曾自我调侃是档案馆的"快递小哥"。但在新冠病毒感染疫情发生后，笔者切身体验了特殊环境下的邮寄工作，才深知每一项工作都有其不易，与公众利益息息相关的"小小"邮寄服务工作也是如此。

一、四川大学学籍档案资料邮寄工作的相关要求

（一）学籍档案资料邮寄工作的主要内容

四川大学学籍档案资料邮寄工作的主要内容包括：中文成绩（含本专业成绩、第二专业成绩、辅修专业成绩等），中文证明资料（含学历证明、英语六级成绩、英语四级成绩、高考录取名册、毕业生登记名册、毕业派遣登记表、授位决定、论文评议书等），翻译订单（含英文成绩、英文毕业证书、英文学位证书、第二专业英文成绩、第二专业英文毕业证书、第二专业英文学位证书等）。

（二）学籍档案资料邮寄工作的具体步骤

（1）领取待邮寄资料：分别到出具中文资料（包括中文成绩和中文证明资料）和翻译资料的办公室领取当日需要邮寄的档案资料。

（2）盖章：将资料送去综合科办公室，按不同类别的资料分别加盖学历章和学籍章，学历证明、毕业证书、学位证书等加盖学历章，成绩、录取名册、毕业派遣登记表

等加盖学籍章。

（3）密封：按照不同用户的需求，将众多资料按要求筛选、归类、整理，再按份折叠装入档案馆专用信封密封，最后用铅笔在专用信封上依据不同的用户和资料类别做标注。

（4）盖封讫章：在密封好的档案馆专用信封上按照要求加盖封讫章。

（5）填写快递面单及快递单号：按照订单上的收件人信息，填写快递面单，然后将快递单号回填至预约管理系统，供学生查看快递单号。

（6）资料投递：将填好的快递面单与待邮寄资料一一对应，并一起交付给快递工作人员。等待快递人员录入信息后，交还底单保存。

二、疫情下学籍档案资料邮寄工作面临的问题

笔者刚接触学籍档案资料邮寄工作时，恰逢疫情时期，作为新人，在前辈们的指导下，经历了从不了解到了解、再从了解到熟悉此项工作的过程。在不断熟悉并不断总结反思邮寄工作的过程中，慢慢发现以前的邮寄工作似乎存在一些弊端，主要问题包括以下方面。

（一）手填快递面单的弊端

（1）手写效率低。（2）手写字体容易出现识别错误。（3）人工填写手机号码出错率高。（4）快递员录入信息速度慢。（5）快递面单及快递单号不易保存。（6）不方便工作人员及用户查询快递单号，且效率低下。

（二）原有快递投递方式的弊端

（1）与快递员接触占用时间过长。（2）快递员封装资料时容易漏装、错装。

（三）预约系统在学籍档案资料邮寄工作方面存在的不足

（1）邮寄地址可以随意填写，容易造成地址信息不完整、不规范，甚至出现错误的地址信息，而系统无校验功能，无法拦截不完整、不规范、不正确的地址信息，这会影响邮寄工作的效率，需要人工打电话核实或者上网查询核对。例如，整个地址信息只填写街道和小区名称，连省份及所属市区都没有。

（2）电话号码可随意填写，空号、错号甚至电话号码位数少一位或多一位的情况，都无法由系统提前初步自动校验，往往只有等工作人员在邮寄前打电话确认相关信息或者快递员派送时才能发现错误。如此，会浪费用户、快递人员、工作人员的时间、精力以及快递公司的物流资源。

（3）用户可以随意注册，无校验，一人身份证信息可以多次注册，这会导致无法生成邮寄订单。

（4）馆内系统没有与快递公司的系统对接，依然是手填面单，手工回填快递单号至预约系统。目前是"顺丰速运"负责档案资料的寄运工作，但馆内系统不能与其系统对接。一方面档案馆采用预约系统的所属公司无法与"顺丰速运"达成合作关系；另一方面，档案馆也曾与"顺丰速运"沟通，由于邮寄数量与规模无法达到"顺丰速运"的要求，故而无法完成系统的对接。因此，无法通过预约系统自动生成快递单号，只能人工手动添加快递单号。而手工添加快递单号效率低下，出错率高。

（四）缺少与用户、快递工作人员的必要沟通

（1）每个区域的快递接收情况时刻发生着变化，如不能提前与用户沟通，用户可能产生不理解的情绪，会指责档案邮寄人员的工作没有做到位，耽误用户的时间与精力。例如，某一时间段，杭州所有区域的快递都无法寄出，而用户可能也没有认真阅读预约系统上的说明，在快递寄出的第三天就出现了用户向多个办公室打电话指责档案邮寄人员态度不好、工作不认真的情况。如果档案邮寄人员主动、提前与用户沟通，或许就不会发生此类情况。

（2）作为邮寄工作人员，如果只是死板、单方面地理解订单的字面意思，容易出现理解不到位、不能真正了解用户真实需求的情况。

（3）作为用户，如果仅从远程预约服务系统上的说明了解自己正在办理的业务，也很容易因为理解的偏差而造成误解，进而影响用户对相关工作的理解及满意度。

（4）快递工作人员每天收、发快递无数，同时面临着不同用户的各种需求，如果不能和快递工作人员建立一个主动、良好、有效且及时的沟通反馈机制，很容易出现各类问题，进而被问题和麻烦找上门，从而影响工作效率，降低用户对档案馆工作的满意度，甚至受到投诉。例如，原本待邮寄的资料里有几个用户特意提出加急（当日要或次日要）的，如果不与快递员沟通，错过了当日达或次日达的投递时间点，便会直接影响用户接收资料的时效，无法满足用户需求，导致用户对档案工作的满意度降低。

（五）邮寄档案资料的工作人员互相之间还需加强交流沟通

因远程预约系统上的订单被分为三类，所以同一个用户在下单时，可能因为时间差和类别的问题，产生多个不同的订单。中文成绩订单、中文证明订单和翻译订单，各自办理的时长不一致，办理工作日也不一致，加上办理中文订单的工作人员与办理翻译的工作人员不在一个办公室，故而会存在同一个用户的申请资料被分成两批邮寄，用户在前后两天收到两个到付快递的情况。这无疑给用户增加了办理成本，尤其对于还是学生的用户，更是增加了他们的经济负担。

有时，用户不太清楚线上和线下办理业务的时效是一致的，往往在线上申请后又到馆办理，同时可能又找了不同的教师办理，造成办理效率的下降及资源的浪费。

三、如何在安全高效防疫抗疫的同时保质保量完成学籍档案资料邮寄工作

（一）摒弃手填面单，迈向电子化，科学防疫抗疫

档案馆现有系统的具体情况，即原有系统没有与快递公司邮寄系统对接，且重新开发对接接口困难。其中原因，一是经费不允许，二是时间不允许。重新开发从商务谈判到需求调研，从需求调研到实施开发，从开发完成到部署、测试运行，再到上线运行，周期至少长达半年。当务之急，是针对手填邮寄面单的各种问题，利用现有的条件，使用"顺丰速运"现有的邮寄系统，将预约系统的用户已申请的订单信息（收件人姓名、电话、地址）直接复制到"顺丰速运"的邮寄系统，不再手填面单，提高收件人地址信息的精确化，也可初步利用"顺丰速运"的邮寄系统识别收件人电话的准确性，形成自寄电子二维码。如此，既可提高邮寄时效和快递工作人员录入信息的效率，又能减轻邮寄工作人员及快递工作人员的工作量，还可实现环保效果。更为重要的是，这样可以减少工作人员与快递员的接触时间，甚至可以做到零接触，这在疫情时期尤为重要，如此便做到了安全、高效地防疫抗疫。电子二维码还有利于工作人员长久保存快递信息，以便后期出现问题时可以做到有据可查、有据可依。

（二）改进快递投递方式，避免分装错误，助力抗疫

原有投递方式是用回形针合订每个收件人的手填面单和用户申请的学籍档案资料，然后将所有收件人待邮寄的资料摞在一起投递给快递员，再由快递员按照手填面单分装用户申请的学籍档案资料。但特殊情况下，快递员不能上门取件，只能由工作人员送到指定的地方，或寄件人前往指定的地方邮寄，如果按照原有方式进行投递，容易造成人员聚集，不利于防疫抗疫。此外，快递工作人员的收件物品过多，容易产生分拣错误。其中，学籍档案资料是用回形针分类区分的，更容易产生将不同用户的资料漏装或错装的情况。因此，档案馆工作人员应在快递公司处提前获取快递文件信封，将不同用户学籍档案资料分装至快递信封，并在信封上标注收件人，结合自寄电子二维码，则可提前约定地方和时间将待邮寄资料交付快递员或者驿站。如此，既避免了分装出错，又提高了投递效率，还减少了不必要的人员聚集和接触时间。

（三）充分利用现有资源，提高工作效率，共同抗疫

正确认识档案馆现有预约系统在邮寄工作方面的不足，充分利用"顺丰速运"邮寄系统的科学先进之处，可初步校验收件人地址、电话号码信息等，智能下单，提高工作效率。对于邮寄工作人员来说，利用"顺丰速运"邮寄系统产生的电子快递单号，可减轻手工添加快递单号的工作量，更降低了手工添加快递单号的出错率，可明显提高工作

效率。对于用户来说，利用"顺丰速运"的微信公众号或者小程序可以第一时间收取查看自己的快递运输信息，及时掌握所需资料的动态情况，缓解等待快递的焦虑心情，更避免了耽误用户重要事情的情况发生。对于快递公司的工作人员来说，利用"顺丰速运"邮寄系统产生的自寄电子二维码，既减轻了手工录入邮寄信息的工作量，又提高了工作效率和精确度。

（四）做好邮寄工作的"售前售后"工作，支持抗疫

虽然邮寄订单是"无情"且"无声"的，但工作人员可以让邮寄订单更鲜活、更智能、更有人情味。我们应该加强各方面的沟通工作，如邮寄工作人员与用户之间的交流沟通，邮寄工作人员与快递工作人员之间的交流沟通，馆内工作人员之间的交流沟通，充分做好邮寄工作的"售前售后"工作。

加强邮寄工作人员与用户之间的交流沟通，提前告知档案馆采用的邮寄方式和选用的邮寄公司，告知送达情况，主动关心用户是否着急使用，耐心听取用户需求，尽心为用户"出谋划策"。邮寄后，主动追踪快递运输信息，及时掌握快递签收情况。特别要对急件、邮寄资料多、邮寄资料复杂的邮寄件进行重点关注，实行"售前"再三确认，"售后"重点追踪，及时发现问题，第一时间掌握收件人的签收情况，在收件人签收后，主动联系询问收件资料是否存在遗漏等问题。针对其他普件采取随机"售后"的访问跟踪方式。力争做到"主动找问题，杜绝问题找我们"。

主动加强邮寄工作人员与快递工作人员之间的交流沟通，提前了解邮寄范围的变化，明确每天的邮寄资料是否准时邮寄，清楚是否有未成功投递或收件的情况，以便了解邮寄动态，拒绝被动告知状况，争取做到提前告知用户而不是坐等用户找我们。

加强馆内工作人员之间的交流沟通，尽可能做到信息互通。在处理邮寄资料时，尽可能注意是否有同一用户下多个订单，同一用户是否于线上线下同时申请，以避免浪费时间及资源。

总之，要尽可能地加强各方面的交流沟通，以提高广大校友、青年学子及家长、用人单位对档案馆工作的认可度和满意度，同时也应提高档案馆服务的科学化水平，积极支持防疫抗疫工作。

参考文献

[1] 储丽莎. 新冠疫情下档案管理工作的思考 [J]. 兰台世界，2020 (S2).

[2] 张超. 抗击新型冠状病毒肺炎疫情中医疗档案工作的启示 [J]. 兰台内外，2020 (15).

浅论毕业季中的高校学生人事档案管理工作

四川大学档案馆　甘露华

党的十九大报告指出，不忘初心、牢记使命，高举中国特色社会主义伟大旗帜，决胜全面建成小康社会，夺取新时代中国特色社会主义伟大胜利，为实现中华民族伟大复兴的中国梦不懈奋斗。作为高校档案的管理者，要用实际行动践行"不忘初心"，做"学校档案的管理者、学校历史的守护者、学校发展的见证者、学校事业的服务者、学校文化的传承者"。学生人事档案管理工作是高校档案工作的重要组成部分，它涉及招生就业、学籍管理、党团发展、奖助学金评审等高校学生管理的方方面面，是高校学生管理中一项基础性和支撑性的服务工作，也是连接学生就业、用人单位招聘的重要对外服务窗口。

毕业季时，作为学生派遣工作的重要环节，按照学生毕业流程的安排，高校毕业生人事档案转递工作是所有离校手续的最后一环。很多学生对此工作不甚了解，许多人在离校多年后或需要利用自己的人事档案办理公招、保险、婚育等各类证明时，才会想到关注自己的人事档案的去向。而往往到那时，手足无措地四处查找，只会使自己陷于被动，并常会因此给自己带来麻烦，甚至耽误关系自己切身利益的重要事情。高校学生人事档案管理工作对于高校学生的日常管理、招生就业等许多方面都非常重要，却常常处于次要地位，没有受到应有的重视。许多高校甚至没有主管学生档案的专职机构和人员，只是挂靠在学工部或招生就业处，学生档案甚至由各个学院自行保管。随着各级政府对相关部门的规范性立法和对就业市场的规范化管理，高校学生人事档案管理工作有了新的机遇。

一、学生人事档案的重要性

为规范普通高校学生档案管理工作，教育部于 2017 年 9 月实施了《普通高等学校学生管理规定》，以此为参考，四川省教育厅等颁布了《四川省〈高等学校档案管理办法〉实施细则》，从制度的层面规范了高校学生档案管理工作，促使四川省普通高校学生档案管理工作更加规范化、制度化。同时，随着国家对流动人员管理的规范化，2018年中共中央办公厅印发了新的《干部人事档案工作条例》，以从严管档的高度，确立干部人事档案管理是干部管理审核中的重要方面。干部人事档案管理，特别是对新入职、新提拔人员档案的审核，不仅在各级国家机关、科研事业单位中，甚至在国有企业和越来越多的私营企业中，都越来越受到重视。

干部人事档案是我国人事管理制度中的重要组成部分，它包括个人主要学习工作经历记录，涵盖个人履历、评定考核、学籍学历、党团材料、职称职级、工资待遇等多个方面的材料，对于个人考研升学、评定工资待遇、政治面貌考察、职务晋升，甚至落实社保待遇、出具婚育情况和家庭成员等个人相关信息证明都有重要作用。干部人事档案最初形成于高校毕业生档案，由其在校期间形成的入学材料、学籍材料、毕业生登记表、党团材料、奖惩材料、授位材料、体检材料等组成，在毕业生派遣时，通过学生档案专用寄送通道寄送。它们与学生入校初转递到学校的高中学籍档案一起转递到毕业生派遣单位，或转递到由单位所委托的地方人才中心。此时的高校毕业生档案即正式成为干部人事档案。

干部人事档案对于学生个人、单位和学校都具有重要意义。学生毕业后，在求职、就业、定职、提升、出国、婚育、退休、继承等各个方面都可能用到人事档案，人事档案就像自己的影子，记录个人的成长经历却始终不会与自己见面。因为按照人事档案管理规定，查阅、转递人事档案时，作为档案所属人，在可能接触自己档案的时候应当予以回避，以保障档案管理的客观公正性。对于用人单位，人事档案真实而全面地反映了个人学习工作的基本状况，是单位进行人员资格审查、考核的重要依据。将相应的人事管理材料装入档案是单位的权利和义务，也是之后进行人事管理的重要凭据和依托。对于高校而言，作为学生最初人事档案材料形成的部门，学生即学校教育的成果，毕业生质量虽说最终成果应体现在他未来的社会成就和工作表现中，但在学生离开校园时，人事档案即展现学生成绩品质的最直观、最重要的载体。所以重要表格的填写审核是否符合标准，主要信息是否准确齐全，毕业生档案材料是否完整翔实，转递是否及时准确，这都是衡量高校学生档案管理工作的重要标准。人事档案不仅关系到学生的就业派遣，更是高校与用人单位联系的重要途径。人事档案管理工作关系到社会对高校就业服务工作效率的认可，甚至直接影响到社会对高校人才培养质量的评价。

二、改善高校学生人事档案管理的创新性对策

当前，社会发展和制度建设皆对高校学生档案管理提出了更高的要求，以创新的方式改进和加强高校学生档案管理工作是当务之急。改善的对策主要有以下方面。

（一）在校内加强对学生人事档案重要性的宣传

高校学生档案管理部门应与学生工作部门、招生就业部门等共同合作，在学生进校之初对学生进行档案知识的系统培训，其内容可包括介绍学生档案的形成、学生档案内容和转递方式等。对于哪些表格和材料将会被装入档案伴其一生，在此时就应向学生予以说明，并告诫他们对于重要表格材料的填写要严肃、谨慎地对待。最重要的是强调档案在个人生涯中的重要作用，同时也要提醒学生，虽然个人档案很重要，但因为档案管

理的特殊性，个人是不能直接接触自己的档案的，所以涉及个人档案的事务必须按照人事档案管理的规定严格办理。

利用校园内的报纸、网络等媒体宣传工具，以多渠道向学生及相关部门宣传档案工作。一方面，使学生意识到自己在学校的学习成绩、党团活动、奖惩表现等各方面情况都会被如实地记录保存到档案中，并伴随自己一生，以此使学生自律、自省，从而促进其提高自身素质以加强就业竞争力。另一方面，对档案管理工作的宣传，也能使学校其他管理部门更好地认识到学生档案管理工作的重要性，了解相关工作流程，以期在日后的工作中能够更好地相互配合，借助宣传达到相互交流学习的目的，共同谋求在高校学生管理中取得更好、更高效的成果。

（二）对外加强服务，展现学校优质形象

高校学生档案管理部门也是学校对外服务的窗口部门之一。每年到高校进行招聘的企事业单位，在拟招聘和选用该校学生时，很多单位都需要联系学生管理部门对学生的各方面情况进行审查，其中很重要的一个方面是对学生档案的审查。一方面，在这一过程中，一份清晰准确的学生档案将帮助用人单位清楚了解学生的具体情况和学习经历，这对于学生能否顺利受聘是相当重要的。另一方面，此时学校管理部门工作人员的思维模式和办事效率将代表学校管理服务部门的整体形象。档案工作者在学生档案审查中为用人单位提供高效优质的服务，会让用人单位深切感受到学校以人为本的办学理念，从而提升学校社会形象，积累具有活力的无形竞争力。因此，高校学生档案管理部门应在加强对外服务方面与学校学工、就业等部门密切配合，尽量在档案资料收集、政审人员接待、相关问题解答等方面为主管学生就业服务的部门提供协助与支持。具体工作表现为以下方面。

（1）与学院加强联系，加强对学生在校学习阶段成绩、奖惩、党团等材料的及时归档整理工作，这样当用人单位到校查看学生档案并进行政审时，可以比较准确全面地把握学生的基本情况。及时归档，看似是小事，却繁复琐碎，需要各学院和相关部处积极配合，还需要经常向部分不明情况的其他部门同志耐心解释，请求他们配合工作，这非常考验工作人员的细心与耐心。

（2）在毕业派遣季与就业部门密切联系，及时收集毕业生派遣信息，准确及时地将毕业生档案寄送出去。此项工作最大的难点在于保证学生派遣信息收集的及时性和准确度。当前高校大多让学生通过毕业生信息系统提交毕业信息，这些信息经学院和学校就业中心审核后传送到档案馆，由档案馆进行档案寄送工作。一些学生在毕业季时忙于其他事务，对自己的档案问题不够关心，便会出现工作报到需要档案时着急地四处寻找的情况。所以这项工作的核心其实是配合就业和学工等部门加强对毕业生档案重要性的教育，通过班会、形教课等形式，把毕业档案派遣的流程方法告知学生，让他们按规定、按步骤完成毕业信息的提交、材料的审核等工作，使毕业档案派遣能够高效有序地进行。而尽早做好学生毕业档案的宣传学习工作，也可避免在档案派遣最繁忙的时候，学

生咨询事务扎堆，大量占用档案馆有限的人力，降低工作效率的情况。

（3）在学生毕业派遣时，无论是前期的单位政审还是后期的合档寄送，都需要独立的空间支持，既要排除外界干扰和保证档案安全，还要足够宽敞，方便用人单位的政审人员使用。同时还应有了解档案的专业人员提供对问题的咨询解答。这些硬件设施和人员配备的情况，也从一个侧面体现了学校对于毕业生档案工作的重视程度。

（三）以电子信息化提高学生档案管理效率

随着高校的扩招，学生档案数量逐年增加。对高校学生档案实行电子信息化管理可以大幅提高学生管理工作效率，通过不断整合招生数据、毕业生数据和教务管理数据等，形成动态数字档案存放并及时寄送转移数据库，为相关部门的工作提供档案信息支持，并为之后的档案提取转递、档案去向查询积累数据基础。许多高校由此建立学生档案管理系统，用以记载学生个人信息及归档材料情况，并针对学生档案管理信息更新频繁、痕迹管理突出的特点，加强对学生档案材料归档记录、利用记录、转递记录的保存与管理，确保记录清晰有效。该系统需要与学校就业主管部门的系统对接，及时采集毕业派遣信息，并与学院学生及时核对改派信息等，减轻毕业季相关信息核对压力。学生档案管理系统同时开放毕业生档案寄送查询功能，可查询学生档案寄送的相关信息，同时开通"微服务"平台，向毕业生推送信息，提醒学生主动查询档案是否安全抵达接收地，这样能有效降低寄送过程中错寄、遗失问题的发生概率。以电子信息化提高档案管理效率、改进工作方式，是今后促进高校学生档案管理工作发展的必由之路，但在此之前，在学生基本信息的保护、系统创建与维护、人员培训等诸多方面皆有许多工作需要完善。

（四）建设专业学生档案管理机构，做好对学生档案管理人员的培训指导

现阶段部分高校中仍然存在学生人事档案管理不规范的问题。学生人事档案归属部门不统一，一些由学生处、就业处管理，一些直接由学院管理，这些部门一则不具备档案管理的硬件条件，二则无法配备档案管理专职人员。辅导员和教务教师兼职从事学生档案管理，由于其工作任务繁多而精力有限，且档案意识不强，往往到临毕业时才召集学生整理寄发档案，这样不规范的操作会导致档案漏装错装的情况发生，造成档案遗失等严重问题。加强学生档案专职队伍建设是学生档案管理工作的重点。从事学生档案管理的人员不仅需要有档案管理方面的专业素养，还需要在收档、管档的过程中沟通学校招生、就业、组织、学工、教务、党团等多个部门，这不仅考验工作人员的协调能力，更是对责任心、耐心、细心的考验，毕业季时档案管理人员更是要面对海量的工作和巨大的压力，需要学习现代数字化档案处理系统，尽快适应学生档案信息化管理的各项要求，掌握其专业技能。

建设学生档案管理专业队伍，首先要确定学生人事档案管理归属高校档案馆，由专

职档案人员进行管理，按照《普通高等学校学生管理规定》和各地方相关法律法规的规定，结合学校实际，制定高校档案管理工作的规章制度，做到依法治档、有章可循。其次，要引进高素质专业人才进行档案管理，定期开展档案专业、职业道德以及计算机应用技术等各方面的培训教育，以保证从业人员从政策、专业、技术等各方面都能做到与时俱进、不断提高。最后，高校应从档案馆的人员编制、职称评定、福利待遇等多方面给予重视和关怀，以吸引更多优秀人才加入学生档案管理队伍，并保障队伍的稳定性。

总之，高校档案馆要从加强档案工作宣传、优化对外服务窗口、促进电子信息化和强化干部队伍建设四个方面，提升高校学生档案管理工作的服务质量，使高校学生人事档案管理工作在新时期能够更好地为学校、师生和社会贡献力量。

参考文献

[1] 余子丹. 毕业季学生档案转递问题分析 [J]. 办公室业务，2019（18）.

[2] 赵湘渝. 高校离校生档案的转递规范与流程 [J]. 档案管理，2017（1）.

[3] 鲁美. 在新形势下对高校档案管理工作的思考 [J]. 吉林化工学院学报，2016，33（12）.

[4] 沈牡丹，张云涛. 新时期高校学生人事档案管理探析 [J]. 三峡大学学报（人文社会科学版），2010，32（S1）.

如何拓展高校档案馆的社会服务职能

——以四川大学档案馆为例

四川大学档案馆　刘卿钦

高校担负着为区域经济社会发展培养人才、提供科技支撑、服务社会发展、引领文化创新的重要使命，是推动社会发展的重要力量。高校的社会服务职能最早由美国学者提出。20世纪初，威斯康星大学的校长查理斯·范海斯（Charles R. Van Hise）指出，大学必须为社会服务，服务应成为大学的唯一理想。自此，社会服务成为继人才培养和科学研究之后，高等教育的又一大职能。

自新中国成立以来，我国不断探索高校服务社会的路径。《中华人民共和国高等教育法》第三十一条规定：高等学校应当以培养人才为中心，开展教学、科学研究和社会服务，保证教育教学质量达到国家规定的标准。近年来，我国高校推进社会服务职能的发展也初见成效，但在发挥社会服务职能的过程中仍然存在许多短板。下文将通过四川大学档案馆近年的社会化服务案例，从高校档案馆社会化服务的作用入手进行分析，继而探讨高校档案馆社会化服务的有效途径。

一、高校档案馆社会化服务的作用

在高等教育发展的早期，高校是传播高深知识、从事纯理论研究的场所，远离社会现实。19世纪以后，高校与社会的联系逐渐密切起来。到20世纪，随着高等教育由精英教育向大众教育发展，高校的职能也得到扩展，其逐渐引入社会服务职能，最终承担起人才培养、科学研究、社会服务、文化传承创新、国际交流合作等职能。进入20世纪80年代，随着改革开放的推进和高校不断发展，我国高校的社会服务职能逐渐明确，高校对其重视程度也逐渐提高。高校社会服务职能在蓬勃发展中，形式逐渐多样化，管理逐渐规范化。1996年颁布的《关于加强高等学校为经济社会发展服务的意见》提出：高等学校要进一步增强为经济和社会发展服务的意识，充分利用学科门类比较齐全、各类专业人才比较配套的有利条件，广泛动员广大教育科技工作者，积极投入经济、社会发展各领域，面向生产应用第一线进行研究开发，全方位为各行各业发展服务。由此可见，高校社会服务对高校和社会经济发展，具有重要意义。

高校档案馆社会化服务是高校社会化服务的重要组成部分。高校档案工作是教学、科研、管理等各项工作必不可少的环节，档案工作的发展与高校各项工作密不可分。具体而言，档案馆在高校的社会化服务中主要起到以下几个方面的作用。

（一）面向社会传播信息

高校档案馆最基本的功能是收集、整理、储存档案资料，并为高校师生和社会公众提供查借阅及利用服务，以此向社会传播档案信息、承担宣传教育，并为社会各方面提供服务。

（二）面向社会提供咨询服务

高校档案馆全面收藏了学校的教学档案、学生学籍档案、科研档案、党政文件等各类档案信息，是见证高校发展的重要资源。很长一段时间内，高校档案馆基本上都是为学校自身服务的，但是随着社会的快速发展，高校档案馆的服务功能也发生了很大的变化，目前高校档案馆不仅需要满足校内师生的需求，还应该面向社会提供信息咨询、查阅服务，高校档案馆是社会了解高校的一个重要窗口。

（三）面向社会传播高校文化，践行文化育人

目前，高校档案馆除收集一般档案资料外，大多建立了"校史陈列室"或"校史馆"。校史档案记录了学校的历史沿革、名人事迹、重大历史事件等，见证了高校的发展变化，是呈现高校校园文化的一项重要资源。档案是学校三大产品（毕业生、科研成果和档案）之一。建校以来，师生员工的劳动成果、智慧结晶都以档案为载体保存在档案馆内，这些信息应当成为教育学生的内容之一。档案馆（室）面向社会的最好方式就是传播高效文化、践行文化育人。

二、四川大学档案馆的社会化服务

高校档案馆的社会化服务即其公共服务，是为了更好地实现高校档案信息资源的价值，满足社会各界对高校档案信息的需求，将静态保管的档案信息开发成系统和动态的知识信息，通过改善用档环境、优化查档方式、提升服务水平、提供多样化档案信息资源等多种方式面向全社会提供服务的一种新型服务。它的服务实施主体是高校档案馆，受众不仅是本校师生员工，还包括社会公众。下面从文化育人方面具体阐述近年四川大学档案馆所提供的部分社会化服务。

（一）校史展览馆

高校校史馆是高校档案文化的重要组成部分，它与档案文化都是高校精神文明建设不可或缺的一部分，是高校文化传承和发扬的基地。高校的发展与变迁，可以通过校史馆展示出来，它容纳着高校变化的点点滴滴。同时，校史馆也是高校构建校园文化、开

展校史研究的重要载体和窗口。

四川大学档案馆于 2006 年 8 月即学校建校 110 周年之际建成四川大学校史展览馆，其建筑面积 5500 平方米，是目前全国高校中建筑面积最大的独立校史展览馆。展馆包括 6 个大展厅和 8 个小展厅，围绕"世纪弦歌，百年传响"的主题，以图片和文字展览为主，同时陈列了丰富的校史实物展品和珍品档案，并辅以其他展览手段，全面反映四川大学（含原四川大学、原成都科技大学、原华西医科大学）120 多年的发展历史。馆内除校史大型主题展览外，还设有小型的专题展览和临时展览，如"抗震救灾，川大在行动""四川大学校友书画展""辛亥革命时期的四川大学师生""川大优秀教师教案笔记展"等。其中，展馆收藏和展示有不少珍贵的历史文物，如 1885 年尊经书院举贡题名碑、1910 年华西协合大学创办时的英文校名石碑等。四川大学校史馆鲜活地展示了学校在不同时期的教学、科研成果及学校服务社会的功能。开馆以来，四川大学校史馆接待了许多场面向学校师生（包括新生、毕业生、校友）及社会公众的大规模参观活动。就学校师生而言，通过对校史资源的深入学习，参观者不仅可以增加对四川大学发展历史的了解，而且可以不断强化自身对川大校园的文化认同，并在先进人物精神的感染下不断增强对学校的认同感和自豪感。同时，对校史的不断深化了解，将促使学生形成"今日我以学校为荣，明日学校以我为荣"的荣誉感与使命担当。就社会公众而言，四川大学校史资源也是历史发展的缩影，通过利用校史档案，不仅可以增加参观者对四川大学历史的了解，也可以重温历史上仁人志士为实现中华民族独立解放做出的努力和伟大贡献。参观了解校史档案资源中杰出校友、先进代表等的典型事迹，也能激励参观者（尤其是中小学生）坚定自身为中华民族伟大复兴而不懈奋斗的信念。

（二）历史文化长廊

四川大学还建有被称作"露天校史展览馆"的历史文化长廊。历史文化长廊于 2006 年学校建校 110 周年之际落成，位于江安校区东大门内近千米长的景观水道两侧，由 70 多座日历造型的雕塑作品构成。长廊着力体现了川大文化融合的主旋律，按照"源头活水""治校方略""群贤毕至""勇立潮头"和"春华秋实"等 5 个部分，将四川大学 120 多年的重大事件、重要人物和重要成果用简要的文字、形象的历史图像和雅致的艺术设计，鲜明地加以展示，气势恢宏、意蕴无穷，是见证学校悠久历史、彰显学校一流成就、传承学校深厚文化底蕴、展现学校辉煌远景蓝图的标志性景观。这一方式，真实全面、生动形象地展示了学校 120 多年的发展历程、文化传统以及办学成绩，也为四川大学江安校区营造了浓厚的校园文化氛围。

（三）江姐纪念馆暨四川大学革命英烈事迹陈列馆

四川大学档案馆充分挖掘红色资源，着力打造主题突出、导向鲜明、内涵丰富的精品陈列，为学校师生和社会各界群众开展爱国主义教育提供了更好的服务。江姐纪念馆是西南高校首家革命烈士专题纪念馆，设在江姐曾经居住的四川大学望江校区女生院旧址之上。该馆占地面积约 700 平方米，由一个 144 平方米的江姐事迹主展厅、16 平方米的江姐宿舍场景复原展厅、77 平方米的川大英烈事迹展厅和一个 400 多平方米的院落组成。馆内全面呈现江姐在川大求学期间勤奋学习、追求新知的经历以及为了革命事业顽强战斗、英勇就义的光辉历程，集中展示为新中国诞生献出宝贵生命的 70 余名川大校友的革命事迹，是大力弘扬以江姐为代表的革命先烈精神的红色文化教育基地。通过建设 3D 江姐馆、3D 川大英烈革命事迹陈列馆，展馆实现了公众的远程参观，扩大了纪念馆受众覆盖面，增强了红色文化资源的影响力与吸引力。该馆也成为四川大学特色的红色文化教育基地，频繁吸引校内外党支部和单位前来开展民主生活和教育学习活动。

（四）图书编纂与媒体宣传

2020 年，四川大学实施了川大革命英烈传记编纂工程，以进行江姐相关史料的编撰及江姐精神的研究工作：编印《江姐纪念馆》画册，出版《江姐在川大》音像制品，开展"江姐精神在大学生群体中的认同与传播——以四川大学为例""江姐历史文献的整理与研究"两项专题研究；开展"立德树人守初心　红色基因永传承"——媒体川大行主题宣传活动；接待中央及省市主流媒体记者到校参观，查阅江姐在校求学期间留下的珍贵实物档案，深入挖掘江姐在川大求学期间的学习、生活、革命经历，全面宣传展示了新时期四川大学传承弘扬江姐精神、培育新时代红色传人的工作举措和经验，在全校乃至全社会营造了弘扬红色文化的良好氛围。2021 年是中国共产党成立 100 周年，为全面展示四川大学党组织的发展历程和带领师生取得的建设发展成就，四川大学档案馆牵头举办了"中国共产党在川大百年历程专题展"，编印画册《中国共产党在川大》；拍摄《烈火淬金——四川大学共产党组织的创建与发展》专题片；实施川大革命英烈传记工程编纂工作，推出了 18 期"川大党史故事"，并在抗美援朝志愿军出国作战 70 周年、辛亥革命 110 周年等重要时间节点，及时策划、推出专题文章和网上展览，在全校师生党史学习教育中发挥了积极作用，产生了广泛的社会影响。作为四川省社科联设立的"大学精神与大学文化教育普及基地"，川大档案馆积极推进校园红色文化走出校园、走向社会。2021 年，四川大学档案馆在校内外开展川大党史故事宣讲共 16 场，如前往自贡市江姐故里、成都市人民公园开展川大校友江姐、王右木等革命英烈的事迹宣讲；参加川渝地区档案系统"印记 100"建党百年档案宣传系列活动，整理档案馆馆藏红色珍档名录，制作档案故事微视频，参加档案故事"云宣讲"。同时，川大档案馆主动策划，联合新闻媒体讲好党史故事。档案馆先后与新华社总社、中央广播电视总台、四川电视台、《四川日报》、成都电视台、《成都商报》等媒体合作，提供党史教育素材、拍摄专题片、举办讲座。川大档案馆协助中央电视台拍摄建党百年百集文献纪录片《山河岁月》第 41 集《烈火中的永生》，该片已播出；协助中央电视台《故事里的中国》栏目拍摄《江姐与张桂梅》专题节目；参与中宣部、教育部和中央广播电视总台策划的庆祝建党百年《时代楷模》节目组的节目策划与拍摄；协助成都电视台制作"追寻党史印记、坚守初心如一"系列节目，其中王右木、江姐、吴玉章专题节目已播出，受到了广泛关注。

三、高校档案馆社会化服务的途径

档案是社会实践的产物，又反过来指导社会实践。档案机构开展的社会化服务使档案价值得到进一步提升。高校档案机构的社会化服务起步较晚，影响较小。但改变孤立封闭的发展模式、融入社会大环境是高校档案机构进一步提高社会化服务水平、满足社会需求和谋求自身发展的必经之路，也是社会进步的客观要求。通过对四川大学档案馆社会化服务案例的分析，我们可以寻得一些高校档案馆社会化服务的途径。

（一）丰富馆藏资源

要实现高校档案馆社会化服务，就必须丰富馆藏资源。一方面，丰富馆藏资源需要档案管理者提高自身素质，能深入学校的各部门，将学校的资料进行全面收集，并对其鉴别、整理，形成有价值的档案资料。优化馆藏不能仅限于对档案数量的追求，还应该保证档案的质量，在收集整理档案时，应该收集有内容、有质量的档案资料。在收集科研类的档案信息时要注意数字的准确性，收集高校领导或教学名师的口述档案信息时应该注意文字的完整性，从而保证档案信息的及时性、准确性、完整性和质量，使馆藏资源达到数量和质量的双重保障。另外，高校档案馆还需面向社会收集档案资料，构建校内和校外的联动。面向社会公众提供更多服务，不仅能得到社会公众的支持，还有利于丰富馆藏资源，改善馆藏结构，最大限度地保存社会史实与社会记忆，满足社会公众对各种社会档案资源的利用需要，这也是高校档案馆拓展其他服务功能的基础，必将对社会产生更长远的影响。

（二）注重特色档案资源，尤其是校史档案资源的建设

校史档案不仅是一种史料，更是一种文化现象和文化存在，是高校文化品牌的综合稳定载体。一方面，在对校史资源的开发利用中，可以从杰出校友的先进事迹入手，通过全方位、多角度利用资源，助力大学生坚定理想信念；对外可引进社会资源，邀请杰出校友来校开展校史文化讲座或参与编纂校史文化读本；可通过举办征文比赛、演讲比赛、创作舞台剧、举办专题展览等多种形式来推进校史文化的传播，通过文化育人服务社会，形成校内外的联动机制。另一方面，可以校史档案中丰富的爱国主义内涵增强公众的爱国情怀。高校可通过多种载体和形式来呈现爱国主义校史档案，加速对校史档案育人路径的创新。要加强与省市级媒体的合作，借助有影响力的媒体资源，立体地宣传校史档案，由此吸引更多社会公众进校参观，使校史档案成为高校品牌文化建设的核心。

四、结语

高校社会服务能力的提升充分体现了高等教育服务人民，服务国家发展战略，服务社会主义现代化建设的使命和目标。高校档案馆在高校社会化服务过程中应坚持以立德树人为中心，以档案馆的文化资源优势，助力高校更好地发挥其社会价值。

参考文献

[1] 胡建兰. 高校红色文化资源育人现状及提升路径 [J]. 文化软实力研究，2018，3 (5).

[2] 李瑛，穆佳桐. "社会力量"参与档案公共文化服务基本问题 [J]. 兰台世界，2018 (10).

[3] 岳全华. 高校档案馆个性化服务模式探析 [J]. 四川档案，2015 (3).

[4] 李丽环，庞永真. 高校特色校史资源开发路径研究 [J]. 浙江档案，2021 (5).

[5] 鄢嫦. 红色档案教育价值的实现路径研究 [J]. 山西档案，2020 (6).

浅析推动档案利用服务社会化的发展策略

四川大学档案馆　毛清玉

一、前言

档案利用服务工作的本质属性与目的是服务，同时，服务也是档案利用工作的关键，档案馆通过提供档案服务来体现社会价值。档案工作联系社会的一个窗口是档案服务工作，评价档案服务工作开展程度和开展质量的一个主要指标是档案利用服务工作的开展情况。

随着人们对信息需求的提高，档案服务工作开始广泛利用现代信息技术，现代信息技术的发展为档案利用服务工作提供了重要的技术支撑。档案利用服务工作社会化的目的是推动档案信息资源共享。现代信息技术的引用可以为档案利用搭建一个优秀的平台，将档案信息以数字化的形式传输，为档案利用者提供更便捷、高效的服务，更好地满足档案利用者对档案信息的需求，从而达到档案利用服务工作社会化的目的。在新形势下，档案利用服务工作要求档案工作者与时俱进，发现档案利用服务的特点与规律，完善档案利用服务的思想观念，改进档案利用服务工作方式，提高档案利用服务水平。在服务过程中要把正确的信息，在正确的时间，用正确的方式，传递给正确的服务对象，为用户提供便捷的档案信息服务。然而，由于对档案馆的重视程度不足、人力资源管理不完善以及缺乏高素质的档案管理工作者等，档案利用服务社会化的发展受到影响，同时，在新冠病毒感染疫情这样的重大突发公共卫生事件面前，高校档案行业能做什么，能为此提供什么力所能及的服务，怎样提高档案利用服务的质量与水平，是档案部门面临的重要课题。

二、档案利用服务工作社会化的现状分析

目前，我国档案利用服务过程中存在的问题主要表现为以下方面。

（一）服务缺乏针对性、有效性、主动性，服务目标不明确，服务方式落后

目前，我国档案馆提供的服务主要是档案实体服务。然而，在社会信息化程度不断

加深的形势下，人们在信息需求方面发生了较大变化。在对档案信息的利用方面，在获取初始信息的基础上，人们希望能够获得经过分析整理后综合、有效的信息。但目前国内许多档案馆仅提供初始档案信息，服务比较单一，很难满足档案利用者个性化、高层次的需要。从我国当前的档案利用服务工作来看，基本上是等档案利用者上门咨询，由利用者所需要的档案信息决定档案工作人员查询的信息，缺乏主动性。在档案信息资源的开发上，看重档案的数量而忽略档案的质量，档案利用服务工作没有达到其应有的效果。

（二）档案的利用范围不能满足用户需求

由于多种因素的影响，在 20 世纪 80 年代初，我国档案利用服务工作侧重于编修史志、落实政府政策等。随着经济建设的发展和社会信息化程度的不断加深，人们对档案内容的需求不断增加，需求类型亦变得越来越丰富，但档案管理机构提供的内容与服务却没有太多改进。利用者需求扩大与档案利用范围小形成了档案利用服务工作上的一个矛盾，因而，客观的社会现实迫切要求我们在档案开放问题上尽早走出目前不理想的状态，合理地确定档案开放范围，使开放的档案可以较大范围地适应多方面的需要。

（三）档案的利用意识未深入人心

由于档案利用服务的封闭等因素的影响，我国档案行业在相当长的时间内过于强调档案的保密性，档案部门近似于"保密重地"，许多人对档案馆"敬而远之"，导致人们对档案的利用意识比较薄弱，许多人不知道档案是什么，更不了解档案有什么作用，跟自身有什么联系。虽然随着社会不断发展进步，以及档案工作的不断改进，人们对档案的利用意识有所增强，档案的利用服务也慢慢得到重视，但仍未达到发达国家的水平，未能使档案发挥其应有的作用，许多档案馆仍旧无人问津，档案的利用意识未深入人心。

（四）现代信息技术的应用水平较低

由于受人才、资金等因素的限制，我国档案馆现代信息技术的应用水平还比较低，许多部门的现代化信息设备不到位，缺乏信息化档案管理人才。档案行业的信息化水平与情报所、图书馆等机构相比仍处于劣势，档案工作的现代化，尤其是档案利用服务工作相对于信息技术的利用来说仍然处于较低阶段。已经取得的科技成果及现代信息技术发展成果，在档案利用服务工作方面未能得到良好的推广普及，没有充分发挥其积极作用。

（五）新冠病毒感染疫情影响高校档案馆服务正常开展

在新冠病毒感染疫情常态化时期，广大师生校友需要高校为他们提供各类档案服务。校友和用人单位分布在世界各地，有时物流工作会暂停，需要档案馆开辟新途径为师生校友及时、高效地提供服务。

二、档案利用服务社会化产生问题的原因

（一）档案工作人员的整体素质有待提高

目前，我国部分档案管理人员的专业素质不过硬，教育水平、思想意识、技术水平等没有达到要求，对档案利用服务的要求没有准确认识，服务理念滞后，且由于长期充当"档案保管者"的角色，对档案的接收、保管以及提供利用服务只是持被动的态度，缺乏主动性和服务精神，墨守成规。在档案利用服务社会化的过程中，不仅需要高素质、专业能力强的人才，还需要档案管理工作人员有较高的信息技术水平，以促进档案利用服务社会化的建设。

（二）档案行业现代化水平偏低

受资金、技术、思想观念以及管理层重视程度等因素的影响，我国档案馆在计算机、网络等现代信息技术管理设备和手段方面的利用率偏低，硬件配置不过关，现代化器械的使用少，现代化水平低，且档案馆所提供的查阅服务主要以手工检索为主，档案利用服务尚依赖于档案利用者与档案工作人员面对面的沟通交流，档案利用者往往需要亲自前往档案馆咨询查阅，以获取更为准确的档案信息。由于部分档案馆信息资源的封闭性，没能实现资源的共享，在一定程度上造成了不必要的人力、物力、财力的浪费。

（三）服务理念滞后，缺少创新意识

由于历史因素的影响，我国档案的利用曾经脱离了广大人民群众，档案在早期曾只是为了服务政治而存在，比如，在明朝，重要的档案均收藏于皇宫中的皇史宬中，普通百姓没有查阅权。档案工作的陈旧观念由来已久，从业人员缺少现代服务精神。档案管理部门注重管理，轻视利用，没有形成正确提供档案利用服务的意识，被动地提供档案利用服务，服务方式还比较单一，对"以人为本"的服务精神践行不彻底。并且，部分档案管理部门缺少创新精神，墨守成规，对自身存在的问题缺少反思，在主动为档案利用者提供服务、创新档案利用方式、整合档案信息等方面存在不足，有待改进和完善。

（四）管理体制落后，管理方法有待改进

由于受长期封闭性管理体制的影响，许多档案馆所实施的管理制度没有得到彻底的执行，在规范管理制度、简化程序的过程中没有实质性的进展，档案利用者的需求没有得到满足，影响了档案利用者对档案利用服务的满意度，降低了其对档案信息使用的热情。并且，我国档案馆的信息资源整合程度较低，信息自动化程度不高，在管理方面仍然坚持使用传统的档案信息记录方法，没有积极应用现代化管理办法。

三、推动档案利用服务社会化进程的发展策略

（一）创新管理体制，完善管理制度

按档案管理规律建立一套符合各单位需要的、科学的档案组织管理制度，其含义是指按档案工作一般规律建立健全文件归档制度、档案整理制度、档案鉴定制度、档案保管制度、档案利用制度等，用制度规范档案管理工作。应打破原有的管理机制，不断探索新的、符合时代潮流的档案服务管理制度，简化档案利用服务手续，为档案利用者提供更便捷、高效的服务。并且，档案管理服务也应从管理机制及管理体制着手，以推动档案利用服务效率的提高，促进档案服务管理水平的提升。应改变原有的单一管理体制和方法，使档案馆单一的"档案资料室"管理体制向集档案、情报、信息等资源齐全的现代化综合管理机制逐步转变。应根据各单位的实际情况，制定符合各单位和档案行业发展的职业道德规范以及实施细则，并对入职的档案工作人员进行统一培训，使入职者能够尽快熟悉行业的职业道德，掌握行业的实施细则，使各个部门能够合理安排分工，各司其职，紧密配合，共同推进档案利用服务社会化的发展。

（二）创新服务理念，端正服务态度，提升服务主动性

思想是行动的先导，思想水平的提高是档案公共服务能力提升的前提，没有思想水平的提高，就没有档案公共服务能力的提升。强化档案服务理念是全面提升档案公共服务能力的重要一环，也是提升档案公共服务能力的关键因素。在信息化的时代浪潮中，档案管理工作必须树立现代化服务意识，档案管理工作人员要加强与档案利用者的联系，面向用户，为用户提供有针对性的服务，改变过去陈旧的服务理念，不断落实和完善档案信息资源共享以及以人为本的服务理念，端正服务态度，主动为用户提供高效、便捷的服务。在疫情防控常态化时期，随时可能有地方暂时不能接收快递，服务人员也要主动为服务对象考虑，提供电子版服务，解决服务对象的燃眉之急，满足他们对档案利用的需求。

（三）推动档案信息网络化建设，建立一站式档案利用服务机制

随着时代的发展，互联网技术的普及程度越来越深，许多单位已根据自身情况建立局域网，制作本单位网页，不断整合档案信息，实现档案信息的网上检索服务建设，使档案管理服务更快捷。应建立以电子计算机、数据库和网络为基础的现代电子型档案信息服务模式，利用电子阅览室的多媒体技术和远程通信技术，连接国际互联网，通过网络发挥各档案馆馆藏的综合优势，形成互补效应，打破区域界限，从更广的空间加强联系，提供综合服务，使档案的利用向广泛、纵深发展。应更新现代化信息设备，提高信息设备的使用效率，在网页上设立专题，为档案利用者提供更直接的档案信息查询服

务，使服务方式更加多样化、网络化，并利用现代信息技术，不断整合档案信息资源，完善档案信息资源库，促进档案信息网络化建设。此外，还可针对部分档案信息开展网络咨询服务，提供档案信息在线利用服务，使用户可以在互联网上检索所需档案信息，建立一站式档案利用服务机制，实现档案信息资源数字化和网络化，探寻更便民的档案利用服务手段。

（四）提高档案工作人员整体素质，优化人员结构

在档案利用服务过程中，工作人员的能力素质是决定档案利用服务质量的关键。档案工作人员的素质甚至直接影响着档案编修整理与档案利用服务工作的成效。在信息时代的新形势下，档案部门要培养专门人才对档案进行管理，并对档案工作人员进行固定的专业培训，以增强档案工作人员对信息设备的实际操作能力，提高他们的专业素质水平。另外，档案工作人员应培养终身学习理念，不断提高自身知识素养水平，具备计算机、外语、写作等多方面的能力；档案机构应培养复合型人才，合理安排档案工作的人员结构，使劳动力得到最优化的配置，以推动档案利用服务的社会化进程。

（五）提供线上线下服务

可以通过学校网站及时更新并宣传档案馆服务方式，将档案馆微信公众号、服务邮箱、档案馆预约小程序二维码以及服务流程和服务指南发布在官网上；应完善电话咨询服务，及时与服务对象沟通交流，方便服务校友；在因特殊原因校友不能进校办理业务时，应将办好的档案证明送到校门口，或为校友发电子版的档案证明等。

四、结语

面对全新的环境和挑战，档案工作者不应墨守成规，要有全新的思维和方法来积极应对。理念的更新是档案服务发展的不竭动力，是新形势下加强档案工作的必然选择和必由之路。坚定档案服务与时俱进的发展观，坚持在改革与创新中求生存，是档案馆长期努力的方向。档案利用服务工作的社会化进程中，档案管理部门要找准用户需求，快速为档案利用者提供本领域内专业、充分的档案利用服务，建立一套完整的、面向档案利用者和全社会的档案管理服务体系，推动档案利用服务向前发展。

参考文献

[1] 张海敏. 我国档案服务现状及对策分析 [J]. 云南档案，2010 (1).

[2] 李卫华. 论我国档案利用工作的现状及对策 [J]. 安阳工学院学报，2007 (5).

[3] 段晶晶. 优化档案服务理念 提升档案服务水平 [J]. 办公室业务，2015 (16).

[4] 王春英. 浅议档案公共服务能力的提升 [J]. 黑龙江档案，2016 (1).

[5] 盛群. 树立高校档案服务的四种新理念 [J]. 兰台世界，2006 (22).

新冠病毒感染疫情下高校
疫情防控档案的收集与管理研究①

四川大学档案馆　赵海燕

一、引言

我国曾发生过多次疫情事件，其中让我们记忆犹新的有 2003 年的"非典"疫情，当时在党中央、国务院的领导下，我们扎实打了一场防治"非典"的胜仗。2020 年年初，新冠病毒感染疫情暴发，党和政府高度重视，始终把人民群众的生命安全和身体健康放在第一位，把疫情防控工作作为重要的工作来抓，在这次疫情中，每个人都未置身事外，都是抗击疫情的一分子。作为高校的档案工作人员，我们虽然未站在抗击新冠病毒感染疫情的第一线，但是可以利用档案专业的优势，做好疫情防控档案的收集工作，真实记录预防、应对、处置突发疫情的情况，将这次疫情完整、全面、客观地记录在档案中，收录完整和直接的"一手材料"，构建起新冠病毒感染疫情这个特殊时期的群体记忆。因此，加强对疫情防控档案的科学管理，具有重大而深远的意义。

二、疫情防控档案的发展历史

早在东汉年间我国就有关于疫情的记载：张仲景收集了众多药方，通过对大量医案的汇编，结合自己的行医经验，著成了《伤寒杂病论》这部著名的医案档案汇编。根据书中序言中记载，"建安纪年以来，犹未十稔，其死亡者，三分有二，伤寒十居其七"，可见当时的疫情夺走了很多人的性命。关于古代疫情的记录，不仅记载于医学著作中，也广泛地存在于史书、地方志、官府文牍、报刊、杂记、书信、传记等原始资料汇编中，这些史料记录了当时的疫情，比较全面客观地反映了古代疫情的概况。

新中国成立以来，我国的防疫工作开始走上了正规化、制度化的轨道。防疫体系的建立和发展也带动了疫情防控档案管理工作的健全和完善。疫情防控档案管理工作，从单纯对疫情病案的保存，一步步发展到现在，已经成为疫情防控体系中各个环节重要历

---

① 本文系四川大学档案馆（校史馆）2021 年档案和校史研究专项项目（课题编号：daxs2021-19）"新冠病毒疫情下高校抗疫防控档案的收集与管理研究"的阶段性研究成果。

史记录的管理和利用工作。

三、高校疫情防控档案的作用

新冠病毒感染疫情是重大的公共卫生事件，应对和处理这次疫情突发事件的各个工作环节，均会产生大量的文件、图片等材料，其内容涵盖整个社会、经济、文化、科技等多元复杂领域。通过档案的管理方式，将这些材料有机整合，可以记录和保存这次疫情的历史面貌，构建新冠病毒感染疫情防控事件的集体记忆。面对疫情，高校将疫情防控作为学校的一项重点工作，其开展的疫情防控工作，采取的应对措施，是相关高校记忆的重要组成部分。因此收集和管理高校疫情防控的档案，是在为高校保存珍贵的历史资料，记录高校历史的轨迹。

新冠病毒感染疫情不是我国历史上第一次大规模的公共卫生事件，它是对我国治理体系及疾病防控能力的一次大考验。在疫情初期，国家档案局发布了《关于做好新型冠状病毒感染肺炎疫情防控期间档案工作的通知》，通知要求各个单位重视疫情防控期间的档案工作，全面收集新冠病毒感染疫情防控档案。自从疫情暴发，我国在短短几个月的时间内，有效控制了疫情的蔓延。防控部门所采取的有力举措，都通过档案的形式被记载保存，为今后处理公共卫生事件提供宝贵经验。

在这次疫情中，正是因为有以往疫情的相关档案，各个单位才能在开展疫情防控工作时收益颇多，特别是通过对 2003 年"非典"疫情防控期间收集档案的查阅，因其疫情类型和传播方式有相似之处，其疫情防控档案就具有重要的参考价值。

四、高校疫情防控档案的收集范围及特点

高校在校生来自全国各地，来源复杂，人员密度大，高校又是众多学生和教师共同生活和学习的场所，故高校防控工作的重点之一，就是在疫情防控期间对广大师生的出行情况有详细的把握，这样才能保证全校师生的安全。结合高校疫情防控工作的特点，其档案收集的重点就是广大师生员工的健康情况及返校后疫情防控相关的文字、图片及实物等。

（一）高校疫情防控档案的特点

1. 高校疫情防控档案时间的不确定性和来源分散的复杂性

新冠病毒感染疫情的疫情防控档案是伴随疫情的出现而产生的，是随着疫情的发生、发展而产生的档案。疫情防控档案产生的内容是随着疫情防控工作的开展而改变的，所形成的档案材料及类型也是多种多样的。因此，疫情防控档案在时间和档案形式上都具有不确定性，其收集归档时间和时限都与高校其他档案的时间和时限不同，收集

时限也是根据疫情发展过程来确定的。

疫情防控的工作是多部门参与、多部门联动的工作，对于高校来说，校长办公室、宣传部、保卫处、校医院以及后勤保障部门和各个学院都要共同参与。这些部门在疫情防控工作中直接形成的有保存和参考价值的记录，是抗疫过程中最真实的历史写照，必须归档保存。因此，疫情防控档案来源比较复杂。

2. 高校疫情防控档案内容的成套性和档案载体的多样性

高校疫情防控档案记录整个抗疫过程，从接受上级部门下发的疫情防控任务开始，到疫情防控工作的开展，直至防控工作结束。抗疫工作是高校的一项专项工作，其档案收集应紧密结合疫情防控工作的各个环节、各项工作开展，这些工作联系紧密、缺一不可。因此高校疫情防控档案应记录整个抗疫过程，通过单独立卷的方式，独立成套保存。凡是在高校疫情防控工作中形成的有保存和参考利用价值的各类型记录均应归档保存，这些材料包括文件、相片、防控防护器材等，其都应被纳入归档范围。

（二）高校疫情防控档案的管理模式及归档范围

1. 高校疫情防控档案的管理原则

根据国家档案局《关于做好新型冠状病毒感染肺炎疫情防控期间档案工作的通知》，应将档案工作纳入疫情防控工作的总体部署。要完善高校重大疫情防控体制机制，健全高校公共卫生应急管理体系，推进高校治理体系和治理能力的现代化；对疫情防控工作查考、历史研究经验借鉴具有重要意义的材料，档案馆要应收尽收、应归尽归，保证档案内容的客观、真实和完整。

2. 高校疫情防控档案的归档范围

应结合高校疫情防控的工作特点，加强对疫情防控材料收集归档工作的业务指导，凡是在疫情防控工作中形成的有保存和利用价值的各类载体记录，都应被纳入收集归档范围。其主要包括：①上级部门下发的关于疫情防控工作的文件、通知以及高校在疫情防控工作中制定的规章制度、通知、公告指示等；②高校领导在疫情防控工作中的批示和讲话，以及各单位成立的疫情防控工作相关的领导小组、建立协调机制的相关文件资料；③高校各单位开展疫情防控工作的各类重要会议通知、会议纪要、新闻报道、影音视频和图片资料，以及疫情防控工作过程中生成的各种工作方案、预案、分析报告、统计报表、通报材料、大事记、汇报材料、各类简报、工作总结、宣传表彰材料等；④各单位党员干部、师生员工参与疫情防控工作志愿者服务人员名单，以及做好疫情防控相关后勤保障工作形成的文件材料；⑤疫情防控相关的线上线下教学安排，科学研究工作所形成的文件资料和图片资料，以及各单位在疫情防控期间形成的师生返校相关工作的文件资料等；⑥高校各单位或个人向疫区捐赠财物的凭证记录、学校的防疫物资采购清单，以及接受社会各界救助、捐赠的资金和物资来源、分配使用方案等相关资料；⑦对进出高校各场所的卫生检疫和管控形成的文件材料以及疫情防控过程中使用过的实物，例如测温枪、出入证等；⑧学校医院在疫情防控期间接诊病人、组织医疗人员赶赴疫区开展医疗服务，新闻媒体对高校疫情防控工作、师生先进事迹的各类宣传资料，以及其他与疫情防控工作相关的具有保存价值的资料等。

五、加强高校疫情防控档案的管理

（一）积极提升疫情防控人员的档案意识，做好疫情防控档案工作的顶层设计

高校各责任单位要统一认识，提高站位，将档案工作真正落到实处，在疫情防控工作中有意识地收集档案材料。各责任单位要指定专人负责收集和保管档案，确保全面收集疫情防控档案，档案管理人员要主动与疫情防控责任单位对接，做好服务，充分利用现代通信技术，灵活采用电话、办公网、移动客户端等适宜的方式，督促指导各责任单位的档案工作，从而提升归档单位工作人员的档案意识，应对收集的档案资料做出规范性要求，确保档案资料的完整。结合学校实际，制定疫情防控档案工作制度。在制度中，除了要明确常规内容，如收集疫情防控档案工作的作用、收集范围和移交办法等，还要明确规定档案收集的时效、各类档案征集和利用权限等事项。从制度上规范疫情防控档案的归档范围，确保疫情防控档案客观全面，做到归档材料不缺失、不重复，将档案工作真正落到实处。

（二）做好高校疫情防控档案的收集与管理

国内高校对这次疫情防控档案的收集工作非常重视，随着这两年疫情的发展变化，高校对于疫情防控档案的收集与管理工作都达到了新的高度。高校疫情防控工作的主要内容包括强化疫情防控意识，提高广大师生对公共卫生安全的科学防范意识，尤其是学生和老师自身的疫情防控意识，以及配合学校收集疫情的防控档案。应制定疫情防控档案收集的工作通知、工作制度，将档案收集工作与疫情防控工作相结合，在疫情防控中，有意识地收集疫情防控档案材料。档案管理部门应加强对疫情防控材料收集工作的业务指导，各单位负责收集相关材料和实物应在疫情结束后移交档案馆集中保管。档案馆按归档材料的内容载体等对其进行分类整理，因为疫情防控档案比较多，其中包含的内容自成体系，建议制作疫情防控专卷，独立保存，使其具有完整性。对于不同载体的档案材料需要放置在不同的保管地点，并标明其存放位置，便于查找。

学校各责任单位应严格执行档案保管、保护、保密等各项制度规定，不断推进疫情防控档案管理科学化、规范化、标准化，确保疫情防控档案实体和信息的绝对安全。采用两种形式保存疫情防控档案，在收集纸质档案的同时也收集电子档案，对于上级来

文，缺少电子文件的，应将纸质档案全文扫描进行数字化处理。科学构建疫情防控档案数据库，方便以后的检索和利用。

（三）做好高校疫情防控档案的数字化及利用

做好高校疫情防控档案的数字化工作，通过网络，如微信、微博等新媒体平台，提供对高校疫情防控档案的信息利用服务。疫情防控档案的收集是为了今后能更好地查阅和利用。因为信息技术的引入和应用，对档案管理质量和效率的提升产生了重要的促进作用，所以，在全面收集档案材料的基础上，应对档案进行专业的技术处理，将不同载体的档案汇总，作为抗疫专卷成套保存；利用档案管理软件，科学地著录归档文件目录级等信息，构建疫情防控档案数据库，实现对疫情防控档案的全文检索，以便能更方便快捷地查找有用信息。

在全面收集疫情防控档案的基础上，应充分利用档案资源，积极开展对疫情防控档案的归纳总结，对抗疫过程中的档案进行收集、整理、分类、归档，并对开发利用的现状、问题和规律进行研究，为进一步科学规范化地开展突发性事件档案工作提供理论支持。另外，通过查找档案材料信息，可挖掘疫情发展的规律、特点及性质，发现这类公共卫生事件共同的应对和处置的方法等，为今后的疫情预防、应对、处置和善后恢复等所采取的措施及预案修订、危机控制和防范应对提供科学依据。还可以充分利用疫情防控抗疫档案举办展览等形式，对广大师生进行宣传教育，使其加强对疫情防控的全面认识，了解疫情防控期间的应对和处置过程，增强预防意识，提高应对和处置能力，这些都能为今后的高校师生健康事业提供重要的参考价值。

六、结束语

自古以来，每一个有益经验都应该有传承，每一段珍贵历史都应该被记录。在疫情防控的特殊形势下，高校收集疫情防控档案是一个持续的过程，各责任部门都应高度重视，高校档案部门更要把疫情防控的档案管理工作作为当前的重点工作来抓，全方位、多渠道收集应对疫情的有效措施和成功经验，为以后的疫情防控工作提供便利，为打赢疫情防控阻击战做出档案人应有的贡献。

参考文献

[1] 胡康林. 突发事件档案的特征、类型及其开发意义 [J]. 档案管理，2018 (1).

[2] 刘国华. 我国公共卫生事件档案的管理与利用 [J]. 兰台内外，2020 (19).

[3] 徐拥军，郭芸涵. 在战"疫"中做一名有温度的档案工作者 [N]. 中国档案报，2020—02—17.

[4] 黄潇羽，管清潇. 档案部门服务重大疫情防控工作的举措及建议 [J]. 中国档案，2020 (3).

试论学生人事档案管理服务工作之创新探索

四川大学档案馆　周　恒

学生人事档案管理工作是高校档案管理工作的重要组成部分，它与学生管理、招生就业、党团建设等各项工作紧密连接，是学校众多管理业务环节中不可或缺的部分。但在日常管理工作中，学生人事档案管理工作往往没有受到应有的重视，工作中面临许多困难。如何打破困局，在学生人事档案管理服务工作中探索创新之路，使之更好地服务学生、服务社会，在高校学生管理和对外服务方面发挥更加重要的作用，是一个应被重视和探讨的问题。

一、学生人事档案工作的重要性

学生人事档案是指学校在学生管理活动中形成的，记述和反映学生个人经历、德勤能绩、学习和工作表现的，以个人为单位集中保存起来以备查考的文字、表格及其他各种形式的历史记录。它主要包括高中学籍材料，高考材料，高等教育材料，党团材料，校级以上的奖励材料及处分，更改姓名、民族、出生日期、入党入团时间等证明材料，以及其他有价值的材料。学生人事档案是非常宝贵的个人信息资源，也是干部人事档案得以形成的基础，是一个人一生中最早的真实记录，对学生毕业后的成长和发展非常重要。

学生在校期间，高校学生人事档案是高校各院系和相关职能部门对学生进行教育、管理和培养的重要信息来源。学生毕业派遣时，高校学生人事档案是学生的一份客观公正的履历，是用人单位全面了解和选拔人才的重要依据。学生踏上工作岗位后，高校学生人事档案为毕业生享受福利待遇、提拔晋升、转正定级、评定职称、办理社会保险等提供重要依据。伴随着高等教育的发展和人事制度的改革，人事档案的重要性并未改变。人事档案作为记录个人学习经历、工作经历、考核奖惩、思想政治状况等内容的文件材料，在就业、职称评定、婚育证明、转正定级、政审、办理社会保险，以及开具出国、考研有关证明等方面持续发挥着凭证、依据和参考作用。可以说，伴随着人事制度改革的深入、人事档案管理模式的改变，档案的重要性不仅没有被削弱，在个人权益保障方面还起着举足轻重的作用。

以人事档案在大学生就业以及在他们未来的职业生涯中所起的作用为例，每年到3月时，高校档案馆都会接待一批批前来对毕业生档案做政审的用人单位的人事干部。他们很看重学生在校期间的德、智、体等方面的记录，一丝不苟地从档案材料中捕捉相关信息，以此作为参考，决定是否录用该学生。可以说，学生人事档案在大学生未来的职业生涯中起着至关重要的作用。高校学生人事档案作为人事档案的重要组成部分，是大学生人生中的第一份客观公正的履历，在其择业时，是用人单位重要的参考依据；在大学生走向工作岗位时，人事档案亦是他们的福利与晋升的依据。

二、学生人事档案管理存在的问题

学生人事档案管理工作虽然很重要，但在高校管理中常常处于一种不受重视的尴尬地位，致使学生人事档案管理中存在许多问题。

（一）师生档案意识薄弱，学生档案管理难度很大

由于一些高校对学生档案管理工作宣传不到位，使得许多学生缺乏档案意识，对自己人事档案的重要性认识不足。因此，学生在填写学籍档案等基本材料时缺乏严肃认真的态度，许多人草草交差，书写不规范、内容不准确的现象时常发生。同时，随着高校扩招，学生档案管理的工作量猛增，而学生档案管理人员数量有限，导致档案管理部门只能机械地完成大量学生档案的收集工作，很难抽出时间审理学生基础材料的填写是否准确规范。

在毕业学生人事档案转递方面，许多学生不清楚、不重视自己的档案，不知道大学期间的人事档案对自己今后就业、晋升的重要价值。许多自主创业的学生认为档案没用，有的将档案继续放在学校，有的将档案随意放在人才中心，从此不再问津。由于某些用人单位只看重毕业生的能力，不要求其提供档案，再加上刚毕业的学生工作不稳定、跳槽现象严重，一些已进入职场的毕业生往往认为档案没用，放弃对档案的管理。久而久之，这造成了人和档案脱离，这对学生将来的发展和人事档案的管理工作都非常不利。

（二）高校学生档案收集不齐全，档案内容与社会需求脱节

完整收集学籍材料，在高校学生档案管理的现实操作上存在着较大的难度。比如在高中及高考材料的收集上，多年以来，一些省市考生的高中和高考材料都没有转递至录取考生的大学。同时，高校内部的少数党政管理部门、教务部门、学生管理部门缺乏归档意识。已形成的入党志愿书、成绩单、奖惩材料等未被及时归入学生的人事档案，滞留在材料形成单位，相关岗位经历人事变动或是办公地点更换后，材料便不知去向，这造成了部分材料的遗失。

高校学生档案收集的内容，几十年来没有太大的变化，即学生在学期间形成的学籍材料、鉴定材料、奖惩材料、党团材料等。这部分材料只体现了高校学生在校时间的部分情况和表现，无法满足用人单位对毕业生的实际综合考评需要。在当下实行双向选择

就业的模式下，用人单位更加看重的是学生的个人素质、科研能力、组织能力、团队协作能力及道德诚信等方面的信息，而这些内容恰恰是目前学生人事档案中所较难直观呈现的。因此，针对社会需求的变化，档案管理部门应与时俱进，调整或扩大学生人事档案收集范围及内容，将收集重点逐渐转移到能反映学生德、能、勤、绩等方面的材料上来。

（三）档案管理不规范，人员结构不合理

现阶段，高校学生人事档案的管理归属部门不统一，有的分散在院系，有的在学生处、研究生院之类的机构，有的放在档案馆。学生人事档案在院系或学生处、研究生院等机构管理，在一定程度上有利于一些档案材料（如录取材料、党员材料和奖惩材料等）的收集和及时归入，但这些管理部门主要是对学生的教学和操行进行管理的机构，不具备管理档案的硬件条件，一般都没有配备适宜档案保管的密集柜、除湿机等，无法保证档案的安全性、保密性、完好性。另外，这些管理机构一般没有配备专职的档案管理人员，多是由辅导员、教务员兼职管理档案。这些兼职档案工作人员由于精力有限及档案意识不强，日常疏于档案的管理工作，只是在临毕业时，才召集学生进行档案的整理和寄发工作。这些不规范的操作导致了档案内容不全、档案材料错装、管理混乱等诸多问题的产生。

而档案管理部门在高校中不受重视的地位则决定了其在学校经费划拨、设备更新、人员引进、职称评定等方面处于不利位置，这严重制约了档案管理部门的建设和发展。目前，许多高校档案管理队伍都面临老龄化严重、结构不合理的问题，老同志退休，年轻的专业人才无法被引进；档案管理人员专业素养偏低；档案管理人员的福利待遇在高校众多部门中偏低，故留不住人才，队伍不稳定；还有部分档案管理人员对自身要求不严格，缺乏创新意识和开拓精神，在使用新方法、新技术管理档案方面也缺乏相应培训。

（四）学生人事档案数字化程度不高

许多高校的学生档案管理部门由于设备条件限制、人手不足，学生人事档案数字化程度不高，部分高校虽然使用了档案管理系统，但对档案的数字化管理还停留在目录式建档阶段，仅能查询档案去向等相关信息，如档案发往单位、详细地址、寄出日期、EMS（邮政特快专递服务）单号或机要号等。学生档案仍以纸质为主，档案的利用还是只能通过复印来实现。学生档案离校的前提是所有材料齐全、配套完整，任意一份材料的缺失都会导致学生档案无法及时转递，而学生档案管理部门必须逐一翻看档案袋才能知晓档案无法转递的原因，这极大地降低了学生档案管理的效率。这种落后的工作方式已不能适应现代社会快节奏的信息需求。同时，手工利用档案也增加了工作人员的负担，影响了对学生档案信息资源的进一步开发。学生档案管理系统利用效率不足，缺乏对学生学籍异动、党团关系的动态把控，这显然与高校全过程育人的方针理念背道而

驰，学生档案信息化功能单一，系统建设严重滞后，难以满足师生的需求。

三、学生人事档案管理服务工作改进创新

针对学生人事档案管理服务工作中存在的问题，高校学生档案管理工作者应抓住发展机遇，从以下四个方面对高校学生档案管理工作进行创新探索。

（一）意识创新：加强对高校学生人事档案的宣传教育

针对师生档案意识薄弱的问题，利用校园内的报纸、网络等媒体宣传工具，以多渠道向学生及学校其他部门进行档案工作宣传，打破以往档案工作的神秘性，强调档案管理的重要性，让更多师生正确认识档案并投身到档案工作宣传、日常建设和诚信督导的工作中来。同时，档案管理部门应与学校学工、招生就业等部门积极合作，开展各种形式的宣传教育活动，可以利用学生形势教育课和学生会团委的宣传平台，从学生入校之初就教育其重视诚信档案，使学生意识到自己在学校的学习情况、党团活动、奖惩表现等各方面都会被如实地记录保存到自己的档案中，并伴随自己一生，以此增强学生的自律、自省意识，从而促使其提高自身素质，以加强自身在就业中的竞争力。此外，院系的兼职档案员应加强进行档案宣传工作，如分管就业的辅导员对即将毕业的大学生应进行人事档案转递知识的宣传，指导他们正确填报毕业寄档信息，解决人事档案挂靠等问题。总之，应发掘各种途径、利用各种资源，扩大档案的影响力，提升档案工作的服务质量，使高校学生人事档案在新时期能更好地为高等教育的发展贡献力量。

（二）服务创新：在日常档案工作中引入新机制、打开新局面

针对高校学生人事档案收集不齐全、档案内容与需求脱节的问题，高校学生人事档案管理部门应严格遵守档案转递的相关规定，学生人事档案的转递应参照干部人事档案的转递要求。《干部档案工作条例》中明文规定："干部档案应通过机要交通转递或派专人送取，不准邮寄或交干部本人自带。"同时，参照《干部人事档案材料收集归档规定》的要求，结合新时期选拔人才的新需求，制定收集高校学生人事档案的规章制度，全面收集材料。应加强对大学生参加社会实践、社会工作、科技创新活动、专业能力培训考核、心理健康状况记录、诚信记录等材料的收集，提高高校学生人事档案的利用价值。

在创新服务方面，高校档案管理部门应派遣专业的工作人员对形成学校学工、教学等档案材料的相关部门提供业务指导，这不仅可以让相关的工作人员提高对档案管理工作的积极性，还能让他们及时了解档案工作的相关情况，一旦发现档案出现问题，可及时寻找专业的工作人员加以解决，避免使用档案时才发现档案存在问题。同时，可以通过辅导员和教师鼓励学生多多参与和未来职业相关的竞赛，学生在竞赛中的表现都将被记录在档案中，为其未来的工作奠定基础，帮助学生日后在职场中工作更加顺遂。

（三）管理创新：以切实的行动加强学生档案管理队伍建设

针对高校学生档案管理不规范、人员结构不合理的问题，高校首先要做到的是完善制度、依法治档。制度指引方向，规范约束行为。高校档案管理部门应制定相关管理制度，将高校学生人事档案统一归口至档案馆，由专职档案人员进行规范化管理，保证学生档案的安全性、保密性、完好性。

高校应重视档案的基础工作，在档案馆人才引进、人员编制、福利待遇等方面给予相应支持，重视人才的选拔。同时，应加强对档案管理人员的培训，重视人才的培养。首先，应加强行业道德培训。人事档案管理工作是一项专业性、技术性、政策性极强的工作，这对从业人员提出了很高的要求，应倡导档案管理人员秉承爱岗敬业、忠诚事业、轻索取重奉献的工作态度和高尚情怀，提高行业道德修养。其次，应加强专业素质培训，组织从业人员学习档案的各项制度法规，加强行业内的交流沟通。最后，应加强计算机知识和人事管理系统软件知识培训，增强档案管理人员利用现代化管理手段的能力，提升服务质量。只有具备高度责任心、熟练掌握档案专业知识、熟练运用计算机应用技术的复合型人才，才能保障学生人事档案工作顺利高效地开展。

（四）技术创新：完善档案信息化管理技术，建设智慧校园

针对学生人事档案数字化程度不高的问题，应通过配合学校建设智慧校园，完善档案信息化管理。首先，应做好学生档案管理系统顶层设计，优化各个环节。升级后的学生档案管理系统必须全方位融入智慧校园建设，在浏览器、统一认证匹配等方面应符合校园"一网通办"的标准，与教务处、研究生院、学生处等部门管理系统实现全面兼容、顺利对接，实时从以上各部门系统获取学生的动态信息。当学生档案状态发生变更时，各部门亦可及时抓取信息，从而实现信息共享。其次，应制作电子签章，实现学生电子档案归档。日后电子档案单套制管理相关标准将逐步完善，全面普及电子归档是大势所趋。对于高校学生档案而言，更应未雨绸缪，借助建设智慧校园的契机，实现与批量归档部门的管理系统进行对接，直接实现电子档案归档和档案的在线查询。最后，应做到简化档案利用手续，纳入"一网通办"。在学生档案管理系统建设过程中添加档案利用模块，将学生档案查借阅审批流程纳入智慧校园"一网通办"，真正做到让利用者少跑腿或不跑腿。通过学生档案管理系统，管理人员可以在后台获取学生档案查借阅的日期、内容，对借出去的档案或档案材料逾期未归还的推送信息进行提醒。此外，可以利用大数据技术统计汇总学生档案远程利用行为数据，用云计算技术对用户行为数据进行处理分析，实现学生档案管理系统智慧化服务，真正意义上为学生办理档案业务提供便利。

参考文献

[1] 刘子侠，许振哲. 智慧校园背景下学生档案管理系统优化升级刍议［J］. 兰台世界，2022（1）.

［2］官宇. 新时代高校学生档案管理的挑战与对策研究［J］. 办公室业务，2021（23）.

［3］沈牡丹，张云涛. 新时期高校学生人事档案管理探析［J］. 三峡大学学报（人文社会科学版），2010，32（S1）.

［4］付云金. 高校学生档案管理存在的问题及对策研究［J］. 产业与科技论坛，2022，21（4）.

［5］吴玉霞. 高校学生档案管理的现状及对策分析［J］. 内蒙古师范大学学报（哲学社会科学版），2016，45（3）.

提升档案管理意识，助力高校高质量发展

四川大学档案馆　邓志毅

在当今社会，高校的历史文化是否悠久深厚，科学研究是否处于前沿水平，以及其是否具有较强的社会影响力等，都是高校综合水平高低的评价指标，而作为能鉴古知今、彰往察来的档案资源，则是记录上述内容的重要载体。

档案是历史文化、人类文明传承的重要载体，而高校档案则记录着学校悠久的发展历程、深厚的文化底蕴以及各时期的建设发展成果，是高校不可或缺的重要资源之一。将档案管理服务的提升融入高校的高质量发展之中，对学校的历史传承、教学活动、立德树人、文化建设等多方面的工作都具有积极的影响和推动作用。朱德同志曾说过，要不断提高政治水平和业务水平，充分发挥档案、资料的作用，为社会主义事业服务。

为了不断提升高校档案管理水平，深挖档案利用价值，进一步提升档案在高校发展中的地位，提高相关从业者的服务能力，更好地助力学校高质量发展，作为一名高校档案工作者，笔者认为，需要多管齐下，努力提升档案管理人员的服务意识，做好档案管理的日常工作。

一、档案管理的重要意义

档案管理虽然是一项基础性工作，但是其在高校的日常管理中起到了极其重要的作用。档案不仅是见证历史的珍贵资料，也是对过去发展的成果总结和集中呈现，既能为高校明确今后的发展目标提供有力参考，更是高校开创未来高质量发展的坚实基础。

作为高校档案管理部门，档案馆丰富的馆藏资源见证了学校从创立到不断发展的风雨历程，是体现学校历史价值及文化底蕴的重要资源之一。对档案的不断收集和对馆藏资源的深入研究，可以帮助高校管理者对学校发展历程有一个概况认识和总体把控，并从中获得一些借鉴和思路。同时，档案是教学和科研工作必不可少的重要基础之一。一方面，档案能体现高校人才培养、科学研究、社会服务、文化传承创新等方面的发展历程和取得的成绩，对于推动高校发展有着极其重要的意义和影响。另一方面，档案资源所呈现出的高校成果，也能让社会、公众更加认可高校水平。

二、档案管理人员与管理水平的关系

档案管理是一项烦琐枯燥、复杂艰巨的工作，需要工作者具有甘于清贫、乐于奉献的职业操守。档案管理要真正发挥效益，需要工作者付出极大的耐心和细心，从档案的甄别、收集、立卷、入库等环节入手，如大海捞针、抽丝剥茧一般，方能真正挖掘出藏在档案中的宝贵资源。当然，随着信息化社会的飞速发展，高校在档案信息化建设方面的重视程度在不断增强，资源投入在不断增加，档案管理的信息化程度也在不断加强，档案管理的软、硬件条件在不断完善，这些都能在一定程度上提升高校档案管理水平。不过，就像盖楼要打好地基，做事也要打牢基础，要想大幅提升高校档案管理水平、工作效率和质量，除了借助现代化管理手段外，很大程度上还要依托于档案工作者的思想意识和综合素质的提升。

三、档案管理人员必须具备的基本素质

我们常说的业务素质包括从业人员上岗所应该具备的理论知识、专业技能和综合能力等内容，也包括了职业基本技能、政治素质、道德素质、分析能力以及解决问题的能力等内容，重点包括以下几个方面。

（一）思想政治素质

思想政治素质是档案管理工作者的首要基本素质。从业者要正确认识高校档案管理工作的政治性。高校档案工作不仅仅是简单的收集、整理工作，而是一项具有严肃政治意义的工作，对高校发展具有十分重要的作用。档案管理工作人员必须要有较高的政治思想觉悟，积极参加政治理论学习，坚决拥护党的领导和社会主义制度。只有政治意识到位，思想上才能正确对待工作，爱岗敬业；只有具备正确的政治站位，才能自发重视档案管理工作，推动其在高校管理工作中发挥出最大价值。

（二）主动学习意识

档案管理是一门专业性很强的学科，档案工作者需要具备自主学习的意识，积极主动地学习行业先进管理理念，并能结合单位实际，学以致用，不断提升业务素养。此外，档案信息化管理是未来发展的大趋势，档案工作者需要与时俱进地学习和掌握信息化、数字化知识，掌握现代化管理手段，才能适应档案管理工作的不断发展。

（三）提升管理水平

档案管理是一项系统化工程，其中不但包含对档案资料的管理，也涵盖对档案工作的规划管理，这要求档案管理人员具备前瞻性思考和判断能力。信息化时代，查询翻阅

纸质档案资料的方式将会逐步被电子化所替代。那么，在信息时代如何高质、高效地收集档案，如何更好地发挥档案资源的价值，如何拉近档案资源与档案利用者之间的距离等，都是档案工作者需要深入思考的课题。

（四）联动协调能力

高校档案资料往往是档案管理部门与校内各职能部门联动获取、甄选、收集的，档案工作者需要与校内各部门的相关工作人员经常沟通，更好地争取各方面支持，保障档案资源获取的高效率、高质量。这就需要档案管理工作者具备良好的沟通协调能力，加强各部门间的联动协调，共同做好档案收集工作。

总之，业务素质是档案管理者所应具备的文化知识和业务技能的总和，并且随着信息化社会的发展，从业者还应具备熟练掌握现代信息技术的能力以及相关专业的管理知识。

四、如何提高档案管理意识

不断提升档案管理水平，助力高校高质量发展，是高校档案管理工作的重点目标；而努力提高档案管理工作意识，则是提升档案管理水平的核心。就档案管理的重要性和复杂性来说，做好这项工作，需要增强思想意识、责任意识、学习意识、法治意识、协调意识、服务意识、奉献意识、创新意识和保密意识等。

（一）提高思想意识

档案形成的过程需要档案管理人员具备专业职业技能和管理经验。随着高校各项事业的快速发展，档案工作者面对的不仅仅是日益丰富的档案资源，也有日益增大的压力和挑战。这就需要高校进一步在思想上重视档案管理工作，给予必要的人、财、物支持，并对新形势下的档案管理发展趋势有所认识，将其纳入高校发展统筹规划，这样方能从根本上保证档案管理工作的正常开展与不断发展。

（二）提高责任意识

档案管理工作者要意识到自己是档案形成过程中不可或缺的一环，是档案形成过程中具有决定性意义的角色。只有当档案管理工作者对档案负责任地筛选、甄别，并将其中有价值和意义的材料收集进馆，档案才能最终较好地客观反映、呈现历史。故而档案管理工作者一定要提高自己的责任意识，从源头开始，确保档案的范围和要求，并且按照规章制度对档案进行准确判断，保证档案接收到位，并对其进行细致的分类归档，确保责任制落实到位，做好档案查询利用服务工作。

（三）提高学习意识

　　档案工作者要不断加强自主学习意识，档案管理部门要结合业务工作实际，按需设计培训内容。在信息化时代，从业者不仅要加强专业理论知识学习，还要加强计算机和网络知识培训，以适应新时期档案工作的需要。要树立终生学习的理念，不断巩固技能，完善知识结构，培养较强的档案业务能力。此外，还要主动加强与相关单位的学习交流，加强档案工作者之间、相关专业工作者之间及档案管理单位之间的业务交流。通过交流，能较快地了解到别人的先进知识和丰富经验，及时取长补短，提高自身水平。要认清形势，端正思想，通过自我学习、与他人交流增强业务能力，应注重学习过程中的积累与探索，把理论与实际工作有机结合起来。

（四）提高法治意识

　　在档案的查询利用过程中，可能发生因保管不善丢失档案，或者因个人目的涂改、伪造档案的违法行为，这些都是档案管理人员法律意识淡薄的表现。提高法治意识，需要高校档案管理部门、档案工作者依法治档，不断完善管理制度，填补管理空白，采用灵活多样、生动活泼的教育形式，普及档案管理法规制度。同时，要加强档案执法的监督和检查，有计划、有层次地开展高校档案管理规范化检查，针对重点事项开展针对性强的专项核查。还应对检查中发现的疏漏、问题进行弥补和查处，并督促整改落实。通过多管齐下的管理办法，督促档案管理人员认真贯彻执行《中华人民共和国档案法》及相关法律法规，在工作中敢于坚持原则、严守制度，依法治档，尽职尽责地管好用好档案，维护档案的安全与完整性。

（五）提高协调意识

　　档案管理工作是一项综合性较强的工作，离不开相关部门的重视和支持，否则工作很难取得良好成效。因此，档案管理工作者要积极思考，采取多种方法和举措，以便协调好档案工作与相关部门之间的关系，进而争取主管部门对档案管理工作的重视与资源支持，为档案管理工作的不断优化发展创造良好的环境和条件。同时，由于档案来源信息渠道丰富，数据较为繁杂，需要高校各部间的互动与配合，所以档案管理工作者要主动加强与各单位之间的联系，取得各单位的支持与配合，以便形成良好的工作环境，为档案的收集创造良好的条件。

（六）提高服务意识

　　档案资源在被查询利用之时，才是其价值被展现之时。档案管理工作人员要认识到，档案收集归档是基础，档案查询利用是目的。档案管理部门应将良好的服务作为衡量工作质量的指标之一，重视工作人员的工作态度和服务质量，强调全心全意为人民服务的意识，开展档案管理职业礼仪培训，增强从业者的服务意识，积极主动为领导决策提供各类档案依据，为师生校友提供热忱服务。

（七）提高奉献意识

档案管理工作的低调性和保密性，使得档案工作者大部分时间都是默默无闻的。仅仅在需要查询利用档案时，档案管理工作的价值才能得到彰显。不同于高校的其他工作者，档案管理工作者较难有引人注目的时刻，这就要求高校档案工作者要有甘于奉献的精神，要能够不计较得失，不在乎名利，更要能耐得住寂寞，才能真正做好这项工作。档案管理工作人员要时刻秉承忠于职守的信念，树立强烈的使命感，更好地发挥档案价值，助力高校发展。

（八）提高创新意识

档案管理工作还要对档案资源进行编纂研究和开发利用，这也是一项具有创新性的工作。创新是事物发展的根本，也是档案管理工作发展的催化剂。档案管理人员要保持创新探索的意识，善于应对时代发展对档案管理的新要求，敢于迎接新形势下面临的新挑战，并从挑战中寻找机遇。一要更新档案管理观念，二要创新档案管理方式方法，三要探索档案资源新价值，四是要结合高校发展赋予档案新意义；同时要借鉴其他高校或企事业单位的档案管理经验，举一反三，开创新局面。

（九）提高保密意识

高校档案涵盖的内容较多，涉及的领域较广，但部分档案管理人员的保密意识还有待进一步加强。在档案管理工作中，若是某一些环节出现问题或者发生缺失，档案将会出现遗漏或者损坏的现象。目前，一些档案管理人员还存在消极倦怠思想，对档案信息的敏感性和重视性不足，这就迫切需要提升档案管理工作者的保密意识。这需要通过培训及完善规章制度，强化工作人员的保密意识，促使工作人员准确认识到档案保密的重要意义，从而自发重视档案管理保密工作，提升自己的保密能力。档案工作人员必须树立较强的保密意识，做到不该说的话绝对不说、不该做的事坚决不做，严格按规定接收、鉴别、整理、保管、提供、转递和销毁档案材料，确保档案信息的绝对安全。档案管理部门应将档案按照是否涉密进行分类存储保管，同时对档案管理工作者进行职业素养方面的培训，尽可能避免泄密事件的发生。

五、结束语

随着高校科研水平的不断提升，社会影响力的不断增加，档案资源的内容越来越丰富，数量也越来越多。这对档案管理提出了更高的要求，带来了更多的挑战。档案管理部门和档案管理人员要时刻谨记档案的价值与意义，将为领导决策提供历史依据、为师生校友提供档案查询利用服务等作为工作主旨，全面发挥主观能动性，提升档案管理意识，主动作为，为高校高质量发展助力生辉。

参考文献

［1］麻新纯. 档案意识浅议［J］. 档案，1999（6）.

［2］张素歌. 强化档案意识　提高高校档案管理水平［J］. 档案管理，2013（2）.

［3］小普. 小普说法（2）档案法规体系的构成［J］. 中国档案，2009（2）.

［4］李建斌，李晓晶. 刍议高校档案管理与服务创新［J］. 学理论，2010（14）.

［5］武佳盈. 强化档案意识是档案事业发展的有力保证［J］. 山西档案，2010（S1）.

新时代高校档案馆
公共服务创新与发展方向研究

四川大学档案馆　庞凯莉

在新的历史形势下，高校档案馆该如何重新定位，怎样增强、创新和完善自身的服务职能，成为高校档案馆发展中面对的重要课题。尤其是随着知识经济时代的到来，社会经济的可持续发展越来越依赖于科技与智力，高校档案馆虽然不具备科技和知识的生产职能，但是通过对档案资源的完善与开发、服务职能的创新与拓展，可以有效促进科技和知识在更大范围的快速传播。随着公众对高校档案馆公共服务的需求加大，对档案服务质量和服务效率的要求也在不断提高，因此，对档案馆公共服务方式进行创新显得尤为重要，这也成为迫切需要解决的问题。

一、高校档案馆公共服务

高校档案馆公共服务，是指高校档案部门利用丰富的馆藏资源，开发挖掘馆藏档案信息，不仅是针对本校的师生员工，更应是向全社会公众提供的一种服务。这种服务是对高校档案基本的查证存史功能的一种延伸，以免高校档案被束之高阁。

高校档案记录着一所高校从成立到迅速成长壮大的历史，是记录学校管理、教学、科研、基本建设等发展过程的原始凭证，是高校重要的历史文化资源，是国家档案的重要组成部分。随着全国高等教育事业的迅速发展，高校与外界的联系也越来越多，更多优秀的毕业生走向社会，更多教职员工内外流动，更多科研成果被开发及应用，这些无疑都促使高校档案馆积极开展公共服务，且要求公共服务的基础保障不断加强，服务能力不断提升，这样才能满足公众对高校档案资源的需求，实现高校档案馆更高的服务价值。

二、高校档案馆做好公共服务的重要性

（一）高校档案馆公共服务是传统服务功能的拓展

随着我国社会经济的快速发展，以及我国高等教育改革事业的突飞猛进，高校档案馆不能仅局限于提供传统的内部服务，无论是服务形式还是服务内容，都应该扩展到公

共服务领域，如文化教育领域、电子化信息服务领域等。从传统保管利用档案资源、传播校园文化，到开展学术研究、建设爱国主义教育基地等，都是作为科学文化事业机构的高校档案馆履行公共服务职能的题中之义。

（二）高校档案馆公共服务是加强自身宣传的重要途径

一直以来，很多人对高校档案馆了解甚少，甚至将档案馆跟图书馆、博物馆混为一谈，这对档案馆服务功能的开展无疑是一个阻碍。因为高校档案馆与高校的图书馆一样，都是提供信息资源的地方，只是两者提供的内容及范围有所不同，但为什么高校档案馆会不被人所知，被误以为是图书馆呢？无外乎是高校档案馆的宣传没有做到位，高校档案馆的服务还仅仅停留在传统服务层面，其公共服务功能未得到充分发挥。信息时代，高校档案馆的服务对象已扩大到更多社会个体及组织，因此高校档案馆应通过现代化的信息技术手段和途径，例如微信、微博、互联网等开展公共服务，使用户得以认识、了解、支持及宣传高校档案公共服务，满足更多用户的需求，更广泛地宣传高校档案馆，从而充分彰显高校档案馆的价值与作用。

（三）信息化拓宽了高校档案馆开展公共服务的方式

高校开展信息化建设已经很多年了，在这样的大环境下，作为重要的公共服务机构，高校档案馆的数字化、信息化建设也取得了一些成效，不少高校引入了档案信息系统管理软件，档案数字化率显著提升，档案管理利用的便捷性、档案文化传播的影响力显著增强，公众对档案的兴趣与热情与日俱增，这成为推动高校档案馆积极开展公共服务功能的外在动力。同时，档案信息化工作的开展，也为档案馆面向公众提供全面性、多样化的信息服务提供了更多的渠道与方式。

三、高校档案馆服务模式创新

大数据时代的到来及大量相关技术的广泛应用，使得海量、复杂、多结构数据的即时获取、精确分析、深度挖掘成为可能，为档案馆等信息服务机构的服务理念、服务思维、服务基础、服务载体、服务手段、服务管理等带来支持与改变，也将为档案馆的服务带来诸多增长点。

（一）档案馆的人性化服务

人性化服务理念就是在档案馆的服务中体现以人为本的思想。实现以人为本的人性化服务，首先要转变服务理念。首先，档案工作者要牢固树立"用户第一"的思想，尊重用户、理解用户、方便用户，给用户提供便捷高效的档案信息利用服务，实现从管理员向服务者的角色转变。其次，档案馆进行建设时应注意人性化的原则。例如服务体系设计要突出实用性，管理制度建设要体现科学性，档案信息系统设计要增加功能性，技术融合设计要注重适度性，工作细节设置要增强服务性，等等。最后，在服务过程中要保持良好的服务态度。要让人性化服务融入档案馆服务的各个环节，档案工作者要具有"百问不厌、百拿不烦、百跑不倦"的精神，工作上要做到热心、精心、耐心、细心、专心，让人性化服务理念成为自觉的行为准则，使人性化服务渗透到每一次服务、每一个环节、每一个细微之处，为广大用户提供全方位的服务。

（二）档案馆的个性化服务

大数据时代，档案利用者也表现出与以往不同的特点，突出表现为档案利用者对档案数据资源的个性化需求日益增强。随着大数据时代的来临，档案数据资源的数量日益庞大、种类日趋繁多，而档案利用者对于这样庞大的档案数据资源利用的方式也日趋多样化、利用需求日益个性化，传统的单一依赖检索的档案数据获取方式和被动服务的机构思维模式已不能满足大数据时代档案利用者对档案资源的个性化需求。大数据时代的到来，使档案馆对用户的阅读需求、阅读行为、阅读情绪和阅读满意度的细节化测量成为可能。因此，档案馆如何有效对所采集的用户阅读行为数据和社会关系数据进行分析，并在复杂、凌乱的数据背后准确发现、预测出用户的阅读行为习惯、喜好和需求，将成为档案馆构建用户个性化服务的基础和关键。这也是档案馆依据用户需求变化实际，对服务模式和内容及时调整和精确优化的关键。所以，档案馆要以用户个性化需求和大数据科学分析结果为依据，引入个性化推荐的思想，进行档案资源的个性化推荐，对档案数据资源个性化服务系统进行改进，探索大数据时代的档案利用问题，为用户提供安全、高效、满意、低碳的个性化大数据阅读服务，体现大数据时代档案馆的价值。

（三）档案馆的智能化服务

大数据背景下的档案馆服务，对技术将提出更高的要求，服务的智能化程度也将达到一个新的水准。第一，从档案馆主体来看，档案馆应用智能化技术进行高级、复杂的数据收集及工作处理，既能在一定程度上节省人力物力，又能解决人工可能无法实现的工作需求，如对海量档案信息数据的智能抓取、关键词抽取等，以便节省人力资源开展档案资源的开发利用、档案馆库建设策略研究等工作。第二，从档案馆的服务对象——用户来看，档案馆服务手段的智能化与各类技术、工具、平台，以及各类图片、视频、文本等非结构、半结构化数据，都能为档案馆的智能化决策提供分析参考。第三，从智能化服务中的知识流通来看，档案馆服务智能化程度的提高不仅有利于知识从"由单个主体拥有"向"由多个主体拥有"进行流通与传播，还有利于隐性知识向显性知识的转变，也有利于知识的发现、挖掘与组织。因此，大数据时代档案馆的智能化服务将变得越来越重要。

（四）档案馆的知识化服务

在知识经济蓬勃发展的新形势下，应分析大数据时代档案馆具有的知识优势，从数据资源、数据价值性、数据分析技术等角度去构建基于大数据的档案馆知识服务引擎，从而充分满足大数据时代档案利用者对档案资源精品化、多元化、个性化的需求。

（五）档案馆的红色文化服务

红色档案资源翔实记载了革命年代的重要人物与事件，具有"存史资教"的功用，对于推进高校立德树人工作具有重要价值。此外，深入挖掘红色档案的文化内涵，拍摄纪录片，出版红色文化图册，编纂英烈传记等，对于宣传革命历史、红色文化内涵和革命传统精神有重要意义。

公共服务是档案馆核心价值的体现，社会的进步与技术的发展都为档案馆服务模式的改变注入了新的活力与动力。因此，档案馆要想在大数据时代有所作为，就必须在对形势有清醒认识的基础上，加强对档案业务数据的分析、管理和应用，主动创新档案馆的公共服务模式，不断提升档案馆的核心竞争力。

四、高校档案馆服务发展趋势

（一）档案馆、校史馆、博物馆协同发展

高校档案馆、校史馆和博物馆在弘扬大学文化方面都发挥着重要作用，共同体现了高校人才培养、科学研究、文化传承创新等各方面的成果，系统地展示了大学的发展历程，对增强校园文化氛围、提高文化软实力有着不可忽视的作用。2018年《政府工作报告》指出，我们要以中国特色社会主义文化的繁荣兴盛，凝聚起实现民族复兴的磅礴精神力量。随着人们认知的不断深化，高校势必会增强对校园文化建设的重视，在此背景下，高校档案馆、博物馆、校史馆也会更加紧密地联系在一起，为繁荣校园文化提供服务。

（二）数字化档案馆和传统档案馆融合共生

档案馆信息化建设是档案管理工作发展的必然趋势，而数字化档案馆是否能够完全替代传统档案馆也成为学术界争议的焦点。笔者认为，从数字化档案馆本身具备的功能和未来发展的趋势来看，它提供的服务、采用的管理模式远优于传统档案馆，因此它取代传统档案馆是必然的趋势。但是受资金、管理水平、技术人员数量等多方面限制，数字化档案馆建设之初暂时无法实现档案馆的全部功能，档案管理的很多工作仍需要通过传统档案管理来进行。数字化档案馆要完全取代传统档案馆，还有较长的路要走，需要档案管理部门不断提升技术手段、改进管理模式，但目前我国绝大多数档案馆短期内还无法达到这样的要求。因此，从更加长远的发展来看，数字化档案馆会占主导地位，但短期来看还是需要数字化档案馆和传统档案馆融合发展。

（三）服务时间和空间进一步拓展

高校档案馆服务的理想状态就是让用户不受时间和空间的束缚，随时随地都可以进行档案查询、打印等，最大限度地满足用户的需求。要实现这个目标，必须依托信息技术来进行，而随着档案馆信息化建设的不断完善，档案服务的空间和时间也会逐渐拓展。如今我国已拥有较为完备的基础网络设施，4G无线网络和有线宽带铺设网范围也很大，同时有大数据和云计算技术提供数据处理方面的支持，未来档案馆注重的更多是档案之间的关联关系而不是因果关系。

（四）服务精细化

未来档案馆提供的服务会越来越精细化。这一方面是因为高校对档案使用的需求更加多元化，另一方面是因为随着技术手段和管理水平的不断提升，档案馆逐渐具备了提供精细化服务的基础。一是档案服务方式和渠道更加多元化，如借助在线网站、移动APP（应用程序）、微信、微博等提供档案服务，数字化、信息化技术的运用提供了更多的服务渠道。二是服务个性化，借助大数据和云计算技术对档案使用者的使用记录、用户类型和使用类别进行分析，制定个性化的服务模块。三是服务水平的提升，通过多个渠道对用户使用情况的分析，能够更好地了解高校档案馆服务存在的缺陷和问题，能够更具针对性地发现和解决问题，提升高校档案馆的服务质量和水平。

（五）馆际合作更加频繁

高校档案馆馆际合作一方面是与其他档案馆进行资源共享、交流学习、走访参观，另一方面是与其他档案管理部门（如当地的档案局）进行合作交流。从目前我国高校档案馆馆际合作的现状来看，未来馆际合作势必会更加频繁。2013年西南五省组建了西南高校档案工作联盟，让我们看到了高校档案馆馆际合作的趋势，而随着信息化技术的逐渐提高、信息资源的共享，馆际合作会更加便利，成本会更低，这也将促进高校档案馆与其他档案馆的合作交流。

综上所述，对于新时期的高校档案馆而言，发展是其永恒的主题，对此，高校档案馆必须紧跟发展趋势，增强档案馆的技术水平、管理能力和服务水平，发挥档案馆在高校发展建设中的重要作用，为高校发展和广大师生提供有力帮助。

参考文献

[1] 邱家琴. 高校档案馆公共服务保障机制研究 [J]. 兰台世界，2017 (24).

[2] 刘招兰. 新时期背景下高校档案馆公共服务发展与传承方向 [J]. 兰台世界，2014 (23).

[3] 段佳音，汪小琴. 大数据时代高校档案馆公共服务方式创新探索 [J]. 安徽工业大学学报（社会科学版），2017，34 (4).

抓党建促业务，提升档案管理和
校史研发工作水平

——以四川大学档案馆为例

四川大学档案馆　周　萍

高校机关职能部处、业务单位是高校贯彻落实党中央、国务院和教育部及学校部署的重要部门，也是推动学校改革发展的重要力量，对推动学校高质量内涵式发展和"双一流"建设具有重要意义。近年，四川大学档案馆（校史办公室）作为高校业务实体单位，根据学校党委和机关党委的有关要求，坚持以习近平新时代中国特色社会主义思想为指导，深入学习贯彻落实党的十九大及历次全会精神，以支部建设为龙头，以抓好党建促业务为目标，以狠抓作风建设、落实党建工作责任制为重点，通过抓班子、带队伍，不断加强思想政治建设、组织建设、党风廉政建设、作风建设，推动党建和业务融合，努力培育优良馆风，打造政治过硬、业务精良的档案管理和校史工作队伍，有力推进了学校档案管理和校史工作发展。

一、加强思想政治建设，提升业务综合素质

（一）强化政治理论学习

结合党史学习教育，重点抓好党的十九大及历次全会精神、习近平总书记重要讲话精神、党风廉政建设、党章及党内法规制度等方面的学习教育。加强对党员干部的教育工作，利用政治学习、组织生活、党课、主题党日等渠道，深入开展理论学习，切实增强了档案馆（校史办公室）全体职工的政治意识、大局意识、核心意识、看齐意识，着力提高档案管理服务水平，开创了学校档案管理和校史工作新局面。

（二）强化宣传思想工作

严格落实党管意识形态工作责任制，尤其是在档案宣传教育中，始终把意识形态工作放在重要位置。在党员干部中宣传贯彻"五大发展理念"，用党的最新理论成果凝聚思想共识，营造推进"四个全面"建设的舆论氛围，强化大局意识。加强档案信息资源建设和开发利用，利用档案信息网站、校史文献等，加强宣传普及，深入宣传党的方

针、政策和理论，宣传档案法律、法规及工作动态，做好档案信息网站意识形态的安全审查。组织实施了系列党员活动，引导党员崇尚文明、摒弃陋习、传承美德、弘扬正气，提升文明素质，营造文明、和谐的人文环境。

（三）强化精神文明建设

不断增强精神文明建设的针对性和实效性，巩固拓展社会主义核心价值观，丰富工作内容，拓宽工作领域，创新工作方式，促进落地生根。以道德建设、法治建设、诚信建设、服务型机构建设为切入点，深化道德实践，并推动落实。开展了学习宣传道德模范，尤其是档案领域先进人物的优秀事迹活动。

二、加强组织建设，规范管理机制

（一）发挥党支部的战斗堡垒作用

严格落实全面从严治党主体责任，认真贯彻落实民主集中制原则，坚持和完善馆务会、支委会等议事规则，进一步提高了决策水平和工作效率。严肃党内政治生活，自觉开展批评与自我批评，定期开展党员民主评议工作。加强党员队伍管理服务工作，落实好党内激励、关怀、帮扶制度，开展走访、慰问和帮助生活困难党员及退休党员的工作。

（二）大力开展先锋引领行动

将先锋引领行动作为加强党建工作的重要抓手，创设有效载体和平台，把引导党员岗位建功、争当先锋，与推动党建工作全面进步、全面过硬有机结合起来，大力宣传先进典型，努力营造比学先进标杆、勇于争先进位的良好氛围。着力打造档案优质服务品牌。结合贯彻落实学校党代会精神，开展先进科室和馆风建设评选活动，用典型带动党员队伍建设。

（三）推进学习型党组织建设

落实党支部"三会一课"、党员组织生活、政治学习等制度，坚持多措并举，不断提高党员干部的党性修养，提升管理服务能力，解决了档案管理和校史工作中的热点难点问题。

（四）充分利用各种活动载体

创新工作思路、工作方式和工作机制，增强服务中心工作的主动性和自觉性，结合学校档案管理和校史工作的实际情况，进一步拓展了服务渠道，完善了服务措施，提升了档案馆（校史办公室）的群众满意度水平。

三、加强党风廉政建设，牢固防控机制

（一）落实党风廉政建设责任制

认真抓好党风廉政建设主体责任的落实，积极推进廉政风险防控机制建设。严格遵守党政领导干部廉洁自律各项规定，认真执行重要情况通报、重大事项报告、述职述廉、收入申报、谈心谈话等制度，真诚接受组织和群众监督。严格执行各项规定，严守财经纪律，规范经费开支和业务接待，坚持勤俭办事，反对铺张浪费。

（二）抓好党风廉政各项制度的落实

持之以恒贯彻落实中央八项规定精神，严格落实《中国共产党党员领导干部廉洁从政若干准则》《四川大学全面推进廉政风险防控工作实施意见》及民主评议党员、党务公开和馆务公开等制度。严格党内政治生活，努力增强党员的组织观念和规矩意识，推行公开承诺制度。

（三）积极推进民主与监督

坚持民主集中制原则，完善"三重一大"事项集体决策制度。拓宽党内民主监督和群众监督渠道，不断增强权力运行的透明度和民主管理的自觉性。以提高行政效率、工作质量和办事效能为目标，在工作中进一步推行首问负责制、限时办结制、服务承诺制、工作督办制和工作考评制，优化了办事流程，增强了工作透明度。

四、加强作风建设，增强服务效能

（一）进一步健全工作机制，形成全面从严治党的新常态

健全完善党建工作机制，不断深化"四风"整治，进一步推动了档案馆（校史办公室）馆风大转变。积极倡导"主动服务"精神，要求全体党员带动全馆职工，以高度的工作责任感、良好的职业道德、细心办事的工作态度和默默无闻的奉献精神，主动服务，真情服务，切实做好各项管理服务工作。

（二）有序推进重点工作

进一步落实《四川大学档案管理和校史工作"十三五"规划》，大力推进档案资源建设工程、档案数字化工程、校史文化工程和新馆建设工程。把强化督查促落实贯穿到工作全过程，通过抓党建工作成效，促进了目标任务的落实。

（三）加强联系群众和服务群众的工作

建立健全了支部联系群众制度，通过设立党员先锋岗、党员服务窗口等形式，开展党员承诺、践诺活动，推动党员发挥先锋模范作用。加强管理服务工作的质量测评，进一步提升素质，提高效率、改进服务、树立形象。

五、加强党建和业务融合，促进中心工作

以抓好党建促进业务工作为目标，进一步落实"一岗双责"制度，做到党支部建设工作与业务工作同部署、同落实、同检查、同考核，建立统筹协调、良性互促的工作机制。

进一步全面实施四川大学档案管理和校史工作发展规划，继续推进四川大学档案资源建设工程、档案数字化建设工程、校史文化建设工程和标准化档案新馆建设工程等四大工程。加快了档案数字化、信息化建设，启动了电子档案签章系统建设。完成了学籍档案数字化以及信息资源审核、挂接、利用工作，推进了文书档案数字化工作，启动了基建档案数字化工作。与信息管理中心做好沟通配合，做好办公自动化系统电子归档工作的启动准备。优化了"川大兰台——档案信息管理系统"和"远程利用服务系统"，打造高效便捷的档案利用服务平台。

深入挖掘档案和校史文化资源，开展红色基因传承教育，营造了校史文化育人的良好氛围。贯彻落实《新时代爱国主义教育实施纲要》，持续推进"传承弘扬江姐精神，培养新时代红色传人"工作，进一步探索将校史文化融入思政课的途径。

加强江姐纪念馆暨四川大学革命英烈事迹陈列馆建设，挖掘并充实红色资源，着力打造主题突出、导向鲜明、内涵丰富的精品陈列，为学校师生和社会各界群众开展爱国主义教育提供更好的服务。建设 3D 江姐馆暨四川大学革命英烈事迹陈列馆，实现公众远程参观，扩大纪念馆受众覆盖面，增强了影响力与吸引力。

开展了川大革命英烈传记工程的编撰工作。开展江姐相关史料编撰及江姐精神研究。编印了画册《江姐纪念馆》，出版了音像制品《江姐在川大》，出版了图书《江姐与四川大学》，开展了"江姐精神在大学生群体中的认同与传播——以四川大学为例""江姐历史文献的整理与研究"两项专题研究。

开展了江姐精神宣讲活动，依托学校江姐纪念馆、革命英烈事迹陈列馆等馆藏资源，面向各学院开展江姐精神宣讲进支部活动，积极推进红色文化宣讲走进校园。

开展"立德树人守初心　红色基因永传承"——媒体川大行主题宣传活动。接待中央及省市主流媒体记者到校参观，深入挖掘江姐在川大求学期间的学习、生活、革命经历，全面宣传展示新时期四川大学传承弘扬江姐精神，培育新时代红色传人的工作举措和经验，在全校乃至全社会营造了弘扬红色文化的良好风尚。

推进摄制播出《江姐》专题片。积极取得央视等媒体的大力支持，深度挖掘江姐在

川大学习、生活、革命期间的相关文献资源，特别是具有重要新闻宣传价值的全新史料，总结提炼了江姐精神在新时代的重要意义、丰富内涵以及弘扬江姐精神的文化作用和育人价值，积极推进拍摄《寻找江姐——求学川大》等相关专题片并使之在央视等媒体播出，运用了各类媒体平台全方位、多渠道做好宣传推广工作。

拍摄"川大英烈宣传片"，全面展示 70 余名川大英烈的革命事迹。与红岩博物馆、自贡市及成渝两地高校等联合举办了纪念江姐诞辰 100 周年主题展暨四川大学革命英烈事迹巡展，加强了交流互鉴，让更多青年学子感悟、厚植红色基因，提升红色文化对社会文化的引领辐射作用。

举办"中国共产党在川大百年历程专题展"，拍摄与制作了《烈火淬金——中国共产党组织在四川大学的创建与发展》，生动地展示了学校百年革命历史传统、深厚的红色文化底蕴和辉煌的办学成就，引导党员干部和师生员工从中国共产党在川大的百年历史中汲取经验智慧和前进力量，传承红色基因，担当时代重任，为全面加快推进学校"两个伟大"做出新的贡献。

六、推进群团工作，促进档案文化建设

加强对群团工作的指导，强化了档案馆（校史办公室）文化阵地建设。充分发挥党外人士参政议政和民主监督的作用。切实改进工会小组工作，发挥了支部和工会小组在联系群众、服务群众中的桥梁纽带作用，助力扶贫，落实困难帮扶制度。积极开展文化活动，丰富了职工生活，提升了凝聚力和向心力。

四川大学档案馆（校史办公室）在精细化和精准化上下功夫，通过全面推进思想政治建设、组织建设、党风廉政建设、作风建设和文化建设等工作，加强了党建与业务管理工作的深度融合。档案管理和校史工作实现了"转作风、提效能"，在提供办学支撑保障、提高公共服务能力、为师生办实事等方面发挥了积极作用，为学校"十四五"开好局、起好步奠定了扎实基础。

第二篇　信息技术

档案治理视域下的高校档案信息化建设和综合服务体系构建研究与探讨①

——以四川大学为例

四川大学档案馆　李金中

党的十九届四中全会审议通过的《中共中央关于坚持和完善中国特色社会主义制度 推进国家治理体系和治理能力现代化若干重大问题的决定》中明确指出：当今世界正经历百年未有之大变局，我国正处于实现中华民族伟大复兴关键时期。我们必须在坚持和完善中国特色社会主义制度、推进国家治理体系和治理能力现代化上下更大功夫。四川大学也于 2020 年印发了《关于坚持和完善中国特色现代大学制度 推进学校治理体系和治理能力现代化的实施意见及任务分解表》，从学校层面加快推进学校治理体系和治理能力现代化建设。

档案作为党和国家各项工作及人民群众各方面情况的真实记录，是促进我国各项事业科学发展、维护党和国家及人民群众根本利益的重要依据。党的十八大以来，以习近平同志为核心的党中央高度重视档案工作，高度重视继承和发扬中华优秀传统文化，强调要牢记历史经验、牢记历史教训、牢记历史警示，为推进国家治理体系和治理能力现代化提供有益借鉴。随着国家治理体系和治理能力现代化的深入推进，档案工作发挥作用的空间越来越大，在国家经济、政治、文化、社会、生态文明以及军事、外事、科技等方面活动中发挥着不可或缺的作用。推进档案治理现代化，既是推进国家治理体系和治理能力现代化的内在要求，也是国家档案事业科学发展的重要组成部分，更是时代赋予档案人的庄严使命。高校档案作为高校教学、科研、管理等各项工作和教师、学生、校友等各方面情况的真实记录，承载着高校的历史和文化，是促进高校发展的重要依据。高校档案治理现代化是高校治理能力现代化的重要内容。而推进以档案信息化建设为核心的档案管理现代化，既是档案治理现代化核心内容，也对完善现代大学制度有着重要意义。

一、档案治理现代化的重要意义

加快档案治理体系和治理能力现代化建设，是历史赋予档案人的重大使命。档案人

---

① 本文为四川大学 2020 年档案和校史研究专项项目（daxs2020－06）研究成果。

要全面深入贯彻落实习近平总书记关于档案工作要走向依法治理、走向开放、走向现代化的重要指示精神，推进档案"四体系"建设。档案治理现代化有利于更好地推进档案事业高质量发展，贯彻落实档案工作姓党、党领导档案工作的指导思想，从根本上做到为党管档、为国守史、为民服务。

二、档案治理现代化与档案管理

档案治理以档案管理为基础，是对档案管理的继承与发展，但两者又有较大的差异。档案管理奉行"国家本位"，管理主体单一，注重档案事务的管理，管理也倾向于刚性，管理的目的主要体现为保障国家利益。档案治理则秉持"社会本位"，治理主体多元化，治理内容得以大大扩展，注重采用多样化手段，治理的目的是档案强调利益的多元化，兼顾国家、社会和个人利益，平衡各治理主体的利益。

三、高校档案治理现代化

高校档案治理体系和治理能力现代化是高校治理水平的体现，也是完善现代大学制度的需要。高校档案治理体系和治理能力现代化建设的主要内容包括：树立现代化治理理念，增强高校档案工作的使命感和责任感；完善规章制度体系，提升高校依法行政、依法治档的能力；丰富高校档案资源，完善高校档案资源体系；融合现代信息技术，提高高校档案信息化水平。

四、高校档案治理现代化下信息化建设路径

高校档案信息化建设应根据高校实际情况实施建设，总体上可以从以下几个方面入手。

（1）建立数字档案基础数据库。对各类馆藏档案进行数字化加工，形成基于现代信息技术的数字档案数据库。

（2）基于网络的档案查询服务。便捷地利用档案实体信息或数字信息，有效地提高了档案的利用效率。

（3）建立数字档案信息网络。对数字档案资源进行重新组织，建立资源关联关系，形成基于网络的档案资源发布与共享系统。

（4）构建数字档案资源检索体系。建立完善的档案资源检索体系，最大限度地揭示档案信息。提高档案检索的查全率、查准率，提升档案编研的广度与深度。

（5）建立数字档案资源知识库。运用多种信息组织技术和数字人文技术对数字档案资源以新的方式进行组织、开发和展示，形成各种专题数字档案资源知识库。

（6）开发数字档案产品和数字档案服务。利用数字档案资源，充分挖掘档案资源的

文化内涵，开发多元化的档案产品和服务。

五、四川大学档案数字化建设实践

（一）基本情况

四川大学档案馆馆藏档案时间跨度大，时间从 1896 年至今，馆藏资料丰富，内容覆盖面广，有 22 个全宗、35 万卷，其中中华人民共和国成立以前的档案就有 9000 多卷，包括 1896 年四川中西学堂和 1910 年华西协合大学的创办资料。

自 2012 年起，四川大学大力推进"档案管理现代化工程"和"校史文化建设工程"，积极开展档案数字化建设，到目前为止，已执行八期，完成 20 余万卷档案的数字化，馆藏档案数字化率超过 70%。

（二）档案数字化建设实践

下面仅以历史档案（界定为中华人民共和国成立以前的馆藏档案）数字化为例介绍四川大学档案数字化实施过程及实践。

1．档案数字化建设目标

一是通过对历史纸质档案的数字化扫描，建立档案图像资源库；二是通过对档案案卷目录和文件目录的著录，建立档案目录资源库；三是通过对档案内容的全部转录，建立档案全文资源库；四是通过对档案数字信息的光盘刻录，建立档案级光盘资源库；五是通过对档案数字信息的"数转模"，建立档案缩微胶片库。

2．档案数字化建设方案

（1）数字化加工模式的选择。由于年代相对比较久远，历史档案材料内容多是竖排文字，不仅是繁体字，还有不少古体文和异体字。将档案馆自身力量同档案数字化加工服务的社会机构等社会力量结合，实行业务外包，选择有一定经验和能力的专业公司来共同完成历史档案的数字化工作。

（2）数字资源格式的确定。图像数据资源采用分辨率 300DPI 的 jpg 格式（大幅面档案采用 tif 格式）形成的数字化档案图像文件，根据不同的利用目的进行组织，形成档案图像资源库；案卷及卷内目录使用后缀为 xls 的文档建立档案目录资源库；档案全文使用文件后缀为 doc 的文档建立档案全文资源库。

（3）数字资源的质量把控。采用技术手段和人工检查相结合的方式进行质量检查。技术手段检查主要包括命名规范性检查、数量检查和一致性检查。人工检查主要为内容检查。

（4）数字资源的有效保存。在现有档案管理系统中，实现扫描图像与案卷目录、卷内目录以及全文100％正确挂接；采用缩微胶片对档案图片实施异质备份；采用档案级光盘对档案数字化图片、目录以及全文实施异质备份。

六、四川大学档案综合服务利用体系的构建

四川大学档案馆结合档案信息资源的特点，利用信息组织、信息检索、信息可视化等多种技术，以突出资源管理、展现资源、利用服务和合作共享为目的，以馆藏历史档案数字化成果和相关数字资源为基础，充分展示档案管理和校史文化的融合特征，向用户提供有序、动态、适用的档案资源利用和共享服务，实现对档案资源开发、利用、共享的协调发展。开发多个不同类型的档案资源展示服务系统，建成基于外部网络的档案资源宣传展示、校史文化育人功能等公共网络平台，以及基于内部网络的档案馆内部人员及来馆查询利用档案人员的局域网络平台，初步形成综合化集成式档案资源开发管理服务体系。

（一）以数字化资源管理、展示为主，构建档案资源管理体系

以馆藏历史档案数字化成果为基础，开发和建设集档案展示、开发和利用为一体的历史档案资源展示系统，包括"发现川大：四川大学历史档案信息发布系统"和"川大记忆：四川大学校史文化资源专题网站"等平台。其中，"发现川大：四川大学历史档案信息发布系统"为师生校友提供了一个开放和交互的数字化档案图像查询与展示平台。在这个资源共享平台上，用户可以检索相关关键词（如姓名、地点、职务、事件等），快速查阅所需的档案数字化图像，系统则以图文并茂的方式呈现给使用者。为提高系统与用户的可交互性，系统向使用人员提供基于社会化标签的档案资源信息组织和检索服务。用户可以添加标签，经过系统管理员审核后，可以用于弥补档案信息描述的不足，并可以提供基于标签的相应的主题信息检索功能，从而形成运用分众分类思想的后标引和自由检索。同时，也可以实现用户兴趣聚集和信息推送。而"川大记忆：校史文化资源专题网站"，是2013年四川大学档案馆推出的一个专题文献性资源网站，按照"川大图苑""川大影苑""川大书苑""川大学苑"等栏目，展示了大量档案和校史图片、视频、图书资料和优秀教师教案等内容。该网站作为四川省高校档案文化建设重要内容，在2013年由四川省档案局和四川省教育厅主办、四川省高校档案工作协会和四川大学档案馆承办的"纪念6·9国际档案日暨四川省高校档案文化建设论坛"上，由时任四川省档案局局长主持了开通仪式。两大平台页面见图1至图6。

图1 历史档案信息发布系统

图2 校史文化资源专题网站   图3 川大图苑

图4 川大影苑

图5　川大书苑　　　　　　　　　　　　　图6　川大学苑

（二）以档案资源挖掘、校史展陈为主，构建档案文化体系

四川大学校史展览馆最早为原国立四川大学图书馆，总建筑面积为 5500 平方米，校史展览以图片和文字展览为主，辅之以丰富的校史实物资料、珍品档案以及其他展览手段，全面反映了四川大学（含原四川大学、原成都科技大学、原华西医科大学）的发展历史，成为展示学校发展中蕴含的大学精神和文化理念的重要场所。为能充分发挥校史展览的作用，在完善实体校史展览馆的基础上，建设了"四川大学网上校史展览馆"。四川大学网上校史展览馆除完全承载了实体展览馆的主题展览内容，还包含了多年来历次的专题展览，如"四川大学历史文化长廊""抗震救灾，川大在行动"等。网上校史展览馆与实体校史展览馆以线上线下的组合，形成良好互动，有力支撑了学校校史文化育人体系。见图7至图12。

图7　网上校史展览馆网站

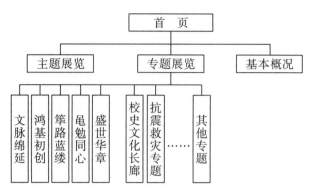

图 8　网上校史展览馆导航图

图 9　网上校史展览馆主题展览导航

图 10　网上校史展览馆主题展览展图

图 11　网上校史展览馆专题展览导航

图 12　网上校史展览馆专题展览展图

　　四川大学肇始于 1896 年的四川中西学堂，经历了 120 多年的发展历程。为全面反映四川大学的发展脉络和发展过程，川大网上校史展览馆将四川大学历史变迁的重大事件、重要人物立体化地加以呈现，档案馆采用时间轴技术，以时间为序，建设了"走进川大：四川大学时间轴"，为广大师生校友和社会提供更为直观形象的校史文化宣传展示窗口。同时，为增加校史知识的参与性和趣味性，网上校史展览馆建设了"校史答题王"系统，以答题的方式向用户展示校史知识，让参与者在寓教于乐中更好地学习校史，了解校史。见图 13 至图 18。

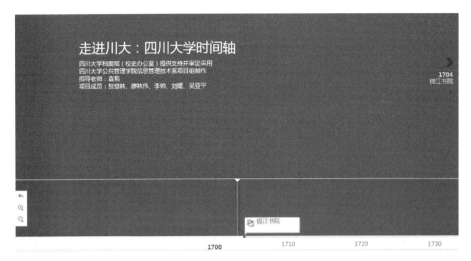

图 13　走进川大：四川大学时间轴

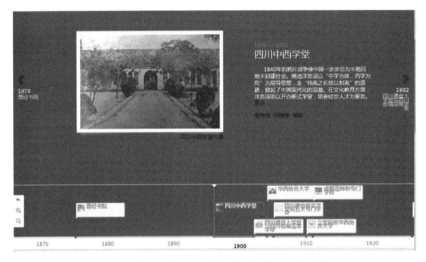

图 14　走进川大：四川大学时间轴——大事件

图 15　走进川大：四川大学时间轴——人物示例

图 16　"校史答题王"电脑版

图 17　"校史答题王"手机版

图 18　"校史答题王"答题页面

　　四川大学历来是"四川进步势力的大本营"和"西南一带传播革命种子的园地"。据不完全统计，其有包括江竹筠（江姐）在内的 70 余位川大校友为新中国献出了宝贵生命。为了深入学习贯彻习近平总书记关于"要把红色资源利用好、把红色传统发扬好、把红色基因传承好"的重要指示精神，坚持立德树人根本任务，深入挖掘校园红色文化资源和革命文化积淀，2018 年在"11·27"渣滓洞烈士集体殉难 69 周年纪念日，四川大学在校友江姐曾经生活过的原国立四川大学女生院旧址举行"锦江红梅傲雪开——四川大学校友江竹筠烈士纪念展"。2019 年 11 月 14 日，在江姐牺牲 70 周年之际，四川大学举行"江姐纪念馆暨四川大学革命英烈事迹陈列馆"揭牌仪式，并建成网上 3D 江姐纪念馆，通过虚拟技术将江姐纪念馆呈现在公众面前，更好地引导广大青年学子继承和弘扬江竹筠烈士追求真理、引领社会的进取精神，不辱使命、勇立潮头的担当精神，坚守信仰、忠于理想的革命精神，以及心怀天下、舍生取义的牺牲精神。见图19、图 20。

图 19 江姐纪念馆

图 20 网上 3D 江姐纪念馆

（三）以档案利用服务、共享合作为主，构建便捷的利用体系

为加强数字档案资源的查询利用，借鉴传统档案阅览室的思想，积极建设实体档案阅览室——数字化档案查询及缩微胶片阅览室，配置必要的可查阅电子档案的计算机、缩微胶片阅读器、恒温恒湿柜、打印机、扫描仪等基本设备，为档案信息检索、资源共享等信息服务提供安全可靠的物理平台。同时，建设集校史视频展示、自助讲解、自助点播等功能于一体的数字校史资源互动平台。见图 21 至图 24。

图 21 数字化阅览室　　　图 22 缩微胶片阅读器　　　图 23 恒温恒湿柜

图 24　数字校史资源互动平台

积极建设新媒体平台，融入融媒体思想，建设集利用、查询、咨询、参观预约及微信讲解为一体的档案利用服务系统，有效促进档案利用手段网络化，实现档案业务的"不到馆"利用服务，配合建成的可信电子档案归档和利用系统，对接"学信网"，完成档案的电子签章，实现档案的"无纸化"利用服务，远程平台年利用服务达 3000 人次，订单数 15000 多份，高峰时段如学生毕业季或博士报考日达数百人次。95％以上的毕业生通过该平台查询档案去向，这大大地提高了服务效率，改善了师生的查档体验。见图 25。

图 25　新媒体及档案远程利用系统

开展全方位服务创新，实施档案管理和校史工作咨询馆员制度，采用服务导引、电话咨询、邮件咨询和 24 小时表单咨询等方式，向广大师生、校友提供实时和延时"7×24"咨询服务。除到馆咨询以及利用现有的"服务流程"和"常见问题（FAQ）"，还可以就档案管理和校史工作中的任何问题向本馆咨询馆员提问并获得及时的解答。咨询馆员由分管馆领导和各科科长担任。咨询馆员制度见图26。

图26　咨询馆员制度

除此之外，四川大学还积极探索数字化档案信息资源的安全和保密管理，构建了冗余光纤 SAN 架构的档案信息资源存储系统，采用相应的信息安全技术手段，构建数字化历史档案信息基础数据库和必要的数据备份等安全保障体系，形成了数字档案信息资源的管理存储硬件系统，配套相关管理制度等措施，建成数字档案信息的安全存储系统，结合数字档案信息资源的缩微胶片和档案级光盘的异质备份系统，初步形成了一套安全有效的数字化档案信息资源长期保存体系，实现了数字化档案信息资源的长期保存和安全有效利用。见图27。

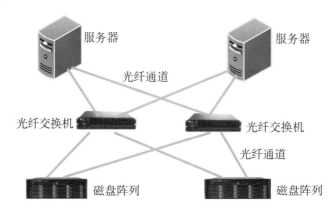

图27　冗余的光纤 SAN 架构

参考文献

[1] 陆国强. 为新时代档案事业高质量发展提供坚强法治保障 [EB/OL]. 中华人民共和国国家档案局. (2020－6－24) https://www.saac.gov.cn/daj/yaow/202006/6b2f2da9926c4e2b82729d6bf5d53ee7.shtml.

[2] 群言. 学习贯彻党的十九届五中全会精神　加强档案治理体系建设　推进档案事业高质量发展 [N]. 中国档案报, 2020－12 (总第3612期第一版).

[3] 国家档案局办公室. 关于加强和改进新形势下档案工作的意见 [EB/OL]. 中华人民共和国国家档案局. (2014－5－4) https://www.saac.gov.cn/daj/xxgk/201405/1d90cb6f5efd42c0b81f1f76d7253085.shtml.

［4］周坤顺. 现代大学制度视域下的高校档案治理［J］. 山西档案，2018（4）.

［5］金波，晏金. 从档案管理走向档案治理［J］. 档案学研究，2019（1）.

［6］李爱华. 大数据时代高校电子档案管理创新研究［J］. 档案管理，2020（2）.

［7］陈泳欣，聂二辉. 社会治理视角下档案公共服务体系：概念和关系分析［J］. 档案管理，2019（1）.

［8］郑高锋. 新时代社会治理背景下高校档案治理中的突出问题和对策思考［J］. 档案管理，2019（5）.

［9］张帆，吴建华. 基于档案治理的档案信息资源开发模式转型研究［J］. 档案学通讯，2019（6）.

［10］常大伟. 档案治理的内涵解析与理论框架构建［J］. 档案学研究，2018（5）.

［11］党跃武，曾雪梅，陈征，等. 基于信息组织技术的档案资源开发［M］. 成都：四川大学出版社，2016.

［12］袁杰.《中华人民共和国档案法》释义［M］. 北京：中国民主法治出版社，2020.

数字化背景下高校历史档案利用对策探析[①]

四川大学档案馆　陈玉峰　张珍辉　陈　涛

高校历史档案一般指 1949 年中华人民共和国成立前高校在创办及发展过程中形成的各种载体、各种形式的纸质资料、图片资料和实物档案。作为记录一所大学建立、发展及演变历程的原始载体，高校历史档案记载着高等学府几十年甚至一百多年来的发展变迁轨迹和办学历程，具有极高的历史文化价值和学术研究价值，是高校宝贵的物质与文化财富，在"存史、留凭、资政、育人"方面有独特且不可替代的作用。然而，受存放年代时间久远、纸质载体容易损坏和档案保存条件标准不高等因素影响，目前很多高校档案馆收藏保存的历史档案都出现了字迹模糊不清、纸张损伤严重、部分污浊浸染等危机状况。因此，高校传统历史档案的数字化工作显得尤为紧迫和重要。

当前高校历史档案数字化已成为发展趋势，历史档案的数字化已经成为高校有效保护历史档案的手段和途径。将传统历史档案通过数字扫描的方法转化为虚拟的电子文件形式，实现其在档案管理系统平台上的数字化利用与储存，是解决当前高校档案馆历史档案存储危机的重要方法，对高校档案馆的三个主体——档案本体、档案利用者和档案工作者也具有极为重要的意义。但由于受经费、设备、技术、人员等各方面条件的限制，当前高校历史档案数字化后的储存和利用工作存在一定的不足和局限性，因此解决历史档案的安全储存和利用问题也迫在眉睫。

一、高校历史档案数字化的意义

历史档案数字化是指将历史时期产生的各类资料按照高校档案管理规范进行归档、整理组卷后，运用计算机技术、扫描技术、OCR 技术、数字摄影技术（录音和录像）、数据库技术、多媒体技术、存储技术等将各种载体的档案资源转化为数字化的档案信息，以数字化的形式存储，以网络化的形式互相连接，利用计算机系统进行管理，形成一个有序结构的档案信息库，及时提供利用条件，实现资源共享，历史档案的数字化在"存、管、用"等各个方面都具有重要的意义。

（一）有利于档案原件的保护

高校历史档案属于不可再生的高龄档案，多有不同程度的老化、受损，这给利用带

---

①　本文为四川大学档案和校史研究专项项目（项目编号：daxs2021-24）研究成果。

来了难度，也增加了档案再次受损的概率。对档案的保护实际上是对档案载体的保护，对于目前的纸质档案，除了用裱糊、丝网加固来修复，档案数字化也是一种有效的保护手段。历史档案受战争、自然灾害、迁址等因素的影响，能够保存下来的并不多，尤其近年来校史研究的兴起，对高校历史档案的利用率不断提高，这也加大了历史档案原件受损的程度。伴随着遗失与损坏，这部分档案对于高校发展而言更显珍贵。档案数字化的介入成为解决这一问题的有效手段。档案信息的数字化可以一次性将历史档案全文进行处理，最大程度地减少档案整理、使用过程中对历史原件的破坏，也可以防止部分档案篡改行为的发生，这无疑是对其更好的保护。

另外，加快纸质历史档案文献的数字化建设，可以减少对其的直接利用频率。纸质历史档案文献的利用次数增多，必然会加速纸张的老化。要想永久保存珍贵的纸质历史档案文献，必然要减少档案文献的直接利用频率，从根本上减少纸张的损耗。从现阶段来看，随着信息技术的快速发展，数字档案是未来的发展趋势。通过数字化档案的建设，能够减少档案的直接使用，在很大程度上保护纸质历史档案文献，从而延长历史档案实体的物理寿命，保护原始档案本体，同时电子阅览的利用方式可以减少档案实体出库、翻阅和复制的次数，减少利用中的人为损伤，实现档案资源的可持续存储与利用。

（二）方便档案的管理和利用

高校历史档案经过数字化操作后可在网络环境下被管理和利用，使传统多种载体的档案信息对象转为机读档案，档案查询利用从翻阅原件变成利用方便的网络查询。可公开的档案随时随地可供阅览，不可公开的档案在档案馆以数字化形式存储，需要时通过系统登录直接调用所需档案资料，缩短了查阅者等待的时间，这使整个利用过程变得方便简单，真正让档案管理人员不入库房、查询者不接触档案原件便可高效完成利用服务。另外，高校历史档案数字化后无需经常翻阅历史档案原件，这样就不会有翻乱的可能，也不会出现篡改档案的现象，方便了档案的管理。高校历史档案的数字化为高校历史档案的网上浏览和远程查阅创造了条件，为数字档案馆的建设奠定了基础。

历史档案实现数字化后，利用者可以通过多种数字在线方式获取历史档案资源，同一份档案可以在同一时间、不同地点被不同的利用者阅览，有利于档案利用者更加高效便捷地查用档案资源，减少时间和空间上的约束与限制。从档案工作者视角出发，这有利于高校档案馆转变以往传统落后的档案管理方式，实现数字化的档案管理、智能化的查阅服务和信息化的资源开发。此外，历史档案数字化也意味着档案管理由传统的实体库房管理向现代的虚拟数字管理转变，数据安全和异地备份的便捷性要远远高于实体档案的保管程序，节约了人力成本，也在一定程度上规避了自然灾害对档案实体存储的潜在威胁。

（三）有利于档案资源共享

对社会而言，高校历史档案的数字化有利于档案资源融入文化产业大数据中，促进档案资源的社会共享，提高档案资源的社会利用率，进一步发挥档案的社会化服务功能。对高校内部而言，高校历史档案的数字化有利于档案资源的校内共享，方便师生从历史角度更好地了解学校教书、育人等方面的发展历程。例如，越来越多的高校开设校史教育课程，这种课程除了教师讲解、书本阅读外，直观的感受更能让学生领悟到校史教育的真谛，体会高校发展过程中的曲折与进步。历史如流水不可回复，档案资料堪称历史的写照，是校史教育的良好素材。但因历史档案特殊的保管要求，不是所有的档案资料都可以展出以供参观，经过数字化的高校历史档案却不同，它可以通过网络实现共享，方便阅读。

二、数字化利用中出现的问题及原因

高校历史档案的数字化，虽然可以解决现有历史档案的一些保护问题，最大限度地延长历史档案的使用寿命，但历史档案数字化后，如何储存与利用数字化后的电子文件，如何界定利用的边界，以及数字化背景下历史档案的安全问题，是当前亟须解决的课题。目前，高校历史档案的数字化受到多重因素的制约，进度缓慢，其中政策资金不到位、缺乏统筹管理、专业人才短缺等是较为主要的因素。

（一）政策层面：历史档案数字化政策、资金不到位

目前，上级档案机关对高校历史档案的数字化没有明文规定，加之高校档案数字化工程量大、耗时久，部分高校档案馆觉得历史档案的使用概率低，实现其数字化并非档案数字化的首选类别，在若干项工作并存时只能为其他工作让路。另外，档案数字化的安全性需要规章制度的保护。历史档案数字化的一个重要意义便在于保护档案原件在使用过程中不至于破损或被篡改，那么在对这些档案进行数字化的过程中难免要对全部历史档案资料进行拆分扫描，如何避免档案破损或混乱遗失现象的发生，需要一套符合实际的规章制度去限制和监督约束。

由于身处新时代高校数字校园建设工作较为边缘的地位，历史档案数字化还存在一系列问题。例如，未能获得学校的足够重视和充分认可，在历史档案数字化项目上的资金投入明显不足，工作场地又相对有限，无法启动大规模、高速度的数字扫描工程；档案管理信息系统也未被列入高校数字校园建设的工作范畴，不能与学校OA（办公自动化）办公、教务学籍系统等实现良好对接，给未来的档案收集和利用带来了困难，同时缺少具有专业性和实效性的制度建设；在项目施行过程中，检索利用与数字扫描的工作流程存在交叉现象，未能依据实际情况适时调整流程规范。

（二）管理层面：档案馆各科室之间缺乏统筹管理

根据档案业务流程，档案馆的管理利用、收集指导和技术编研等业务科室，原则上都有必要参与历史档案数字化这一项目，但在实际运行时，从整理修复到数字扫描、从

图像处理到验收挂接的过程中，各科室之间缺乏交流协调。在历史档案数字化项目的推进过程中，高校档案馆未能统筹管理整个工作流程，项目所涉及的各科室之间缺乏统一协调，责任分工不明确，历史档案在检索利用和数字扫描上还存在着重复需求的问题，工作冲突时常发生，档案信息安全隐患依然存在，这在一定程度上影响了历史档案数字化的数量和质量。

（三）专业层面：档案数字化专业人才短缺

历史档案数字化工作看似简单，实际上要求工作者具备较高的专业素养，精通档案、历史和计算机技术专业知识。在数字化过程中，工作人员要对数字扫描流程、图像处理、原文挂接、数据更新和多层备份进行实时监管，必须具备良好的计算机技术。历史档案数字化检索利用的实现，还涉及档案内容补充著录、关键词抓取等工作，需要有专业历史知识背景的人辅助完成。档案馆一般会将扫描工作外包给数字技术公司，虽然这在一定程度上解决了档案馆实操人员不足的问题，但是在历史档案数字化项目专业人才配置上仍然存在着明显不足，整个工作缺乏档案专业指导和数字技术支撑。特别是在档案数字扫描后的检查验收和补充著录阶段，无法满足项目所需的复合型人才要求，给后续档案利用造成了困难。

三、对策分析

档案的数字化是一项持久性工作，实现档案数字形式的转化只是档案数字化工作的开端，而不是全部，后续数字档案的管理、维护、利用工作是漫长的，也是考验档案数字化成效的重要标准。从上述的分析中可以看出，高校历史档案的数字化对档案的保护及其价值的彰显具有重要的作用，而受到政策层面、管理层面、专业层面等诸多因素的制约，档案数字化进展缓慢。因此，在数字化背景下，推进高校历史档案的利用，急需各方积极努力地采取确切的措施，破除障碍。

（一）制定合理的规章制度，为高校历史档案数字化提供保障

首先，应建立档案数字化考评机制，把高校历史档案数字化率作为高校档案馆年终考核标准之一，督促高校开展历史档案数字化。其次，应加强数字化各环节安全保密管理机制，确保档案原件和数字信息管理安全。高校档案馆应该"量体裁衣"，制定符合自身档案数字化发展需求的规章制度和工作方案，把好技术关和保密关。例如，在历史档案的拆卷扫描中，要按照一定的时间顺序对档案进行逐步的数字化处理，确定数字化的档案案卷顺序，并将卷片、封面等信息进行复印和编号；对于装订较厚或较深而导致不易扫描的文本，可以拆卷处理，并标注好没有页码的案卷，避免操作过程中发生混乱。最后，应制定数字化档案使用规范及流程，严把使用关，如借阅电子档案时要严格履行审批手续，防止无关人员接触涉密信息。

（二）加大人力资源开发力度，组建复合型数字化队伍

首先，应充分开发现有人力资源，开展档案数字化技能培训。针对档案学专业人员匮乏的问题，可以组织在岗人员进行档案学专业知识学习；根据历史档案修复需求，对相关人员开展档案修复技能培训；针对数字化设备的使用对相关人员进行集中培训；针对非计算机专业的人员做好计算机应用相关的技能培训，加强对原有档案管理人员的培训，使他们能熟练掌握档案软件和数据库系统的基本操作。其次，做到专人负责、兼职协作。档案馆要选择专人负责历史档案数字化工作，并设置档案馆学生志愿者岗位，协助开展工作。同时，在解决破损严重、无法扫描的历史档案的修复问题上，可以与古籍修复专业的优秀师生合作完成，积极构建一支复合型数字化队伍。

（三）设定严格的用户和权限管理机制，保证档案数据安全

在高校历史档案利用中，高校档案管理信息系统应设定严格的用户和权限管理机制，根据权限的不同，把用户分为系统管理员、业务人员、借阅人员和一般用户等。首先，档案管理信息系统应由专门查阅档案的电脑安装使用，还应不定期更改登录密码，将档案信息安全的威胁尽可能降到最低。其次，对不可共享的档案进行加密处理，设置一些查询权限，保证数据安全。最后，明确数字化档案信息的密级，采用身份认证技术、访问控制技术、数据加密技术等，建立健全技术保障体系，提高网络和系统的安全性。

筑牢档案安全意识，最终要建立健全人防、物防、技防"三位一体"的档案安全体系，建立健全档案安全长效机制，这就要求学校档案工作者时刻绷紧档案安全之弦，使档案安全警示教育常态化，建立起经常性的档案安全监督检查机制，同时加大档案安全的人力、物力、财力的投入，为档案安全工作提供有力支撑。

（四）数字化加工后历史档案数据应以多种格式存储备份

历史档案自身所具有的独特性注定了历史档案的数字化并不是简单加工上传至管理软件那么简单，其应用的范围和层次随着时间的推移将不断地发生变化与调整，不仅是档案实体的内容为我们所用，档案自身所附带的相关信息，诸如纸张特色、书法用笔甚至一些珍贵实体的水印印笺等，已经慢慢得到史学界、档案学界、教育科研领域等多方面的重视。因此在历史档案数字化加工制作完毕后，所形成的数据应做到有三个版本的备份：一是原始数据的备份，二是一般馆藏应用备份，三是上传至档案管理软件数据库的备份。这三种备份虽然针对同一内容，但各自的存储格式和分辨率各不相同，尽管占用的服务器和硬盘空间比较大，但三者缺一不可，需要专人、专门服务器、专门存储设备等进行专项管理与维护。

作为承载高校百余年历史文化积淀的重要宝库，高校历史档案保存着一所学府自建

立以来的历史印迹，记录着这所学府一路走来的教育成就，是一所高校文化与历史的底蕴和内涵，是高校历经数十载而留存下来的精神文明成果。只有提升历史档案开放利用的质量和水平，才能温故知新，在新形势下从过去的历史中汲取发展的新思路。因此，在当前数字化背景下，高校对历史档案进行数字化，并在充分保护历史档案原件的基础上，促进了历史档案资源的社会共享，提高了历史档案资源的社会利用率，进一步发挥了历史档案的社会化服务功能，对历史档案工作的科学发展发挥了积极作用，对档案馆的管理水平和服务能力的提升有很大的促进意义。

参考文献

［1］龙芊良. 信息时代高校历史档案数字化程式探析——以北京大学档案馆为例［J］. 山西档案，2020（4）.

［2］车向清. 高校历史档案数字化的困境及策略探究［J］. 兰台世界，2016（11）.

［3］王文娟，刘美文，覃庆华. 浅论高校历史档案数字化的管理［J］. 数字化用户，2019（9）.

大数据时代高校档案信息化建设的思路与实践

——以四川大学档案馆信息化建设为例

四川大学档案馆　　刘卿钦

新时代需要新思想，高新科技与社会发展使数字化、信息化成为时代的趋势，存在于人们生活的方方面面。高校是文化传承和思想教育的重要基地，不断更迭的现代信息技术也推动着高校的体制改革不断深化。档案管理工作是高校管理的重要环节，在当今大数据环境下，在"互联网＋"、信息化的大背景下，如何做好高校档案工作，充分发挥档案的价值作用，是所有高校档案人面对的共同课题。

经过几十年的发展，高校档案馆在纸质文件环境下做了很多努力，也积累了很多经验。在大数据时代，高校档案馆必须主动迎接挑战，深入了解电子政务、电子商务、云计算及人工智能等高新技术，并思考如何将高校档案工作和高新信息技术对接，从而加快高校档案工作的转型升级。

一、什么是档案信息化

提到档案信息化，人们的第一反应是将传统的档案资料通过各种先进的信息技术，转变成数字文件。这种理解并没有错，但并不全面。在笔者看来，档案信息化应该有两个层面的工作内容。第一个层面是利用数据库技术、数据压缩技术、高速扫描技术等技术手段将纸质文件、声像文件等传统介质的文件和已归档保存的电子档案，系统组织成具有有序结构的档案数字信息库，这也就是前文提到的传统档案数字化的过程。第二个层面是在档案管理活动中全面应用现代信息技术，对档案信息资源进行处置、管理，并为档案利用者提供利用服务。换句话说，档案信息化不仅是指档案保存模式的转变，还包括了档案管理模式的转变，是从之前传统的以面向档案实体保管为重点，向现在以档案实体的数字化信息这种主要形式向社会提供服务为重心的转变过程。因此，档案信息化建设应该将各种传统载体的馆藏档案资源转化为数字化的档案信息，以数字化的形式存储，以网络化的形式传输，并利用计算机系统进行管理，以实现档案信息被快捷利用和共享的目的。收集和利用，就是高校档案工作的"两翼"，在具体实施过程中应当统筹兼顾实现整体推进。

二、高校档案信息化管理的必然性

（一）档案信息化是行业发展的呼唤

近年来，网络信息技术高速发展，我国档案信息化的进程也在不断加快，全国各级档案馆数字档案资源的比例均有大幅提高。据 2018 年召开的全国档案局长馆长会议介绍，全国已有 16 家单位的数字档案馆系统获得了国家示范数字档案馆测试，4 家单位获得了国家示范数字档案室评价。在档案数字化方面，全国数字化档案资源达 2243 万 GB（Gigabyte），数字化全文识别取得重要进展。档案信息化已是大势所趋，在此不再赘述。

（二）档案信息化是高校工作的支撑

目前，教育部对高校实行"五年一轮"的普通高等学校教学工作水平评估制度，而纪检监察部门对高校的巡视巡察工作也已成为常态。教育部和巡视组对高校的评估和巡查需要查阅大量的档案资料，需要规范完整的档案材料做支撑，比如党政管理的文书档案、干部职工人事档案、财务会计档案等。同时，校史展览、学历认证等也对档案工作提出了更高要求，各类档案需收集全面、整理规范、查询利用方便快捷，这给传统的档案工作机制带来挑战。这些情况迫使档案部门要将档案进行数字化来适应高校各项工作开展的要求。

（三）档案信息化是智慧校园建设的体现

21 世纪以来，特别是近几年，信息技术迅速发展，各种技术应用层出不穷。教育信息化、智慧化建设正如火如荼进行，教育部《2018 年教育信息化和网络安全工作要点》中明确指出，要设立"智慧教育示范区"，引导各级学校开展数字校园和智慧校园建设与应用。档案信息化建设作为智慧校园建设的一部分，得到前所未有的重视，也将取得重要的进展。

三、高校档案信息化建设的问题

（一）工作意义认知不够

高校的教学和管理过程中形成的档案资源十分丰富，这也是高校发展的重要基础，但有的工作人员对档案工作的认知程度不够，一方面对档案信息化建设的认知依旧停留在传统观念上，只注重档案的保存，没有意识到经过梳理后的档案蕴含的价值；另一方面，在档案信息化建设过程中，只知道埋头干活，缺乏与其他工作融合的意识，无法为其他工作带来助力，也无法使档案实现自身价值。

（二）用户需求把握不准

在高校档案工作中，我们常常遇到一种情况：高校师生想要的信息我们提供不了，我们提供的信息高校师生不需要。其中的主要原因，是高校档案工作人员往往缺乏一种"用户意识"，即很少站在用户的角度上考虑问题。高校档案工作的用户是哪些人？他们有什么样的需求？怎样的服务最为便利？这些问题，大家很少去思考。在未准确掌握高校档案利用者的真实需要的情况下，仅凭高校档案管理人员的"一厢情愿""想当然"，就开发利用档案信息资源，造成了高校档案信息资源的供需脱节。

（三）服务内容静态简单

当前，部分高校档案网页或网站质量不高，只提供馆藏简介、新闻等信息，可浏览性不强，甚至几年未更新，最后使高校档案网页或网站沦为道具与摆设。信息化时代，高校档案利用者对档案资源的需求量不断增加，高校档案管理人员不应该停留在仅提供纸质、图片等实物档案的阶段，而应该利用信息化手段提供本校独具特色的教学、德育、科研、文化等方方面面的动态档案资源信息，增强高校档案资源的丰富性和可用性。

（四）服务方式不够多元

目前，高校档案的开发利用，还较多地停留在提供查阅服务，即被动地为高校档案利用者提供档案服务的阶段，这种开发利用的效率是较为低下的。虽然部分高校探索建立了档案网页或网站服务，提供少量的档案资源信息服务，算是一种创新和突破，但还是难以满足信息化时代对高校档案工作的要求。

四、四川大学档案馆信息化建设经验

（一）四川大学档案馆概况

四川大学档案馆馆藏档案 35 万余卷，案卷排架长度约 8000 米，连续完整地记载了四川大学（含原四川大学、原成都科技大学、原华西医科大学）从建立至今 120 多年来创建、发展、联合、壮大的历程，涉及四川近现代高等教育、文化医疗、科技产业、对外交流等方面的内容，其中不乏珍贵收藏。尤其是馆藏的 1 万卷历史档案，是研究近代中国西南地区的文化教育史、宗教史及中西文化交流史等的宝贵资料。

四川大学档案馆不仅是学校档案信息的保管和利用中心，也是学校开展校史研究、展览和教育的专门机构。校史展览馆建筑面积 5500 平方米，由始建于 1937 年的国立四川大学图书馆改建而成，是目前全国高校单体建筑面积最大的校史展览馆之一。2013

年，四川大学档案馆"大学精神与大学文化教育和普及基地"被中共四川省委宣传部和四川省社科联授予"四川省哲学社会科学普及基地"称号。

（二）高校档案馆信息化建设的川大实践

1. 以数字化建设为基础，提升高校档案文化建设新境界

近年来，四川大学档案馆不断提升对档案信息化建设意义的认识高度，依托"学校发展历史悠久，档案文化资源丰富"的优势，把档案文化建设作为高校校园文化建设不可或缺的重要内容，以改革发展为关键，以文化融合为重心，以档案数字化为基础，构造了高校档案文化建设新体系，形成了高校档案文化建设新成果，促使档案文化建设成为校园文化建设的有机组成部分，提升了高校档案文化建设新境界。

2. 加大基础保障投入，提升工作效率

档案信息化建设工作离不开硬件的支持，近年来，四川大学档案馆不断加大对信息化建设工作的投入。通过加强校史展览馆安防系统建设、实施珍品档案室库房条件改造等一系列举措，完善了档案资源建设和资源开发的基础条件。在基建档案数字化建设中，四川大学档案馆采购了一批大型工程复印机富士施乐 DocuWide3035，该机集打印、复印、扫描为一体，可以扫描最大为 A0 大小的文件，最快 1 分钟可输出达 3 页、最大分辨率为 600×600DPI 的 A0 文件图纸，并通过计算机完整再现基建图纸细节。该机还具备组网功能，可以实时保存该机机密信箱中保存的扫描基建图纸。这样的设备虽然投入较高，但大大提高了基建档案数字化的工作效率，事半功倍。2020 年，四川大学还添置了一批用于档案信息化建设的设备设施，如服务器、存储系统、档案管理系统等。

3. 以项目工程为抓手，推进信息化建设

高校档案丰富繁杂，一开始面对信息化建设工作，许多档案工作人员都不知道如何下手。四川大学档案馆理清思路，以项目工程为抓手，"举一纲而万目张"，有效推动信息化建设工作。

四川大学建校已 120 余年，档案馆保存了近万卷新中国成立之前的珍贵档案，它们是研究四川省高等教育起源的重要史料。这些历史档案对于研究近代西南地区的文化教育、宗教、中西文化交流等有极其重要的学术价值。由于保存时间较长，这些历史档案中的部分已经出现了不同程度的损坏。为了更好保护和抢救这些珍贵历史档案，四川大学启动了历史档案数字化项目，以历史和特色档案为突破口，加快数字化档案信息资源建设。2012 年以来，四川大学档案馆分七期实施档案数字化工作，完成了馆藏 1949 年以前的历史档案抢救性数字化工作，以及对学籍档案、文书档案、基建档案、教师优秀教案和手稿等 20 多万卷档案的数字化，形成集图像数据库、目录数据库、全文数据库、

缩微胶片数据库和光盘数据库"五位一体"的数字档案信息资源体系。

4. 以用户为本，提高开发利用的针对性

四川大学档案馆在档案信息化和网络化的建设过程中，从用户信息需求出发，重视用户体验，按数字档案馆建设规范，完善数字档案管理网络架构，初步建成基于局域网面向档案馆工作人员和来馆利用档案人员的馆内档案利用服务平台，以及基于公网的档案信息共享和交流平台。

近年来，四川大学档案馆不断完善档案利用综合服务体系功能，从仅有纸质档案的单轨制跃升为"纸质档案＋电子档案"的双轨制，进一步优化档案可信电子签章系统，为师生校友提供无纸化的档案利用服务。借助中国高等教育学生信息网（学信网）等第三方权威机构实时在线验证，实现自助线上成绩单申请、获取等功能，使学生校友可以不到馆、不用纸质材料即可实现合法、可靠、便捷的档案利用服务。档案馆优化了毕业生成绩翻译系统和毕业生证书翻译系统，建成了档案信息化管理平台，建立了历史档案数据库、硕博士学位档案数据库、教学档案数据库、党群行政档案数据库等多个文件级目录专题数据库，为进一步做好服务工作创造了条件。

通过川大远程平台办理的档案利用服务，每年达 3000 余人次，订单数 15000 多份，档案利用高峰时段如学生毕业季或博士报考期间，每日可达数百人次，95％以上的毕业生通过平台查询档案去向，大大提高了服务效率，改善了师生的查档体验。

5. 推动"档案＋"工作，体现信息化建设价值

高校档案真实记录和保存了高校一系列的发展变化轨迹，所有的归档资料、图纸和数据等都是高校历史的凭证，是高校宝贵的精神财富和物质财富，具有信息传播和凭证作用。利用数字档案，推行"档案＋"工作，将档案工作和其他工作融合起来，不仅能推动高校其他工作的开展，还可以充分体现档案信息化建设的价值。例如，2012 年，四川大学档案馆为配合学校党委宣传部对校报进行数字化整理和管理，为校党委宣传部提供了 1975 年后的四川医学院、华西医科大学、成都工学院、成都科技大学、四川联合大学、四川大学等整套校报校刊等出版档案的借阅和扫描利用服务，这在很大程度上有利于对学校的改革、发展和变化等一系列的历史沿革进行最大程度的宣传和传播。此外，四川大学建设江姐纪念馆时，利用档案信息化建设成果——"川大兰台"档案信息管理系统，很顺利就查到了以前没能查到的江姐在校期间更多的档案资源，丰富了江姐纪念馆的建设资源。

6. 深挖梳理，提升开发利用工作质量

开发和利用工作是高校档案工作的重要内容之一。如果档案工作只是简单地整理、归档、封存，那其蕴含的巨大价值就永远体现不出来，我们的工作价值就会大打折扣。四川大学档案馆一开始就意识到开发利用的重要性，不断扭转传统思维，让四川大学档

案馆不仅是"川大师生的档案馆",还是四川乃至全国的档案信息资源库。近年来,四川大学档案馆不断建设"文化川大"四川大学档案馆(校史办公室、校史展览馆)网站,建设并完善"川大记忆:四川大学校史文化资源专题网站"和"四川大学网上校史展览馆"两大平台,在主页设置"历史上的川大"栏目等,积极开发"发现川大:四川大学历史档案信息发布系统""校史答题王:四川大学校史知识游戏""走进川大:四川大学时间轴"等实用服务系统,筹备建设"四川大学校友数据库",拓展档案文化展示新空间。

7. 利用信息化创新服务方式,实现服务提质增效

四川大学档案馆(校史馆)始终牢记服务单位发展、服务民众工作的宗旨,在完善全校档案管理工作网络的基础上,利用电子邮件、QQ群、网站、橱窗、工作简报等多种方式,建立健全全校"档案服务推送和信息通报平台",并且在学校局域网的基础上,开发了"文化川大——档案馆(校史馆)公众服务平台""川大记忆:四川大学校史文化资源专题网站"和"四川大学网上校史展览馆"等网络信息服务系统,提供包括网络专题展览、档案数据库查询、网上互动平台、电子邮箱等服务,及时推广学校档案管理和校史工作的新形式,宣传学校档案管理和校史工作的新成果。根据高校工作的特点和实际,通过试行"寒暑假假期集中服务制"等制度,努力做到"特事特办,急事急办",不仅提升了管理服务的质量和水平,而且充分满足了广大师生和校友的档案服务需求。这些服务,都离不开信息化建设打下的坚实基础。

五、结语

从四川大学档案馆近年来的信息化建设工作可以看出,其坚持以信息化理念为主导,结合档案信息化建设的要求,牢牢抓住"以项目为抓手、以用户为根本、以需求为导向"的工作思路,从基础投入项目规划再到利用开发,围绕重大活动、重要历史节点,组织开发档案资源,推出档案文化精品,提供档案品牌服务,促进档案文化繁荣,一步一个脚印,不断完善高校档案的功能,不仅为后续进一步信息化建设工作奠定了良好的基础,更为全国高校档案馆的信息化建设贡献了川大智慧和经验。

参考文献
[1] 党跃武. 以档案数字化为基础,创新高校档案文化建设的川大实践 [J]. 数字与微缩影像,2015(2).
[2] 李晨,高建忠,杨扬. 历史档案数字化实践与建议 [J]. 中国管理信息化,2015,18(11).
[3] 高斯娜. 学校档案管理信息化建设研究 [J]. 办公室业务,2020(11).

高校学生人事档案数字化的难点和应对策略

四川大学档案馆　庞凯莉

随着新时期高校依法治校工作的不断推进，学生人事档案管理工作逐渐成为当前高校档案管理工作的重点。学生人事档案可以对学生的在校学习情况进行记录，并且提高学生人生履历的真实性。长期以来，传统纸质档案都作为信息载体存储并记录信息内容，但随着电子信息化的发展，大量数字档案应运而生，其具有可记录存储大量信息、准确高效查询、节省大量空间、传输速度快、异地存储利用等优点，胜过纸质档案。数字化档案是随着计算机技术、扫描技术（如矩阵 CCD 技术与 OCR 技术等）、数字摄影技术（录音和录像）、数据库技术、多媒体技术、存储技术等的发展而产生的一种新型档案信息形态，它把各种载体的档案资源转化为数字化的档案信息，以数字化的形式存储，以网络化的形式互相连接，利用计算机系统进行管理，形成一个有序结构的档案信息库，及时提供利用，实现资源共享。而纸质档案由于其真实性、可靠性、独有性、证据性等优点，一直有着存在的必要性。在高校档案管理工作数字化不断完善的趋势下，高校学生人事档案也要与时俱进，积极引入数字化建设，将数字档案与纸质档案结合发展，同步进行有效管理，更好地发挥各自的特点与优势。本文分析了高校学生档案数字化的难点，并提出了一些应对之策，以期为学生人事档案的高效管理提供参考与借鉴。

一、高校学生人事档案数字化难点

（一）高校学生人事档案数量巨大、流动性强

随着高校本科生越来越多，研究生在 2017 年以后也开始逐年增多，这导致了高校招收人数急剧增加。大多数本科生四年毕业，少部分学生在校时间五年以上；硕士及博士研究生按规定为三年制，然而也有特殊学制、延期毕业等情况，这些都导致在校学生数量巨大。以四川大学为例，2020 年统计数据显示，在校全日制普通本科生 4 万余人，硕博士研究生 2 万余人，馆存学生档案超 7 万卷。2015—2021 年，四川大学本科生数量没有大的变化，而 2021 年硕士新生数量与 2015 年相比增加了 34.5%，博士新生数量增加了 64.6%。因此近年来全校每年有近 2 万卷的新生档案入库，这也意味着有近 2 万卷的毕业生档案出库。与高校长期保存的其他档案相比，学生人事档案数量巨大，且

大部分档案在校保存 3~6 年后将随学生就业而流动，在校保存时间较短、流动性强。

（二）档案管理人员数量及素质不足

如上所述，近年来，每年分别会有近 2 万卷的学生人事纸质档案入库和出库，而每年 2 万卷档案的数字化工作在缺乏高素质工作人员的前提下是十分繁重的。在进行数字化建设的过程中，部分从业人员缺乏足够的专业素养，加之受内部人员流动较为频繁、档案管理员的计算机操作能力不足等因素影响，当前学生人事档案管理工作现状较难以与数字化的需求相适应。纸质档案的管理对工作人员的计算机技术等要求不高，安全性也相对有所保障。而档案数字化将会对档案管理人员的计算机水平、扫描设备操作水平、数据安全性保障提出较高的要求。因此，档案管理人员的数量及综合素质，是制约现阶段高校学生人事档案数字化的一个重要因素。

（三）档案管理不统一

在档案数字化过程中必然会涉及学生档案材料是否齐全等问题。而不同的省份，高中档案有所差异，即使是同一个省份，不同年代的材料可能也有所区别。同时，不同高校在对学生人事档案管理上也缺乏有效、统一的执行标准，因此，不同高校归入的研究生档案材料也有所差别。此外，档案管理人员对学生的团员关系、党员关系等较难有整体、全面的把握，对学生党团材料是否完整也很难有清楚的了解。综上，核实学生人事档案是否齐全存在着不同的标准，确认其党团材料是否齐全也面临着很大的困难。这一系列问题都不利于学生人事档案数字化建设的规范执行。

（四）数字档案的安全性有待保障

在使用常规的纸质档案管理模式时，只需要对纸质载体流转的各个环节加强管理，但是在网络环境下，随着档案数字化建设脚步的加快，传统的档案管理方式已经无法满足数字档案管理的要求，在档案安全性方面也发生了极大的变化。在大数据时代的网络环境下，数字档案信息的安全管理涉及存储、虚拟化、云计算、数据库管理、数据挖掘等多个技术领域，尤其是数字档案信息在存储、使用等过程中出现泄露、更改甚至破坏的概率也在明显增大。比如在某项工作中，需要根据档案信息的重要性对其管理的级别进行规划，这样才能对档案的信息资源进行合理的分配，从而确定数字档案工作项目的级别，促使档案信息利用率能够实现最大化。但是由于一部分档案工作人员缺乏档案信息管理的保护意识，在数字档案管理中未能进行合理的规划，导致所有的档案在一个层面进行，档案管理工作陷入混乱，档案信息的安全性得不到保证。

（五）相关投入不足

与高校其他类别的管理工作相比，档案管理工作的投入相对较少。档案管理工作在短时间内难以给高校带来相对显著和直接的效益。与此同时，高校管理者对档案管理工作认识不足，并且认为学生人事档案管理工作与以往其他类别的档案管理工作区别较少，数字化建设意义不大。管理者重视程度不足，导致了相关经费投入的不足，从而影响了相关软硬件设施的建设以及相关的人员配置，抑制了学生人事档案数字化建设工作的推进。

（六）服务器存储空间不够

数字档案的存储对服务器的容量要求较大。就川大而言，若每年要将新进馆的近2万卷学生档案进行数字化并永久保存，将对服务器的存储空间产生非常大的需求。

（七）管理监督的缺失

我国相关高校的档案管理规范对于"学生类"档案管理提出了明确的要求，并将学生人事档案的内容进行了统一的确定与划分，但是对于档案信息真实性的监管却有一定难度。学生入学时，一些信息是由学生自行填写的，部分学生对于档案信息没有足够的认识，在填表时不认真，相关信息质量欠缺，并且准确性也难以得到保证。与此同时，部分学生在档案信息填写的过程中弄虚作假，对于自己的身份和学校进行虚构，使得学生人事档案信息存在一定的误差，这将导致纸质和数字档案都存在相应的误差。管理和监督方面的难度较高，是现阶段学生人事档案管理工作乃至数字化工作中一个较为突出的问题。

二、如何应对高校学生人事档案数字化的难点

（一）引进高素质人才，增加人员编制

以川大每年增加近2万卷的学生人事档案量来看，若高中档案未完全数字化，至少应安排2人专门负责每年新生档案数字化的工作。数字档案管理人员应具备一定的数字化专业技能，熟练运用数字化技术，或者其所掌握的计算机数字化技术能够充分支撑档案数字化工作的进行，会熟练使用专业的扫描仪。同时，要定期开展培训，改变其传统的观念以及思维方式，提高其对档案进行数字化处理的水平，组建一支高技能数字化档案管理团队。

相比较而言，电子文档携带起来更加方便，但在管理与安全性方面，数字化档案对档案管理人员的要求也更高。为了避免档案信息出现泄露，应对档案管理人员进行保密教育，使其在工作中能够严格遵守档案管理相关的法律法规。为全面提升档案管理人员的职业素养，还可以根据档案管理人员的实际情况，制定人才培训方案，帮助数字化档案管理人员更快掌握相应技术。

（二）加大对数字化管理设备的投入

在新时代，要想解决学生人事档案数字化管理问题，就必须加大对数字化管理设备的投入，方能更好为学生档案数字化管理奠定基础。在设备投入方面，要有效满足学生档案数字化管理需求，应添置必备的计算机、照相机、扫描仪和档案应用软件等。同时，还需要提供专门的数字档案管理场所，服务器需保证每年 2 万卷以上的数字档案存储量，运行稳定且安全。应全面提高学生档案数字化管理中的硬件建设投入力度，尽可能地满足学生档案数字化管理需求。

（三）加强档案的统一管理

在档案管理工作中，要构建规范化的档案管理流程。为了保证整个学生人事档案管理工作的准确性和可靠性，就必须将数字化建设纳入工作重点，并且从制度上与组织结构上对数字化建设进行支持。要对学生的各项基础信息进行著录，并组织专门人员进行检查，保证录入信息的真实性和准确性。在信息化建设上，要引进先进的技术平台，将学生人事档案信息进行合理的运用，提高档案信息的利用效率。在学生毕业之后，高校的学生人事档案管理部门在进行转档时，也要做好数字化档案的转交。学生人事档案管理工作要想真正实现数字化的应用，就必须对现有工作中的不足进行改进，转变管理模式和管理流程，重视数字化技术的应用。

（四）档案源头数字化

若全国高中生档案实现了全面数字化，将给高校学生人事档案数字化工作带来很大的便利。数字档案传输命名时，以学生姓名及身份证号进行命名，以保证数据的唯一性。当然，这对数据的安全性提出了更高的要求。此外，高校学生在校档案的数字化工作应尽量有学院专人配合档案管理人员进行，保证材料的真实、有效以及其与纸质材料的统一性。

（五）加强宣传

学生人事档案的数字化建设是一项系统性的工作，并且其开展过程中有着诸多困难。在开展数字化建设的工作中，要注重营造一个良好的工作氛围，通过不同渠道来宣传当前学生人事档案数字化建设工作的重要性，并且提高学生对于自身档案的关注和认识，了解档案的意义。通过开展有效的宣传工作，也可以提高校领导对学生人事档案数字化建设工作的认识，进而为学生人事档案数字化建设工作的开展提供完善的执行环境和经费支撑，为相关基础设施和软硬件设施的建设提供支持。通过开展有效的宣传工作，也可以让高校内部的教职工认识到档案管理工作的重要性，积极协助日常学生人事档案数字化工作的开展，促进各项档案管理工作的落实。

三、数字档案与纸质档案并存的必然性

人事档案的数字档案和纸质档案将长期共存。数字档案与纸质档案并存管理是优劣互补长期共存的必然要求。现已保存的纸质档案将作为原始证据，主要用来保证档案的独有性。在纸质档案管理方面，也可以复制一些常用的纸质文件，防止其因为频繁借阅利用受到破损。应将纸质档案和数字档案进行双重备份后，分别进行管理。这样，数字档案的内容就不容易被更改和删除，从而保证档案的准确性和真实性，更好地具备法律效力。加强数字档案信息管理系统建设，加强其查询利用及信息资源共享功能开发，可以更好地发挥数字档案在存储、检索、传输等方面所具有的快捷准确的优点，有效地满足和方便人们对数字档案信息资源的共享。

数字档案和纸质档案将在很长一段时间内无法相互取代，各有优势和应用范围。可行的方法是将纸质档案数字化，以纸质档案为基础建立数字档案的双向管理模式，从而维持纸质档案管理的基本原则，不妨碍数字档案保存方法的标准化。我们必须掌握数字档案和纸质档案等载体文件的共同点和差异，才能对数字文件的保护和管理提出正确的要求，在遵守文件管理基本原则的同时，建立自己的保管方法、技术和标准。只有这样，才能更好地强化对数字文件和数字档案的管理，同时不忽视对纸质档案的管理。在数字文件档案大量涌现时，我们不仅要重视数字文件的管理，还应加强对纸质档案的管理，充分开发各种载体档案信息资源，更好地为经济社会发展服务。

四、结语

总而言之，高校开展学生人事档案管理工作，数字化建设将是一项重要的内容，也是档案管理工作的重要发展趋势。高中档案全面数字化将给高校档案数字化工作带来极大的便利，但高素质人力支持、服务器存储空间充足、数字档案安全性和准确性得到保障、硬件设施完善以及相应经费支撑等也都是高校学生人事档案数字化过程中需要保证并解决的问题。因此，对于学生人事档案而言，数字化工作不是一蹴而就的，需要高中、高校及相关部门共同的努力。

参考文献

[1] 李清华. 纸质档案与电子档案管理初探 [J]. 赤峰学院学报（自然科学版），2009，25 (11).

[2] 翟德纲. 新时代学生档案数字化管理现状与对策 [C] //成都市陶行知研究会. 首届"何以为师"学术研讨会论文集，2021.

[3] 张启帆. 网络环境下数字档案管理安全分析 [J]. 河南水利与南水北调，2022，51 (2).

［4］王拴勋. 电子档案与纸质档案的比较研究［J］. 安康师专学报，2006（2）.

［5］曹丙贵，罗长文. 试论纸质档案与电子档案的融合［J］. 兰台内外，2020（29）.

［6］李春慧. 纸质档案与电子档案"双套制"管理探析［J］. 档案管理，2019（3）.

第三篇　文化开发

角色理论视角下
四川大学校史展览馆的成立和发展

四川大学档案馆　朱连芳　刘卿钦　向　红

一、研究视角

（一）角色理论

角色理论（role theory）是一种试图从人的社会角色属性，解释其社会心理和行为的产生、变化的社会心理学理论。由于这一理论的基础概念是"角色"，其基本原理也是借助戏剧比拟来阐发的，故被称为角色理论。角色理论家认为，就像演员在一场戏中扮演一个角色一样，人在实际生活中的角色行为是整个行为系统的产物。角色理论家用戏剧比拟现实生活，认为具有一定社会身份者的行为，如同戏剧中扮演一定角色的演员的行为。在现实社会结构中占据一定社会地位或身份的个人的行为，是由客观的行为环境、社会的要求与规范、他人在各自地位上的角色表现，以及自身对角色的理解、个性和能力等因素决定的。角色理论强调社会环境对行为的定向作用，同时也重视个人可能的角色创造，因而被称为"社会有限决定论"。从角色理论原理的演绎可以看出，这一理论通过戏剧比拟，较为完整地考虑到了现实社会行为的整个系统，并将宏观的社会因素和微观的个人因素贯穿在一起，形成了一个完整的行为分析系统，因此，该理论在社会心理学中具有特殊的价值和地位，是一种重要的社会行为分析体系。

（二）角色理论与本文的关系

本文借用这一理论，试图利用相关概念和原理，通过梳理四川大学校史展览馆的成立、发展和壮大过程，在采访四川大学校史展览馆第一任馆长党跃武和校史展览馆工作人员的基础上，整理出四川大学校史馆成立和发展的脉络，运用角色理论来看待和分析四川大学校史展览馆在四川大学办学过程中发挥的作用："守史＋育人"角色的构建，通过浓缩的历史精华，辅以现代科技手段，以"润物细无声"的方式渗透对大学生的教育，达到"教化"的目的。同时，四川大学校史展览馆依托川大百余年厚重的历史文化优势，以雄厚的实力，蜚声海内外，得到国内其他高校和海内外校友的一致赞誉，形成了巨大的传播力和影响力，扮演着不可替代的角色。

二、四川大学校史展览馆"守史"角色的建立

百年川大，源远流长。原四川大学起始于 1896 年四川总督鹿传霖奉光绪特旨创办的四川中西学堂，是西南地区最早的近代高等学校；原成都科技大学是新中国成立后院系调整时组建的第一批多科型工科院校；原华西医科大学源于 1910 年由西方基督教会组织在成都创办的华西协合大学，是西南地区最早的西式大学和国内最早培养研究生的大学之一。1994 年，原四川大学和原成都科技大学合并为四川联合大学，1998 年更名为四川大学；2000 年，四川大学与原华西医科大学合并，组建了新的四川大学，从此，四川大学以崭新的面貌和雄厚的实力走上了发展的快车道。

"飞瀑之下，必有深潭。"川大"涓涓汇流"的历史沿革和不断发展壮大的历程，留下了丰厚的校史文化。有鉴于此，学校一直非常重视校史编研工作，早在 1985 年，就设立了校史办公室，属于副处级建制，挂靠在校办，主要工作是进行校史编研。1996 年，学校 100 周年校庆之际，校宣传部和档案馆做了一个临时展览，考虑到学校历史和 1994 年的原四川大学和原成都科技大学的合并，当时的展览便分为三个厅："老川大""老科大""新川大"。这次展览以校史研究为基础，以展板展出为主要形式，用"分—总"的结构，展现了川大百余年的发展历程和合校以来的发展成就。这次展览非常成功，也是经过这次展览，学校领导认识到编研校史不能埋头挖掘旧书旧报，要走集校史研究、教育、宣传于一体的新路子。

2006 年，时值学校 110 周年校庆，在谢和平校长和陈爱民副校长的大力支持下，学校决定选一栋永久性建筑用来展览校史。经过多方讨论，最后选定将原博物馆大楼作为校史展览馆，此时已是 2006 年年初。当时，对于展览的基础认识是一致的，即校史稿加上 1996 年的展览内容，但是在三个校区展览内容的分配上大家颇为踌躇：以四个展厅按照校区展出，显得支离破碎，遭到多数人反对（华西校区后来单独建了医学博物馆）。通过多次讨论，最后决定以合校为脉络，体现三校融合。其中，怎样体现融合是难点，展出人物的选择也是难点——著名学者的标准不好把握，达到一定成就的学生判断标准模糊。所以决定采用小版块展出的形式来展示人物，按照历史脉络展览。原来设想其包括主题展、专题展、临时展、社科展、校友书画展、那爱德老照片展，但最后综合考虑各方面因素，建成之后的校史展览馆利用其"T 字形"三层建筑，按时间顺序，分别在一楼和二楼设四个大展厅，它们分别是一楼的"润万厅"和二楼的"流风厅""足音厅""吟虹厅"。此外，展馆内还有一些专题展览，分布在二楼和三楼的八个小展厅。根据四川大学前身之一的锦江书院中著名的"功名富贵、文章道德联"（楹联内容为"有补于天地曰功，有益于世教曰名，有精神之谓富，有廉耻之谓贵；不涉鄙陋斯为文，不入暧昧斯为章，溯乎始之谓道，信乎己之谓德"），八个小展厅分别被命名为功之厅、名之厅、富之厅、贵之厅、文之厅、章之厅、道之厅和德之厅。整个校史展览馆建筑面积达 5500 平方米，为当时国内建筑面积最大的校史展览馆，通过馆藏的珍贵实物、

历史图片和相关的说明文字，向参观者展示了四川大学自 1896 年成立以来共 120 多年的发展历程。

四川大学校史展览馆自 2006 年起面向校内外全面开放，10 余年来，接待了一批又一批本校师生和校外来访者。在传统静态展示校史的同时，校史展览馆也不断探索利用现代多媒体技术手段，利用声、光、电等，给校史展览带来听觉和视觉上的冲击，使得展出更加生动、有趣、不枯燥，提高了展览质量。

从建立过程可以看出，四川大学校史展览馆重在"守史"，最大的特色是体现融合，体现创新发展，促进"一家人"的认同感。如同《四川大学史稿》一样，校史展览馆从"记忆—传承—发扬"三个层面展示了川大的发展历程，更多的是强调"融合"，展示学校是社会发展的命运共同体。也正如川大的历史一样，融合发展是其最突出的特色，也是川大的文化精神。"守史"这一角色是川大校史馆的基本自我定位，其未来的发展也将建立在此基础上，这也符合全校师生乃至历届校友对它的期望，"守史"角色的建立为它以后的发展铺设了道路。基于自身对角色的理解，川大校史展览馆在"内外兼修"的过程中，始终注重"守史"。

三、四川大学校史展览馆"育人"角色的发展

四川大学校史展览馆的展示目的在于陈列学校发展历史、展示学校办学过程和不同时代的学校面貌、教育成果。但是在建成以后，校史馆并没有停留在"等待参观"的状态中，而是走出了一条学习型的发展道路：不仅做好平时的接待等工作，更重要的是依托档案馆的优势，利用馆藏档案丰富的内容做编研，走上了一条研究校史的学习型道路，拓宽了工作的途径，这使得校史馆在"育人"的方向上走得更广阔。这与"角色理论强调社会环境对行为的定向作用，同时也重视个人可能的角色创造"是一致的。

2006 年落成的四川大学历史文化长廊坐落在江安校区近 1000 米长的景观水道两侧，由 72 座日历造型的雕塑作品组成。历史文化长廊主要分为"源头活水""治校方略""群贤毕至""勇立潮头"和"春华秋实"等 5 个部分，艺术化地呈现了学校发展中的重大事件、重要人物和重要成果，已经成为见证川大悠久发展历史、彰显一流办学成就、传承深厚文化底蕴和展现辉煌远景蓝图的标志性景观。历史文化长廊作为校史展览的补充，按照 5 大版块，采用了开放、露天展览的形式。其规模宏大，是国内最大的校史文化人文展区，把校史教育融入学生的日常生活中，不仅给江安校区增添了文化元素，还和望江校区的校史展览馆一起，成为学生德育教育和人文教育的基地。

在长期搜集和整理档案、校史资料的过程中，校史展览馆通过向学校申报，开展了一系列以爱国、爱校为主题的校史研究和教育活动。从 2008 年起，学校开始针对本科生开设"校史文化"公共选修课，促进在校生对校史的了解，重视培养广大学子的爱国和爱校情怀。与之相配合，学校还专门编辑、出版了系列校史课程教材，如《四川大学史稿》《四川大学：历史·精神·使命》等。如此，校史馆以一定的平台和形式，将学

校的优良传统与校园文化精粹充分展示，于无声处滋润、教化在校大学生，发展出"育人"的角色。

四、努力打造精品展馆——江姐纪念馆

要使校史馆能吸引人，除了要做好展览的相关工作，史料及实物档案的征集也非常重要，它能弥补文字本身的不足，生动鲜活地再现历史。很多时候，一个实物就牵涉一批校友的故事，这些故事能很迅速地引起参观者的共鸣，打动观众的心。借助这些生动的史料及实物，能更好地宣传学校，使之更有说服力。

在四川大学发展历史上，涌现出许多胸怀革命热情、为新中国的成立奉献出青春和热血的英烈。其中，因红色经典小说《红岩》而广为人知的"江姐"原型江竹筠，就是川大校友，曾经在川大学习、生活，是川大红色文化基因里一颗闪亮的红星。红色校园文化承载着革命精神与时代精神，在新一代大学生中更被赋予了新时代内容。充分利用与整合新媒体的强大平台，深挖红色校园文化内涵，构建红色校园文化的全方位、多层次、立体交叉式传播体系，不仅能够使红色文化经典永葆活力，让红色文化在大学校园中处处可见、可感、可学，更能以红色校园文化激励人、鼓舞人、引导人、教育人，提升校园文化的水平和层次，让大学生在潜移默化中受到熏陶和教育。

2018 年，在江姐就读原国立四川大学农学院时期居住的女生院旧址处，新修建了江姐纪念馆暨四川大学革命英烈事迹陈列馆。在 700 余平方米的馆内，借助于三维、数字化和影像等新技术，展示了江竹筠在川大就读期间，按照党的要求努力学习、追求真理并引领周围同学进步的事迹，并以丰富的史料还原了她的婚姻、家庭生活等方方面面，为观众展示了一个鲜活的、有血有肉的革命烈士形象，也呈现了以江姐为代表的70 余名川大校友的英烈事迹。

江姐纪念馆于 2019 年正式定名，并加挂"四川大学革命英烈事迹陈列馆"牌子，2021 年被四川省委宣传部授予"四川省爱国主义教育基地"，吸引了校内外党支部和单位前来开展民主生活和教育学习活动。自面向社会开放以来，其接待参观 9 万余人次，产生了良好的社会反响。新冠病毒感染疫情防控期间，纪念馆还建成了网上 3D 江姐纪念馆，方便观众随时随地参观。

五、未来建设定位和展望

四川大学校史展览馆是四川大学发展轨迹的陈列室，见证了学校发展的历程，是学校校园文化建设的重要内容，也是大学生素质教育的重要基地，在"守史＋育人"的角色创建中，不断培养和灌溉着每一位川大人。同时，四川大学的发展历史是学校宝贵的资源财富，校史馆应大力挖掘其中文化内涵，以此打造文化精品，丰富校园文化建设。在校史馆未来发展方向方面，有以下建议。

第一，进一步做好角色定位，在"守史"和"育人"方面做好普及面和深度的把控，重点培养在校大学生的认同感和归依感，使校史馆成为大学生汲取精神食粮和文化创造力的摇篮，激励师生共同成长，使之发展成为对师生开展德育教育、人文教育的重要场所。

第二，重视馆藏收集和研究，在原来的基础上，继续对馆藏档案和实物进行补充和完善。在收集过程中，应从长远着眼，对学校发展、教学改革等有重要意义的纸质档案、照片、光盘、实物等都应进行收集，不可局限于一种形式。此外，应加大对校史研发方面人力、物力、财力的投入，组织专门研究团队，深入发掘校史文化资源。

第三，以专题研究为基础，加强专题展出。根据学校发展需要，主动寻找相应专题，如服务本科教学的专题及"不忘初心、牢记使命"等专题；结合时事热点和重大事件，收集相关的主题材料，如庆祝新中国成立70周年、抗击新冠病毒感染疫情相关材料和实物等。在专题材料收集到一定程度、研究取得阶段性进展时，及时做成专题展，扩大宣传效果，形成良好的辐射效应。

第四，线上线下结合，扩大展览空间。建设网上3D校史展览馆，让参观者"足不出户"也能得到良好的参观体验。改变原有的展陈方式，加强声、光、电等现代化技术手段，结合信息化时代多媒体形式，增强展览效果，提高参观者的现场体验。充分利用QQ、微信、微博等学生喜闻乐见的网络平台，积极赋予红色校园文化以新的内涵，宣传红色文化中彰显的价值观念，使大学生的素质得到潜移默化的提升，红色校园文化也能在活跃积极的氛围中得以传承和发扬。

第五，校史展览馆不应该是静止的"被动参观"，应该采用多种手段加强互动。比如增强与新生、其他在校生、校友的互动，和其他部门如学工部、宣传部等开展合作，让校史馆"活起来"。此外，要勇于走出校门，与校外机构开展活动，加强和知名校友、校友家乡的合作，依托校史上的"名人"努力打造精品展览，用品牌效应提高学校和校史馆的知名度，影响和教育更多的人。

参考文献

[1] 徐正源. 中国负责任大国角色的建构：角色理论视角下的实证分析 [M]. 北京：中国人民大学出版社，2015.

[2] 朱连芳，李华云，邓建萍. 传承红色基因　促进高校校园文化建设——以四川大学为例 [J]. 办公室业务，2019 (23).

[3] 黄琴，傅志欣，陆波. 新媒体环境下高校红色校园文化传承形式创新 [J]. 科技信息，2013 (23).

[4] 梅柳. 基于新媒体技术的湘潭红色文化网络阵地建设 [J]. 长沙铁道学院学报（社会科学版），2012，13 (1).

高校记忆与校园文化传承

——以四川大学为例

四川大学档案馆　肖　茜

"高校记忆"作为一种群体性记忆，是高校形成、变迁和发展中具有保存价值的历史记录。它既包括高校校园中具有纪念性质的建筑、校园空间中的场景等物质形态，又包括在高校校园和高校发展历程中具有某种精神涵义并为全体高校人所共享的非物质资源。构建高校记忆可以实现高校记忆传播载体在广大师生员工、历届校友中的传递和延续，促校园文化之传承、立高校精神之根基。

四川大学以川大记忆为基础要素，通过文化表征，融入学校文化建设的物质、制度和精神层面，有效地弘扬和传承了川大文化。本文以四川大学为例，浅析如何立足校史资源，构建高校记忆，以弘扬校园文化。

一、记忆与文化传承

何谓记忆？记忆是社会文化的构建。法国著名社会学家哈布瓦赫在《论集体记忆》一书中指出：记忆是一个与他人、社会、环境紧密相关的现象，大多数情况下，"我"之所以回忆，正是因为别人（当然也可以是与别人或自己的某段经历相关的自然景物）刺激、促动、激发了"我"；他们的记忆帮助了"我"的记忆，"我"的记忆借助了他们的记忆。由此可见，记忆不是纯个体现象，更不是纯生理现象，而是一种群体现象、文化现象。

何谓文化？文化是人类在社会发展过程中所创造的物质财富和精神财富的总称。文化传承就是指这两种财富在上下两代人乃至更多代人之间的传递和承接过程。真正的文化传承，应体现出文化的自觉。所谓文化的自觉，就是指文化的自我觉醒、自我反省和自我创建，就是对既有文化要有自知之明，形成文化价值共识，要对文化发展的目标、任务、动力、途径、资源、方法，对文化发展的历程和未来走向等有充分的认识，要有对其进行深入探索和研究的自觉意识和切实行动。

构建历史记忆可以增进文化自觉，促进文化传承。历史记忆是个体或群体对发生过的事情的印象或经验的累积，是一种意识形态领域的构建。通过对历史记忆的社会构建，创设集体记忆的体化实践和刻写实践，周而复始地强化集体记忆和情感认同，个体能够对群体既有文化形成更深刻的认识，继而达成文化价值共识，实现文化的传承。

二、高校记忆与校园文化传承

校园文化是学校经过长期发展与历史积淀而形成的全校师生的教育实践活动方式及其所创造的成果的总和，其主要包括物质文化、制度文化、行为文化及精神文化等。校园文化作为学校成员共享的价值观、准则和思维方式，一旦在学校中形成并被学校成员所接受，将形成强大的凝聚力，指导和规范着师生员工的行为，使其具有潜在的一致性，使师生员工共同为学校发展目标的实现而努力。因此，传承并弘扬校园文化意义重大。

校史是高校记忆的表现形式，作为历史记忆的重要组成部分，它忠实记录了高校发展历程，全方位展示了高校成长过程、办学成就等，体现了高校身后的文化底蕴，凝聚着学校的办学精神、办学传统和办学理念，是校园文化的基础构成和校园文化传承的重要载体。再者，我国许多高校的校史完全可以被看作中国革命史的一个缩影，在它们从诞生、发展到壮大的过程中，涌现出许多可歌可泣的校史故事。可以说，一部校史既是高校发展史，更是一部师生员工投身祖国建设、艰苦奋斗、百折不挠的创业史，一部教职工以校为家、献身教育、孜孜不倦的育人史，一部学生胸怀祖国、服务人民、刻苦攻读的报国史，一部一代又一代师生员工追求理想、塑造品格、锻铸灵魂、完善人生的奋进史。因此，校史记忆是一笔无可替代的精神财富，潜移默化、润物无声，在震撼师生与校友精神、心灵的同时，使校园文化的传播力、影响力和辐射度进一步扩大。

因此，我们应该立足校史资源、构建高校记忆，实现校史记忆传播载体在人与人、上一代与下一代之间传递和延续，以弘扬校园文化。

三、以川大记忆为基础要素，弘扬和传承川大文化

作为一所拥有 120 多年历史的百年名校，四川大学拥有着丰富的校史文化资源（历史沿革见图 1）。四川大学的历史起源可以上溯到汉代的文翁石室。新四川大学由代表了以近现代新式学堂为肇端的国立大学——原四川大学（起始于 1896 年的四川中西学堂）、代表了以西方高等教育为样板的西式大学——原华西医科大学（前身是 1910 年美国、英国、加拿大的基督教会组织在成都创办的华西协合大学）以及代表了经高等院校调整而组建的新型大学——原成都科技大学（起始于 1954 年的成都工学院）三强合并而来。在长期的办学历程中，学校形成了深厚的文化底蕴、扎实的办学基础和以校训"海纳百川，有容乃大"、校风"严谨、勤奋、求是、创新"为核心的川大精神。张澜、吴玉章曾任校长，朱德、杨尚昆、郭沫若、巴金、童第周、周太玄、刘承钊、冯友兰、朱光潜、李劼人、魏时珍、恽代英、王右木、江竹筠、柯召、张铨等曾在此求学或传道授业。2001 年评选的古今 110 位"四川文化名人"的近代 50 人中，有 29 人为川大校

友；两院院士中，有 70 人为川大校友。一言以蔽之，川大文化是灿烂中华文明尤其是积淀深厚的巴蜀文化与近代西方优秀文化结合的产物，在蜀中人文荟萃之地诞生，是"西部最高文化之根芽"。

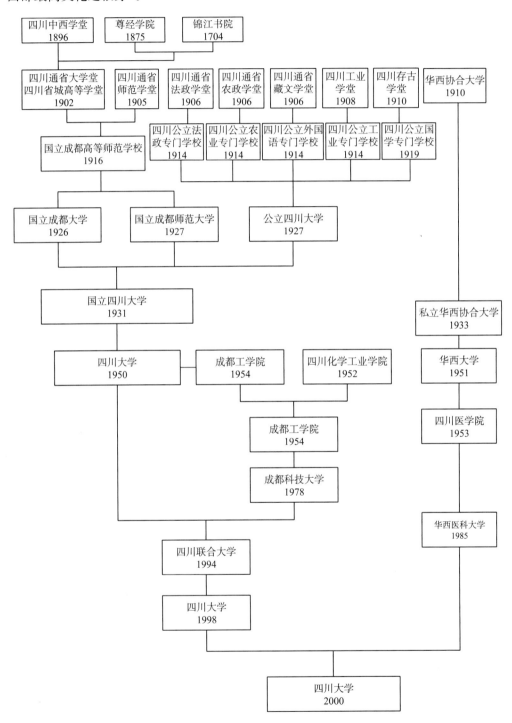

图 1　四川大学历史沿革图

四川大学还有着悠久的红色历史和光荣的革命传统。1895 年，甲午战争中国惨败后，帝国主义掀起了瓜分中国的狂潮，中华民族面临着亡国灭种的空前危机。国兴我荣，国衰我耻，为了挽狂澜于既倒，扶大厦之将倾，实现中华崛起、民族振兴，无数川大人前仆后继，与帝国主义、封建主义和官僚资本主义展开了艰苦卓绝的斗争。1911 年爆发的四川保路运动是辛亥革命的导火索，而川大英烈张培爵、龙鸣剑、董修武、胡良辅就是辛亥革命和保路运动的元勋。经过五四运动的洗礼，四川大学聚集了一批马克思主义的先驱，王右木、恽代英、杨闇公、童庸生 4 位烈士，就是其中极有影响力的代表人物。1928 年，在震惊中外的"二一六惨案"中，9 名川大人袁诗荛、龚堪慎、李正恩、钱芳祥、张博诗、王道文、王向忠、胡景瑗、韩钟霖为争取教育经费独立和反对军阀滥发劣币献出了宝贵的生命。大革命和土地革命时期，川大人为革命理想甘洒热血写春秋，上海"五卅惨案"中，回荡着何秉彝爱国的呐喊；南昌起义的硝烟中，闪现着田雨晴、杨达奋勇的身影；长征时期，刘伯坚、廖恩波、余泽鸿、修焘披肝沥胆，舍生忘死；面对国民党反动派的专制统治，彭明晶、苟永芳、杨国杰舍生取义，甘为民主献身；在血雨腥风的斗争环境中，曾莱、余宏文、饶更之、康明惠、陆更夫、郑佑之临危不惧，他们坚贞不屈，他们斗志昂扬，他们用年轻的生命捍卫了共产主义理想和信念；抗日战争时期，缪嘉文、黄孝逴、陈其镕、顾民元、乐以琴、饶世俊等川大英烈用青春和热血诠释了将民族命运和人民福祉扛于肩头的家国情怀。1949 年，随着国民党政权在大陆的崩溃，国民党反动派对狱中革命志士进行了大规模屠杀。重庆渣滓洞监狱遇难的 10 位川大英烈是江竹筠、马秀英、何懋金、郝耀青、蒋开萍、黄宁康、李慧明、张国维、艾文宣、胡其恩。歌乐山下枪声未灭，成都通惠门外十二桥又响起一阵密集的枪声，共有 11 名川大人在这场"十二桥惨案"中遇害，他们是杨伯恺、王干青、刘仲宣、缪竞韩、田中美、余天觉、方智炯、张大成、黎一上、王建昌、毛英才。新中国成立初期，粮食问题和匪患问题成为稳定西南局势、巩固新生政权的关键所在，在征粮剿匪运动中牺牲的川大烈士有刘则先、杨家寿、曾廷钦、王景标、庹世裔、王开疆、苏文、李树成。1950 年抗美援朝战争爆发，四川大学和华西大学共派出 21 名师生到部队担任翻译，其中有 3 名学生不幸牺牲，他们是袁守诚、林学迪、詹振声。

川大记忆，不仅是一种历史记忆或社会记忆，更是一种感情记忆、文化记忆、精神记忆。四川大学的发展历程和红色印迹，是留给后人的宝贵财富，是激励我们前进的精神动力。四川大学以川大记忆为基础要素，积极弘扬和传承川大文化，主要做法包括以下方面。

（一）大力开展承载川大记忆的物质文化建设

四川大学依托"三馆一廊"的建设，打造川大记忆和川大文化传承的重要载体，极大地丰富了校园文化建设的内涵。

四川大学校史展览馆于 2006 年 8 月建校 110 周年之际落成，建筑面积 5500 平方米，是目前全国高校中建筑面积最大的独立校史展览馆。展馆包括 6 个大展厅和 8 个小展厅，围绕"世纪弦歌，百年传响"的主题，以图片和文字展览为主，辅之以丰富的校史实物资料和珍品档案以及其他展览手段，全面反映了四川大学（含原四川大学、原成都科技大学、原华西医科大学）120多年的发展历史。馆内除校史大型主题展览外，还设有小型的专题展览和临时展览，如"抗震救灾，川大在行动""四川大学校友书画展""辛亥革命时期的四川大学师生""川大优秀教师教案笔记展"等。其中，展馆收藏和展示有不少珍贵的历史文物，如1885年四川尊经书院举贡题名碑、1910年华西协合大学创办时的英文校名石碑等。

四川大学档案馆收藏各类档案35万余卷（其中珍藏历史档案9000余卷），馆藏文献资料丰富、内容覆盖面广、时间跨度长，是全国高校中规模最大、馆藏最多、内容最丰富的档案馆之一。其馆藏档案连续完整地记载了四川大学从建立至今120多年来发展、联合、壮大的历程，涉及四川近现代高等教育、文化医疗、科技产业、对外交流等方面的内容，其中不乏珍贵收藏。尤其是馆藏的历史档案更是研究近代中国西南地区的文化教育史、宗教史以及中西文化交流史等的宝贵资料。

四川大学江姐纪念馆是西南高校首家革命烈士专题纪念馆，设在江姐曾经居住的四川大学望江校区女生院旧址之上。该馆占地面积约700平方米，由一个144平方米的江姐事迹主展厅、16平方米的江姐宿舍场景复原展厅、77平方米的川大英烈事迹展厅和一个400多平方米的小型院落组成。馆内全面呈现了江姐在川大求学期间勤奋学习、追求新知的经历以及为了革命事业顽强战斗、英勇就义的光辉历程，集中展示了为新中国诞生献出宝贵生命的70余名川大校友的革命事迹。江姐纪念馆是大力弘扬以江姐为代表的革命先烈精神的红色文化教育基地。

四川大学还建有被称为"露天校史展览馆"的历史文化长廊。历史文化长廊于2006年金秋学校建校110周年之际落成，位于学校江安校区东大门内近1000米长的景观水道两侧，由70多座日历造型的雕塑作品群构成。长廊着力体现川大文化融合的主旋律，分为"源头活水""治校方略""群贤毕至""勇立潮头"和"春华秋实"5个部分，将四川大学多年来的重大事件、重要人物和重要成果用简要的文字、形象的历史图像和雅致的艺术设计，鲜明地加以展示，气势恢宏，韵意无穷，是见证学校悠久历史、彰显学校一流成就、传承学校深厚文化底蕴、展现学校辉煌远景的标志性景观。

（二）积极营造"知史爱国、知史爱校"的文化氛围

收集整理校史资料。实施校史资料征集工程，广泛收集学校历史照片、书籍、优秀教师教案和学生笔记等珍贵史料。实施"口述历史访谈"工程，组织师生对离退休老同志进行采访，不断充实和丰富川大历史。

推进校史文化育人。开设"校史文化"公共选修课，编辑出版校史课程教材《四川大学：历史·精神·使命》；面向在校生免费发放校史图书；实施学校老建筑保护工程和校史建筑建设工程；推进校史网络化工程，开设"川大记忆"和"校史展览馆"网上专栏。

扩大校史文化影响。以校史文化为切入点建设成都市武侯区爱国主义教育基地和省级哲学社会科学普及基地，开办新中国成立、抗震救灾、抗战胜利等专题展览，年均接待参观者 3 万余人次。加大校史文献宣传力度，在《四川大学报》长期开设"人文川大"专栏，举办校史校情知识讲座、校史知识竞赛等活动。

（三）大力弘扬以江姐为代表的革命先烈精神

建设一批红色文化宣传展示平台。建设江姐纪念馆、历史文化长廊、烈士纪念墙、川大英烈网上纪念馆等红色文化宣传展示平台，打造红色校园环境。

创作一批红色文化作品。创作大型舞台剧《江姐颂》，生动再现江姐在川大的峥嵘岁月，并启动 100 场巡演活动，努力把该剧打造成川大学子继承江姐革命精神、传承红色基因的重要品牌作品。成立红色艺术创作领导小组，推出一批原创红色主题文化精品，进行校内外巡演和网络展播，使红色精神成为川大人共同的人文情怀和价值追求。

打造一批红色文化教育新品牌。大力开展红色文化研究，着力打造"红色"课堂；编纂川大英烈系列丛书，举办"竹筠论坛"，开设"川大英烈"文化课程并将其纳入新生入学教育、新进人员入职教育和干部培训课程；广泛开展红色经典诵读、红色书画作品展览、"红色资源图谱勾画及运用"学生挑战杯竞赛等活动，把红色元素融入寝室文化建设，融入第二课堂素质教育；开展"红动一小时"主题活动，宣讲红色故事，传播红色文化；组织红色文化大学生实践活动，追寻红色足迹，培养家国情怀。

参考文献

[1] 黄宝春. "高校记忆"视野下的高校行为文化建设 [J]. 黑龙江档案，2017 (1).

[2] 顾明远. 论学校文化建设 [J]. 西南大学学报 (人文社会科学版)，2006 (5).

[3] 王庆毅，杨舒丹. 论校史如何推进校园文化建设——以西安电子科技大学为例 [J]. 机电兵船档案，2016 (3).

[4] 黄羽新. 历史记忆与提升学校文化认同探析 [J]. 当代广西，2015 (19).

[5] 四川大学传承创新校史文化 [EB/OL]. 中华人民共和国教育部. (2016－2－15) http://www. moe. gov. cn/jyb _ xwfb/s6192/s133/s208/201602/t20160215 _ 229584. html.

[6] 四川大学以红色文化培育时代新人 [EB/OL]. 中华人民共和国教育部. (2019－6－6) http://www. moe. gov. cn/jyb _ xwfb/s6192/s133/s208/201906/t20190606 _ 384724. html.

新时期江姐精神的传承

——记江姐纪念馆志愿讲解团队

四川大学档案馆　高　霏

1961 年 12 月，《红岩》的出版让革命先烈江姐的英名传遍大江南北，随后关于江姐的电影、歌剧陆续上演，一个"蓝旗袍红毛衣"的革命志士形象成为几代人心中抹不去的"文艺符号"。随着我国对外开放程度的不断加深、经济的飞速发展，日新月异的高科技涌入生活，以大学生为代表的青年群体对过去那段峥嵘岁月、对江姐精神渐渐感到遥远而缺乏现实的推动力。在中国特色社会主义进入新时代的关键时期，如何根据时代的要求，对江姐精神作出符合时代需求的新的解读，使之成为一股坚实的精神力量，让社会的中坚力量对其认同、践行并传承下去，将个人人生理想融入国家和民族的事业中，为实现中华民族伟大复兴的中国梦贡献力量，是当前的重要任务。

四川大学具有悠久的红色历史、光荣的革命传统和丰富的红色文化资源，江姐的原型——红岩烈士江竹筠就曾在校学习生活。为贯彻习近平总书记"要把红色资源利用好、把红色传统发扬好、把红色基因传承好"的重要指示精神，学校决定以校友江竹筠革命事迹与革命精神的宣传教育为主要切入口，在江竹筠曾经居住过的望江校区女生院旧址上建立全国首家江姐纪念馆。2018 年 9 月，笔者接到培训江姐纪念馆学生志愿讲解员的任务，即开始组建学生志愿讲解员队伍。在这之前，二十岁出头的学生们对作为革命先烈的江姐在渣滓洞面对敌人的酷刑忠贞不屈、英勇就义的故事有些印象，但对作为川大学子的江姐还比较陌生。为做好讲解工作，他们开始认真查阅相关资料，从一件件事中认知江姐精神，在实际行动中践行江姐精神，在自我提升中传承江姐精神，成功地从普通的大学生成长为优秀的志愿讲解员。这段经历于他们而言，是一次学习，更是一次精神上的洗礼。

一、认知江姐精神

为做好江姐纪念馆的现场讲解工作，志愿讲解员团队成立之初面临的首要任务，就是要真正走进英雄江姐、校友江姐，努力从点滴细节中还原出鲜活的江姐形象。

江竹筠出生在一个农民家庭，生活的艰辛让她非常希望以读书改变身处的困境，一有读书机会她就非常珍惜。高中同学戴克宇发现她学习认真，又积极参加社会活动，就经常带些进步书刊给她阅读，并介绍她加入共产党。江竹筠从此便义无反顾地投身革命事业之中，对党的信仰和热爱让她在工作中更加勇于担当。抗日战争爆发时，她总是走在示威游行、散发传单队伍的最前面；"皖南事变"后，她向组织坚决表明："我要到解放区去！"

1944 年，江竹筠被特务跟踪，撤离到成都。党组织安排她报考四川大学，她闭门两个多月，补习完高中三年的全部功课，化名为江志炜顺利考入了国立四川大学农学院，因此，许多老师、同学直到江竹筠去世，才知道她是党的地下组织成员。求学期间，她总是如饥似渴地刻苦学习，上课专心听讲，认真做笔记，从不轻易缺课；自修时间她抓紧学习，积极向同学请教；学习英语时，她总是要先预习，并且花大量的时间查单词。在学好功课之余，江志炜时常抽时间阅读《新华日报》等进步书报，读后还常写笔记或摘录。同时，她牢记党的嘱托，以普通学生的身份隐蔽在群众中开展工作，事事细心地关照大家，引领同学与她一起前行。学习上，她主动把笔记借给缺课的同学，建议大家不要浪费宝贵的时间，应多复习功课或阅读课外书；生活上，江志炜力所能及地带动大家节省费用。当时物价飞涨，棉布很贵，买一块布要花不少钱，她就带领同学们去买白布和染料，自己染布。当同学们因染的布老是掉色垂头丧气时，江志炜就鼓励大家去向有经验的人请教后重新染。当大家穿上亲手染的衣服，都十分高兴。思想上，她时刻潜移默化地做同学们的思想工作。比如，散步路过学校附近的培根火柴厂，她会说工人每天要为社会做很多贡献，但社会地位却很低，生活最苦，有时还带同学们去工厂参观，感受工厂拥挤不堪的环境和工人的现状，让同学们真实感受到了工人们生活的痛苦。在学生活动中，江志炜是同学们的坚强后盾，总是在关键时刻对大家进行指导和谋划，鼓舞斗志。比如在"声援昆明'一二·一'惨案反对内战事件"中，她已怀有身孕，却仍置身于声势浩大的示威游行中，引导着周围的进步学生。在"李实育事件"中，她见李实育身陷险境，立即组织进步同学去法院旁听，给李实育出谋划策。在"三教授事件"中，她鼓励进步同学到图书馆声援"三教授"，在一片正气冲天的喊声中，特务们灰溜溜地走了。

1946 年 4 月，为了在地下斗争中轻装上阵，江竹筠在儿子彭云出生时，毅然要求医生为自己做了绝育手术，不久后又将其唯一的爱子托付亲友照顾，继续开展党的地下工作。1948 年春节前夕，其夫彭咏梧在与敌军交战中英勇牺牲，江姐悲痛之余，以更加坚定的信念，继续战斗在武装斗争的第一线。

1948 年 6 月 14 日早晨，由于叛徒出卖，江竹筠被国民党反动派逮捕，关押在重庆渣滓洞监狱，如同她对大家进行气节教育时所说的"在这样严酷的白色恐怖下，要革命就随时有被捕牺牲的可能。必须有准备。如果被捕了，只说自己的，不涉及别人，一概推说不知道"一样，她受尽酷刑，却始终坚守信念，保守党的秘密，难友们对她顾全大局、勇于担当的精神充满敬意。就义前三个月，江姐用筷子磨成竹签作笔，用棉花灰制成墨水，写下托孤遗书，将自己三岁的儿子托付于彭咏梧的第一任妻子谭正伦及其弟弟谭竹安。

就这样，无论"隐蔽"在后方还是在生命受到严重威胁的情况下，朴素的江竹筠，始终不忘初心，践行着对党的誓言，与同学们、同志们团结一起，把进步活动引导得卓有成效，展示了一名革命时代"新女性"的无限魅力：进取、担当、革命、牺牲，这些散发着时代光辉的江姐精神，深深地触动了每一位志愿讲解员的心。他们愿意把这些有意义的故事讲给中小学生听，讲给同龄人听，讲给每个有温度的人听，将这笔宝贵的财富传承下去。

二、践行江姐精神

目前，江姐纪念馆已先后培训了50余名志愿讲解员，这些志愿者来自学校各个学院，有博士生、硕士生、本科生。为了做好讲解工作，他们努力平衡着繁重的课业与志愿工作之间的关系，将别人用于休闲娱乐的课余时间用于讲解工作，在压力面前，焕发出巨大的工作热情，表现出令人称赞的潜力和强烈的责任感，用实际行动践行着新时代的江姐精神。

首批志愿讲解员由于江姐纪念馆施工工期紧，竣工即要面临迎接"锦江红梅傲雪开——四川大学校友江竹筠烈士纪念展暨做新时代红色传人"主题教育活动开幕仪式的接待工作，首次亮相便是一场极为重要的讲解，没有足够的实地练习和实战时间，讲解词也因精益求精而不断调整，志愿者们面临前所未有的困难。临近开幕仪式时，他们顶住压力，全身心投入准备中，与教师一起在尚处于建设的现场，在粉尘与噪声中，详细了解设计与展览的匠心之处，熟悉站位。有的同学记稿子不顺利时，大家一起商量措辞，适当修改为他们熟悉的表达方式，直到他们完全理解讲解内容且对讲解词很有信心为止，大家每天练习到值班保安催促关门才离开。志愿讲解员李莹飞后来回忆起那时的场景说："在江姐（纪念）馆开馆的准备中，我们各位讲解员相互交流心得与不足，在这个大家庭中，我们不仅积累了实战经验，还收获了满满的归属感、认同感以及珍贵的战友情。我想这正是江姐精神在新时代的具体体现。在那个动荡的年代，江竹筠和许许多多多革命志士一起团结在党组织的周围，他们有着共同的目标，即便困难重重，也定会且歌且行！"

江姐纪念馆有部分是露天的，无论酷暑严冬，为了确保万无一失，志愿讲解员们都会尽力坚持提前做好准备，到大门等候，有时常因来宾时间有变等上半小时甚至更久，直到参观取消。因为场馆内部空间有限，预约团队小团化、场次多，特别是在"不忘初心、牢记使命"主题教育工作开展以来，预约高峰一波接着一波，有时一个半天预约可能超过6场，每个团队因为各种原因无法严格准时到达，有的提前、有的推后，接待工作显得更加错综复杂，仅值班的同学根本无法应对。这时只要讲解工作需要，团队里总有队员积极援助，化解一次次预约高峰时的接待危机，他们团结一心，沉着应对，有时持续工作3小时，嗓子哑了，腿脚肿了，仍毫无怨言地轮轴转着，这充分展示了川大学子积极有为、奋发向上的风采，他们知道自己肩上的责任，更享受奉献的快乐！

记得有一次，有大学团队预约 14 点参观江姐纪念馆，上午通知志愿者黄思杰 13 点 30 分到馆准备，由于团队日程安排变化，中午时分先后两次接到提前参观的时间通知。每次接到变更通知时，最令人担心的是在中午休息时间无法及时联系到志愿者，或志愿者因故无法按新的预定时间到达现场，万幸的是，当时得到了当班志愿者的飞速回应，并正装提前到岗迎接团队。当他以饱满的热情讲解完、对方与他握手并对他称赞时，他才长舒口气，露出满足的笑容。送走嘉宾后，他才意识到自己肚子的饥饿，原来他是刚参加过面试，还没来得及吃午饭就直奔展馆现场。

文学与新闻学院研究生李佳琦已经在校史馆做了近三年的志愿讲解员，自从"传承弘扬江姐精神 做新时代红色传人"主题教育活动开展以来，他已经接待了 70 余批观众。他说："这个过程不仅仅是向他人讲解，更是我自己的学习和成长。江姐及众多川大英烈身上展现出的革命意志和革命精神，也早已融贯在我内心深处，烛照人生道路。未来我选择继续深造，也会在自己的学术成长和个人成长中坚定传承红色基因、时刻铭记初心使命，做好一名响当当的川大人，学以致用，报效祖国。"

志愿讲解员林丽通过深入学习江姐及川大英烈的事迹，备受鼓舞和感动，她说："他们留下的红色革命精神，需要我们在新时代传承和发扬。在和平年代，我们不必大义凛然上战场流血，但应该在日常的学习和生活中勤奋上进，不断提升自我，在自己的身上体现出一个时代、一个民族的精神，做一个具有文化自信与民族傲骨的时代新人。"

三、传承江姐精神

志愿讲解员本身就是四川大学红色文化教育工作极为显著的成果，他们在培训过程、讲解任务中，不断加深对江姐精神的理解，自身也受到教育，得到成长，尤其是参加隆重的纪念仪式时，更是得到了升华。2018 年 11 月 27 日，为纪念渣滓洞烈士集体殉难 69 周年，四川大学正式启动"锦江红梅傲雪开——四川大学校友江竹筠烈士纪念展暨做新时代红色传人"主题教育活动的开幕仪式。2019 年 11 月 14 日，在四川大学杰出校友、红岩烈士江竹筠（江姐）牺牲 70 周年纪念日当天，四川大学举行了"江姐纪念馆开馆暨四川大学革命英烈事迹陈列馆揭牌仪式"。在庄严肃穆的氛围中，志愿者们认真聆听着省委领导对打造高品质红色文化传承教育基地的期望，学校领导对大力弘扬以江姐为代表的革命先烈的宝贵精神财富的决心。在现场，江姐之孙彭壮壮作为亲属代表表达了对江姐的怀恋之情和无尽追思，参与展览建设的学生代表报告自己通过建展实践获得的体会志愿讲解员们心中涌起一阵阵热浪，更感受到肩上的责任和讲解工作的意义。当他们陪同领导和江姐亲属参观展览时，近距离的交流让志愿者们了解到更多鲜活的事迹和感人的瞬间，这更加深了他们对江姐精神的认知。在这些嘉宾面前，志愿者是引导者，也是学习者。

担任 2018 年 11 月 27 日"锦江红梅傲雪开——四川大学校友江竹筠烈士纪念展暨做新时代红色传人"主题教育活动开幕仪式的志愿讲解员李莹飞回忆道："讲解中印象

最深的时刻，是在江姐的孙子彭壮壮看到江姐遗书中所说'盼教以踏着父母之足迹，以建设新中国为志'的时候，彭壮壮俯身轻轻地拍了拍其儿子的肩膀，说了一句'这也是你曾祖母对你的期望'。从这轻轻地一拍中，我们看到了革命精神的传承，从小孩子炯炯有神的眼睛里，我们也可以看到中华民族伟大复兴的希望！"

担任 2019 年 11 月 14 日"江姐纪念馆开馆暨四川大学革命英烈事迹陈列馆揭牌仪式"的志愿讲解员的林丽说："令我印象深刻的是，领导们在参观过程中不仅认真聆听有关江姐及其他川大英烈的点滴事迹，并适时交流探讨，也分享了自己对'江姐精神'的认知以及建设江姐纪念馆的看法，这无不反映了各级部门和学校对弘扬'江姐精神'的重视，于我自己的认知理解也大有裨益。"

更可喜的是，在讲解过程中，志愿讲解员还严格要求自己转换身份，从学习江姐精神的被动输入者转换为主动输出者，更多思考如何讲解才能引发现场参观者的共鸣，以主人公形象将学到的知识更自然地传递给参观者。2017 级外国语学院硕士生王雨缘说："有一句话，每一次讲，都难免热泪盈眶：'盼教以踏着父母之足迹，以建设新中国为志，为共产主义革命事业奋斗到底。'这是江姐就义前三个月留下的话语，是她提前三个月便写好的遗书。走到这个展板前，我常常会有意停顿几秒，让这句话在胸腔内的共鸣停留得再久一点，在颅腔的思考走得再远一点。江姐在生命的最后一刻，想到的仍是伟大的革命信仰，为共产主义事业奋斗终身的坚定信念，我们应尽最大可能将这种无私无畏、舍小家为大家的牺牲精神传递给大家！"

在志愿讲解团队的引导下，江姐纪念馆有条不紊地开展着以传承江姐精神为主线的红色文化传播工作，这里已经成为川大师生及社会各界学习传承弘扬红色文化及革命传统的一个重要基地。志愿讲解员们用精确的表达，将很多参观者心中对"江姐"几乎是固化单一的革命志士形象逐渐变得鲜活饱满——一名勤奋刻苦积极进取的川大学子，一位留书托孤无私奉献的母亲，一个坚贞不屈勇于担当的革命志士。江姐体现出的红色信仰力量深深感染着每一位参观者，江姐精神在这里得到了新的诠释与传承，大家表示要以江竹筠烈士为榜样，以习近平新时代中国特色社会主义思想为指导，在今后的学习和工作中，不忘初心，牢记使命，积极进取，勇于担当，为实现中华民族伟大复兴的中国梦不懈奋斗。

育人视域下高校红色校史传承研究[①]

——以四川大学对江姐精神的传承为例

四川大学档案馆　李华云

对于传承红色基因，高校具有在校史发展中继承、在文化环境中弘扬、在教育实践中强化等作用。对红色校史文化育人功能的定位与实现，是高校在传承红色基因方面的重要使命。以江姐为代表的革命校友，在历史上以自身革命行动和精神力量促进、缔造了四川大学的红色校史基因。在新时代，对以江姐为代表的革命英烈事迹的弘扬，对革命文化育人实践的大力开拓，是四川大学从本质上创新传承红色基因、弘扬革命文化的体现。

一、江姐精神与四川大学红色校史

1944 年，在重庆配合当地地下党组织工作的江竹筠转移到成都，随即考入四川大学。一来当时的四川大学规模大、影响大，在这里方便团结师生，为党组织培养进步力量；二来学生的身份不容易暴露自己；三来对于一直勤学上进的江竹筠来说，继续求学应该也是个人志向。进入川大后的江竹筠（化名江志炜）在当时凝聚了一大批进步同学，密切关注并指导进步学生运动，传播党组织的影响力，对四川大学学生运动、党组织发展都带来积极影响，同时也让川大校史铭记了江姐精神。

（一）以学促业，传播新知

四川大学是当时西南地区的民主堡垒和进步势力大本营，入校后，江竹筠将自身学业与党的革命事业紧密结合，在校内积极传播新思想，带动周边同学关心时事、参与革命。

在农学院就读的江竹筠，积极宣扬共产党的进步主张，促使周边同学不断了解国内革命形势，从思想上自觉向党组织靠近。在保持自身勤学、奋进外，她引领同学努力学习，并将这种精神融入革命斗争。当时进步报刊是共产党思想的重要载体，江竹筠就常

---

① 本文系四川大学 2019 年中央高校基本科研业务费项目（2020SK 江姐-06）阶段性成果，四川大学 2021 年档案和校史研究专项课题（daxs2021-12）阶段性成果，四川大学纪念五四运动 100 周年专项课题（SKWS-01）阶段性成果。

邀同学一起到位于祠堂街 38 号的《新华日报》成都营业处翻看进步书刊，加强对党的理论和方针政策的学习。在江竹筠的影响下，四川大学农学院涌现出一批具有进步思想的知识青年，如王云先、董绛云、李实育、陈光明、黄芬姐妹等，也带动培育了四川大学农学院勤学善思、追求新知的优良学风。

（二）勇立潮头，指导学运

江竹筠对国立四川大学的影响，还体现在她在背后积极推动学校社团活动，指导和培养进步势力，对川大学生运动的发展起到了长效促进作用。

江竹筠很善于团结同志，她心系他人、服务他人，进而循循善诱，不断感染和引领周边同学。在四川大学就读时期，江竹筠有选择地加入了三个学生社团：中国民主青年协会、文学笔会和妇女之声读书会。她在背后密切关注和指导社团成员的相关活动，积极出谋划策，引导四川大学的学生运动成为有组织、有目标的进步活动。在换届时，她联合同学大力推举进步学生当选学生干部，培养学生骨干，促使川大学运朝着正确的方向运行。同时她联合进步势力，鼓励所在社团帮助兄弟团体发展壮大，团结壮大了整个学校进步阵营的力量。

（三）积极革命，实干奉献

虽然以普通学生身份作为掩护，但在四川大学就读时期，江竹筠仍通过不断传播新思想，密切团结进步势力，有效指导革命活动，把党的工作开展得卓有成效。

擅于隐蔽的江竹筠，其实是活跃在四川大学发展中最积极、稳重的人物。她时刻践行着共产党人心系革命和为他人谋福利的使命，勤学自律、以学促业。作为学生运动的幕后指导者，江竹筠见证了许多进步学生运动以四川大学为阵地开展起来，其中包括组织打击反动派"护校团"，声援昆明"一二·一"惨案反对内战事件，及"市中事件"、李实育事件、三教授事件等进步学生运动。这些运动有力揭露了国民党反动派的罪行，打击了特务们的阴谋活动。借助四川大学这个舞台，江竹筠发挥出共产党员勇立潮头、积极奉献的精神，在投入学习和革命的过程中，既将进步思想有效传递给当时围绕在她身边的同学，也推动了四川大学优良革命传统的形成和红色校史基因的铸造。

二、革命文化反哺育人实践：四川大学对江姐精神的创新传承

在新时代，如何对红色校史和革命文化进行有效传承、发扬和利用，是关系高校校史发展、文化自信和立德树人工作的关键。四川大学通过传播以江姐为代表的革命先烈的事迹和精神，营造红色文化育人新氛围，构建红色文化育人机制，推动红色文化传承与研究并重，将革命文化转化为学校发展的长足动力，树立学校各项工作的思想根基。

（一）在校内创设红色教育基地，营造红色文化育人氛围

对江姐等革命校友在四川大学就读时期历史印记的收集，能促进全面还原其事迹和精神，通过"岁月留痕"展览活动继续昭示我们做红色传人，弘扬革命传统。

新中国成立以来，在开展红色校园文化建设的过程中，江竹筠等英烈校友的名字被镌刻在四川大学英烈碑上。通过每年清明和革命烈士纪念日于英烈碑前开展纪念活动，学校不断增强全校师生的历史责任感和使命感，让红色文化成为哺育学校发展的不竭动力。与此同时，学校全面搜集江姐就读期间的史料，以此为基础，在江姐曾居住的四川大学望江校区女生院旧址上开设了江姐纪念馆，于校内创建红色文化教育基地，展出历史档案、史料，借由这些鲜活载体恒久传递革命精神。

纪念馆分江姐事迹主题展览室，以及为新中国诞生献出宝贵生命的 70 余名川大英烈事迹展厅。核心部分是江姐厅，对江姐短暂而伟大的一生做出介绍，并重点展示江姐在川大期间的学习和生活。展厅内有不少珍贵的历史档案，如由江姐亲自填写的入学登记表、申请困难补助登记名册、绝育手术书等，这些档案生动还原了一个思想进步、勇立潮头、将治学与救国紧密结合的革命者的校园生活情形。通过红色文化传承和教育基地的建设，利用资料和展览等载体形式，四川大学在校内营造出浓郁的红色文化育人氛围，实现对革命先烈的追思和缅怀，对红色校史和革命精神的薪火相传。

（二）转变红色文化为教学资源，构筑立德树人思想平台

红色基因是当代大学生坚定理想信念的强心剂，因而将红色校史文化转变为教育教学资源，能更好地实现其浸润滋养的功能，从根本上发挥红色文化的引领作用。

要将抽象的革命精神和文化转变为教学资源，达到浸润人心的作用，需要一系列的探索。四川大学首先融红色文化入课堂教学实践，在校内开设"川大英烈"文化课，让红色资源成为学校文化素质公共课的重要内容。广大师生在修习文化课程的过程中，通过教学互动共同接受革命传统的洗礼，汲取红色文化的营养。而对当代大学生而言，校内红色课程的开设，有助于其培育正确的"三观"，打牢思想根基。其次，通过建设"竹筠论坛"等红色文化专题论坛，创作《江姐在川大》舞台剧等艺术作品，四川大学将红色文化教育浸润于校园文化活动等实践环节，鼓励学生积极探索红色革命文化的内涵，自觉接受革命文化的熏陶。最后，积极开发红色文化网络资源，组建网上校史馆、3D 江姐馆、川大英烈网上纪念馆等，利用网络技术全覆盖手段，推进红色文化深入学生的课堂内外。

通过大力探索，四川大学创新实现红色校史和革命文化走进课堂内外、迈进校园网络、融进学生日常和头脑，将红色基因的传承贯穿于教育教学的各个环节。由这种方式，学校也具化了大力提倡的江姐精神和革命信念的实质，同时传递出川大人坚定继承江姐精神、传承优良革命文化的校风传统。

（三）组建荣誉班级，构建红色文化育人机制

在发扬和培育红色校史基因的过程中，四川大学注重探索红色文化渗入育人机制，在教学实践以外，从培养体制等环节来强化红色文化的育人功能。

2018年11月，生科院"生物科学2018级拔尖试验班"被设立为"江姐班"。这一荣誉班级的设置，旨在引导全班学生把对江姐等革命英烈事迹的学习传承、对革命精神传统的弘扬践行融入日常学习和生活，并由此发挥对全校各班级的辐射带动作用。学校同时还不断增设"江姐班"，努力扩建培养高素质红色人才的示范基地。"江姐班"的设立，让以江姐精神为代表的革命精神和红色文化得以在本科生的教育和培养实践中代代相传。而这一育人机制的建立，也促进新时代四川大学学子从历史、文化和情感等层面广泛吸收红色革命文化的营养，激励当代青年学生在实际生活中以江姐为榜样，强化革命信念，以实践书写奉献和担当，最终成为能接力民族复兴的时代新人。

（四）开展红色校史文化研究，推动传承与研究并重

对革命文化的存史、编研，也是促使红色基因在当代彰显活力、传递能量的重要手段。高校在这一领域具有绝对优势，在突出传承红色基因、厚植革命文化的过程中，四川大学从源头上做到了大力开展红色校史文化研究，推进红色革命文化的传承与研究并重。

在长期搜集、整理校史资料的过程中，四川大学设立了红色资源文献文库，面向师生广泛开设红色资源专题研究项目，大力深入对红色校史文化的研究探讨。在开展专题研究的基础上，四川大学还编辑、出版有系列红色校史课程教材和读本，如《川大英烈》《四川大学史稿》《四川大学：历史·精神·使命》等，这些具有鲜明特色的红色校史图书，自身凝聚着革命先辈的影响力，也携带着叱咤风云的英烈校友留给学校的宝贵精神文化遗产。通过与校内红色资源形式的互动联合，结合讲授、参与和体验模式，学校大力促进师生对红色知识的学习，同时不断提高红色基因成果的转化率和贡献率。此外，四川大学还开展了一系列以爱国、爱校为主题的红色校史研究活动，通过主题活动，全面激发校内红色文化资源的研发动力，打牢传承革命文化的学术基础。

三、结语

高校历来是红色基因的传承重地，高校的发展史也是一部生动的红色教育发展史。在对红色校史和革命文化的传承中，育人环节关系到高校的工作重心和思想高地。四川大学对江姐精神的传承，凸显了高校对红色校史和革命文化的重视。在突出红色文化和革命精神对育人实践的反哺作用上，四川大学使红色成为校园文化的底色和亮色。这一过程响应了习近平总书记"要把红色资源利用好，要把红色传统发扬好，要把红色基因传承好"的号召。红色校史基因流淌出历史上川大人甘于奉献、自强不息的革命精神，

也映照出今日川大师生及校友海纳百川、薪火相传，以传承红色文化、弘扬革命精神为本的奋斗精神。

参考文献

[1] 赵锡骅. 江姐在四川大学 [J]. 红岩春秋，2004 (6).

[2] 黄恩华. 高校应成为红色基因传承的主阵地 [J]. 中国高等教育，2019 (Z1).

[3] 周萍. 立德树人视域下高校校园文化建设研究 [J]. 思想教育研究，2020 (6).

[4] 丁少颖. 江姐真实家族史 [M]. 武汉：武汉大学出版社，2011.

[5] 中共重庆市委党史研究室. 临刑寄语——巴渝革命烈士书信选 [M]. 成都：成都科技大学出版社，1991.

[6] 张继禄. 中国共产党地方组织在四川的建立 [M]. 成都：四川人民出版社，2001.

浅论档案的新运用：新闻化

——记四川大学档案馆（校史办）的创新之路

四川大学档案馆 周 恒

习近平总书记在对档案工作做出的重要批示中强调，要"推动档案事业创新发展"。新闻化是档案事业创新发展的重要方向。四川大学档案馆（校史办）在坚守好学校史料基地的基础上大力发展科研，不断从档案资料中发掘出有价值的新闻，走出了一条独具特色的创新之路。本文在阐述档案新闻化的定义、特色和实现方式的基础上，总结了四川大学档案馆（校史办）档案新闻化的四条路径，以期为我国档案新闻化发展提供一些思路。

一、档案新闻化的定义和特色

档案是组织或个人在以往的社会实践活动中直接形成的清晰的、确定的、具有完整记录作用的固化信息。档案属于原始信息，即各部门对某一活动的最初的数字、文字和图像等的直接记载，所以本源性是档案信息最主要的特点。本源性信息是加工信息的基础，任何信息资料都起于原始信息，因而档案信息在社会信息系统中有着特有的地位和作用，它是整个国家和社会信息系统的基石之一。而新闻是已经发生和正在发生的、具有新闻价值并通过各种手段公之于众的社会化信息。档案新闻化就是运用唯物辩证法，在档案、旧闻中寻找新闻，从而挖掘出"已经成为历史的新闻、当年新闻背后的历史"，以旧带新，赋予其新的意义，它不局限于新近的事实，而将笔墨拓展开来，以史为材，告诉受众未知的事情，并给受众某种启示或满足受众的求知欲。档案汇集着大量的知识，也记载着丰富的信息，是一种重要的信息资源。一方面档案因其信息的本源性、可靠性等特点而优于其他信息资料，同时又由于它的原始性和内向性等特点，档案信息知识的系统性和传播功能低于其他信息资料。但档案新闻化却将档案与新闻有机地结合起来，拓展了档案的利用空间，从而强化了档案信息资源的功能。所以，只要找准结合点，就一定可以让档案管理与新闻宣传相互支撑，从档案中挖掘出多种题材的新闻，充分开发档案信息资源的新闻价值，能够为扩大档案的影响力、增强辐射范围提供良好的契机。

二、档案新闻化的三种方式

随着新媒体的崛起，传统新闻媒体已经不再局限于追求第一手新闻新材料，而是逐步开始结合时事要点，深度挖掘历史档案潜力，重现档案新闻价值，利用文字、图片、视频等多种形式形成"唤醒式"新闻，丰富新闻的内容和表现形式。这些档案能以三种基本形式出现在新闻里，即纪念性材料、历史类比性材料、历史关联性材料。纪念性材料有些是指"周年展"，媒介富有人情味地真实再现过去的时光，对于未曾经历那一事件的受众来说影响会更大。历史类比性材料用过去事件将现在与过去联系起来，去分析和预测当前事态的发展。历史关联性材料不同于历史类比性材料之处，在于它们回溯过去与现在情况发生关联的部分，而不是类推和比较。我们可以通过这三种新闻化方式把档案用活。

三、四川大学档案馆（校史办）的档案新闻化之路

依托翔实的校史资源，四川大学校史馆（校史办）深入挖掘档案资料中的新闻价值，大力开展红色校史和川大名人宣传，为塑造学校的良好形象、提高知名度和影响力提供坚实的基础。具体来说，路径有以下四条。

（一）深入挖掘校史资源，记录四川大学发展变迁，大力弘扬川大精神，全面服务学校发展

习近平总书记明确指出："努力用中华民族创造的一切精神财富来以文化人、以文育人。"四川大学始终坚持文化育人，深入开发校史资源，切实服务于全面推进学校党的建设新的伟大工程和建设世界一流大学新的伟大事业的奋斗目标，将"海纳百川、有容乃大"的校训贯穿始终。

为弘扬、传承川大历史，四川大学积极实施了"校史文化工程"，在正式出版了《四川大学史稿》《四川大学校史文献选辑》《四川大学校长传略》后，2017 年由原四川大学档案馆馆长兼校史办公室主任党跃武教授主编的《四川大学史话》出版，该书以社会发展的时间为序，用生动有趣的语言文字、精彩纷呈的历史图片、资料和引人入胜的逸闻旧事，饶有兴致地娓娓道来，使四川大学 120 年辉煌发展中的重要人物、重大事件和主要成果跃然纸上。

2019 年，四川大学档案馆（校史办）组织梳理了新中国成立 70 年来的四川大学发展成就，9 月 29 日，"壮阔历程　时代华章——新中国成立 70 周年四川大学建设发展成就展"在四川大学望江体育中心广场、华西校区钟楼路、江安校区青春广场同时开展。2020 年由现任四川大学档案馆馆长兼校史办公室主任毕玉主编的《壮阔历程　时代华章——新中国成立 70 周年四川大学建设发展成就概览》出版，该书以时间为序，

利用大量翔实的文书档案、丰富的照片档案分别记录了四川大学的发展沿革、学科建设、人才培养、科学研究、社会服务、师资队伍、对外交流合作、文化传承创新、基础建设和党建思政这十个领域的发展变迁，展示了新中国成立 70 周年（1949—2019）来四川大学的沧桑巨变和历史性跨越，立体式呈现了新中国成立后各时期学校建设取得的辉煌成就。让广大读者通过历史的镜头感受到川大人砥砺奋进、追求卓越的精神风貌，领悟到薪火相传、生生不息的川大精神。

（二）巧寻亮点，将从红色档案资源中挖掘的文化新闻贯穿教书育人各环节，以江姐事迹为核心，传承红色基因，弘扬革命文化

江竹筠（1920 年 8 月 20 日—1949 年 11 月 14 日），四川省自贡市大山铺镇江家湾人，中国共产党重庆地区地下组织的重要人物，著名的红岩烈士，2009 年 9 月入选为新中国成立作出突出贡献的英雄模范人物名单。1944—1946 年，江竹筠（即江姐，在校时用名江志炜）在国立四川大学农学院就读，1949 年重庆解放前夕英勇就义。

2018 年金秋，在全党开展"不忘初心、牢记使命"主题教育之际，为了加强对青年学生的爱国主义和革命传统教育，大力培育弘扬社会主义核心价值观，根据四川大学党委的统一部署，四川大学党员师生团队在江竹筠曾经居住的女生院旧址设计建设了展馆并举办了"锦江红梅傲雪开——四川大学校友江竹筠纪念展"。2019 年 11 月 14 日，经中央主管部门批准，展馆被正式定名为"江姐纪念馆"，并加挂"四川大学革命英烈事迹陈列馆"牌子。2021 年 3 月，"江姐纪念馆暨四川大学革命英烈事迹陈列馆"被四川省委宣传部授予"四川省爱国主义教育基地"称号。

纪念馆由江姐事迹展厅、江姐宿舍复原展厅、川大英烈事迹展厅以及景观院落四个部分组成，其中的两个事迹展厅是全馆的重点：（1）江姐事迹展厅。该厅展览分为"早年经历""江姐在川大""百炼成钢"三个部分。"早年经历"部分，简要介绍江姐的家庭、求学和入党经历。"江姐在川大"部分，是展览的特色和重点，着重介绍江姐在川大的学习、生活及开展革命活动的经历，展出了江姐在川大读书期间的珍贵实物档案，如国立四川大学学生登记表、转系名册、学生休学名册、领取困难补助名册、在华西医院做生产和绝育手术的手术记录、农艺系课程表等；同时还通过 2 台大型投影设备展示江姐的英勇事迹以及川大师生排演的《绣红旗》等节目。"百炼成钢"部分，重点展示江姐被捕后坚贞不屈，面对酷刑毫无畏惧的革命气节；展出有江姐写给谭竹安的托孤遗书、狱中革命者凭想象制作的五星红旗仿真复制件，以及后人对江姐的怀念语等珍贵展品。（2）川大英烈事迹展厅，用于纪念为新中国诞生献出宝贵生命的 70 余位川大英烈。该展厅以数字平台展示为主，平面展示为辅，设置 5 个大型触摸屏和 1 台显示屏，采用了展出文字、图片、档案实物，结合来自中央电视台、重庆电视台等官方主流媒体面向社会公开播出的视频资料的形式，集中展示了 70 余名川大英烈的光荣事迹。

依托江姐纪念馆暨四川大学革命英烈事迹陈列馆，四川大学大力拓展校园红色文化资源开发利用的深度与广度，将红色教育贯穿教书育人各环节，全面深化对学校红色文

化及革命传统的传承弘扬，为了贯彻落实好习近平总书记"要把红色资源利用好，把红色传统发挥好，把红色基因传承好"的重要指示精神，学校开展了多种形式的传承弘扬江姐精神系列活动。通过对档案资源的深入研究，在对江姐精神及其时代意义深度挖掘的基础上，学校组织学生高水平艺术团，创作了大型主题文艺晚会《江姐颂》、舞台剧《江姐在川大》、诗意话剧《待放》；在生命科学学院基础拔尖人才培养班中建设了"江姐班"，努力将其建设成为培养又红又专高素质人才的示范基地，带动全校学生思想政治教育工作的创新；举办"青春在时代中闪光——纪念五四运动 98 周年暨建团 95 周年'川大青年故事'专题展"；同时还打造了系统的红色档案文化传播网络平台，建设了3D 江姐馆、川大英烈主题网页。为了更好地传播川大先烈们的事迹，弘扬和传承红色文化基因，繁荣校园文化，档案馆（校史办公室）拍摄了《川大英烈》专题片。四川大学利用学校全媒体平台及各种宣传阵地开展了一系列丰富的校园红色文化宣传教育。

（三）利用名人效应，抓住时间节点，推出名人周年专题纪念展览

郭沫若（1892—1978），本名郭开贞，中国现代作家、历史学家、考古学家，1892 年出生于四川乐山，1910 年由四川乐山前往省城成都，就读于四川省城高等学堂（四川大学前身）分设中学堂，1913 年 2 月考入四川省城高等学堂正科二部九班（理科）学习，从而与四川大学结下了不解之缘。2017 年正值郭沫若先生 125 周年诞辰之际，为了纪念这位杰出校友，四川大学校史展览馆联合北京郭沫若故居纪念馆、重庆郭沫若故居纪念馆、乐山郭沫若故居纪念馆、乐山师范学院郭沫若研究中心，合作推出巡展"印记——郭沫若 125 周年诞辰纪念展"，通过珍贵的史料、图片串联起其生命中最多彩的三段华章，重现他在中华民族历史转折时刻，勇立时代潮头、引领中国文化前行的不朽一生。

吴玉章（1978—1966），原名永珊，四川省荣县人，中国共产党久经考验的无产阶级革命家，著名的教育家、历史学家、语言文字学家、中国科学院学部委员（院士），新中国高等教育事业的奠基人和开拓者之一，曾经担任四川大学前身之一的国立成都高等师范学校校长。2018 年恰逢吴玉章 140 周年诞辰，四川大学档案馆（校史办）与中国人民大学博物馆、四川荣县吴玉章故居陈列馆联合主办了"革命先驱　师表典范——吴玉章诞辰 140 周年纪念展"。该展览通过馆藏及收集的档案资料及图片翔实地记录了吴玉章奋斗进取的一生，弘扬了他严谨、谦逊、勤学的精神，以期通过追忆吴玉章老校长的丰功伟绩，激励青年一代为中华民族伟大复兴而奋斗。

（四）做好接收社会各界、校友及名人捐赠档案的宣传工作

对社会各界、校友及名人捐赠档案进行宣传，不仅可以增强档案传播者与受众的互动关系，还可以充分利用大众传媒的力量更大范围地宣传档案信息产品，为档案部门树立良好的形象。

（1）2021 年 6 月 30 日，在全国上下热烈庆祝中国共产党成立 100 周年前夕，四川

大学老校长周太玄先生、校友杨达烈士遗物遗稿捐赠仪式在四川大学明德楼贵宾厅隆重举行。周太玄先生是我国著名的教育家、生物学家、翻译家、政论家、社会活动家，1930 年，周太玄先生应张澜校长之聘回校任教，1932 年被聘为四川大学理学院院长兼生物系主任。1952—1953 年，周太玄先生担任四川大学校务委员会主任委员，为社会主义新大学的建设做出了重要贡献。杨达烈士 1923—1924 年在华西协合大学医科预科班读书，1925 年转入上海大学求学，并加入了中国共产党。1925 年，他积极投身"五卅"反帝爱国运动，1926 年赴广州参加国民革命军，曾在朱德部下担任参谋长兼秘书，1928 年英勇就义。

周太玄先生和杨达烈士一生为党做了许多革命工作，在四川大学革命史和办学史上具有重要地位，他们的事迹与精神是四川大学的宝贵财富。捐赠的遗物遗稿，内容丰富，十分珍贵，对我们学习研究周太玄先生和杨达烈士事迹、传承弘扬川大红色基因，具有重要的史料价值和现实意义。

（2）举行四川大学各民族学生庆祝新中国成立 70 周年暨四川大学建校 123 周年照片捐赠仪式。2019 年 9 月 29 日上午，由四川大学党委学生工作部和四川大学档案馆（校史办公室）共同举办的"青春告白祖国——四川大学各民族学生庆祝新中国成立 70 周年暨四川大学建校 123 周年照片捐赠仪式"在学校校史展览馆举行。本次活动捐赠的照片长卷收集了四川大学在校各民族同学身着民族服装歌颂祖国的照片，学工部将 7 米照片长卷作为川大在校各民族学子为共和国 70 岁生日、学校建校 123 周年的纪念礼物捐赠给学校档案馆，这也是档案馆首次收录此类照片的捐赠。

（3）2021 年，四川大学老教授雷鉴钧先生的长孙雷光可先生向学校档案馆捐赠了一批珍贵的档案。雷鉴钧教授曾就读于四川公立外国语专门学校，于 1919 年毕业留校任教，1927 年该校并入四川大学的前身之一公立四川大学，后又并入国立四川大学，雷教授则继续在外国文学院任教。此次捐赠的档案包括雷鉴钧教授任公立四川大学预科考试委员会委员的聘书、任外国文学院学监的聘书等，这些存世档案材料有的距今已有百年，具有特殊的历史价值，对丰富四川大学档案馆馆藏资源起到了很大的作用。

四、结语

新闻，既是对新近发生事实的报道，也是对事物发展的新的认识，包括对历史事件即旧闻新的认识和发现。校史资源是一块"宝藏"，蕴藏着很高的新闻价值。高校档案人要打破封闭的自我循环和僵化的思维模式，进一步增强创新意识，用新闻眼光发现校史之美。

参考文献

[1] 顾剑微，王佳. 档案与新闻 [J]. 浙江档案，2014（12）.

[2] 张宁，王丽君. 浅论医疗机构档案新闻化的可行之路 [J]. 现代国企研究，2019（10）.

第四篇　校史钩沉

四川大学研究生教育发展史研究报告[①]

四川大学研究生院　邱厌庆　赵红军

国与国之间的竞争是经济、文化、科技等方面的竞争，而这一切都是人才的竞争。人才的竞争又离不开教育，其中研究生教育又是作为国家和民族的高层次创新性人才和高层次技术人才培养的重中之重。拥有百余年历史之久的今四川大学，由原四川大学在1994年与原成都科技大学[②]，以及在2000年与原华西医科大学[③]进行"强强合并"后而成，是中国西南地区第一所综合性的高等院校，也是整个西南地区最早招收研究生的大学。在长达100多年的历史长河中，四川大学已成为我国学科门类较齐全、学科结构较合理、具有较大规模的研究生培养基地。

一、研究生教育的内涵与发展研究现状

（一）研究生教育的内涵

研究生教育是"继本科教育之后的高层次教育，主要包括独立研究训练、专业教育和第一学位教育的延伸三个部分，具有研究性、更专业化以及学科广泛性、交叉性、边缘性诸般特征"，其内涵主要是"传授知识和创造知识"。研究生教育与本科教育的不同之处在于其具有研究性、创造性、探索性和实践性的特点。同时，研究生教育又在不断适应社会发展对高层次专门人才的需要和满足人们自身需求的过程中得到了进一步的发展，呈现出多样化的特点。

1810年普鲁士教育部长威廉·冯·洪堡创办了新型的柏林大学，提倡"学术自由""教学和科研相结合"等新思想，从根本上打破了传统大学只是传授已有知识的旧观念，树立了"传授知识与创造知识相统一"的现代大学观念。柏林大学把研究生教育看作是

[①] 本文为四川大学2019年校史研究课题项目研究成果，项目编号：skdangan2019-08。此文各项数据统计截止时间为2019年8月。

[②] 原成都科技大学：前身是以四川大学工学院为主体成立的"成都工学院"，是1952年院系调整时期诞生的全国几所主要工学院之一，1978年更名为"成都科学技术大学"。

[③] 原华西医科大学：创办于1910年，原名"华西协合大学"，1933年9月23日更名为"私立华西协合大学"，1951年10月6日，中华人民共和国政府宣布接办后更名为"华西大学"。1953年10月6日，华西大学更名为"四川医学院"，1985年更名为"华西医科大学"。

培养学生进行科学研究的阶段，这使德国大学很快成为培养高级科研人才的摇篮。1876年美国教育史上第一所以从事科研和培养研究生为主的大学——约翰·霍普金斯大学正式成立。它使美国大学第一次把研究生培养放在首位，使授予博士学位和开展科学研究成为现代大学的重要标志之一，它的创办标志着研究生教育和科研地位在大学的确立。该大学认为研究生教育的任务是培养学生进行探索和研究，科研仍是研究生教育唯一的内容。在约翰·霍普金斯大学的影响下，到 19 世纪末美国已先后成立了一批以从事科研和研究生教育为主的新型大学，这些大学基本上都设立了专门培养研究生的研究生院。其他各国也都先后建立了自己的研究生教育。

1972 年，经济合作与发展组织（OECD）认为，研究生教育是研究方法的教育（即博士生教育）、专业实践教育以及第一学位教育的继续。联合国教科文组织教育统计局编的《国际教育标准分类》中指出："研究生教育是属于第三级第二阶段的教育，授予大学研究生学位或同等学力证明。研究生学习计划要反映学科领域的专业化，并且，其学科专业化比任何其他层次的学科专业化更普遍和更受重视。课程计划的类型有两种，一种是相当于取得大学第一级学位的延伸，以上课为主；另一种主要是独立的研究工作。"这两个国际组织界定的研究生教育具有极强的时代性，包括了三个方面的主要内容，即研究生教育是以研究为主的教育，是专业教育以及第一学位教育的延伸。

综观各国的研究生教育，可以看出三个共同点：第一，研究生教育是在大学本科教育之后，与科学研究结合而形成的培养高层次专门人才的一种教育制度；第二，研究生教育与本国的学位制度密切相关，在我国还专门形成了"学位与研究生教育"的专门术语，研究生教育大体可分为攻读硕士学位和攻读博士学位两个层次，也有不分级的；第三，研究生教育是为适应社会、经济、科技和教育的需要而发展起来的，它已成为各国科技、经济以及国防竞争力的关键，也是各国综合国力的重要体现。

（二）研究生教育研究现状

从所搜集到的相关文献资料分析，对研究生教育发展史的研究主要包括研究生教育模式研究、研究生学科专业建设，以及研究生教育对社会发展的作用及影响三个方面。

1. 研究生教育模式研究

现代意义上的研究生教育发轫于 19 世纪初期的德国柏林大学，已经有 200 多年的发展历史，后来被英国、美国、法国等国家引入，经过不断调整，形成各具特色的研究生教育模式。国外研究生教育模式主要经历了三个发展阶段：德国的学徒式教育模式阶段、美国专业式教育模式阶段、二战后的协作式教育模式阶段。20 世纪 90 年代以后，不同模式间呈现出一定程度的融合趋势，产生了英国的修课式教育、德国式研究生院教育和虚拟研究生院教育三种新的模式。

我国的研究生教育模式在对国外的模仿和移植中徐徐启动。自 1934 年，国民政府教育部专门颁发《大学研究院暂行组织规程》，中国的研究生教育制度才得以定型，但其培养模式仍然保留着德国科研型模式的特点。抗战胜利后，以北京大学为代表的研究生教育从德国"科研型"模式向美国"教学－科研型"模式转变。至 1941 年底，四川大学等 5 所高校相继设立研究院、所。中华人民共和国成立后，研究生教育走上了快速发展的道路：1978 年以前以经验总结为主；20 世纪 80 年代至 90 年代初逐步转向理论探索，开始有组织、有计划地开展研究生教育发展研究工作；20 世纪 90 年代以后开始理论建设工作。我国研究生教育模式正逐步顺应国际化研究生教育发展的潮流，呈现出多元化的发展趋势，例如"精英教育"模式，产、学、研相结合模式，国际合作与交流模式等。

2. 研究生学科专业建设

学科建设主要是指学校为学科发展提供资源配置，进行学科分类，建立组织体制和运行机制，以促进知识的传授、提高教学和科研的水平，是高校中最基础的一项建设。研究生学科专业一般是高校学科中的重点学科，代表学科的前沿方向，其建设程度决定着高校发展水平。

（1）学科分类的发展。学科的分类呈现了人类组织知识的方式，这种分类随着学科研究的深入和社会需求的转变而不断更新。西方最早的学科分类见于中世纪的知识体系：语法、修辞学、逻辑学、算术、音乐、几何和天文学。随着学科研究的深入，更为细致的学科分类逐步形成。自 20 世纪后半叶以来，越来越多学科交叉研究逐步打破了各学科的边界，新的交叉学科不断产生。

（2）我国研究生学科专业建设的发展。我国在恢复学位与研究生教育制度后，教育部在借鉴国外的学科专业目录的基础上，经过多次修改，于 1983 年形成了《高等学校和科研机构授予博士、硕士学位的学科、专业目录（实行草案）》，将学科门类分为 10 个，共设置了 63 个一级学科，638 个二级学科。该草案经过三次分类调整，形成最新的《学位授予和人才培养学科目录》，共含 13 个学科门类，111 个一级学科，没有设置二级学科。这个学科分类调整过程意味着：随着国家经济和社会的发展、国际化程度的提高，不断有新的学科门类产生，表明学科分类趋于规范化；二级学科（专业）不断减少直至取消，表明人才培养的专业口径不断拓宽、人才的社会适应性不断增强。

3. 研究生教育对社会发展的作用

研究生教育从开办以来，一直对国家的经济、政治、科技、教育等各方面的发展发挥着积极的影响。例如 19 世纪初首创研究型大学的德国，研究生教育对德国振兴民族精神、挽救民族危亡、完成统一大业做出了不可磨灭的贡献，研究型大学培养出各行各业中的高级科技人才成为近代德国经济起飞的重要原因之一。一大批世界一流学者及其科研成果的涌现，使德国在 19 世纪于学术方面达到欧洲的最高水平。与 19 世纪末德国大学所起作用近似的现代美国大学，基本上都设置了技术转化办公室，负责科技成果的转化工作，正是美国的科学家、工程师们以现代科学技术的发展为动力巩固了美国的强国地位。我国研究生教育也为国家科学技术、教育、经济、文化、国防建设等各项事业培养了一大批急需的高素质、高层次的专业人才，促进了教育文化和科学技术的繁荣与进步，有力地推动了社会进步和经济发展。

二、四川大学研究生教育发展的基本历程

从 1931 年华西协合大学 1 位博士研究生获得授位，到 2018 年 7675 位研究生获得授位（其中硕士研究生 6525 人，博士研究生 1150 人）；从 1934 年华西协合大学可以在本校"代授纽约州立大学的文、理学士或医、牙博士的学位证书"，到 2018 年四川大学拥有 12 个学科门类，47 个博士学位授权一级学科，364 个博士学位授权点，437 个硕士学位授权点，37 个博士后流动站，46 个国家重点学科，4 个国家重点培育学科，四川大学的研究生教育工作，经历了一个发生、发展、变化、创新的复杂过程。在不断探索的过程中，四川大学对研究生教育工作逐渐形成了：加大对高层专门人才的培养、多结构多层次的学科建设、雄厚的师资力量与办学条件、丰硕的科研成果、严格的研究生人才选拔制度、合理的研究生培养模式以及科学的研究生教育管理等一套完整的体系。

新中国成立后，四川大学研究生教育发展有三次跨越：第一次是 1981 年我国正式实行学位制度到 1993 年，即原四川大学与原成都科技大学合并前，这一时期学校共招收 7166 名研究生；第二次跨越是 1994—2000 年，学校共招收研究生 9088 人；第三次是 2000 年原四川大学与原华西医科大学合并后，2001—2018 年共招收研究生 110 877 人。以下大致以这三个时间节点及其他重要时期来划分整理四川大学研究生教育发展的基本情况。

（一）"文化大革命"以前研究生教育的基本情况（1966 年以前）

中国的新文化运动勃兴之后，"新教育运动"也应运而生。随着美国教育家杜威、推士、麦柯尔、孟禄等人访华讲学和调查，"实用主义"教育理论和"进步教育"的施行迅速征服了中国教育工作者，清末民初所沿用的德国赫尔巴特教育学说受到了严峻挑战。全国教育会联合会自 1919 年起，便酝酿改革学制并进行了相关试验。1922 年 11 月 1 日，"新学制"以"大总统令"的形式正式颁行，称为《壬戌学制》。此制首重教育基础，兼重职业教育，以"适应社会进化为需要""发挥平民教育精神"等作为设学标准，在大学本科之上，沿用前制设计，依旧设大学院"为大学毕业及具有同等程度者研究之所，年限无定"，倾向于仿照美国的"研究生院制"。创办于 1910 年的华西协合大学于 1922 年开始与美国纽约州立大学联合培养博士研究生，受承认的华西协合大学的毕业生将学业成绩送该校复核后，可获得医、牙博士证书。1931 年，医科的乐以成获医学博士学位，他是华西协合大学首位获得授位的博士研究生。到 1934 年，美国纽约州立大学将不再复核华西协合大学毕业生的成绩，同时可代授纽约州立大学的医、牙博士证书。1938 年华西协合大学在校研究生人数为 9 人，医科和牙科分别为 7 人、2 人。

《壬戌学制》以后，全国高等师范学校纷纷改制易名，原成都高师也逐渐改办为四川大学（为与合并后的四川大学区分，以下称"原四川大学"），强化了综合大学办学的势头，为研究生教育的施行提供了可能。1935年4月22日，国民政府立法院通过并颁布了《学位授予法》12条，同年7月1日起开始施行，该法规定学位分学士、硕士、博士三级，它的颁布标志着中国硕士学位制度的正式建立。原四川大学在1939年首次开始招收（农科）研究生一名，到1948年在校研究生人数达到19名，共培养了占全国1/6的研究生。1935—1949年的14年间，全国授予了200多位硕士，虽然博士研究生授位因抗战而"缓办"，但此期完成的定制，对其后我国博士学位的授予具有奠基作用。

1949—1966年，全国研究生教育处于一个发展探索阶段。新中国成立初期，百废待兴，研究生教育模式经历了从改造与模仿向探索与规范转轨的过程。政务院于1951年10月颁布《关于改革学制的决定》（以下简称《决定》）。这是中华人民共和国成立后颁布的第一个学制，《决定》对我国当时研究生教育的培养目标、管理机构、招生条件和修业年限都做出了说明："大学及专门学院得附设研究部，修业年限为二年以上，招收大学及专门学院的师资和科学研究人才"，确立了研究生教育在整个教育系统的最高地位。1953年11月27日，高等教育部发布了《高等学校培养研究生暂行办法（草案）》，标志着此期研究生教育基本模式的确立。这是新中国成立后第一个有关研究生培养的法令性文件，它对研究生教育的各个环节做出了相应的规定，有助于此期研究生培养工作的顺利进行。1956年6月拟定了《中华人民共和国学位条例（草案）》和《中华人民共和国国务院学位和学衔委员会组织条例（草案）》，规定了我国研究生学位分为硕士和博士两级，硕士和博士依照哲学、数学、物理学、化学、天文学、地质学、地理学、生物学、工学、建筑学、心理学、文学、艺术学等22个学科门类授予，国务院学位和学衔委员会负责硕士和博士两级学位的授予。1957年，国务院又批转了教育部《关于今年招收四年制研究生的几点意见》。1957年以前，原四川大学有二年制、三年制的研究生，以及四年制的副博士研究生，自1959年起，研究生学制均为三年制。1961年，教育部依据中央指示，草拟了《中华人民共和国教育部直属高等学校暂行工作条例（草案）》（简称《高校六十条》），并于同年9月15日正式发表、试行。《高校六十条》对研究生培养工作做出了具体的规定：培养目标为科学专门人才和高等学校师资；招生对象为高等学校中的应届毕业生以及本校的青年教师，也可以由其他单位选送；录取方式为选拔或者选送、审查与入学考试相结合的办法，合格者才能录取，宁缺毋滥；学习年限为教师进修型研究生一般3年，在职研究生一般5年；培养方式为指导教师负责制。1963年4月29日，教育部颁发了《高等学校培养研究生工作暂行条例（草案）》的精神，初步建立了研究生培养制度，制定了研究生培养方案，这是我国研究生培养基本模式确立的一个里程碑。原四川大学根据教育部发文精神，扩大了招生专业，增加了研究生导师，还在1963—1964学年工作计划要点中提出，认真试行《十年师资培养提高规划纲要（草案）》，根据纲要的要求各系、教研室要制订出具体贯彻执行的五年规划，以及教师应制订出个人进修提高的年度计划。

　　原四川大学从 1949 年的在校研究生 19 人，达到了 1965 年在校人数 26 人，其中 1955 年招生已达 43 人，到 1956 年在校人数达 56 人。原成都工学院（于 1978 年更名为成都科技大学）从 1957 年的开始招收 5 名研究生，由化学工程张洪沅教授、土力学地基及基础邱勤宝教授、皮革化学张铨教授、塑料工学徐僖教授，分别招收四年制研究生各一名，截至 1966 年，6 个专业 10 年共招收了 26 名研究生，毕业 20 人。原华西协合大学由接办时的研究生 5 人，到 1953 年招生工作纳入国家统一招生计划（更名为"四川医学院"）后，招生人数逐渐扩大，1953—1956 年，共招研究生人数达 42 名，学制为 1.5 年和 2.5 年两种；从 1955 年起招收二年制研究生，1956 年开始招收四年制研究生，到 1956 年底，包括代培研究生，共 61 名；1956 年，卫生学系首次招收研究生 2 名，导师为陈志潜教授，专业为卫生学；1965 年，李正化教授招收药学系建系以来的第一名研究生。

　　在这一阶段，原四川大学、原成都工学院和原四川医学院的研究生教育工作走上了一个新的阶段。因 1966—1976 年的"文化大革命"，暂停研究生教育工作，直到 1978 年以后，研究生教育工作得到恢复。概况见表 1 至表 3。

表 1　1978 年以前原四川大学研究生教育发展概况表

年度	招生数	在校生数	毕业生数	年度	招生数	在校生数	毕业生数
1939 年	1	1		1959 年	9	17	
1941 年	8	8		1960 年	0	13	4
1948 年	0	19		1961 年	17	26	4
1950 年	16	16		1962 年	10	26	9
1955 年	43	43		1963 年	8	33	
1956 年	16	56		1964 年	6	23	14
1957 年	2	13	42	1965 年	12	26	9
1958 年	0	10	2				

表 2　1978 年以前原成都工学院研究生教育发展概况表

年度	招生数	在校生数	毕业生数	年度	招生数	在校生数	毕业生数
1957 年	5	5		1962 年	6	15	1
1958 年	1	6		1963 年	1	10	6
1959 年	6	9	3	1964 年	2	9	3
1960 年	3	12		1965 年	2	10	1
1961 年		10	2	1966 年		6	4

表3　1967年以前原四川医学院研究生教育发展概况表

年度	招生专业	招生数
1954年	生物化学、人体解剖学及人体生理学	32
1955年	人体解剖学、生理学、病理解剖学、妇产科、口腔内科、口腔外科及面颌外科、口腔修复正形科等	10
1963年	病理解剖学、组织学、微生物学、传染病学、脑神经外科学、妇产科学、口腔科学（内、矫形、病理）、合成药物化学	11
1964年	病理解剖学、组织学、微生物学、传染病学、脑神经外科学、妇产科学、口腔科学（内、矫形、病理）、合成药物化学、寄生虫学、劳动卫生学、天然药物化学、营养卫生学	18
1965年	口腔科学（内、矫形、病理）、合成药物化学、生药学、泌尿外科学、X线学、眼科学、精神病学、药物分析学、天然药物化学、劳动卫生学	15
1966年	病理解剖学、寄生虫学、微生物学、传染病学、脑神经外科学、妇产科学、劳动卫生学、口腔科学（内、外、矫形、病理）、眼科学、胸腔外科学、内科学、心脑血管外科学、营养卫生学、环境卫生学、药剂学	22
1967年	组织学、脑神经外科学、劳动卫生学、口腔科学（内、外、矫形、病理）、合成药物化学、生药学、人体解剖学、泌尿外科学、眼科学、胸腔外科学、内科学、心脑血管外科学、小儿内科学、天然药物化学、药物分析学	25

新中国成立后，我校研究生教育响应国家教育政策，迅速扩大招生规模，1957年有明显下降，从1961年起保持相对平稳发展状态。招收研究生的专业稳步发展，以1962年和1963年为例，见表4、表5。

表4　1962年全国高等学校招收研究生计划表（节选）

招生学校	专业类别	招生专业	人数	导师/职务
原成都工学院	化工	化工原理	2	张洪元教授
		无机物工学	2	曾宏教授
		塑料工学	2	徐僖教授
	轻工	皮革化学	2	张铨、乐以伦教授
		皮革工艺学	1	徐士弘教授
		鞣料及鞣质化学	1	张文德教授
	土建	河川枢纽及水电站的水工建筑	2	王景贤教授
合计	3	7	10	

（续表4）

招生学校	专业类别	招生专业	人数	导师/职务
原四川大学	数学	积分方程	3	
		常微分方程	1	
	化学	络合物化学	2	
		水盐系统相平衡	1	
		仪器分析	2	
	生物	植物分类学	3	
		动物细胞学	2	
	中国语言学	中国文学史（隋唐为主）	3	
	历史	中国古代史	5	
		考古学	1	
合计	5	10	23	
原四川医学院	基础学科	病理解剖学	2	
		组织胚胎学	1	
	医疗	脑系外科	1	
	口腔	口腔内科	1	
	卫生	卫生学	1	
		寄生虫学	1	
合计	4	6	7	
总合计	12	23	40	

表5　1963年全国高等学校招收研究生计划表（节选）

招生学校	招生专业	人数	导师/职务
原四川大学	六朝唐宋文学	2	庞石帚教授
	汉魏六朝文学	2	杨明照教授
	先秦史	1	徐中舒教授
	魏晋南北朝史	1	缪钺教授
	宋史	1	蒙文通教授
	元史	1	蒙思明教授
	考古学	1	冯汉骥教授

招生学校	招生专业		人数	导师/职务
原四川大学	数论		2	
	积分方程		2	张鼎铭教授
	常微分方程		2	周雪欧教授
	拓扑学（分析拓扑）		1	蒲保明教授
	络合物化学		2	
	水盐系统相平衡		2	高志教授
	仪器分析		2	周兆丰教授
	高等有花植物分类		1	方文培教授
	动物细胞学		2	雍克昌教授
合计	16		25	
原成都工学院	无机物工学（磷肥）		1	曾宏教授
	化工原理		1	张洪元教授
	塑料工学		1	徐僖教授
	皮革		1	徐士弘教授
			1	张铨教授
	皮革、毛皮、鞣皮剂		1	张文德教授
合计	5		7	
原四川医学院	病理解剖学		1	陈钦材教授/江晴芬教授
	组织胚胎学		1	陆振山教授
	微生物学		1	林志靖教授
	脑系外科学		1	吴和光教授
	在职生	妇产科学	1	乐以成教授
		传染病学	1	曹锺樑教授
		口腔病理	1	刘臣恒副教授
		口腔矫正	1	魏治统副教授
		口腔内科	1	肖卓然教授
		口腔内科	1	邹海帆副教授
		药物化学	1	李正化副教授
合计	11		11	
总合计	32		43	

（二）改革开放以来研究生教育的基本情况（1978—2000）

1977 年，中国恢复了全国统一高考制度和研究生招生制度。1977 年 10 月 12 日，国务院批转教育部《关于高等学校招收研究生的意见》指出，高等学校，特别是重点高等学校，凡是师资条件和科学研究基础比较好，都应从 1977 年起积极招收研究生。1978 年 1 月 10 日，教育部发出了《关于高等学校 1978 年研究生招生工作安排意见》，决定将 1977 年和 1978 年两年的研究生合并培养，统称为 1978 级研究生。1980 年 2 月，《中华人民共和国学位条例》的颁行标志着中国的学位和研究生教育踏上了法制的快车道。1981 年恢复博士研究生的招生工作，为了保证博士研究生的招收质量，1982 年 7 月 17 日，教育部颁布了《关于招收攻读博士学位研究生的暂行规定》，指出博士研究生的培养目标应为"德智体全面发展，在本门学科上掌握坚实宽广的基础理论和系统深入的专门知识，具有独立从事科学研究工作的能力，在科学或专门技术上做出创造性成果的高级专门人才"，并对其报考条件、考试方式与课程、录取原则等做了相应的规定和要求。1985 年 5 月 27 日，《中共中央关于教育体制改革的决定》的出台表明了学位与研究生教育进入了一个新的历史发展时期，为其后学位与研究生教育进一步改革和发展奠定了基础。自 1986 年以来，国家逐步制定、颁行了相应的学位制度与研究生教育的法规，推进了中国学位和研究生教育的进一步发展。1993 年 2 月 8 日国务院学位委员会发布实施了《关于学位与研究生教育改革和发展的若干意见》，指出"为了适应经济和社会发展的需要，博士生数量要有一个大的发展；学位与研究生教育应侧重于内涵的发展；改革研究生教育的管理体制、招生和就业制度以及培养方式；逐步改革研究生教育经费拨款和投资机制"。1993 年 2 月 13 日，中共中央、国务院印发了《中国教育改革和发展纲要》，该文件确立了"完善研究生培养和学位制度"的战略目标："改进硕士学位授权点和博士生导师的审核办法，同时加强质量监督和评估制度。在培养教学、科研岗位所需人才的同时，大力培养经济建设和社会发展所需的应用型人才。鼓励有实践经验的优秀在职人员采用多种形式攻读硕士、博士学位。"1996 年 7 月 22 日印发了《专业学位设置审批暂行办法》，对专业学位做出了界定，"专业学位作为具有职业背景的一种学位，为培养特定职业高层次专门人才而设置"。

依照《国务院学位委员会关于审定学位授予单位的原则和办法》的有关规定，1981 年 11 月 3 日，国务院批准了首批博士学位授予单位及其学科、专业和指导教师名单，以及首批硕士学位授予单位及其学科专业名单。全国首批博士学位授予单位有 151 个，博士学位授予单位的学科、专业点 812 个，可以指导博士研究生的导师有 1151 人，硕士学位授予单位有 258 个，硕士学位授予单位的学科、专业点 3185 个。1983 年，国务院学位委员会组织了第二批博士、硕士学位授予单位的审定。第二批新增博士学位授予单位 45 个，新增博士学位授权学科、专业 316 个，新增博士生导师 601 人，新增硕士学位授予单位 67 个，新增硕士学位授权学科、专业 1052 个。1990 年 10 月，国务院学位委员会和国家教育委员会联合正式下发了《授予博士、硕士学位和培养研究生的学科、专业目录》，经过多方和多次征求各方面专家的意见，反复论证，于1997年颁布了新修订的《授予博士、硕士学位和培养研究生的学科、专业目录》，共包含88个一级学科，381个二级学科（学科、专业）。

1. 第一次合并前（1978—1993）

根据国家关于建立学位制度的规定，原四川大学于1981年成立学位委员会。随着我国社会主义建设的发展，国家需要大批面向社会主义建设实际、多规格的有较强实际工作能力的高级专门人才。1983年，国家教委在北京召开全国研究生工作座谈会，重点讨论研究生教育的改革与发展，并下发了《关于改革和加强研究生教育的通知》，提出了研究生教育改革与发展的指导思想，发展速度与规模，加强应用型研究生的培养：研究生培养必须满足社会主义经济、精神文明建设，民主法治建设等多方面对高层次人才的需求。我校提出了"要进一步扩大从具有两年以上实践经验的在职人员中招收研究生的比例，通过改革研究生招生分配制度，对于实践性强的学科的哲学社会科学要逐步做到以招收在职人员和有实践经验的大学毕业生为主"的研究生人才选拔理念。从1987年开展在职人员申请学位试点到1993年以来，原四川大学在经济学、法学、文学、历史学和理学5个学科门类的18个专业中授予在职人员硕士学位59人。

1978—1992年，原四川大学共招收硕士研究生2537名，授予1703人硕士学位，47人在职人员硕士学位。1982年，原四川大学开始招收博士研究生1人，从1987年7月授予历史系缪钺教授指导的吕一飞第一个博士学位以来，原四川大学博士学位授予工作从未间断，至1992年底，共授予41人博士学位。1978—1993年，是原四川大学研究生教育的恢复到稳步发展的时期，研究生教育工作在各个方面取得了可喜的成绩，基本情况见表6、表7。

表6 原四川大学1978年至1992年硕士生教育发展概况表

年度	专业数	招生数	在校生数	毕业生数	授位数
1978年	16	78	78		
1979年	20	55	123		
1980年	6	14	137	78	
1981年	25	68	127	54	42
1982年	25	94	158	14	28
1983年	22	75	218		20
1984年	30	137	364	34	83
1985年	44	264	476	152	96
1986年	43	278	681	74	72
1987年	49	279	815	129	128

（续表6）

年度	专业数	招生数	在校生数	毕业生数	授位数
1988 年	47	239	792	250	253
1989 年	34	210	723	271	273
1990 年	37	256	707	267	288
1991 年	43	247	719	227	233
1992 年	52	243	803	234	234
合计		2537		1784	1750

注："＋"号后数字为外单位代授学位数。

表7　原四川大学1982年至1992年博士生教育发展概况表

年度	专业数	招生数	在校生数	毕业生数	授位数
1982 年	1	1	1		
1983 年			1		
1984 年	4	8	1		
1985 年	4	9	17		
1986 年	5	7	18		
1987 年	7	17	35	2	2
1988 年	5	10	39	9	9
1989 年	6	9	43	4	4
1990 年	4	7	46	7	7
1991 年	10	24	63	5	5
1992 年	13	23	77	14	14
合计		115	115	41	41

研究生在招生类型上也有了发展。1985年开始，学校举办研究生班，政治经济学、英语言文学、基础数学、理论物理4个专业招收了全国各地的61名学员（见表8）。他们大多是国内各高校的教师。

表8　原四川大学1985年至1991年研究生班教育发展概况表（在职研究生）

年度	专业数	招生数	在校生数	毕业生数
1985 年	4	61	61	
1986 年	4	12	73	
1987 年	2	15	27	59
1988 年	1	9	24	10

年度	专业数	招生数	在校生数	毕业生数
1989 年	1	19	28	15
1990 年			19	11
1991 年				19
合计		116		114

原成都科技大学在 1978 年计划招收研究生 18 人，最终录取 10 人；1979 年和 1980 年分别录取研究生 5 人、9 人；1983 年，响应国家"加强应用型研究生的培养"政策，开始招收在职研究生，当年共招收在职研究生 59 人；1984 年招收博士研究生 1 人，招收在职研究生 70 人，毕业 31 人；1978—1994 年，共招收硕士研究生 2256 人（其中在职硕士生 70 人），招收博士研究生 206 人，共毕业硕士 1436 人，毕业博士 77 人（见表9）。

原四川医学院 1978 年计划招研究生 40 人，到 1985 年（更名为"华西医科大学"）底，授予硕士学位 156 人，在校研究生 518 人，其中博士生 35 人，硕士生 483 人。1988 年，国家从整体上加强了宏观管理，提出了今后一段时期研究生教育工作的重点应当从发展数量和扩大规模，转到优化结构，深化改革，改善条件，努力提高教育质量和办学效益上来。在该精神指导下，原华西医科大学从 1990 年开始，硕士研究生招收人数有所降低，博士研究生招生人数有所增长。1986—1993 年，学校共招收硕士研究生 1286 人，博士研究生 266 人（见表10）。

1983 年，原成都科技大学成立了研究生招生领导小组和招生办公室。1984 年，原四川大学决定将研究生科从教务处独立出来，改为研究生处，制定出《四川大学学位工作细则》（修订稿）和《四川大学接受校外非学位授予单位应届毕业研究生申请硕士学位的试行办法》，以确保研究生质量和水平。1985 年 4 月，研究生处改成研究生部。1985 年 7 月，国务院学位委员会决定，在全国开始实施博士后流动站制度。原四川大学由同年 9 月 12 日报国家教委和人事部，并开始筹备。1985 年，原成都科技大学将原研究生处改为研究生部。1986 年，原成都科技大学在研究生部的基础上，建立研究生院。

表9　原成都科技大学 1978 年至 1994 年研究生教育发展概况表

年度	招硕士生数	在职硕士招生	在校硕士生数	毕业硕士生数	招博士生数	在校博士生数	毕业博士生数
1978 年	10		10				
1979 年	5		15				
1980 年	8		22				
1981 年	41		52	11			
1982 年	56		107				

（续表9）

年度	招硕士生数	在职硕士招生	在校硕士生数	毕业硕士生数	招博士生数	在校博士生数	毕业博士生数
1983 年	59		145	11	1	1	
1984 年	72		215		4	5	
1985 年	210	35	385	86	8	13	
1986 年	206	35	477	56	8	20	
1987 年	215		615	69	10	23	2
1988 年	198		614	197	16	35	3
1989 年	137		552	199	17	48	7
1990 年	160		481	212	16	59	5
1991 年	162		449	183	23	68	15
1992 年	186		508	125	29	77	12
1993 年	220		593	151	34	85	22
1994 年	250		696	136	40	114	11
合计	2186	70		1436	206		77

表 10　原四川医学院（1985 年更名为"华西医科大学"）1978 年至 1993 年招收研究生情况表

年份	硕士生	博士生	年份	硕士生	博士生
1978 年*	40		1986 年	210	19
1979 年*	120		1987 年	186	25
1980 年*	49		1988 年	226	37
1981 年*	62		1989 年	245	28
1982 年*	71	7	1990 年	99	40
1983 年*	111		1991 年	99	33
1984 年*	130	12	1992 年	99	41
1985 年*	150	21	1993 年	122	43

注：* 年数据为计划招生数。

　　由于在研究生教育恢复时期，明确了研究生培养的重大意义，《1978—1985 年全国科学技术发展规划纲要（草案）》中提出了逐步扩大研究生招生比例，提出了 8 年内要招收研究生 8 万人的目标。1980 年 2 月通过的《中华人民共和国学位条例》，以及 1981年 5 月批准的《中华人民共和国学位条例暂行实施办法》中强调，要认真抓好研究生的教育培养工作，建立起一套适合我国国情的研究生制度。因此，1981 年教育部成立首批博士、硕士学位的学科评议组，原成都科技大学徐僖、吴持恭、康振黄教授受邀参加评议组。同年，学校组建了由博士生导师徐僖教授任主席、康振黄教授和博士生导师吴持恭教授任副主席，以及 14 名委员组成的首届学位评定委员会。1981 年 2 月，第五届全国人大会议通过《中华人民共和国学位条例》，公布学位条例暂行实施办法，规定从 1982 年 1 月 1 日开始实施。根据此条例，1981 年，原四川医学院成立学位委员会。原四川大学于 1982 年 4 月，经教育部批准组建了原四川大学学位评定委员会，在基于《中华人民共和国学位条例》的基础上，结合学校自身实际情况，制订并颁发了《四川大学授予学位工作细则》，对学位设置方案、学位论文质量的审评、学位授予的工作程序、学籍管理规定，以及学位评定机构的组建和职责等内容，都进行了一一的要求和规范，加强了管理，保证了学位授予的良好发展。

1978 年，原四川大学的硕士研究生共有招生专业 16 个，方向 21 个。1981 年，原四川大学获得第一批博士点 5 个，硕士点 19 个，经过 1984 年、1986 年、1990 年几次学科点审批，至 1992 年，共有博士学位授权点 13 个专业，共招生 115 人，毕业 41 人，硕士研究生招生点 52 个专业，共招生 2322 人。

1981 年，原成都科技大学获得第一批博士点 2 个，硕士点 9 个，经过 1984 年、1986 年、1990 年几次学科点审批，至 1993 年，共有 33 个硕士学位授权点，14 个博士学位授权点，3 个博士后流动站，21 名博士生导师，在校研究生 708 名。

1978 年，国家批准原四川医学院医学系建立内科学、外科学、妇产科学、儿科学、传染病学、眼科学、耳鼻喉科学、皮肤病学、病理学、放射科学、神经病学、精神病学、核医学、医学遗传学等 14 个硕士研究生培训点，并开始招生。1984 年医学系又获准建立传染病学（导师曹钟梁教授）、外科学（导师吴和光教授）、眼科学（导师方谦逊教授）、病理学（导师陈钦材教授）等 4 个博士研究生培训点，招收博士研究生 6 名；口腔医学在校硕士研究生 56 人，博士研究生 14 人；卫生系从 1978 年开始招收第一批攻读硕士研究学位的研究生，流行病学 2 人，卫生统计学 1 人，劳动卫生与职业病学 2 人。此后，学校招收的研究生逐年增加，1985 年已达 20 名。经国务院学位委员会批准，学校有硕士学位授予权的学科有：劳动卫生与职业病学，流行病学，卫生统计学，营养与食品卫生学，环生与职业病学。至 1985 年更名前，原四川医学院有博士研究生招生专业 9 个，硕士研究生招生专业 33 个。

概况见表 11 至表 16。

表 11　原四川大学 1981—1993 年博士点获批情况表

1981 年	1983 年	1986 年	1990 年	1993 年
中国文学批评史 考古学 中国古代史 基础数学 植物学	（基础数学）	汉语史 应用数学 光学 物理化学 有机化学	宗教学 政治经济学 中国古典文献学 （汉语史） （应用数学） （物理化学）	中国地方史 辐射技术及应用 遗传学

注：括号内为增列博士导师的学科专业点。

表 12　原四川大学 1981—1993 年硕士点获批情况表

1981 年	1983 年	1986 年	1990 年	1993 年
中国现代文学 中国文学批评史 现代汉语 汉语史 英语语言文学 考古学 中国古代史 世界上古史、中古史 基础数学 理论物理 核物理及核技术 固体物理 光学 无机化学 物理化学 有机化学 植物学 动物学 遗传学	外国哲学史 宗教学 政治经济学 人口学 文艺学 中国古代文学 世界文学 中国近现代史 中国民族史 应用数学 无线电物理和无线电 电子学 分析化学 高分子化学 放射化学	马克思主义哲学史 世界经济 刑法学 中国古典文献学 史学史 中国地方史 计算数学 环境化学 生物化学	中国哲学 中国经济史 国民经济计划与管理 应用社会学 历史文献学 世界近现代史 材料物理 计算机应用 辐射技术及应用	西方哲学 中国现当代文学 新闻学 企业管理 原子核物理 凝聚态物理 无线电电子学 高分子化学与物理 生物医学 植物生理

表 13　原成都科技大学 1981—1993 年博士点获批情况表

1981 年	1983 年	1986 年	1990 年	1993 年
高分子材料 力学及河流动力学 金属材料及热处理	原子和分子物理	高分子材料加工 皮革化学与工程 岩土工程 生物力学 化学工程	化学纤维 水文学及水资源 机械制造 电力系统及其自动化 理论物理	无机化工 化学过程机械 生物医学工程

表 14　原成都科技大学 1981—1993 年硕士点获批情况表

1981 年	1983 年	1986 年	1990 年	1993 年
固体力学 机械制造 高分子材料 皮革化学与工程（原名制革及鞣料） 水力学及河流动力学 水工结构工程 化学工程 传质与分离	生物力学 金属材料及热处理 高分子材料成型加工 水文学及水资源 岩土工程 无机化工 化工过程机械 原子和分子物理	实验力学 机械学 工业自动化 生物医学工程（原名生物医学仪器及工程） 理论物理 管理工程	流体传动及控制 工程图学 铸造 无机非金属材料 计算机软件 环境工程 应用数学 物理化学 应用化学 高分子化学与物理	测试计量技术及仪器 结构工程

表15　原四川医学院（1985年更名为"华西医科大学"）1981—1993年博士点获批情况表

1981 年	1983 年	1986 年	1990 年	1993 年
生物化学与分子生物学 人体解剖与组织胚胎学 外科学（普外） 病理学与病理生理学 药物化学 口腔临床医学（口内） 口腔临床医学（口修）	劳动卫生与环境卫生学 内科学（传染病） 眼科学 口腔临床医学（口外）	遗传学 外科学（泌外） 营养与食品卫生学 病原生物学 妇产科学 耳鼻咽喉科学 药剂学 儿科学 外科学（神外） 口腔临床医学（正畸） 流行病与卫生统计学	法医学 内科学（呼吸病学） 精神病学与精神卫生学	外科学（胸心外） 内科学（内分泌与代谢病） 影像医学与核医学 外科学（骨外）

表16　原四川医学院（1985年更名为"华西医科大学"）1981—1993年硕士招生专业新增情况表

1981 年	1983 年	1986 年	1990 年	1993 年
人体解剖学 组织胚胎学 生物化学 病理生理学 药理学 外科学 神经病学 儿科学 妇产科学 内科学 传染病学 精神病学 眼科学 耳鼻喉科学 核医学 放射诊断学 劳动卫生与职业病学 环境卫生学 流行病学 口腔科学 药物化学 药剂学 药物分析学	法医学 生物医学工程 皮肤病学 营养卫生学及食品卫生学 病理学 卫生统计学 卫生检测 医学史 儿童少年卫生学 生药学	无机化学 有机化学 医学物理学 寄生虫学 微生物学与免疫学 医学生物学与医学遗传学 生理学 病理解剖学 麻醉学 计划生育学 围产医学 肿瘤学 卫生化学 社会医学与卫生管理学	生物学 医学遗传学 中西医结合临床 营养学 食品卫生学	微生物学 遗传学 细胞生物学 免疫学 精神病学与精神卫生学 影像医学 少儿卫生与妇幼保健学

2. 第二次合并前（1994—2000）

1994 年 3 月 16 日，国家教委、四川省政府通过《关于四川大学、成都科技大学合并为四川联合大学的批复》。两所学校的合并是深化教育体制改革的一项重大举措，两校的"强强合并"使研究生培养工作走上了一个新的台阶。1999 年 3 月，中国教育部开始评选全国优秀博士论文，每年一次，每年 100 篇，对提高中国博士生培养质量起到了积极的促进作用。同年，四川大学（1998 年以前称"四川联合大学"）研究生院被国务院学位委员会和教育部授予"学位与研究生教育先进集体"称号。2000 年，经教育部批准试办研究生院，2004 年顺利完成评估转正工作。

1994 年年底，四川联合大学（1998 年更名为"四川大学"）在校研究生为 1734 人，其中博士研究生 206 人。2000 年，四川大学硕士研究生招生达 1176 人，博士研究生招生达 313 人，在校硕士研究生达 4279 人，博士研究生 1209 人；原华西医科大学硕士研究生招生达 311 人，博士研究生招生为 165 人。概况见表 17、表 18。

表 17　四川大学（1998 年以前称"四川联合大学"）1994—2000 年研究生招生数情况表

年份	1994	1995	1996	1997	1998	1999	2000
硕士生		265					1176
博士生		61		132	178	244	313

注：部分数据缺失。

表 18　原华西医科大学 1994—2000 年研究生招生数情况表

年份	1994	1995	1996	1997	1998	1999	2000
硕士生	183	139	156	171	198	233	311
博士生	59	75	88	92	110	138	165

1994 年，四川联合大学（1998 年更名为"四川大学"）拥有 99 个硕士点和 31 个博士点，5 个国家重点科学和 2 个国家重点实验室、2 个国家专业实验室、1 个部门专设实验室，4 个国家基础学科人才培养和科学研究基地；拥有 12 个一级学科博士、硕士学位授位点，96 个二级学科博士授位点，以及 6 个专业学位授权点。

1999 年，四川大学及原华西医科大学博士、硕士学位学科专业情况亦有所发展，概况见表 19 至表 22。

表 19　1999 年四川大学有权授予博士学位的学科、专业情况表

学科、专业名称	学科、专业名称	学科、专业名称	学科、专业名称
宗教学	基础数学	植物学	水文学及河流动力学
政治经济学	计算数学	遗传学	化学工程

（续表19）

学科、专业名称	学科、专业名称	学科、专业名称	学科、专业名称
文艺学	概率论与数理统计	固体力学	化学工艺
汉语言文字学	应用数学	机械制造及其自动化	皮革化学与工程
中国古典文献学	运筹学与控制论	材料物理与化学	核技术及应用
比较文学与世界文学	原子与分子物理	材料学	生物医学工程
考古学及博物馆学	光学	材料加工工程	
专门史	有机化学	化工过程机械	
中国古代史	物理化学	岩土工程	

注：有权授予博士学位的学科、专业33个分属哲学、经济学、文学、历史学、理学、工学六个门类。

表20　1999年四川大学有权授予硕士学位的学科、专业情况表

学科、专业名称	学科、专业名称	学科、专业名称	学科、专业名称
马克思主义哲学	新闻学	植物学	岩土工程
中国哲学	美术学	动物学	结构工程
外国哲学	考古学及博物馆学	微生物学	水文学及水资源
宗教学	历史文献学	遗传学	水力学及河流动力学
政治经济学	专门史	生物化学与分子生物学	水工结构工程
世界经济	中国古代史	生态学	水利水电工程
国民经济学	中国近现代史	固体力学	化学工程
区域经济学	世界史	流体力学	化学工艺
财政学	基础数学	机械制造及其自动化	应用化学
金融学	计算数学	机械电子工程	工业催化
刑法学	概率论与数理统计	机械设计及理论	皮革化学与工程
民商法学	应用数学	测试计量技术及仪器	核技术及应用
诉讼法学	运筹学与控制论	材料物理与化学	环境科学
社会学	理论物理	材料学	环境工程
人口学	粒子物理与原子核物理	材料加工工程	生物医学工程
体育教育训练学	原子与分子物理	化工过程机械	农药学
文艺学	凝聚态物理	电机与电器	管理科学与工程
汉语言文字学	光学	电力系统及其自动化	会计学
中国古典文献学	无线电物理	电力电子与电力传动	企业管理
中国古代文学	无机化学	通信与电子系统	旅游管理

（续表20）

学科、专业名称	学科、专业名称	学科、专业名称	学科、专业名称
中国现当代文学	分析化学	控制理论与控制工程	技术经济及管理
比较文学与世界文学	有机化学	模式识别与智能系统	行政管理
英语语言文学	物理化学	计算机软件与理论	图书馆学
外国语言学及应用语言学	高分子化学与物理	计算机应用技术	

注：共计95个。

表21　1999年原华西医科大学有权授予博士学位的学科、专业情况表

学科、专业名称	学科、专业名称	学科、专业名称	学科、专业名称
生理学	遗传学	生物医学工程	生物化学与分子生物学
病原生物学	外科学（泌外）	外科学（普外）	劳动卫生与环境卫生学
营养与食品卫生学	药物分析学	免疫学	人体解剖与组织胚胎学
病理学与病理生理学	法医学	内科学（传染病）	外科学（胸外科）
妇产科学	眼科学	耳鼻咽喉科学	肿瘤学
麻醉学	药物化学	药剂学	内科学（呼吸病学）
口腔基础医学	儿科学	神经病学	内科学（内分泌与代谢病）
影像医学与核医学	外科学（骨外）	外科学（神外）	精神病学与精神卫生学
口腔临床医学（口内）	口腔临床医学（口外）	口腔临床医学（口修）	口腔临床医学（正畸）
流行病与卫生统计学			

表22　1999年原华西医科大学有权授予硕士学位的学科、专业情况表

学科、专业名称	学科、专业名称	学科、专业名称	学科、专业名称
生理学	儿科学	肿瘤学	中西医结合临床
遗传学	神经病学	麻醉学	药物化学
生物化学与分子生物学	精神病与精神卫生学	急诊医学	药剂学
生物医学工程	皮肤病与性病学	口腔基础医学	生药学
人体解剖与组织胚胎学	影像医学与核医学	口腔临床医学	药物分析学
免疫学	临床检验诊断学	流行病与卫生统计学	药理学
病原生物学	护理学	劳动卫生与环境卫生学	社会医学与卫生事业管理

学科、专业名称	学科、专业名称	学科、专业名称	学科、专业名称
病理学与病理生理学	外科学	营养与食品卫生学	
法医学	妇产科学	儿少卫生与妇幼保健学	
内科学	耳鼻咽喉科学	卫生毒理学	

2000 年 9 月 29 日，经教育部和四川省政府报国务院批准，四川大学与原华西医科大学合并，取名为四川大学。合并后的四川大学有博、硕士学位授权一级学科 12 个，博士学位授权点 70 个，硕士学位授权点 135 个，此时博士学位授权点几乎覆盖了整个学科。

（三）新四川大学的研究生教育基本情况（2000 年以后）

20 世纪末 21 世纪初，我国经济发展步入快车道，急需一大批高层次复合型、创新型人才，这种需求助推了研究生教育的快速发展。经过十年的扩招，我国研究生教育规模持续扩大，基本实现了立足国内培养高层人才的战略目标，从发展规模转为发展质量阶段。2013 年，教育部、国家发展改革委、财政部发布的《关于深化研究生教育改革的意见》确立了研究生教育以服务需求、提高质量为主线。2014 年，国务院学位委员会、教育部等部门在质量保证、学位授权点评估、论文抽查等方面出台的 6 个文件，得到各方高度认同，普遍认为标志着研究生教育进入到"质量时代"。

2004 年 4 月，教育部组织专家对 2000 年批准试办的 22 所研究生院进行考核评估；同年 5 月 24 日，根据评估结果，批准了包括四川大学在内的 22 所大学正式建立研究生院。数据显示，2001—2009 年，我校研究生招生规模从 2632 人增加至 6563 人，9 年间，我校招生规模增长了近 2 倍（见表23）。

2011 年 3 月 8 日，国务院学位委员会、教育部发布了新修订的《学位授予和人才培养学科目录（2011 年）》，共有 13 个学科门类和 110 个一级学科，还附有《专业学位授予和人才培养目录》。2012 年，川大研究生招生工作按新目录进行，此后的研究生培养和学位授予工作也逐步转为按新目录进行。2012 年 3 月，国务院学位委员会办公室发文决定成立"建立健全学位与研究生教育质量保证与监督体系工作组"，在全面总结学位与研究生教育质量保证与监督体系建设的基础上，借鉴国外成功经验，以促进研究生教育质量提高为目的，提出建立健全学位与研究生教育质量保证与监督体系的对策，制订相关政策文件。

四川大学自 2011 年起实施夏令营活动，到 2013 年成绩显著，接收校外"211"以上院校推免生已累计增长 241%。2013 年，以接收校外"211"以上院校推免生为目标，共 800 余名优秀大学生得以参加。2012 年开始实施高水平大学互推联盟高校生源工作，到 2014 年接收外校"985"以上高校推免生已累计增长 450%，较 2013 年增长了 48%。

2013 年，学校制定并实施了《专业学位研究生总体培养方案》《研究生导师招生资格动态管理实施办法（试行）》进一步完善了专业学位研究生教育体系，资助了 148 名博士研究生参加了高水平国际学术会议，36 名研究生赴台湾高校交流学习。2014 年度，川大硕士研究生招生 5533 人，港澳台学生 6 人，博士研究生招生 1215 人，较 2012 年增加 38 人，录取港澳台学生 3 人，接收 2015 年校外"985"高校推免生较 2014 年增长了 24％。公派 133 名研究生出国留学，赴台湾交流研究生共 37 人，全年资助 147 名学生参加国际学术交流。2015 年，川大共接收自外校"985""211"高校的推免生数量分别为 187 人和 380 人，优秀大学生暑期夏令营有 600 余名参加。

表 23　2001 年至 2018 年四川大学研究生教育发展情况统计表

年份	硕士生			博士生		
	招生数	在校生数	授位数	招生数	在校生数	授位数
2001 年	1978	5625	659	654	1612	206
2002 年	2708	7899	1333	797	2118	301
2003 年	3506	10392	884	977	2740	138
2004 年	4260	12798	2481	1014	3270	452
2005 年	4564	14583	3279	1037	3710	578
2006 年	4702		3782	1060		748
2007 年	4751		4793	1072		775
2008 年	4918		5393	1085		803
2009 年	5453		4430	1110		849
2010 年	5545	16355	5612	1130	4463	903
2011 年	5541	17716	5167	1154	4643	809
2012 年	5590	17027	6336	1178	4883	1126
2013 年	5545	17201	7550	1228	4972	1060
2014 年	5511	16366	7735	1247	5276	1122
2015 年	5570	16496	7630	1268	5567	1119
2016 年	5648	16712	6699	1307	5923	1090
2017 年	7246	18508	6562	1421	6260	1218
2018 年	7461	20349	6525	1641	6847	1150

注：部分数据缺失。

在学科建设方面，合并后的四川大学对新的学位授予体系进行了积极探索。2001 年，学校正式建立了三级学位授予体系，即经国务院学位办、教育部研究生工作办审批同意的校学位评定委员会、经校学位评定委员会授权的学科学位评定委员会和学位评定分委员会（共设 24 个分委会）三级授位体系。2002 年，四川大学共有硕士研究生学位授权一级学科 11 个，学科专业 162 个，专业学位硕士点 5 个，工程领域的专业学位硕士点 18 个，博士学位授权一级学科 12 个，博士学位授权点 96 个，专业学位博士点 2 个。到 2018 年，四川大学共有博士学位授权一级学科 47 个，博士学位授权点 364 个，硕士学位授权点 437 个。概况见表 24。

表 24　四川大学 2000—2018 年学科建设情况统计表

类别	2000 年	2001 年	2002 年	2003 年	2004 年	2005 年	2012 年	2018 年
一级学科	12	12	12	17	17	27	44	47
博士点	65	96	96	138	168	213	277	364
硕士点	135	162	162	224	254	330	361	437
专业学位点	5	6	6	7	7	7	33	34
博士后流动站	15	16	16	21	21	21	33	37
国家重点学科	6	6	15	15	15	15	44	46
部省级重点学科	29	29	29	29	66	66		
国家重点实验室	2	2	2	2	3	3	4	4
国家工程中心	0	1	2	2	2	2	2	2
国家社科研究基地	2	4	4	4	4	4	4	4

注：部分年份数据缺失。

四川大学实施了"学科跨越发展工程"，充分发挥多学科的综合优势，老牌学科实施重振雄威的"学科振兴计划"，优势学科实施瞄准世界前沿的"学科攀登计划"，新型交叉学科实施开拓创新的"学科发展计划"，坚持"优化结构、鼓励交叉、促进融合、重点建设、提高水平、形成特色"的建设方针，在巩固已有的 46 个国家重点学科和 58 个部省级重点学科的同时，紧紧抓住影响 21 世纪科技发展趋势的信息技术、生物技术、纳米技术与新材料技术、新能源和环保技术等，大力发展新兴、边缘、交叉学科，建设好"985 工程"二期科技创新平台，鼓励和促进生物医学—纳米技术—材料科学—信息技术领域，资源—环境—工程领域，数学—物理—信息、数学—经济—管理领域，化学—化工—药学领域等的交叉融合，加大资源整合力度，尽快在 1～2 个学科领域实现重点突破，进入世界一流水平行列；加强"985 工程"二期哲学社会科学创新基地建设，鼓励和促进文学—历史—哲学，宗教—社会学，国际关系—民族学—社会学—区域经济等领域的交叉融合，实现重点跨越，以带动整体发展，同时大力加强法学、管理学、教育学等有条件的社会科学学科快速发展，加快文科整体前进步伐。

在理工医科方面，在加强已有优势学科建设的同时，努力提高对一些需求大、基础好的"中游学科"的投入支持力度，争取新增一批博、硕士点和专业学位点；通过实施"十五""211 工程"14 个重点学科建设项目，切实按照精选建设重点、凝练学科方向、汇聚创新队伍、构筑学科基地、完善公共平台、造就拔尖人才、争取重大任务、创造标志成果、加强国际合作、提高管理水平等 10 个方面的要求，进一步促进多学科相互交叉、渗透、融合，发展一批国家急需的、有前景的新兴、边缘和交叉学科，加速建成一批名、特、优学科和学科群，整体实力达到国内一流水平，部分学科的重点研究方向达到或接近世界先进水平，从而构建起基础学科力量雄厚、应用学科前景广阔、交叉学科活跃强劲、新兴学科不断生长、基础与应用相互促进，文理工医多学科相互支撑、交叉渗透、协调发展，能够较好适应经济建设、社会发展和科技进步趋势的、充满活力的、充分体现一流研究型综合大学内涵和特征的学科体系。

三、四川大学研究生教育的改革方向

改革开放以来，随着社会各方面翻天覆地的变化，我国研究生教育迅猛发展，四川大学研究生教育工作也在改革中不断前进。四川大学研究生教育在不断学习、摸索过程中积累了许多经验，研究生院不断完善管理机构，创新办学理念，深化研究生教育改革，把人才培养质量视为学位与研究生教育的生命线，现设研究生招生办公室、研究生培养教育办公室、学位办公室、研究生工作部以及综合科，保障了研究生教育的基本健康发展。近年来川大研究生的培养规模逐渐稳定，面临剧烈变动的内、外部环境，川大研究生培养工作在今后的发展中仍需要不断调整和改革。

（一）严把招生环节，逐步提高研究生生源质量

目前四川大学研究生招生方式有多种形式：统一考试、本硕连续、硕博连读、申请考核、同等学力等。许多导师反映，他们常常会碰到想招的人因差一两分而招不进来，而不想招的考试高手又不得不录取的情况，且面试时间又较短，难以在很短的时间里全面考查考生的综合素质与能力。导师们建议应降低考试的作用，加强面试环节，着重通过与考生的面试、交流、互动来了解他的水平和潜质。扩大导师在研究生选拔方面的自主权并制定相应的监督措施，将是研究生培养制度今后改革的一个重要方面。

《教育部国家发展改革委财政部关于深化研究生教育改革的意见》（教研［2013］1号）和《国务院关于深化考试招生制度改革的实施意见》（国发［2014］35号）文件对研究生考试招生制度提出了改革方向，从 2017 年起，为了保证研究生培养的质量，四川大学对硕、博士研究生招生及授位进行一系列深化改革，逐步完善研究生学位工作制度，把控好硕、博士研究生招生及授位的发展规模。

四川大学每年专门针对推荐免试攻读硕士学位和直接攻读博士学位研究生单独发布招生简章，规定申请条件、招收专业及人数，以及录取程序。为进一步落实国家关于深化考试招生制度改革的实施意见，四川大学不断对博士招生方式进行改革，制定了《四川大学博士研究生招生工作实施办法（试行）》，规定"我校博士生招生采取'申请－考核'招生选拔机制，包括考生申请、学校考核两个组成部分"，"除国家专项计划和工程

博士外，原则不招收定向生。确需招收定向生的，由博士招生单位组织专家论证后向研究生院提出申请，研究生院批准后方可招收。招收人数须控制在博士招生单位年招生规模的 5％ 以内"，"全日制定向生原则上要求在规定的培养年限内全脱产在校学习"，"为保证生源质量，各招生单位可提高同等学力报考条件，严格考核程序，严格控制录取人数"；并提高了本硕连读、硕博连读生的录取比例，引导各研究生招生单位从招生环节就严格控制生源质量。随着近年来硕博连读和申请考核制招生方式的不断完善，博士研究生普通招考生占比从 2010 年的 72.9％ 下降到 2019 年的 53.6％，下降了 19.3 个百分点（见图 1）。2019 年新招硕士研究生中，通过本硕连读入学的学生占 27.1％；新招博士研究生中，通过硕博连读和申请考核制入学的学生已经占到 46.4％（见图 2）。

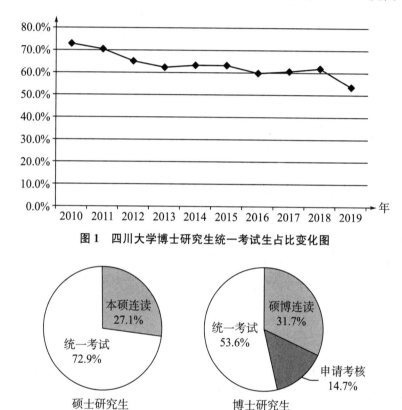

图1　四川大学博士研究生统一考试生占比变化图

图2　四川大学 2019 年研究生招生方式比例图

（二）注重过程管理，分类制定研究生培养方案

改革开放后的近 10 年时间里，四川大学研究生教育基本以培养"学术型"人才为主要培养目标。进入 20 世纪 80 年代中后期，为了满足社会对高层次应用型、职业型人才的需求，1986 年，国家教委发布的《关于改进和加强研究生工作的通知》提出"稳步发展，保证质量"的方针，明确在控制数量的同时，重点要调整好结构，培养模式应多样化。四川大学研究生教育开始突破传统的重基础、重理论的单一模式，进入多元化

发展阶段，开始试点探索专业学位研究生的培养工作。

到 2018 年，四川大学专业学位研究生的授位规模已经达到 2598 人（其中专业硕士 2316 人，专业博士 282 人），由于当时对研究生培养规格和类型的差别认识不足，培养目标不够清晰。学术学位和专业学位研究生的培养并没有突出各自的特色，在培养方案、课程设置、培养方式等方面没有明确的差别，导致"理论型人才缺理论，应用型人才缺实践"；学术型研究生缺乏足够的学术训练、专业型研究生缺乏足够的实践训练，导致社会对我们研究生培养模式的批评和对研究生素质的怀疑不断增加，究其根源，是研究生培养目标和社会需要的脱节引起的。

2018 年，国务院学位委员会下发了《关于委托国务院学位委员会学科评议组和全国专业学位研究生教育指导委员会编写"研究生核心课程指南"的通知》，要求以研究生成长成才为中心，注重思维方法和能力培养，全面考虑我国研究生课程建设的实际情况，合理借鉴国际研究生课程建设的先进经验，充分体现中国特色的自我创新，编写面向全日制和非全日制博士、硕士研究生的核心课程指南。

2019 年，四川大学研究生院出台了一系列关于提高研究生培养质量具体实施方案的文件，如《四川大学研究生课程建设与教学过程管理办法》，要求研究生课程建设应坚持基础知识、学科前沿探索、研究方法、学科交叉、教学实践等类别课程的有机统一，鼓励各培养单位开发全英文课程，提高研究生外语应用能力和跨文化交流能力；鼓励各培养单位开发基于本学科的专业伦理教育课程，培育研究生科学精神、人文精神和社会担当精神。如《四川大学专业学位研究生总体培养方案（试行）》，对川大专业学位研究生的培养目标进行了明确，并建立了专业学位研究生"3×4 矩阵式"培养体系，将基础知识学习、专业技能培养、实践能力训练和综合素质培养四大内容有机结合，通过课程学习阶段、实践训练阶段和应用检验阶段三个阶段，培养高水平专业学位研究生。

（三）建立跨学科中心，促进培养学科交叉研究生

学科交叉已经成为当代科学发展的时代特征。培养具有复合知识、能力与素质结构的拔尖创新人才，已经成为世界研究生教育改革与发展的重要趋势。四川大学是学科门类齐全的研究型综合大学，学科门类齐全，覆盖了文、理、工、医、经、管、法、史、哲、农、教、艺等 12 个门类，提出了"精英教育、质量为本、科教结合、学科交叉"的人才培养指导思想，具有很好的学科交叉研究环境基础。但在当前我国以传统学科分类方式为基础的单一学科组织模式下，从事学科交叉研究的学位论文在评审中经常收到像"研究内容与学科专业不符"的评阅意见，主要还是各学科的知识体系认知差异、对评审准则解释的差异等造成的。

创新是对未知世界的探索，而未知世界中的问题是不分学科的。但四川大学目前的学术组织模式是以学科作为划分的依据，采取的是"校-院-系"纵向科研结构，强化了学术人员的学科身份感，形成了分隔过细、边界固化的学术管理体制，使得人员、资

源被限制或封闭在单一学科范围内，导致学科封闭，形成学科壁垒，研究者很难跨越学科和学术组织的边界，制约了不同学科人员的交流与合作。即使有研究人员之间建立了松散的学科交叉研究组织，绝大多数也是无固定人员编制、无办公用房、无日常运行经费的，得不到政策、制度的鼓励和保障，难以得到深入、持久和健康的发展。

为充分发挥多学科交叉融合的特色和优势，聚焦"医学＋"和"信息＋"双引擎，四川大学于2019年10月正式揭牌成立了促进医工结合的"三中心、一平台"和新工科的"工业互联网研究中心"，推动有深度和实质性的学科交叉，正式成立了一批跨学科交叉中心。"3＋1"工业互联网研究中心和"1＋3"医学平台中心的启动，将真正把学校科研方向更多地聚焦到技术前沿、成果更多地转化到地方经济社会发展中去，以此来推动新工科的改造和助推成都新经济的发展。

其中"1＋3"医学平台中心为"5G医学转化"1个应用平台和"医学＋信息""医学＋材料""医学＋制造"3个中心。1个应用平台通过与企业深度融合发挥其创新主体作用，推动医工融合项目转化应用；3个中心将分别落实新型互联网医疗、远程移动医疗、智慧医疗等医疗服务模式创新，开展新型医用材料研发与转化应用，聚焦高端诊疗设备研发、设计和制造。"3＋1"工业互联网研究中心是依托水利水电学院、化学工程学院、电气工程学院、空天科学与工程学院，分别启动智慧水利研究中心、互联化工研究中心、泛在电力物联网研究中心、工程科学计算与数据分析中心建设，这4个工业互联网研究中心，将于年内取得实质性的建设进展，不仅将有力推进四川大学"新工科"建设，也将带动相关学科面对未来科技浪潮，以变革的姿态迎接未来、决胜未来，在"医学＋""信息＋"双引擎的驱动下，助力学校建设世界一流大学。

参考文献

[1] 李盛兵. 研究生教育模式嬗变［M］. 北京：教育科学出版社，1997.

[2] 符娟明，迟恩莲. 国外研究生教育研究［M］. 北京：人民教育出版社，1992.

[3] 联合国教科文组织教育统计局. 国际教育标准分类［M］. 国家教育委员会教育发展与政策研究中心译，北京：人民教育出版社，1988年.

[4] 裴劲松. 略论研究生教育的模式与发展［J］. 北京交通大学学报（社会科学版），2003（4）.

[5] 曹健. 研究生培养模式论［M］. 镇江：江苏大学出版社，2011.

[6] 萧超然，沙健孙，周承恩，等. 北京大学校史（1898—1949）［M］. 北京：北京大学出版社，1988.

[7] 教育部教育年鉴编纂委员会. 第二次中国教育年鉴［M］. 北京：商务印书馆，1948.

[8] 周洪宇. 学位与研究生教育史［M］. 北京：高等教育出版社，2004.

[9] PETER WEINGART. A Short History of Knowledge Formations［J］. The Oxford Handbook of Interdisciplinarity，2010.

[10] 易金生. 关于中国学科专业分类调整的思考［J］. 高教发展与评估，2015，31

(6).

［11］贺国庆. 德国和美国大学发达史［M］. 北京：人民教育出版社，1998.

［12］吴蓬，郑虎，张志荣，等. 四川大学华西药学院史稿（1918—2010）.［M］成都：四川大学出版社. 2010.

［13］中国大百科全书编委会. 中国大百科全书·教育卷［M］. 北京：中国大百科全书出版社，1985.

［14］刘延东. 在全国研究生教育质量工作会议暨国务院学位委员会第三十一次会议上的讲话［J］. 学位与研究生教育，2015（1）.

四川大学体育教育史纲

四川大学体育学院　邱硕立

四川大学的历史源头可以追溯到 1704 年创办的锦江书院和 1875 年创办的尊经书院。1896 年，四川总督鹿传霖奉光绪谕旨创办四川中西学堂，这是中国最早的新式高等学堂之一，也是四川大学的开端。1902 年，尊经书院与四川中西学堂合并组建四川通省大学堂（后更名为四川省城高等学堂）。1903 年，锦江书院并入四川省城高等学堂。1931 年，当时成都主要的三所官办大学——公立四川大学、国立成都大学、国立成都师范大学"三水汇流"为国立四川大学，标志着四川大学真正走向近现代化和国立化。1994 年，一街之隔的四川大学与成都科技大学合并为四川联合大学（1998 年更名为四川大学）。2000 年，四川大学与源于华西协合大学的华西医科大学完成合并，组建了新的四川大学。

仅从 1896 年的四川中西学堂算起，四川大学体育教育 100 多年的发展历程，不仅见证了近现代高等教育和大学体育的变迁与发展，而且呈现出自我发展的特色与亮点。回溯、反思和总结四川大学体育教育发展的历史贡献、经验教训，对于检视当前四川大学体育教育工作现状，增强忧患与危机意识，提升学校体育工作和体育学科建设水平，进而为学校早日建成世界一流大学贡献体育力量和体育智慧，具有重要的现实意义。

一、四川中西学堂（1896—1902）：近代四川高等体育教育之序幕

甲午战败之后，一时朝野震动，深感兴学救国刻不容缓。在这样的背景下，湖北自强学堂、天津中西学堂等新式学堂相继诞生。在四川，时任总督鹿传霖也奉旨于 1896 年 6 月 18 日在成都创办了以学习"西文西艺"为特征的四川中西学堂，这既是四川近代高等教育的开端，也是当时西南地区最早的近代新式高等学堂。四川中西学堂的创办，标志着四川近代高等教育的诞生。

（一）通识性体育教育概况

1840 年鸦片战争后，中国社会内外交困，近代教育开始兴起，包括教会学校、洋务学堂和普通新学堂等一批具有现代意义的新式学校诞生。西方体育活动首先出现在这些学校之中，但大多只是初步的尝试，缺乏学校体育制度的规范和保障。此时的中国近

代学校体育处于孕育发展中，学校体育系统尚未生成。或许因为校地狭小，办学初期经费和设施局促，加之传播西方科学文化更具历史紧迫性，四川中西学堂没有开设专门的体育课程。但是，作为对"西艺"持"拿来主义"的四川中西学堂，其对西洋体育文化是持欢迎态度的，所以西洋体育的某些形式在四川中西学堂有了初步的传播。总之，四川中西学堂以传播"西文西艺"为办学使命的同时，开启了西洋体育文化渐入巴蜀大地的序幕。

（二）体育专业教育概况

此期没有开展体操或体育性质的专业教育活动。

（三）相关重要人物

鹿传霖（1836—1910），字润万，又字滋（芝）轩，号迂叟。直隶（今河北）定兴人。同治元年（1862）进士，选翰林院庶吉士。历任广西兴安知县、桂林知府、广东惠潮嘉道道员、福建按察使、四川布政使。光绪九年（1883）晋升河南巡抚，十一年调任陕西巡抚。光绪十五年复任陕西巡抚。光绪二十一年调任四川总督，整顿吏制、创建文学馆和算学馆。

鹿传霖一生刚正清廉、惜才重教，对川粤洋务多有建树，时人将他与文正（孙家鼐）、文襄（张之洞）并论。鹿传霖为创办四川中西学堂倾尽心力，政绩斐然，对推动近代西方教育和体育文化在四川的传播具有特定的历史作用。

二、四川高等学堂（四川通省大学堂、四川省城高等学堂）（1902—1916）：四川体育专业教育之肇始

清末，随着教育的近代化发展趋势，全国"废科举，兴学堂"，进行学制改革成为时代潮流。1902 年前后，四川总督奎俊奉旨合并四川中西学堂、尊经书院、锦江书院，组建了中西结合、文理兼备的近代综合性的高等学校——四川通省大学堂。1902 年，根据清廷的指令和要求，四川通省大学堂改名为四川省城高等学堂。四川省城高等学堂的诞生，标志着传统的古代书院和作为四川近代高等教育代表的四川中西学堂，向比较完善的近代高等教育过渡和完善。

（一）通识性体育教育概况

1904 年，清廷颁布了《奏定学堂章程》，教育宗旨规定"忠君""尚武"，以达到"君民一家，爱国即以保家；人人有振武之精神，而自强可保"。四川省城高等学堂按照要求设有体操科，并努力按照清朝后续公布的各级各类学校规章、体操科的要旨、授课时间以及主要教材内容，做好体操科的开设工作。1903 年，胡峻根据学校实际，呈请四川总督锡良批准后，发布了《高等学堂增订规则》。该规则除标明学科"谨遵学部奏

定章程办理"外，另增细化规则共 14 项，其中一项便是体育。据查证，与全国大多数学堂的情况类似，四川省城高等学堂主要从"强健体魄"的角度出发，虽然田径、球类、武术等深受学生喜爱的体育项目没有列入体育科的内容，但在学生课外体育活动中这些项目还是逐步开展了起来。

（二）体育专业教育概况

1. 办学过程

1906 年 4 月，四川省城高等学堂总理胡峻提请设立体育科，并于当年开办 6 个月毕业的附设体育学堂，专门培养小学体操教师等，从而开启了四川高等体育专业教育的全新尝试，在四川大学体育教育史上具有划时代意义。

1906 年年底，在接到学部关于设体操专修科的通令后，四川提学使司又将这个附设体育学堂充实整顿，更名为四川体育专门学堂。该学堂的目的，在其招生告示中有所涉及："臣民以尚武，盖期全国人士均堪折冲御侮，以维系公安；方今川省学校次第扩充，惟（唯）体操教员，尚乏高程度为学生身教之资。"

1911 年 10 月，辛亥革命爆发，清朝被推翻，封建统治结束。立足未稳的新兴资产阶级政权于 1912 年年初便开始进行教育体制改革，明确指出要在全国设三所大学，各省所有高等学堂都要停办。四川体育专门学堂在政策的压力下，加上经费筹备困难，不能继续办理，于 1912 年停办。

2. 学制及课程设置

四川体育专门学堂分为本科、附学、附操三班，本科又分为两班。当时招学生两班，每班 60 人左右。学习时间和内容分为四期：第一期毕业，可以担任初等小学堂体操教员；第二期毕业，可担任高等小学堂体操教员；第三期毕业，可担任中学堂体操教员；第四期毕业，可担任高等学堂体操教员。附操班，不规定学习时期，凡四川高等学堂及附近学堂的学生都可以进校学习。而那些空闲时间愿学体操的学生入学后，只学术科，不授学科课程。本科学生则学、术两科都必须学。四川体育专门学堂课程除设有修身、教育、儿童心理学、教授法、生理卫生、算术、图画、音乐等通识性文化课，专业术科有瑞典体操、普通体操、木棒、哑铃、竿球、单杠、双杠、木马、舞蹈、足球、兵式体操等课程。

（三）相关重要人物

胡峻（1869—1909），字雨岚，四川成都人。1891 年，22 岁的胡峻考中举人，四年后考中进士，并授翰林院编修。1899 年，胡峻怀着忧伤的心情离京回川奔丧。1902 年，时任四川总督岑春煊三次登门，请胡峻出任四川高等学堂第一任总理。1903 年初，胡峻正式担任学堂第一任总理，随即东渡日本考察。几个月后，胡峻回到成都，亲自编写学校的各类规则及各学科的章程,买回仪器设备教具并建校舍等,大大小小的事情都一一操办。胡峻提出"仰副国家,造就通才"的办学宗旨,显示出他的深远抱负。1906年4月,胡峻在给四川提学使的咨文中提出"教育以德育为重,健康以体育为先,强健身体才能强国"的教育理念,提请设立体育科,对开启四川大学体育专业教育功不可没。

朱德(1886—1976),字玉阶,原名朱代珍,曾用名朱建德,马克思主义者,伟大的无产阶级革命家、政治家、军事家,中国人民解放军的主要缔造者之一,中华人民共和国的开国元勋,是以毛泽东同志为核心的党的第一代中央领导集体的重要成员。1907年,以朱建德之名考入四川省城高等学堂附设体育学堂,被编在甲班学习。1908年,从体育学堂毕业。毕业后回到家乡,在仪陇县高等小学堂任体育教习兼庶务。1909年到昆明,考入云南陆军讲武堂,改名朱德。朱德为新中国英勇奋斗一生,在他充满传奇色彩的革命生涯中,四川省城高等学堂体育科的学习经历虽然短暂,但颇有影响。他一生坚持体育锻炼,体育对他的身体素质、性格、意志和军事思想等各方面的影响值得深入研究。

三、四川通省师范学堂(四川优级师范学堂、四川高等师范学堂)(1905—1916):四川体育师资培养师范化之准备

1902年,"癸卯学制"颁布后,各府、州、厅、县普遍设立新式中小学堂。虽然四川省城高等学堂设有师范科,但师资仍极缺乏。为了适应教育发展,四川总督锡良奏请在川设立师范学堂,培养中小学师资。1905年,四川通省师范学堂正式成立。1911年,四川通省师范学堂更名为四川优级师范学堂,1912年又更名为四川高等师范学堂。学堂分三部:初级部、简易部、优级部。师范学堂以造就中等学堂和初级师范学堂的教员、管理员为宗旨。各部直到辛亥革命以前,基本上未分科,学习课程大体相同,又有所侧重。

(一)通识性体育教育概况

据相关资料记载,师范学堂所有学生均开设生理卫生、体操等近代西方现代课程。体操科的基本内容是普通体操和兵式体操,带有明显的军事烙印。例如,1909年学堂的体操教员邓希禹即留日归国学生。至于体操科之外,以球类、田径、武术等为主的学生校园体育活动也有所发展。

(二)体育专业教育概况

各部直到辛亥革命以前,基本上未分科,培养的学生属于通科生。学习课程大体相同,又有所侧重。据记载,1908年四川通省师范学堂的招生告示明确要求应试者需"体魄强实",但没有关于学堂培养体操教员的记录。推测部分学员毕业后也可担任各级

学堂的体操教员，但具体情况需要进一步查证。总之，四川高等师范学堂短暂的"通科性"教师培养模式，为后续四川体育师资分科化培养积累了经验，奠定了基础。

（三）相关重要人物

徐炯（1862—1936），字子休，号蜕翁，四川华阳人，清末举人。创办四川通省师范学堂，任学堂监督兼四川高等学堂教席（校长），精通程朱理学，力主学习自然科学，辛亥革命后在成都创办华阳县中国学会、大成会、大成学校等。民国时，任四川教育会会长。曾多次率学生赴日考察，对引进和传播日本学校体育文化发挥了重要的作用。

四、华西协合大学（1910—1951）：近代西方体育文化在川渝地区传播之盛景

1910 年，中国西部唯一一所由美国、英国、加拿大三国基督教会五个差会联合创办的基督教会大学——华西协合大学创立。华西协合大学创办之初，设文、理、教育三科。1914 年增设医科，次年添设宗教科，1917 年复增牙科，成为一所以医、牙为主，文理并重的综合大学。1927 年，学校向四川省教育厅申请立案；1933 年正式获教育部核准立案，校名改为"私立华西协合大学"。抗战时期，华西协合大学的校园接纳了来自燕京大学、金陵大学、金陵女子文理学院和齐鲁大学的师生们。1951 年，学校更名为华西大学。

（一）通识性体育教育概况

华西协合大学建校以来虽从未设立过体育专业，但其一直重视体育课程，一、二年级体育课程均为必修课，不及格者不准毕业，校园体育活动开展一直很有生气，远近闻名。其从创建之初，便注意创建一个完整并渗入学生生活的校园体育文化。篮球、网球、排球、足球、赛跑、跳高等运动项目，早年主要由外籍教师指导，后来很快在成都流行起来。华西协合大学拥有当时堪称完备的各种运动设施，包括体育场、体育馆、足球场等。其中足球场是当时成都最好的球场之一，足球运动在成都大、中学校中很有名。当时其每年举行两次运动会，逐渐形成了师生热爱运动的良好风尚。1930 年，华西协合大学参加了上海举行的远东奥林匹克运动会的田径比赛，以 70 分列第一位，由此可见其体育实力。从抗日战争开始，随着内迁大学的到来，坝上"五大学联合运动会"每年举行，其体育活动的开展更是盛况空前。1936 年，训育室主任唐波澂在教育系俱乐部大会的动员大会中宣称"如日光雨露不能抗，遑云抗敌"，明确指出华西协合大学责任重大。抗战时期，其与金陵女子文理学院联合办学之后，华西协合大学女子体育有很大发展，特别是女子体操曾盛极一时。华西协合大学特殊的办学背景和开放、包容的办学思想，使得其校园融汇中西体育文化思想和样式，很好地处理了德智体美之间的关系，是成都乃至全国大学校园体育文化建设的楷模。

（二）体育专业教育概况

华西协合大学一直没有开展正规的体育专业教育和体育师资培养工作，但抗战期间曾协助内迁大学进行了体育专业教育。1938 年 5 月，金陵女子文理学院从南京迁至成都华西坝，1946 年 4 月返回南京，历时近 8 年。金陵女子文理学院的体育系也随学校迁入华西坝继续办学。当时，金陵女子文理学院学生及老师借宿在其学生、教师公寓中，就连上课的教室都是借用华西协合大学的。后来金陵女子文理学院自己建了简易体育馆，把体育科作为全院学生必修课，并建了临时宿舍，各系本科及体育专科从 1938 年秋季开始在成都招生。

金陵女子文理学院是教会学校，学校的体育教师均为女性，且大多有留美学习的经历，因此其体育思想深受美国等西方国家的影响。学科方面，体育系除安排基本生理知识方面的学习外，还针对女性的爱好讲授艺术与舞蹈方面的课程。学校考虑到女性以后会为人母，还进行部分孕育及儿童健康方面知识的教授。金陵女子文理学院开设体育系的目的在于为女子体育教育培养真正的领袖，为中国造就"女子体育家"。因此其办学理念的"女性取向"鲜明。金陵女子文理学院体育系这种先进的教学理念，对成都乃至整个四川地区的女子体育运动都具有重要影响，对四川女性解放运动也具有一定的促进作用。

（三）相关重要人物

毕启（Joseph Beech），美国传道士、教育家，文学士，神学博士，华西协合大学的主要创建人。1873 年，随父母迁居美国。1899 年，毕业于惠斯联大学，获神学博士学位，同年受基督教会差遣只身赴华。1905 年，参与筹建华西协合大学。1913 年，毕启任华西协合大学首任校长，1930 年辞去校长职务，任教务长。毕启作为教育家的基本教育理念是中西兼及，提倡实业教育，使学生真正适用于社会，为西方科技与四川实际相结合进行了广泛探索。毕启注重把实业教育与实验教育、生活教育结合起来，使大学培养的人才真正实用于社会。在他管理华大期间，华西协合大学兴办了医科、牙科、药学以及农艺专科、农艺系、乡村教育系、乡村建设系等，开办了女子学院。为保证学校的水平和声誉，并努力与西方接轨，学校还取得了纽约州立大学赋予颁发文凭的特许状，使学生的文凭在美国能得到承认。毕启重视中国传统文化，积极推动中西交融的校园体育文化建设，使华西协合大学体育声名远播。1946 年，获授予外国人特殊功绩荣誉奖——红蓝镶绶四等彩玉勋章，以 79 岁高龄返回美国，1954 年逝世。

张凌高（1890—1955），璧山（今属重庆）人，14 岁只身离家，到重庆求精学堂半工半读。1909 年，学成毕业即投身教会事务中，任永川县城福音堂小学校长，一年后返回求精学堂任教员。1914 年 8 月，考入华西协合大学。1920 年赴美国芝加哥西边大学研究院留学。1922 年 9 月，获文学硕士学位回国。1931 年 5 月，华西协合大学校方在征得纽约董事部同意后，召开临时校董会，推荐其出任校长，正式接管校务，成为华西协合大学历史上第一任华人校长。1932 年 3 月，再赴美入德鲁大学研究院攻读博士学位，毕业回国后，到南京办理完成立案手续，使华西协合大学地位进一步合法化。张凌高校长在"爱人如己，尊师重道，精诚无间"的基础上，提出"以博爱牺牲服务之精神，培养高尚品格，教授高深学术，造就专门人才，适应社会需要"的办学理念。十年间，华西协合大学学校规模不断扩大，成立文学院、理学院、医学院，增设农业、染色、制革等专业，建成图书馆、教育学院、育德宿舍、女子宿舍、制药厂，创办《华大校刊》《华西边疆学会杂志》《华西学报》等刊物，成为西南乃至全国知名学府。在他主持校政期间，中国政局动荡、物资匮乏，他却强力支撑，苦心经营达二十年之久。华西协合大学在张凌高校长创造性的领导和管理下，校园中西交融的体育氛围和体育精神得以延续光大。

此外，还有与体育教育相关的人物：华西协合大学早年指导学校篮球、网球、排球、足球、赛跑、跳高的外籍教师主要有丁克生（F. Dickinson）、詹尚化（Alf Johns）、班勤（Paiker Bayne）、布礼士（Bert Brace）等；训育室（体育室）的教师和主任主要有唐波澂、李恩生、刘明儒、周多福、杨褚尧、王大跃。

五、国立成都高等师范学校（1916—1926）：体育专业教育之重生

1916 年，四川高等学校与四川高等师范学校合并，在正式改名国立成都高等师范学校后，发展较快。彼时，国立成都高等师范学校与北京高等师范学校、南京高等师范学校、武昌高等师范学校、广东高等师范学校、沈阳高等师范学校并称全国六大高师。学校专任教师和在校学生人数，仅次于北京高师，全年经费数名列第四。国立成都高等师范学校分预科、专修科、本科，本科下又设国文部、英语部、博物部、数理部。课程上注意吸收西方的先进科学成果和启蒙学说，注重教学质量，对学生严格要求。学校不仅在省内高校中名列前茅，在全国也有很好的声誉。

（一）通识性体育教育概况

这段时间受学校办学空间的局限，田径、球类等户外运动开展较少。预科、本科均设有体育必修课，教学内容主要还是体操，因此课程名称仍为"体操"。特别是吴玉章任职校长期间，很重视学生的体育教工作，规定体育科不及格不得毕业。

（二）体育专业教育概况

1916 年，四川高等学堂和四川高等师范学堂合并为国立成都高等师范学校后，面对"体操"向"体育"的转型，体育师资的培养对于声誉鹊起的四川高等师范学校是不可回避的责任。

1. 办学宗旨与过程

1921 年，国立成都高等师范学校开设音体科以培养体育师资。自此，自 1912 年停办 9 年之久的四川高等学堂体育科，终于在国立成都高等师范学校得以重生。1926—1927 年，国立成都高等师范学校分设国立成都大学和国立成都师范大学后，国立成都大学继续开办体育科，国立成都师范大学改办音体专修科，次年又改为音体系。

2. 学制及课程设置

当时的体育科主任为陆佩萱，专业任课教师有罗仲渠、向志均、宋少奇等。体育科招收对象为中学及师范学校毕业生，学制为三年。课程设置见表 1。

表 1　国立成都高等师范学校音体科课程设置情况表

年级	课程
一年级	国文、英语、伦理学、心理学、生物学、解剖学、体操、球术、田径、国术游戏、军事学、乐歌
二年级	国文、英语、心理学、生理学、教育概论、组织学、体育原理、体操、田径、球术、国术、游戏、军事学、乐歌
三年级	教育心理、卫生学、运动生理学、医药常识、诊断学、急救法、体育史、体音设施及管理、体育教学法、田径、球术、国术、水上运动、乐歌、实验及各校实习
选修科	法文、德文、日文、经济学社会学、课外运动、体操建筑、教育史

（三）相关重要人物

骆成骧（1865—1926），字公骕，四川资中人。光绪二十一年（1895）状元，官至山西提学使。民国时，任四川省议会议长，后执教于四川法政学校、国立成都高等师范学校。骆成骧一生清廉自守，为人坦荡光明，不求高官厚禄。其名言"天下无如吃饭难，世上唯有读书高"勉励着一代代后生。辛亥革命后，骆成骧出任过临时议会议长、都督府顾问、四川筹赈局督办等职。骆成骧晚年提倡"强国强种"的体育运动。1921 年，四川武士总会成立，骆成骧为会长，把作碑文的千元稿酬捐给武士会，且募集资金在少城公园内建立了国术馆。

吴玉章（1878—1966），原名永珊，字树人，四川荣县人，杰出的无产阶级革命家、教育家、历史学家和语言文字学家，新中国高等教育的开拓者。1922—1924 年，吴玉章任国立成都高等师范学校校长，传播新文化、新思想，组织马克思主义团体。作为我国杰出的无产阶级革命家、教育家，马克思主义历史学家和语言文字学家，新中国教育的开拓者，中国人民大学的创始人，吴玉章的教育思想对于推进四川大学体育管理和学科建设具有重要意义。

邓胥功（1888—1976），字只淳，四川巴县人。1902 年入巴县正蒙公塾，1904 年入重庆府中学堂，1906年赴上海加入同盟会。1907年，邓胥功赴日本，入预备学校，同时担任同盟会四川支部长。1910年，邓胥功考入东京高等师范学校。1912年再赴东京高等师范学校学习。1915年，邓胥功从东京高师毕业归国，受聘为国立成都高等师范学校教授，主讲教育学，同时担任《四川教育》杂志主编。1918年，邓胥功以教务长代理高师校长。其间，为开辟学生教学实习场所，创办附属小学，邓胥功亲兼校长。他提出的办学原则是：注重德育、发展智育、开展体育、培养爱国思想和民族自尊心，主张男女平等。他认为品德必须从小培养，应做到不偷不盗、不淫不乱，更重要的是有大志，能为人类作贡献。由于邓胥功坚持上述治校方略，附小办学成绩显著，经全国教育会评选，名列第一。邓胥功在代理高师校长期间，很重视体育活动。1920年全川首届运动会，高师及附中、附小，分别获团体第一名。附小的跳高、跳远及球类运动，更为全川小学之冠。

陆佩萱（1885—1955），江苏吴县人。早年，毕业于江苏省立优级师范速成体操专修科，后东渡日本深造体育专业。在日本期间，受同学柳伯英影响，加入中国同盟会。归国后，随柳伯英参加光复苏州及会攻南京的革命活动。民国建立后，先后任教于省立江苏两等师范、省立江苏第一师范、第二师范，省立第二女子师范，公立南京高等师范学校。1921年，应柳伯英请，任私立中华体育学校校长。不久到四川，就任国立成都高等师范音乐体育专修科主任，兼任私立华西大学教授及成都体育场场长。1928年，回苏州就任私立成烈体育专门学校校长至1933年。抗日战争期间，任教于重庆北碚国立体育专科学校。抗日战争胜利后回苏州，任苏州公共体育场场长，直至1955年病逝，终年70岁。

六、国立成都大学（1926—1931）、国立成都师范大学（1927—1931）、公立四川大学（1927—1931）：体育专业教育之分流与拓进

1926年，国立成都高等师范学校一分为二，即国立成都大学（1926）和国立成都师范大学（1927）。国立成都大学继承四川高等学堂和国立成都高等师范学校优良的办学传统，教师治学严谨，学生学习刻苦，淘汰率高，始设文、理、法三科。1930年改科为院，加上新设立的法律系共有11个系，设有本科及专科（艺术、体育），在当时教育部立案的21所国立大学中名列前茅。国立成都师范大学作为当时在西南的一所综合性师范大学，是我国西部地区中等师范和普通中学师资供应的主要基地。1927年，四川公立国学专门学校、四川公立外国语专门学校、四川公立国学专门学校、四川公立农业专门学校、四川公立工业专门学校合并组成公立四川大学，与国立成都大学、国立成都师范大学形成三足鼎立之势。

（一）三校通识性体育教育概况

20世纪20年代后期，从日本引进的体育教程在五四运动之后逐渐消解，欧美之风

开始浸入蜀地，球类运动、田径运动给蜀中学子带来新的生气。学术社团发展迅速，学术空气活跃，其中就包括体育研究会。特别是张澜任国立成都大学校长期间，学校非常重视学校体育工作，《国立成都大学学生通则》规定"体育成绩最佳者"，授予金质奖章。

（二）国立成都师范大学体育专业教育概况

1927 年，国立成都师范大学从国立成都高等师范学校独立后，改办音体专修科，次年又改为音体系，修业年限为三年，直至 1931 年一并转入新的国立四川大学。国立成都师范大学音体专修科（音体系）的课程内容、学制基本上沿用国立成都高等师范学校音体科。

（三）国立成都大学体育专业教育概况

1. 办学宗旨与过程

国立成都大学的体育专修科源于国立成都高等师范学校的音体科。1926 年，张澜先生被任命为国立成都大学校长，他非常重视体育，于 1928 年将原有三年制体育专修科改为四年制体育系，毕业生授予体育学士学位，成绩特别优秀者，将派遣出国深造。1931 年，因国立成都大学、国立成都师范大学和公立四川大学合并，体育系的第三届学生未毕业就随学校并入国立四川大学的体育专修科。

2. 课程设置

招生情况及课程设置：1926 年为第一届，仅招到 10 名同学；次年，第二届招生的时候，报考该校体育系的学生十分踊跃，最后择优录取了 43 名，其中有 8 名女生；到第三届招生的时候，报名者更为踊跃，学校的录取标准也进一步提高，最后录取 45 人，其中有 5 名女生。体育系课程设置见表 2。

表 2　国立成都大学体育系课程设置情况表

年级	课程
一年级	国文、英语、伦理学、心理学、生物学、解剖学、童子军、体操、国术、球术、田径、游戏体操、音乐
二年级	国文、英语、心理学、生理学、教育学、组织学、体育原理、体操、田径、球术、国术、游戏操、军事学、音乐
三年级	国文、英语、教育心理学、教育统计学、卫生学、运动生理学、体育原理、体育史、病理学、军事学、田径、球术、国术、游戏操、音乐
四年级	运动生理学、体育教学法、运动卫生学、体育设施及管理、体育心理学、诊断学、医药常识、军事学、田径、球术、体操、国术、游戏操、音乐、水上运动、应急治疗法
选修科	经济学、社会学、物理学、化学、三角、日文、德文等

（四）相关重要人物

张澜（1872—1955），字表方，四川南充人，清末秀才，是伟大的爱国主义者，著名的民主主义革命家、教育家，国家德高望重的领导人之一。1925年，张澜任国立成都大学校长时，采取蔡元培在北大实行的兼容并蓄方针，坚持用人唯才，提倡思想学术自由，非常重视学生的身体健康和学校体育工作，促进了学校体育专业教育的发展。

向志均（1897—1948），原名廷卿，1897年生于重庆丰都县双龙镇回龙场土屋坎。1926年，国立成都大学创设体育系，聘请向志均为教授兼体育系第一任主任。1940年，向志均任四川省第一任体育督学，为四川省体育运动的初步普及立下汗马功劳。1943年，向志均被任命为重庆特别市体育督学，不顾个人安危，奔赴重庆工作。日本战败投降后，国民政府迁往南京，许多体育机构和体育工作者相继离川，经学校当局多次挽留后，向志均乃在四川大学执教任职。向志均在几十年的体育运动工作中，忠诚于体育事业，但终因患结核病，于1948年6月11日去世，享年51岁。

刘绍禹（1900—1981），名怀锐，四川新津人。我国杰出的人民教育家。1914年，从成属联中考入北京清华学校，1924年毕业后被派送美国格锐乃耳大学学习教育学，第二年转入芝加哥大学攻读心理学。同年11月，回国担任成都大学心理学教授。1930年，创办《现代教育》，并几度担任四川大学教育系主任。1936年，赴美国哥伦比亚大学、哈佛大学、耶鲁大学考察研究，回国后创建了当时西南地区唯一的心理实验室。新中国成立后，刘绍禹担任四川大学副校长兼教务长。

七、国立四川大学（1931—1950）：通识性体育教育之兴盛与体育专业教育之式微

1931年，国立成都大学、国立成都师范大学、公立四川大学合并为国立四川大学，众水归流，成为当时全国最早的13所国立大学之一，并在办学规模上位居全国前列。抗战期间，由于地处西南地区中心城市，且为抗战大后方，国立四川大学群贤毕至，各类学科大师云集，学术繁荣，被誉为当时的"国立十大学府"之一。到1949年，国立四川大学共有文、理、法、工、农、师范6个学院，中文、历史、英文、法律、政治、经济、数学、物理、化学、生物、地理、航空工程、土木水利工程、电机工程、机械工程、化学工程、农业、园艺、植物病虫害、蚕桑、农业经济、农业化学、森林、畜牧兽医、教育等25个系，2个专修科，共有教职工1038人，其中专任教授167人，副教授53人，讲师79人，在校研究生、本专科生合计5057人，占全省大学生数的三分之二，是当时国内规模最大的高等学校。

（一）通识性体育教育概况

国立四川大学对学生的体育教育一贯重视。学生必须参加晨操，无故缺席者即予以

警告，警告达三次计小过一次，三次小过即记一次大过，还规定体育正课不及格者不得毕业等。学校于 1934 年成立教职员学生体育会，1935 年 10 月成立体育委员会。1936 年暑期，学校专聘原清华大学体育指导主任黄中孚为学校体育主任。任鸿隽在 1936 年 4 月 18 日下午召开的三所大学合并后首届运动会开幕式致辞讲道："今日这运动有三点意义：一、读书不忘运动，运动不忘读书，一洗文弱之耻；二、养成合作互助的道德；三、养成公平正直之习尚……"

1939 年，为躲避日本的狂轰滥炸，川大搬至峨眉山下。因山中没有大面积平地，加之经费不足，除理学院操场较大外，文、法两院则在伏虎寺下开辟了一个小规模体育场。新生院也在河边开辟了一个运动场，均可容纳四五百人。学校 1941 年 4 月在伏虎寺举行第四届运动会，这在峨眉山是空前盛举。此外，因地制宜，于早晚发动爬山比赛及越野赛跑等活动。1940 年又于伏虎寺下就山涧石桥筑一游泳池，供一部分师生游泳。在武术方面起色较大，除请专门教员外，还请峨眉山武艺高强的僧人指导，参加武术练习者达 160 余人。1946 年抗战后，川大从峨眉山迁回蓉前夕，曾将一片丛林改造成大操场，作为川大学生进行体育训练、体育活动的重要场所。1947 年，搬回成都的国立四川大学又修建新式篮球场 6 处、板羽球场 20 处、网球场 3 处，并整修跑道，利用大礼堂做健身房，在锦江边添修标准游泳池，同时组建了男子足球队、排球队、篮球队、网球队、垒球队和女子排球队。

（二）体育专业教育概况

1. 办学宗旨和发展历程

1931 年，作为四川最高学府，国立四川大学下设文、理、法、教育 4 院 11 个系，以及体育、艺术两个专修科。国立四川大学体育专修科专门培养体育师资和专业教师，学制及课程设置与原国立成都师范大学体育系大致相同。合并后的国立四川大学将体育专修科与艺术专修科一起作为教育系的附设学科划归在教育学院之下。体育专修科于 1942 年 10 月 11 日随同教育学院一同并入文学院。

2. 课程设置及师资力量

川大体育系当时的师资力量非常强，如毕业于中央大学体育科的董效增、国立西北师范学院体育系毕业的孙国藩、华北运动会及国际田径运动会的跳高冠军兼体育教授刘明儒等都是体育系教师。

（三）相关重要人物介绍

邓胥功（1888—1976），重庆人。1931 年，邓胥功任成都大学教授、四川大学教授兼教育学院院长。同年，三大学合并为国立四川大学后，任四川大学教育系教授。1946 年，邓胥功出任四川大学师范学院院长。邓胥功任川大教育学院院长时，学院曾设艺术和体育两科，后因经费不足停办。抗战初，原艺术系主任赵治昌、体育系主任向志均，在留日同学支持下，发起筹办南虹艺术专科学校，公推邓胥功为董事长。中华人民共和国成立后，邓胥功受聘为四川大学教授。1952 年，高等院校实行院系调整，邓胥功调任西南师范学院教育系任教授，主讲《中国教育史》。1961 年，邓胥功参加了《四川省志·教育志》的编纂工作。1976 年，邓胥功因脑出血医治无效在成都病逝，享年89 岁。

宋君复（1897—1977），浙江绍兴人。中国近代体育史上的著名体育教育家。清光绪三十一（1905），进私塾读书，两年后转入浸礼会所办小学求学。毕业后考入杭州第二中学的前身杭州蕙兰中学。1916 年，以优异成绩考取公费留学美国，先在柯培大学学物理，毕业后，因感其时我国体育之幼稚，又进美国麻省春田学院专攻体育。回国后，执教于蕙兰中学，从 1926 年起，历任沪江大学、沈阳东北大学、山东大学、四川大学体育系主任、教授。

黄中孚（1908—2005），广东梅县人。1934 年，黄中孚在清华大学地质系毕业后留校任体育助教，次年前往美国麻州春田大学专攻体育学，获得体育学士学位。1936 年返国，受聘国立四川大学体育系主任。1938 年，应聘赴重庆任南开中学体育主任，同时还兼任四川省十三区（绵阳县）全区运动会总裁判。1939 年往昆明，应聘西南联大体育主任、讲师。1947 年迁居香港从商。1965 年移民在美国纽约市定居。2005 年因病在曼谷逝世，享年 97 岁。

八、四川大学（1950—1994）、成都工学院与成都科技大学（1954—1993）、四川医学院与华西医科大学（1951—2000）：社会主义公办大学体育教育之曲折探索与业绩

新中国成立之初，四川大学拥有六大学院：文、理、法、工、农、师范，包含几十个学科。在 20 世纪 50 年代的院系调整中，四川大学从综合型大学转变为文理科综合大学，归教育部直属。1960 年，四川大学成为国家首批全国重点大学。成都科技大学则源于 1954 年几所院校的相关专业合并成立的成都工学院。1978 年，成都工学院改为成都科技大学，列为全国重点大学。1994 年，在教育部的主导下，四川大学和成都科技大学合并为四川联合大学，1998 年更名为四川大学。1951 年，中华人民共和国政府正式接管私立华西协合大学，并将其改名华西大学，1953 年更名为四川医学院。1985 年，四川医学院更名为华西医科大学，直至 2000 年和四川大学合并。

（一）通识性体育教育概况

1. 成都科技大学

成都科技大学的体育工作特色鲜明，在全国具有示范性。"发展体育运动，增强人

民体质"的口号在成都科技大学建校之时就已经深入人心。20世纪50年代，学校就专门制定了《关于加强师生健康工作的方案》，建立了学生自己的体育组织——大学生体育协会，并在全校范围内推进以"劳动与卫国"为目标的体育制度，鼓励全校师生在经常参加课余体育锻炼的基础上，尽力达到不同级别的劳卫制标准。1979年的"扬州会议"之后，成都科技大学从全面贯彻执行党的教育方针的高度来抓学校体育卫生工作。经过几十年的曲折发展，学校体育工作呈现出生动活泼、丰富多彩的崭新局面。1983年和1987年，成都科技大学连续获得"群众体育工作先进集体奖"。1989年，以沈际洪、沈其谁、李杰文为主研人的我校优秀教学成果"高校体育整体改革的成功实践"被评为国家级特等奖。

2. 四川大学

新中国成立后，川大体育教育工作坚持开拓创新，业绩显著，一直走在全国综合性大学前列。1952年10月，学校积极在全校范围开展"准备劳动与卫国"预备级体育锻炼。1965年11月，《四川大学关于增进学生健康实行劳逸结合的若干规定（试行草案）》要求学生集体参加文体活动。1978年，四川大学积极推行《大学生体育合格标准》达标工作，除开设统一的基础体育课，还开设了篮球、排球、足球、游泳、武术、艺术体操、健美操等项目选择必修课。1991年，四川大学足球队获首届全国大学生足球赛第三名、健美操队在首届全国国家教委直属综合大学健美操比赛中获得男单第四、女单第五，获四川省优秀教学成果二等奖一项。1991年，四川大学被评为"四川省体育卫生工作先进集体"和"全国高等院校体育课程建设优秀学校"。1992年，学校女子排球队代表四川省获得全国第四届大学生运动会排球比赛亚军，学校田径队获得四川省大学生田径选拔赛团体总分第一名（男子）和第二名（女子）。此外，四川大学健美操队、围棋队、击剑队、游泳队也都在全国和全省的比赛中取得了不俗成绩，为学校争取了荣誉。1993年，四川大学被国家教委评为"全国课余训练先进单位"。

3. 华西医科大学

1951年以来，原私立华西协合大学历经华西大学、四川医学院和华西医科大学等发展阶段，学校体育工作在继承原教会大学西方现代学校体育文化浓郁特点的基础之上，积极贯彻教育部、卫生部有关高校体育的方针政策，逐步形成了华西医科大学体育教育的特色。1951年举行的第一届全国运动会，学校有6名学生参加了西南代表队，是全国各大学参加人数最多的。同年举行的全国篮球、排球比赛成都区预选赛，学校男女队均获冠军。1956年秋，根据高教部召开的高等学校校长和教务长座谈会的精神及卫生部《关于改进教学工作的若干具体临时措施》，对各专业教学计划进行了局部修订和调整，特别强调外国语、体育和政治理论课一般不减少学时。1956年6月制定的各教学（研）组名称及其归属情况明确体育教学组隶属于公共课程。从1958年开始，到1961年"高校六十条"下达之前，四川医学院的体育工作认真贯彻执行《劳动卫国体育制度条例》，体育课的教学时间由两个学年的72学时增加为三个学年的108学时。学生课外体育活动方面，四川医学院积极贯彻国家“发展体育，增强体质”的方针，长期坚持要求学生每天30分钟的晨操和午后1小时的课外活动。这些措施，使大部分学生体育成绩上升，体质明显增强。

（二）体育专业教育概况

三所学校均没有开展体育预科、体育专科或本科、体育专业研究生教育。

（三）相关重要人物介绍

1. 三所大学体育教研部（体育部）历任管理者

（1）成都工学院、成都科技大学。

万鹏飞：1954—1978年，成都工学院（成都科技大学）体育教研组（室）主任。

沈其谁：1981—1985年，1990—1994年，成都科技大学体育教研室主任。

沈际洪：1985—1990年，1994—1998年，成都科技大学体育教研室主任。

（2）四川大学。

董效曾：1950—1971年，四川大学体育教研室主任。

阮明华：1972—1987年，四川大学体育教研室副主任，全面负责教研室工作；1987—1994年，四川大学体育教研室主任。

刘嗣伟：1987—1994年，四川大学体育教研室主任。

（3）四川医学院、华西医科大学。

刘明儒：1951—1966年，四川医学院体育教研组（室）主任。

邓启荣：1969—1989年，四川医学院、华西医科大学体育教研室副主任、主任。

许达：1989—1996年，华西医科大学体育教研室主任。

王定昌：1996—2000年，华西医科大学体育部主任。

2. 相关重要人物

刘明儒（1912—1987），河南汲县（今卫辉）人。1929年毕业于市一中，1932年考入北平辅仁大学教育系，1934年转考入南京中央大学教育学院体育科。1935年获上海国际田径运动会跳高冠军。1938年毕业后在重庆求实中学、四川省立成都中学、国立四川大学任教。国家一级田径裁判、一级棒球裁判。1948—1987年，先后任华西大学、四川医学院、华西医科大学体育副教授、教授、体育教研室主任等职。刘明儒自1938年任教，从事体育教学近50年，辛勤耕耘，桃李芬芳。著述有《跳高练习方法》《世界体育的趋势》等。

董效曾（1915—1996），甘肃定西人，1936年毕业于南京中央国术体育专科学校。1937—1939年任甘肃体育促进委员会体育指导员。1940年去四川，先后任四川大学体育讲师、副教授、教授，四川大学体育教研室主任。他一生刻苦努力，擅长武术、田径、体操，平易近人、诲人不倦。晚年任四川大学运动委员会顾问、四川大学老年人体协副主席兼秘书长，并担任国体同学会成都分会理事。十年如一日，积极热情推广并亲自教授太极拳、气功等健身方法，为四川大学的专家、教授的健康做出了有益的贡献。

周多福（1916—1978），河南开封人。1934年，周多福在开封女子师范学校毕业后，毅然放弃了教会保送她上山东齐鲁大学医学院的机会，自费考入南京中央大学体育系。1938年毕业时，获得教育学士学位。1939年在重庆北碚国立第二中学任教。1941年，周多福来到四川成都担任金陵女子文理学院体育系讲师。1943年后，周多福曾兼任四川大学体育系讲师。1948年兼华西协合大学女子部体育主任、教授。1952—1978年任四川医学院体育主任、教授。她是中华人民共和国成立后全国游泳协会最早的女委员，是第一批经国家体委批准的田径国家级裁判员，多次担任在四川举行的全国性田径、游泳比赛的总裁判长。周多福教授1978年因病去世，享年62岁。

阮明华（1933—），中共党员，教授。1955年西南体育学院毕业到四川大学工作。历任四川大学体育教研室主任、全国综合大学体育协会理事长、四川省职称评审委员，四川大学职称评审委员。在四川大学工作40余年，担任川大体育教研室（部）的领导工作30余年，一直从事体育教学、训练、科学研究工作，致力于提高体育教学质量。先后在省级以上刊物发表近十篇论文，并参与编写《高校体育》《大学体育》两本专著；在体育教改中，创新性提出"五个结合"系统教学方法。1956年被评为四川大学"三好"积极分子。1960年被评为四川大学先进个人。1989年获四川省优秀教学成果二等奖。1991年被评为四川省体育卫生工作先进个人。1994年被评为四川省优秀体育教师。1992年10月1日起享受国务院政府特殊津贴。

沈其谁（1934—），中共党员，教授。1955—1957年，北京体育学院足球专业研究生。1957—1963年，成都体育学院球类系任教。1963—1979年，在成都工学院体育教研室任教。1979—1988年，在成都科技大学体育教研室任教。1988—1993年，在成都科技大学体育部任教。1994—1997年，在四川联合大学体育部任教。历任成都工学院、成都科技大学、四川联合大学讲师、副教授、教授。因工作业绩突出，从1993年开始享受国务院政府特殊津贴。

向丹雄（1938—），教授，原四川省学术和技术带头人。曾任四川游泳队、水球队、北京市水球队队员，一级运动员。1960年毕业于北京体育学院水冰系。1960—1962年在成都体育学院从事科研、教学工作。1963年起在四川医学院（华西医科大学）从事大学体育教学。致力于游泳技术理论的研究，先后发表论文20余篇。著有《游泳艺术》一书。

九、四川联合大学、四川大学（1994—2000）：大学体育工作持续推进与体育专业教育之创新发展

1994 年 4 月，原同属国家教委的两所国家重点大学——四川大学和成都科技大学，完成强强合并，成立四川联合大学，成为当时国内专业覆盖最广、规模最大的文理渗透、理工结合的新型综合大学之一，是国家教委直属全国重点大学。1998 年 12 月，经国家教育部批准，四川联合大学更名为四川大学。

（一）通识性体育教育概况

1994 年，原四川大学和成都科技大学合并成立四川联合大学后，两个学校的体育部合并。通过对两校原有的多项校运动代表队进行深度融合，重新组建了四川联合大学代表队。1995 年，在西南交通大学举行的全省大学生运动会上，首次亮相的四川联合大学代表团力克重庆大学、西南交通大学、电子科技大学、西南师范大学、西南财经大学等传统的竞技运动强校，以绝对优势获得团体总分第一名，百余名师生入选为第五届全国大学生运动会四川代表团成员。1995 年，在第三届全国高校优秀教材评奖活动中，高校体育"理论教程"获得一等奖、高校体育"实践教程"获得二等奖。1996 年，在西安举行的第五届大学生运动会科报会上，有 6 篇论文入选获奖，其中沈际洪教授撰写的论文列入大会报告并获一等奖。

（二）体育专业教育概况

1995 年，四川联合大学体育科学研究所成立。1996 年，四川联合大学体育科学研究所获批硕士点，并于 1997 年开始招收体育教育训练学专业硕士研究生。2000 年 6 月，四川大学首批 3 名体育教育训练学专业研究生顺利毕业，获得教育学硕士学位。

（三）相关重要人物

1. 体育教研室（体育部）历届主要管理人员

沈际洪：1994—1998 年，四川联合大学体育部主任，四川大学体育科学研究所首任所长。

唐成：1998—2000 年，四川联合大学体育部主任。

2. 知名教授

沈际洪（1937— ），四川成都人，1961 年毕业于成都体育学院体育系。历任成都科技大学体育部主任、四川联合大学体育部主任，中国高校体育教育指导委员会委员，公体副主任、顾问，教育部直属院校体协副理事长，四川省体育学科职称评议组副组长，

四川大学体育学科评议组组长，四川大学职称评议委员会委员，四川高等教学会体育研究会理事长，成都市高校体协主席，四川大学体育科研所所长，四川教授足球俱乐部副主任，生活教育社副社长，成都七中校友会会长。1995 年荣获第三届全国高校优秀教材一等奖、二等奖各一项；1996 年荣获国家教委宝钢教育优秀教师奖。1997 年获优秀教学成果国家级二等奖。沈际洪教授领导的集体五次荣获国家部委级奖励，七次获得省级先进单位，十次被评为市级先进集体。1999 年荣获中华人民共和国教育部和国家体育总局授予的建国五十周年"全国体育卫生工作先进个人"奖章。1994 年开始享受国务院专家特殊津贴。

徐玖平（1962—），重庆人，1983 年 7 月参加工作，1988 年 8 月加入九三学社，清华大学数学科学系应用数学专业、四川大学化学系物理化学专业毕业，研究生学历，理学博士学位，教授。历任四川大学校长助理、商学院院长，现任九三学社中央委员、九三学社四川省委会副主委、九三学社成都市委会主委、成都市政协副主席、四川大学商学院学术院长。1997—2008 年担任四川大学（四川联合大学）体育科学研究所硕士研究生导师。作为四川大学体育科学研究所的主要创始人和首位硕士研究生指导教师，徐玖平教授为四川大学体育学科建设做出了独特的历史性贡献。

十、四川大学（2000 年至今）：在机遇与挑战中奋力前行

2000 年 9 月，四川大学与原属卫生部管理的国家重点大学——华西医科大学合并成立新的四川大学。新四川大学是教育部直属全国重点大学，"985 工程"和"211 工程"重点建设的高水平研究型综合大学，是国家"双一流"建设高校。目前，四川大学办学领域涵盖了文、理、工、医、经、管、法、史、哲、农、教、艺等 12 个学科门类，拥有 30 多个学科型学院，办学规模名列全国前三名。

（一）通识性体育教育概况

三校合并后，原华西医科大学体育部并入四川大学体育部，2003 年，体育部升级组建了四川大学体育学院负责全校的大学体育教学。学院每年要举办以学院为基本参与单位的足球、篮球、操类、武术、定向运动、田径等各种竞赛活动。2005 年，根据教育部的有关规定，学校试办高水平运动队调整为网球、足球、游泳、排球和田径五个项目，实际足球只办了男足，排球项目只办了女排，其余三个项目男、女均招生。

（二）体育专业教育概况

四川大学于 2003 年获得高校师资计划招生资格。2004 年获得体育教学专业学位招生资格。2005 获得体育学一级学科招生资格。2003 年，随着全国研究生扩招，体科所研究生招生规模由原来的不足 10 人扩大到 20 多人。2003—2022 年，学校共培养了 580 名体育学专业硕士研究生。毕业生就职领域主要为高等学校、中小学、政府部门和企事

业单位。

（三）相关重要人物

相关重要人物见表3。

表3　四川大学体育部（体育学院）主要管理干部一览表（2000年至今）

职务	2000—2005	2005—2010	2010—2017	2017—2021	2021至今
党支部（总支）书记	唐　成	荣文学	荣文学	夏泽友	方　云
主任（院长）	唐　成	唐　成	吕志刚	向　勇	向　勇

十一、川大体育发展的历史启示

（1）大学体育的发展和国家的命运紧密相连。（2）学校主要管理者的认知与重视是和平时期大学体育持续兴盛的决定性因素。（3）体育系（室、部、学院）管理团队的格局、魄力和管理水平是大学通识性体育教育和体育学科教育卓越发展的关键性因素。（4）面对其他学科的激烈竞争，综合性大学体育学科的建设发展要在学校众多学科中取得优势地位极不容易。

参考文献

[1] 王笛. 清末四川师范教育的发生和发展概述 [J]. 四川师院学报（社会科学版），1984（2）.

[2] 姚琳，彭泽平. 清季兴学潮中的"西部镜像"——清末四川新式教育兴起的历史考察 [J]. 西南大学学报（社会科学版），2009，35（3）.

[3] 齐辉，蒋宏宇，王华倬. 我国近代体育教师群像的历史流变及其当代启示 [J]. 首都体育学院学报，2015，27（3）.

[4] 龚正伟，李丽英. 中国体育教师教育的历史、挑战与未来 [J]. 北京体育大学学报，2009，32（3）.

[5] 凌兴珍. 试探清末师范教育发展历史分期 [J]. 历史教学，2009（12）.

[6] 罗媛媛. 1903—1949年四川体育专门学校研究 [D]. 成都：成都体育学院，2013.

[7] 张晓军. 近代国人对西方体育认识的嬗变（1840—1937） [D]. 长春：吉林大学，2010.

[8] 王东杰. 民国高等教育中的国家：四川大学国立化进程（1925—1939）[J]. 中国社会科学，2004（3）.

[9] 彭泽平. 民国前期四川高等教育的变迁与定型 [J]. 西南大学学报（社会科学版），2013，39（2）.

[10] 王笛. 清末"新政"与四川近代教育的兴起 [J]，四川大学学报（哲学社会科学

版），1985（2）.

［11］陈晴. 清末民初新市体育的传入与嬗变［D］. 武汉：华中师范大学，2007.

［12］王笛. 清末四川师范教育的发生和发展概述［J］. 四川师院学报，1984（2）.

［13］张宝强. 体育专业留学生与中国体育发展研究（1903—1963）［D］. 福州：福建师范大学，2011.

［14］王秀强，孙麒麟. 近代中国教会大学体育文化的传承研究［J］. 山东体育学院学报，2016，32（5）.

［15］高晚欣，王聪，高嫡. 近代中国教会大学体育活动的历史作用及启示［J］. 体育学刊，2014，21（5）.

［16］刘晖. 从"民族救亡"到"民族复兴"——我国近现代体育发展的历史动因［D］. 北京：北京体育大学，2011.

［17］程文广. 近代以来中国体育思想及体育 教育发展研究［D］. 北京：北京体育大学，2006.

［18］王秀强. 中国百年大学体育文化的传承与发展战略研究［D］. 上海：上海交通大学，2018.

［19］彭建军. 新中国高等体育专业教育制度的形成与变迁［D］. 武汉：武汉体育学院，2010.

［20］刘欣. 中国近代学校体育发展研究［D］. 天津：天津大学，2017.

［21］《四川大学史稿》编辑委员会. 四川大学史稿［M］. 成都：四川大学出版社，2006.

追寻四川大学 1978—2018 年
纪检监察工作发展印记

——基于档案文献和口述采访的记录

四川大学纪委办（监察处）　滕文浩　周立立

1978 年，党的纪律检查机关恢复重建，40 多年来，党中央领导全党进行了伟大的自我革命，从严管党治党，深入推进党风廉政建设和反腐败斗争。纪检监察工作是党和国家工作的重要组成部分，也是党领导人民推动社会革命、推进自我革命、全面从严治党的重要方式。一代代纪检监察干部，以党的初心为初心、以党的使命为使命，锤炼忠诚、干净、担当的政治品格，忠诚履行职责，推动健全完善国家治理体系，为中国特色社会主义事业发展提供了有力保证。

高等教育领域的反腐倡廉实践是党领导国家政权在全社会领域展开党风廉政建设和反腐败斗争的有机组成部分。本文以四川大学档案文献为基础，结合音视频及口述采访内容整理成文，首次全面梳理了 1978—2018 年学校纪检监察工作脉络，并通过回顾学校党风廉政建设、反腐败工作发展历史和重要改革，发掘助推纪检监察事业发展的榜样力量，从而进一步强化学校纪检监察干部的责任感和使命感，坚持以初心使命作为政治本色和前进动力，增强"两个维护"的自觉性、坚定性，更好地服务于学校事业健康发展和人才健康成长。同时，我们也结合课题研究，在开展学校纪检监察档案管理等方面提出注意事项和工作建议，为校史研究和新时代纪检监察工作提供参考。

一、1978—2018 年四川大学纪检监察工作实践与主要成效

（一）第一阶段：恢复与重建阶段

1979 年 12 月 13 日，学校纪委恢复重建。1979—1992 年，学校纪委的主要工作如下：（1）健全和加强纪检队伍建设，同时积极发挥兼职纪检委员作用，印发了《搞好纪检工作，必须充分发挥兼职纪检委员的作用》（校纪字〔1990〕第 4 号）。（2）严格执行党的纪律，严肃查处处内违纪案件，1992 年四川大学获"党纪案件检查工作先进集体"荣誉称号。（3）认真学习整党的文件，全面整党。（4）进行财经纪律大检查，与经济领域犯罪活动做斗争，纠正行业不正之风。在恢复与重建阶段，学校纪委整顿党风，严肃

党纪，为深化教育改革的顺利进行提供了纪律保障。

（二）第二阶段：快速发展阶段

党的十三届四中全会后，党中央作出了加大反腐败斗争力度的重大决策，建立和实行党风廉政建设责任制，确立领导干部廉洁自律、查处违纪违法案件、纠正部门和行业不正之风的反腐败三项工作格局。1992—2002 年，学校纪委适应形势要求，加强自身建设，纪检监察工作得到了快速发展。这一阶段的主要工作如下：（1）以处级以上领导干部为重点，加强廉洁自律工作，出台《四川大学贯彻执行〈中国共产党党员领导干部廉洁从政若干准则（试行）〉的实施意见等有关规定的通知》（川大委〔2002〕3 号），每年针对性地提出新要求，建立和完善廉洁自律相关规定。（2）抓好信访，严肃查处违纪违法案件。（3）纠正部门和行业不正之风。（4）加大治本力度，从源头上预防和治理腐败，加强党风廉政制度建设，如出台《关于成立四川大学党风廉政责任制领导小组及印发四川大学关于贯彻〈关于实行党风廉政建设责任制的规定〉的实施办法的通知》（川大委〔2002〕2 号），加强重点领域的监督检查。（5）坚持教育为本，加强党风廉政教育，学校纪委于 2002 年建立了网页，有 20 个学院成立了二级纪委。

（三）第三阶段：稳步发展阶段

党的十六大以后，党中央提出标本兼治、综合治理、惩防并举、注重预防的反腐倡廉方针，作出建立健全教育、制度、监督并重的惩治和预防腐败体系的重要决策。2002—2012 年，学校纪委及时贯彻党中央要求，反腐倡廉工作有效实现了综合防治、稳步发展。这一阶段的主要工作如下：（1）坚持围绕学校发展大局，努力做好两个服务，自觉地把纪检监察工作放到学校发展的全局中来谋划和部署，自 2002 年开始，学校每年 3 月份召开"党风廉政建设工作会"。（2）在学校师生中广泛开展反腐倡廉教育和廉洁自律工作，2007 年组织召开我校纪检监察干部培训暨工作会，协助制定《四川大学关于全面开展大学生廉洁教育的实施意见》（川大委〔2007〕26 号），2010 年开始开展"党风廉政教育宣传周（月）活动"。（3）纠正行业不正之风，加大治理教育乱收费的力度，开展治理商业贿赂专项工作，清理纠正收受"回扣"、私设"小金库"等问题，如 2009 年制定了《四川大学开展"小金库"专项治理工作的实施办法》。（4）扎实推进制度体系建设，逐步完善学校惩治和预防腐败体系，如 2005 年出台了贯彻落实《建立健全教育、制度、监督并重的惩治和预防腐败体系实施纲要》的具体办法、2009年出台《四川大学党风廉政建设责任制考核办法》和《四川大学党风廉政建设责任制责任追究办法》、2010 年出台《四川大学反腐倡廉重点部位和关键环节监管体系建设实施办法》、2012 年协助党委出台《关于校内各二级单位贯彻落实"三重一大"决策制度的实施意见》。（5）积极开展反腐倡廉的理论和实践研究，如 2010 年编写出版《政廉以远——青年在反腐倡廉建设中的责任与使命》、2012 年协同马克思主义学院和研究生工作部，成立"四川大学预防腐败研究中心"和"四川大学研究生廉洁教育促进会"。

（四）第四阶段：深化发展阶段

党的十八大以来，党中央把全面从严治党纳入"四个全面"战略布局，学校纪委转职能、转方式、转作风，聚焦监督执纪问责主业，推进全面从严治党向基层延伸。2012—2018年，学校纪委的主要工作如下：（1）持续加强作风建设，让中央八项规定精神在学校落地生根，如2013年起草《四川大学党的群众路线教育实践活动督导工作实施办法》、2016年协助党委制定《关于八项规定精神回头看、财经纪律大检查发现问题的整改及问责的工作方案》《关于进一步落实贯彻执行中央八项规定精神、严肃责任追究的意见》。（2）综合运用监督执纪"四种形态"，严肃纪律审查；充分运用第一种形态，加大谈话提醒、约谈函询力度，严管厚爱党员干部；如2014年受理信访67件，同比上升59.5%，其中，中央巡视组、教育部纪检组及省纪委督办10件，经查核了结66件，给予党纪处分2人，组织处理10人。（3）建立巡视巡察上下联动监督网，对二级单位党组织开展巡察工作，2017年全面迎接和配合中央巡视，巡视整改期间，牵头负责抓好巡视整改的督查与问责工作，2018年制定学校2018—2022年巡察工作规划，完成第一轮对6个校内单位的巡察。（4）严格执行党风廉政建设责任制，严格落实全面从严治党党委"主体责任"和纪委"监督责任"，推动全面从严治党落到实处，2014年协助学校党委制定《关于落实党风廉政建设党委主体责任和纪委监督责任的实施办法》。

二、1978—2018年四川大学纪检监察人的初心与使命

习近平总书记在党的十九大报告中开宗明义，强调不忘初心、方得始终。中国共产党人的初心和使命，就是为中国人民谋幸福，为中华民族谋复兴。这个初心和使命是激励中国共产党人不断前进的根本动力。回顾党的建设和发展历程，维护党的团结统一和党的肌体纯洁，是纪检监察机关90多年来一以贯之传承的初心和使命。在梳理40年来学校反腐倡廉实践和纪检监察大事记的过程中，在倾听口述人讲述工作经历、回溯初心理想、畅谈体会和感受的交流中，透过档案记载、珍贵照片、工作笔记，不同时代的纪检监察人虽时空相隔，在精神上却能实现同频共振。

（一）饮水思源，筑牢践行初心使命的思想自觉

在访谈中，数位老纪检人分享了初心与理想、从事纪检监察工作的原因、工作中记忆最深的人和事，带来了工作生涯中具有纪念意义的照片和背后的生动故事。

时任成都科技大学正处级纪检员朱尊荣同志，每一次支部大会，只要身体无碍，总是风雨无阻，从不缺席；在会上的每一次发言，他都热情澎湃，从不倦怠。谈到他几十年如一日保持满怀激情、积极向上的原因，他说："我们要时刻不忘党员身份，时刻不忘自己的信仰追求。虽然我人已退休，但思想永远不能退，我会严格按照要求好好学习，做一名合格党员。"这既是表态，更是对党的郑重承诺。朱尊荣同志勤俭，在个人

生活上十分"将就"，但在上交党费上，他甚是"讲究"，毫不吝啬。在建党95周年之际，他送来用信封整齐包裹着的1000元特殊党费，为党的生日送上一份礼物，他说："党的恩情大于天，没有党就没有我的今天，我所有的一切都是党给予的。"这种信仰叫"心怀感恩"。

已经去世的四川大学纪委原正处级纪检员崔同生生病的时候，支部的同志去看他，他常常会提一些建议，或是关心学校的发展，或是师生托他转达的意见，但从来没有一条是关于他自己的，这份初心是"在党言党、在党忧党、在党为党"，始终铭记做"党的忠诚卫士""群众的贴心人"。2019年上半年，他的姐姐从上海来参加他的追悼会时讲，崔老师于1959年从上海社会科学院（华东政法学院）毕业，当时家人和兄弟姐妹都在上海，他本来是可以留在上海的，但是崔老师说"一切服从组织的安排，哪里需要我就去哪里"，这份初心是将自己的一生和祖国的需要联系在一起。

（二）接续奋斗，理清践行初心使命的努力方向

从学校纪检监察事业发展脉络和重要事件中，可以看到一代代川大纪检人，既作为共产党员，守初心、担使命，自觉将个人理想融入伟大梦想，驱动自身积极担当、主动作为，更作为纪检干部，用行动践行着对党的事业的坚定信仰，不断提升履职本领，敢于且善于斗争，不负党的重托和师生群众的期待。

四川大学纪委原副书记、监察处处长吴肇庆同志，虽然已经退休，但十年来一直积极投身学校党建工作，利用双休日，按照学校统一安排，坚持与大学生廉洁教育相结合，为多个学院、党校讲授"党员的条件""坚定对党的信念"等多个专题党课；尽力履行学校特邀监察员职责，积极支持学校纪检监察工作，在师生职工中发挥桥梁纽带作用，宣传解释党中央、教育部和学校党风廉政建设和反腐败工作的指导思想、方针政策、重大举措以及成效。"既然党和人民把重担交给了我，我就要履行好这份职责，努力工作，使党放心，让群众满意。"这是他一贯的承诺。

四川大学纪委原副书记、纪委办公室主任兼监察处处长张学龙同志（现任西南交通大学党委副书记、纪委书记）常说，既然我们选择加入中国共产党，就要对得起"党员"这个身份；既然学校把我们遴选出来作为一名干部，我们就要全力以赴，对得起这份嘱托与信任；既然从事了纪检监察这份事业，就要热爱这份事业、忠诚于这份事业，敢于担当，不怕得罪人，对得起纪检监察干部这个称谓。他坚持认为"作为一名党员领导干部，平时就要看得出来，关键时候要能顶得上去，危急关头要能豁得出去"。2018年汶川大地震后第二天，他顾不上安抚受到惊吓的家人，也不顾别人一再的善意劝阻，坚决加入四川大学抗震救灾青年突击队，毅然决然赴地震重灾区都江堰，参与救援，开展抗震救灾工作。

（三）担当尽责，立足本职工作践行初心使命

新时代新征程，牢固树立"四个意识"，坚定"四个自信"，践行"两个维护"，守

护党的初心使命，是纪检监察机关和干部初心初衷的时代表达。习近平总书记指出，奋斗不只是响亮的口号，而是要在做好每一件小事、完成每一项任务、履行每一项职责中见精神。

支部的青年纪检干部在完成访谈后这样说："我们既要仰望星空，也要脚踏实地，把一代代纪检监察人传承下来的正能量，传递给更多的人……"落实到学校纪检监察工作中，一是要坚持学懂弄通习近平新时代中国特色社会主义思想，增强"两个维护"的自觉性和坚定性，持续发挥纪委全委会、二级单位纪委书记工作例会、"廉想论坛"领学促学作用，在学深悟透上下功夫，以理论上的清醒保证政治上的坚定。二是要在学深悟透中找准服务保障学校事业发展的切入点和突破口，确保党的教育方针政策和重要决策部署贯彻落实，紧盯立德树人工作、思想政治工作、意识形态责任制、学校"两个伟大"建设中的重要任务落实，强化政治监督；紧盯学校各级党组织和党员领导干部，严肃党内政治生活、落实管党治党责任，加强督促指导，切实营造风清气正的校园政治生态和良好向上的育人环境。三是要坚决维护师生群众利益，以正风、肃纪、反腐的实际成效增强其获得感和幸福感。深化运用监督执纪"四种形态"，强化纪律教育，聚焦问题线索处置，紧盯重点人、重点事、重点问题、重点领域，科学研判"树木"和"森林"状况，推进监督执纪问责精准化。以"钉钉子精神"抓好作风建设，紧盯重要节点、重要工作，锲而不舍落实中央八项规定精神，坚决整治落实重大决策部署中的形式主义、官僚主义问题。以推进重点部位关键环节廉政风险防控调研为着力点，探索推进强化权力运行制约和监督的方式方法，一体推进不敢腐、不能腐、不想腐。四是要坚决捍卫党的先进性和纯洁性，不断深化自我革命。深入学习贯彻监督执纪工作规则，落实教育部对直属高校纪委机构设置和人员配备的要求，坚持依规依纪依法履职。加强纪检组织体系建设，建好平台、完善机制、树立标杆，强化对二级单位纪委履行监督责任的领导和指导，推动基层纪检工作实起来、强起来。

三、开展纪检监察口述史采集整理及研究工作的一点体会与思考

以四川大学档案文献为基础，结合口述采访内容整理文本资料，对学校纪检监察工作的梳理取得了一定的成果，但因主客观原因依然存在诸多不足。根据采集整理过程以及对校史工作的理解，笔者有一些体会和建议，以求纪检监察同行指正。

（一）促进纪检监察综合档案的管理规范化和信息化

在查阅资料过程中，深感纪检监察综合档案的重要性。虽然时代在变、形势任务在变，但不变的是我们党一以贯之强化党内监督、推进纪律建设的坚定决心和有力举措，不变的是每一代纪检监察人服务于立德树人根本任务、为学校发展提供纪律保障的真抓实干和无私奉献，这些都在档案中逐一体现。当然，也有一些遗憾，历经三校合并，档

案的完整性在不同时期、不同校区各有不同，因此，进一步促进纪检档案科学收集、管理，维护纪检档案的完整性，对防范纪检监察工作风险、提高工作效率以及更好地为领导决策服务有着十分重要的意义。建议一是注重长效，提升纪检档案管理工作规范化，进一步细化纪检监察综合档案的范畴，包括总结报告、文件制度、会议、党务、组织人事等方面具有保存价值的材料，强化内部管理，制订档案管理办法，优化对档案资料的分类、收集、整理、归档、借阅、保密等流程；二是创新理念，促进档案信息化建设，提高信息资源的利用率，完善责任制度，分层负责，分级管理，保证档案信息数据库建设安全、有序发展。

（二）加强对纪检监察综合档案的研究与利用

开展纪检监察综合档案研究，是对老一辈纪检监察干部优良传统的传承，也为新时代的纪检监察工作创新理念提供启发与借鉴，例如，如何贯彻落实党中央、中央纪委重要部署要求，如何抓节点正风肃纪、久久为功，如何开展执纪审查、谈话工作，在档案里有历史沿革，有方法举措，有规则依据，等等。依据需求特点，用好纪检监察综合档案信息，是课题研究的根本目的，也是档案管理工作的基本要求。建议从校史研究的角度，在完成学校纪检监察历年大事记的基础上，进一步梳理历年组织机构沿革、历年文件汇编等。特别是应做好与高校纪检监察相关的党纪条规、国家政策汇编，这将有助于提高档案利用价值，并提高纪检监察工作效率。

苦心孤诣 不绝如缕

——四川大学高等教育研究机构历史研究

1. 四川大学发展规划处（"双一流"建设与质量评估办公室）
发展研究中心；2. 四川大学哲学系

杨珪[1] 张鲜元[1] 兰谦[1] 何力[1,2]

四川大学高等教育机构历史主要涉及原四川大学高等教育研究所（1984—1994）、原四川医学院医学教育研究所（1984—1985），原成都科技大学高等教育研究所（1985—1994）、原华西医科大学医学教育研究所（1985—2000），原四川大学和原成都科技大学合校后的原四川联合大学高等教育研究所（1994—1998），原四川联合大学更名四川大学后的原四川大学高等教育研究所（1998—2000），原四川大学与原华西医科大学合校后的原四川大学发展研究中心（2000—2017），四川大学中美大学战略规划研究所（2006—2011）及合署办公后的四川大学发展研究中心（中美大学战略规划研究所）（2011—2017），以发展研究中心为主体的原四川大学"双一流"建设与质量评估办公室发展研究中心（副处级，2017—2019），以及现在的四川大学发展规划处发展研究中心（副处级，2019至今），对于历史上原各校及现在学校其他机构的相关研究也会适当涉及[①]。

一、机构历史简介

中国高等教育研究事业兴起于1978年5月27日，当年我国第一个高等教育研究机构——厦门大学高等学校教育研究室成立，次年上海市高等教育研究会成立。1983年，中国高等教育学会成立；同年，国务院学位委员会将高等教育学正式列为教育学的二级学科。自此，高等教育成为一个专门研究领域，出现了专门研究机构和专职研究人员，创办了高等教育研究期刊，高等教育学的二级学科地位得以确立。

1984年，四川大学高等教育研究所成立，原为教务处教学研究科，创办内刊《高教研究》。四川医学院医学教育研究所成立，创办内刊后相继改名《华西医学教育》《医学教育研究》。

---

① 四川大学高等教育研究机构演变情况见文后附一。

1985 年，成都科技大学高等教育研究室（处级建制）成立，创办内刊《高等教育研究》。

1985 年，四川医学院更名为华西医科大学。内刊杂志更名为《华西医学教育》。

1988 年，成都科技大学高等教育研究所《高等教育研究》杂志获准作为内部学术刊物出版，并更名为《高教研究与实践》。

1994 年，原四川大学和原成都科技大学合并为四川联合大学，两校高教研究所合并成为四川联合大学高等教育研究所。两内刊杂志合并为《高等教育发展研究》。

1998 年，四川联合大学更名为四川大学，原四川联合大学高等教育研究所更名为四川大学高等教育研究所。

2000 年，原四川大学与原华西医科大学合校，原华西医科大学医学教育研究所与原四川大学高等教育研究所合并成立四川大学发展研究中心。《医学教育研究》停办，合并于《高等教育发展研究》。

2006 年，中美大学战略规划研究所经中华人民共和国教育部批准正式挂牌成立，在四川大学设立实体研究机构。

2011 年，中美大学战略规划研究所与发展研究中心合署办公，实行"两块牌子一套班子"。

2017 年，四川大学发展研究中心（中美大学战略规划研究所）与研究生院"985"建设与学科建设办公室、教务处评估科合并成立四川大学"双一流"建设与质量评估办公室，下设发展研究中心（副处级）。

2019 年 12 月，学校以"双一流"建设与质量评估办公室为基础成立四川大学发展规划处（"双一流"建设与质量评估办公室），发展研究中心（副处级）被划入。

二、高等教育研究

这里限于资料的可获得性，主要以高等教育研究的相关论文管窥四川大学高等教育研究机构的研究情况。而对于其他研究课题及校本研究则多数由于档案资料的有限，淹没于历史之中。

据不完全统计，从知网、万方、维普三大数据库检索（收录部分内刊文章及会议论文），加上补充《高等教育发展研究》2000 年 3 期以后未被维普数据库收录论文的情况来看，四川大学高等教育研究机构（包括员工与学生）① 发表的高等教育相关研究论文

---

① 四川大学高等教育研究机构各时期工作人员详见附录二。

有 477 篇①。这里统计不全的主要是 2000 年以前的内刊论文，反映的主要是 2000 年以后的研究情况，特提请读者注意。

四川大学高等教育研究机构工作人员（含学生）发表论文情况如图 1、图 2 所示。论文发表数量在招收研究生后的 2008 年达到最大值。仅看机构工作人员的发文数量，2001—2010 年是我校高等教育机构研究活动较为活跃的时期。

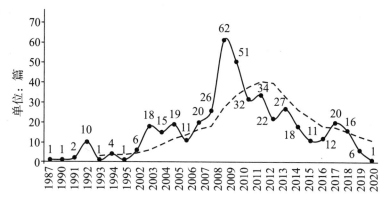

图 1　四川大学高等教育研究机构工作人员（含学生）各年发表论文情况及 5 年移动平均值

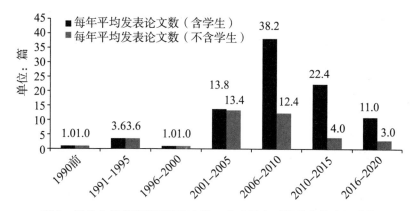

图 2　四川大学高等教育研究机构工作人员各时期发表论文平均值

四川大学高等教育研究机构人员（含学生）共有 144 位参与过论文发表，平均每人发表 3.29 篇论文，机构发表论文人数情况见表 1。机构发表的论文中，平均每篇论文

---

① 论文检索论文发表机构为：四川大学"双一流"建设与质量评估办公室、四川大学发展研究中心、四川大学中美大学战略规划研究所、四川大学高等教育研究所、四川联合大学高等教育研究所、华西医科大学医学教育研究所、成都科技大学高等教育研究所，检索时间为 2020 年 3 月 21 日。部分论文存在因为未署名机构名称而漏检的情况。其中，中国知网（CNKI）收录有 172 篇，万方数据库（WANFANG）收录有 209 篇，维普数据库（CQVIP）收录有 313 篇，三个数据库去重后共有论文 399 篇。并补充《高等教育发展研究》2000 年 3 期以后维普未收录本机构第一作者论文数据 48 篇，共 477 篇。鉴于高等教育研究领域的特殊情况，当年的高等教育研究基本采用内刊交流的方式发表论文，故这里尽量考虑到了四川大学高教研究机构自己举办的高教研究内刊《高等教育发展研究》相关论文发表情况，但 2000 年前的四川大学《高教研究》、成都科技大学的《高等教育研究》及改名后的《高教研究与实践》和华西医科大学的《华西医学教育》上的论文则未能包含。

有 1.58 人次参与发表。仅看研究机构工作人员，先后有 41 位作者发表过论文，详见表 1。

表 1　四川大学高等教育研究机构各机构人员（含学生）发表论文的人数

机构	机构人员（含学生）		机构人员（不含学生）	
	发表论文人数	发表论文人次数	发表论文人数	发表论文人次数
四川大学发展研究中心	62	300	29	205
四川大学中美大学战略规划研究所	80	214	5	9
华西医科大学医学教育研究所	9	17	7	16
四川大学"双一流"建设与质量评估办公室发展研究中心	8	16	4	11
成都科技大学高等教育研究所	1	4	1	4
四川大学高等教育研究所	1	1	1	1
总计	144	552	41	246

注：学生基本计入四川大学中美大学战略规划研究所。

研究活动较为活跃，发表论文数较多的有曾诚、向东、宛小燕、张宗舫、何力等，参与论文在 5 篇以上的有 32 人，参与论文在 10 篇以上的有 11 人，详见图 3。

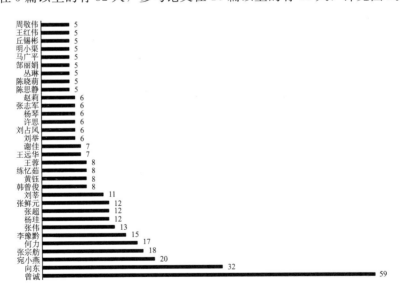

图 3　四川大学高等教育研究机构工作人员（含学生）参与发表论文数（5 篇以上）的情况

四川大学高等教育研究机构人员（含学生）的论文发表在 143 种期刊（或会议论文集）上，发表论文数在 3 篇以上的期刊有 32 种，论文数在 5 篇以上的有 13 种，10 篇以上的有 5 种，分别为：广西出版杂志社主办的《教育界》、哈尔滨师范大学主办的《继续教育研究》、湖北省科学技术协会主办的《科教导刊》、黑龙江省教育学院主办的

《成人教育》、本机构主办的《高等教育发展研究》。情况详见图 4。

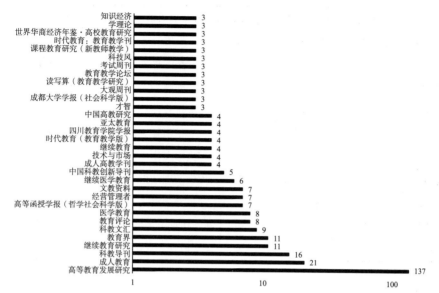

图 4 四川大学高等教育研究机构工作人员（含学生）论文发表（3 篇以上）的期刊情况

四川大学高等教育研究机构人员（含学生）发表的论文的题目主要涉及探讨、分析和思考我国高等教育发展、改革，关注人才培养和创新。关键词主要涉及：高等教育，非学历教育、继续教育、医学教育等方面。情况详见表 2、表 3，图 5、图 6。①

表 2 四川大学高等教育研究机构人员（含学生）发表的论文的题目词频分布情况（前 70）

题目词语	词频	题目词语	词频	题目词语	词频	题目词语	词频	题目词语	词频	题目词语	词频	题目词语	词频
大学	115	改革	34	教学	20	合作	16	现状	14	探究	12	高等	10
教育	107	启示	30	模式	20	及其	16	应用	14	特征	12	工作	10
发展	90	医学	30	中国	20	制度	16	实践	13	大学生	11	机制	10
高等教育	93	管理	28	结构	18	质量	16	学生	13	科学	11	现代	10
研究	76	四川	26	美国	17	评估	15	影响	13	学院	11	自考	10
我国	61	探讨	24	比较	17	学历	15	助学	13	战略	11	浅析	9
高校	56	创新	23	课程	17	高校	14	比较研究	12	专业	11	创业	9
分析	46	人才	23	学习	17	本科	14	对策	12	资源	11	国际	9
思考	36	社会	22	自学考试	17	建设	14	评价	12	作用	11	价值	9
培养	35	体系	21	构建	16	经济	14	思想	12	成人教育	10	考试	9

---

① 补充的《高等教育发展研究》2000 年 3 期以后未被维普数据库收录的 48 篇论文的关键词未被分析。

表3　四川大学高等教育研究机构人员（含学生）发表的论文的关键词词频分布情况（前40）

关键词词语	频次	关键词词语	频次	关键词词语	频次	关键词词语	频次
高等教育	32	影响因素	9	发展	6	高等教育学	5
高校	20	大学	8	美国高考教育	6	困境	5
自学考试	18	继续医学教育	8	问题	6	密歇根州立大学	5
启示	17	研究型大学	8	大学管理	5	特点	5
改革	10	医学教育	8	大学领导	5	现状	5
大学生	9	继续教育	7	大学文化	5	学历教育	5
对策	9	社会助学	7	大学治理结构	5	原因	5
非学历教育	9	终身教育	7	独立学院	5	中国	5
科学发展观	9	成人教育	6	非学历证书考试	5	比较	4
美国	9	创新	6	高等教育大众化	5	创新型人才	5

图5　四川大学高等教育研究机构人员（含学生）发表的论文的题目关键词词云图

图6　四川大学高等教育研究机构人员（含学生）发表的论文的关键词云图

四川大学高等教育研究机构人员（含学生）发表论文的主要合作人员为本机构人员，占 71.73％，合作机构主要为校内其他机构，占 70.59％。情况详见表 4。[①]

表 4　四川大学高等教育研究机构人员（含学生）发表的论文的关键词词频分布情况（前 40）

合作机构类别	合作机构		合作人次	
	机构数	占比	人次数	占比
本机构	6	8.82％	505	71.73％
校内其他机构	48	70.59％	177	25.14％
校外省内机构	8	11.76％	11	1.56％
省外机构	6	8.82％	11	1.56％
总计	68		704	

四川大学高等教育研究机构于 2011 年曾创办四川大学"人类创造力研究所"，并开展创造力研究，主持引进、翻译并由四川人民出版社在 2016—2017 年出版了"创造力研究译丛"计 7 本书：《情境中的创造力》《课堂中的创造力：充满好奇和愉悦的学校》《创造性领导力》《创造力：当东方遇上西方》《提升高等教育创造力：想象力课程》《绘画：开启儿童创造力》《如何理解创造力：艺术、科学和发明中的创新》。

四川大学高等教育研究机构积极与四川省高教学会互动，参与相关工作，参研参编了四川省高等教育学会《四川高等教育发展报告》，包括以下成果。

《2006 年四川省高等教育发展报告》（四川科学技术出版社，2008 年），曾诚任课题组组长。

《2007—2008 年年四川省高等教育发展报告》（四川科学技术出版社，2009 年），曾诚任课题组组长。

《2010 年四川高等教育发展报告》（四川科学技术出版社，2012 年），卢铁城主编，参编人员为张鲜元、何力，获四川省第十五次哲学社会科学二等奖。

《2011 年四川高等教育发展报告》（四川科学技术出版社，2013 年），卢铁城主编，参编人员为张鲜元、何力，获中国高等教育学会第八次优秀高等教育科学研究成果一等奖。

《2012 年四川高等教育发展报告》（四川科学技术出版社，2014 年），卢铁城主编，参编人员为张鲜元、何力，获四川省第十六次社会科学优秀成果奖三等奖。

《2013 年四川省教育发展报告》（四川科学技术出版社，2015 年），卢铁城主编，参编人员为张鲜元、何力、杨珪。

《奋力建设高教强省暨 2014 年四川省教育发展报告》（四川科学技术出版社，2016 年），卢铁城主编，参编人员为张鲜元、何力、杨珪。

---

① 补充的《高等教育发展研究》2000 年 3 期以后未被维普数据库收录的 48 篇论文未分析。

四川大学高等教育研究机构人员及教育学导师还撰写、编著出版了大量学术著作。情况详见表5。

表5 四川大学高等教育研究机构人员及教育学导师撰写、编著的部分学术著作（不完全统计）

书名	编/著者	出版社	出版年
教学·管理·改革	王雪生，张寿群	四川大学出版社	1998
欧洲医学教育学会教育指南：第13、18号文件	万学红，邓洪	人民卫生出版社	2002
高等教育课程论	向东	四川科学技术出版社	2003
英汉常用临床医学词汇	万学红，邓洪	四川大学出版社	2003
综合性大学创新人才培养理论研究与实践探索	马继刚	四川大学出版社	2006
探索·实践：四川大学继续教育文集	宋江洪，邓生庆	四川大学出版社	2006
现代医学模拟教学	万学红，孙静	北京大学医学出版社	2006
大学与经济发展：美国公立大学校长的视角	真理子·西尔弗，曾诚	四川大学出版社	2006
高等教育资源配置研究	夏丽萍	四川大学出版社	2007
大学生生涯发展规划	张必涛	四川大学出版社	2008
赢在起点：中国大学专业详解	张必涛，刘泽渝，张恒亮	四川科学技术出版社	2008
高校研究性学习的理论与实践	马继刚	四川大学出版社	2009
课堂教学方法与艺术	马继刚	四川大学出版社	2009
实践·成才：四川大学成人教育学院深入学习实践科学发展观活动文集	宋江洪，殷明	四川大学出版社	2009
公立大学与区域发展	Kathryn Nohrman，石坚，Sharon Eeinblatt，周敬伟	四川大学出版社	2009
大学发展（第1辑）	四川大学中美大学战略规划研究所	巴蜀书社	2009
大学发展（第2辑）	四川大学中美大学战略规划研究所编	巴蜀书社	2009
从授业到树人：华西医学教育与人才培养	万学红	人民卫生出版社	2012
大学图书馆的创新与发展	马继刚	四川大学出版社	2013
学术型大学图书馆的建设与发展	马继刚	四川大学出版社	2016
钻坚研微 严慎细思：国立四川大学学生毕业论文选编	马继刚	四川大学出版社	2016
新时代出版事业的新探索	李天燕，王军	四川大学出版社	2017

另有刘莘著《大学精神与大学治理——当代中国语境下的理论与案例》收录关于高

等教育研究与思考的 12 篇论文，为内部传阅。

三、高等教育研究交流

四川大学高等教育研究机构先后主办有杂志《高教研究》、《高等教育研究》（后改名为《高教研究与实践》）、《华西医学教育》，经历多年演变，三刊最后合并成《高等教育发展研究》。

这里以《高等教育发展研究》2001 年第 3/4 期合刊后的期刊论文来展现四川大学高等教育研究机构的高等教育研究学术交流情况。

在《高等教育发展研究》2001 年第 3/4 期合刊后共刊发 1500 余篇论文，从这些论文的题目词频（情况详见表 6、图 7）可以看出，期刊刊发的论文主要关注高校的人才培养、科学研究管理服务方面的改革、创新和探索。

表 6　《高等教育发展研究》2001 年以来发表的论文的题目关键词词频分布情况（前 70）

题目词语	词频	题目词语	词频	题目词语	词频	题目词语	词频	题目词语	词频	题目词语	词频	题目词语	词频
教学	299	实践	115	探讨	73	教学改革	47	学习	37	基础	29	推进	23
大学	262	建设	109	四川	67	问题	47	国际化	35	启示	28	社会	22
教育	229	创新	107	高等教育	65	实验	45	作用	34	构建	27	政治教育	22
高校	216	课程	101	学生	65	应用	44	思想	33	设计	27	学科	22
培养	157	人才	93	工作	60	初探	43	经济	32	工程	26	学校	22
研究	154	改革	89	对策	56	本科	42	体会	32	技术	26	考试	21
管理	137	模式	81	我国	54	浅谈	39	教师	31	促进	24	课堂	21
发展	123	探索	80	大学生	51	临床	39	现状	31	方法	24	实施	21
医学	121	分析	76	质量	51	体系	39	学院	29	美国	23	探析	21
思考	119	专业	76	能力	48	研究生	38	英语	29	提高	23	中国	21

图 7　《高等教育发展研究》2001 年以来发表的论文的题目关键词词云图

《高等教育发展研究》杂志自 2005 年后被维普（CQVIP）数据库收录。截至 2020 年 3 月 21 日，《高等教育发展研究》在重庆维普（CQVIP）"中文科技期刊数据库"中一共被收录 1095 篇论文，被引量为 275，H 指数为 4，期刊他引率为 1。

表 7　《高等教育发展研究》在重庆维普（CQVIP）数据库中的 2008 年以来的总体情况①

年度	发文量	被引次数	影响因子	立即指数	被引半衰期	引用半衰期	期刊他引率	平均引文率
2008	89	——	0	0	——		——	0
2009	81	9	0.0357	0	0.90	——	1	0
2010	78	22	0.0824	0	1.25	——	1	0
2011	66	19	0.0629	0	1.93	——	1	0
2012	80	31	0.0417	0.0125	2.94	3.70	1	0.8250
2013	69	31	0.0411	0.0290	2.75	3.97	0.9032	3.1449
2014	80	36	0.0872	0.0125	3.33	4.77	0.7778	4.1750
2015	80	29	0.0336	0.0125	4.10	4.76	0.8621	5.5250
2016	84	29	0.0688	0.0119	2.63	4.84	0.8621	3.6786
2017	84	30	0.0610	0.0125	3.00	5.24	0.6333	3.0595
2018	71	26	0.0536	0	2.57	7.25	0.9231	2.6620

另外，四川大学高等教育研究机构编印有《国内外大学发展信息》，每年有 10 期左右，供校内参阅，2018 年停编，共编印 326 期。

四川大学高等教育研究机构还积极通过召开全国性行业性会议，与国内外专家交流学术研究，举办的会议不完全统计如下。

2005 年，由亚利桑那州立大学和四川大学联合发起，在四川大学举行第 1 次中美公立型大学战略规划论坛。

2006 年，在四川大学举行第 2 次中美公立型大学战略规划论坛。

---

① 1. 影响因子＝期刊前两年文章的被引次数/期刊前两年的发文量：指该期刊近两年文献的平均被引用率，即该期刊前两年发表的论文在评价当年每篇论文被引用的平均次数；2. 立即指数＝期刊发文当年的被引次数/期刊当年的发文量：表征期刊即时反应速率的指标，即该期刊在评价当年发表的论文，每篇被引用的平均次数；3. 被引半衰期衡量期刊老化速度快慢的一种指标，指某一期刊论文在某年被引用的全部次数中，较新的一半被引论文发表的时间跨度；4. 引用半衰期：指某种期刊在某年中所引用的全部参考文献中较新的一半是在最近多少年时段内发表的；5. 期刊他引率＝被他刊引用次数/被引用总次数：期刊被他刊引用的次数占该刊总被引次数的比例，用以测度某期刊学术交流的广度、专业面的宽窄以及学科的交叉程度；6. 平均引文率＝期刊参考文献总数/期刊论文总数：在给定的时间内，期刊篇均参考文献量，用以测度期刊的平均引文水平，考察期刊吸收信息的能力以及科学交流程度的高低。

2008年12月8日，在四川大学举办第3次中美公立型大学战略规划论坛（除了定期举办论坛外，亚利桑那州立大学和四川大学还分别成立了大学战略规划研究所，并共同编写出版《公立型大学与区域发展》一书，为高校战略规划提供最佳案例分析）。

2012年6月12—13日，由四川大学与美国亚利桑那州立大学发起、经教育部批准、四川大学中美大学战略规划研究所主办的"高等教育创造力研究国际会议"（2012 Higher Education Creativity Conference，HECC）在四川大学举行。国家外国专家局教科文卫专家司副司长穆洁林、中国教育科学院副院长刘建丰、四川大学副校长石坚、美国亚利桑那州立大学中国战略合作处副教务长Denis Simon，以及来自全球20个国家与地区的200余位专家学者出席了开幕式。

四、高等教育学人才培养

四川大学高等教育研究机构自发展研究中心2004年恢复招收教育学研究生以来，先后取得"高等教育学"二级硕士学位授权资格、"教育学"一级硕士学位授权资格，共有导师18名，后以中美大学战略规划研究所名义作为培养机构招收、培养研究生。至2019年一共招收了15届共143名教育学研究生。情况见图8。

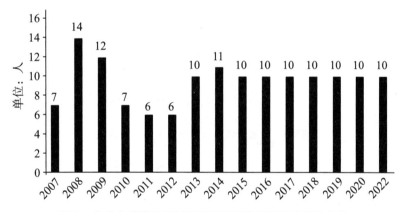

图8 中美大学战略规划研究所教育学历届毕业研究生数

通过分析目前122名教育学毕业研究生的学位论文可以看出，教育学硕士研究生毕业论文较多以本校或属地作为研究对象，关注高等教育、继续教育、远程教育、终身教育、医学教育等，对其管理、培养及评价方面展开研究，并给出对策建议。情况见图9、图10。

图 9　教育学硕士学位论文题目词云图

图 10　教育学硕士学位论文关键词词云图

五、服务学校发展

四川大学高等教育研究机构在开展高等教育研究、举办杂志、培养教育学人才之外，还举办了多次全国甚至是国际会议，开展校本研究，对学校提出决策咨询报告，参与学校的管理服务研究，也直接参与学校的相关其他工作。

（1）据不完全统计，开展校本研究，撰写提交的校本研究报告如下。

《四川大学应届本科毕业生大学认同调查（2009 年）》（四川大学中外教育研究中心，2010 年）。

《四川大学 2011 级本科新生学情调查报告》（四川大学发展研究中心，2012 年），杨珪主笔。

《2012 级本科新生学情调查报告》（四川大学发展研究中心，2012 年），杨珪主笔。

《四川大学 2012 年本科毕业生大学教育满意度报告》（四川大学发展研究中心，

2012 年)，杨珏主笔。

《四川大学本科生创新意识与现状调查报告》，四川大学发展研究中心，2012 年，杨珏主笔。

《四川大学 2012 年本科毕业生大学教育满意度报告》，四川大学发展研究中心 2012 年，杨珏主笔。

《四川大学各学院年度发展评估报告（2012 年）》（四川大学发展研究中心，四川大学发展研究中心，2013 年），何力、杨珏主笔。

《四川大学 2013 年机关部门及部分业务实体单位年度工作考核服务对象满意度调查报告》（四川大学发展研究中心，2013 年），杨珏主笔。

《四川大学 2013 年本科毕业生大学教育满意度报告》（四川大学发展研究中心，2014 年），杨珏主笔。

《四川大学 2013 级本科新生学情调查报告》（四川大学发展研究中心，2013 年），杨珏主笔。

《四川大学各学院年度发展评估报告（2013 年）》（四川大学发展研究中心，2014 年），何力、杨珏主笔。

《四川大学 2013 年研究生教育满意度报告》，四川大学发展研究中心，2014 年，杨珏主笔。

《从四川大学教育满意度评价看如何提高专业教育满意水平》（四川大学发展研究中心，2014 年），杨珏主笔。

《四川大学 2014 年机关部门及部分业务实体单位年度工作考核服务对象满意度调查报告》（四川大学发展研究中心，2014 年），杨珏主笔。

《四川大学 2014 年本科毕业生大学教育满意度报告》（四川大学发展研究中心，2014 年），杨珏主笔。

《四川大学各学院年度发展评估报告（2014 年）》（四川大学发展研究中心，2014 年），何力、杨珏主笔。

《四川大学 2014 年毕业研究生教育满意度调查报告》（四川大学发展研究中心，2015 年），杨珏主笔。

《四川大学本科专业满意度报告（2011—2015）》（四川大学发展研究中心，2015 年），杨珏主笔。

《四川大学本科专业满意度影响因素分析》（四川大学发展研究中心，2014 年），杨珏主笔。

《提升四川大学本科专业满意度的建议与措施》（四川大学发展研究中心，2015 年），杨珏主笔。

《我校学生对社会的关注与对学校改革的建议》（四川大学发展研究中心，2014 年），杨珏主笔。

《从世界大学排名看"一流大学"建设——以四川大学全球排名为例》（四川大学发

展研究中心，2015年），何力主笔（收录于《以一流管理推进一流大学建设——四川大学2014年"提升一流研究型大学治理能力和建设能力论坛"论文选编》）。

《论四川省高等教育科研共享机制的构建》（四川大学发展研究中心，2015年），张鲜元、何力主笔（收录于《以一流管理推进一流大学建设——四川大学2014年"提升一流研究型大学治理能力和建设能力论坛"论文选编》）。

《2011—2015年四川大学本科毕业生大学教育满意度调查报告》（四川大学发展研究中心，2016年），杨珪主笔。

《四川大学2015年研究生教育满意度报告》（四川大学发展研究中心，2016年），杨珪主笔。

《四川大学在国际大学排行中的现实表现与发展建议之一：四川大学与THE大学排名：指标体系、现实表现、影响因素、发展建议》（四川大学发展研究中心，2015年），杨珪、何力、张鲜元主笔。

《四川大学在国际大学排行中的现实表现与发展建议之二：四川大学与QS、US News大学排名：指标体系、现实表现、影响因素、发展建议》（四川大学发展研究中心，2015年），何力、张鲜元、杨珪主笔。

《我国高校学生淘汰机制的现实困境与制度完善》（四川大学发展研究中心，2015年），张玉主笔；《2015年四川大学机关部门及部分业务实体单位年度工作考核服务对象满意度调查报告》（四川大学发展研究中心，2015年），杨珪主笔。

《四川大学各学院年度发展评估报告（2015年）》（四川大学发展研究中心，2016年），何力、杨珪主笔。

《四川大学各学院年度发展评估报告（2016年）》（四川大学发展研究中心，2016年），何力、张鲜元、杨珪主笔。

《2013—2017年四川大学毕业研究生教育满意度调查报告》（四川大学发展研究中心，2017年），杨珪主笔。

《2017年度四川大学学院年度发展报告》（四川大学"双一流"建设与质量评估办公室发展研究中心，2018年），何力、杨珪主笔。

《2018年度四川大学学院年度发展报告》（四川大学"双一流"建设与质量评估办公室发展研究中心，2019年），张鲜元、何力、杨珪主笔。

《2019年度四川大学学院年度发展报告》（四川大学"双一流"建设与质量评估办公室发展研究中心，2020年），张鲜元、杨珪、何力主笔。

（2）据不完全统计，四川大学高等教育研究机构先后提出的决策咨询报告如下。

《创建和发展研究型大学战略研究》（四川大学发展研究中心，2001年）。

《西部地区经济社会发展对教育的需求》（四川大学发展研究中心，2001年，教育部2001年发展规划课题）。

《大学战略规划制定资料选编》（四川大学发展研究中心，2003年）。

《2017年度四川大学四大世界排名分析报告》（四川大学"双一流"建设与质量评

估办公室发展研究中心，2017 年），杨珪主笔。

《四川大学教育部全国第四轮学科评估分析报告》（四川大学"双一流"建设与质量评估办公室发展研究中心，2017 年），何力、杨珪主笔。

《2013—2017 年我校人文社科在国际期刊发表论文情况分析——基于 SSCI 和 A&HCI 数据》（四川大学"双一流"建设与质量评估办公室发展研究中心，2018 年），张玉主笔。

《2018 年四川大学学科排名分析报告》（四川大学"双一流"建设与质量评估办公室发展研究中心，2017 年），杨珪主笔。

《四川大学教育部第四轮学科评估贡献度分析报告》（四川大学"双一流"建设与质量评估办公室发展研究中心，2018 年），何力、杨珪主笔。

《世界一流大学怎么建——"双一流"建设高校世界一流大学建设方案分析》（四川大学"双一流"建设与质量评估办公室发展研究中心，2018 年），张鲜元主笔。

《四川大学学科"填平补齐"研究报告》（四川大学"双一流"建设与质量评估办公室发展研究中心，2019 年），张鲜元、杨珪主笔。

《"双一流"建设文件汇编》（四川大学"双一流"建设与质量评估办公室发展研究中心，2019 年），张鲜元主编。

《2018 年一流大学建设高校"双一流"建设进展分析报告》（四川大学"双一流"建设与质量评估办公室发展研究中心，2019 年），何力主笔。

（3）据不完全统计，四川大学高等教育研究机构先后参与学校相关工作情况如下。

四川大学关于建立和完善内部评估制度的实施办法（2014 年），主要参与人员：张鲜元、何力。

党委领导下的校长负责制综述研究（2016 年），主要参与人员：张鲜元、何力、杨珪。

四川大学章程制定（专家版），主要参与人员为刘莘。

大学排名相关数据收集、整理、审定、提交工作（2012—2020 年），主要参与人员为杨珪。

（4）据不完全统计，四川大学高等教育研究机构先后参与学校相关课题研究见表8、表9。

表 8　四川大学高等教育研究机构先后参与学校相关纵向课题研究统计

项目编号	项目名称	负责人	所属单位	立项日期	项目分类	项目成员
ztzx201213	以制定大学生章程为契机，弘扬大学文化——以四川大学为例	简丽	双一流建设与质量评估办公室	2012/12/10	四川大学中央高校基本科研业务费项目	简丽
skzx—gl201535	四川大学管理人员实用英语培训机制研究	何力	双一流建设与质量评估办公室	2015/4/27	四川大学中央高校基本科研业务费项目	何力，陈科，陈萱源，王迪，陈剑，袁梅

（续表8）

项目编号	项目名称	负责人	所属单位	立项日期	项目分类	项目成员
skzx—gl201534	四川大学在QS排名中的问题及对策研究	张鲜元	双一流建设与质量评估办公室	2015/4/27	四川大学中央高校基本科研业务费项目	张鲜元，何力，杨珪，张建兵，肖杰
skzx—gl201533	四川大学本科专业教育满意度及影响因素研究	杨珪	双一流建设与质量评估办公室	2015/4/27	四川大学中央高校基本科研业务费项目	杨珪，何力，张鲜元
SCUGH2018—010	"双一流"建设背景下我校教职工工作生活状况调查及其影响因素和诉求研究	杨珪	双一流建设与质量评估办公室	2018/8/1	学校其他单位所立校级项目	杨珪，曹丽，刘有军，黄英姿，简丽
SCUGH2018—006	"世界一流大学"建设中工会作用创新研究	张鲜元	双一流建设与质量评估办公室	2018/8/1	学校其他单位所立校级项目	张鲜元，张鲜元，张玉，简丽
skdangan2019—11	"双一流"建设视域下四川大学学科发展史整理与研究现状分析	何力	双一流建设与质量评估办公室	2019/4/9	学校其他单位所立校级项目	何力，尹怡，张鲜元，杨珪
skdangan2019—10	"双一流"建设背景下四川大学高等教育研究（所）历史研究	杨珪	双一流建设与质量评估办公室	2019/4/9	学校其他单位所立校级项目	杨珪，兰谦，张鲜元，何力
skdangan2019—02	四川大学学科建设与发展历程口述史采集整理研究	尹怡	双一流建设与质量评估办公室	2019/4/26	四川大学中央高校基本科研业务费项目	尹怡，张鲜元，何力

表9　四川大学高等教育研究机构先后参与学校相关横向课题研究统计

合同名称	负责人	登记时间
建设西部一流大学与中国高等教育体制改革	张宗舫	2001/09/25
专科医生培训	曾诚	2004/12/15
四川省民办高等教育特殊性研究	温松岩	2006/06/29
高等教育发展研究	陈文（外）	2008/01/15
大学毕业生就业问题研究	张玉	2008/03/14

六、社会认可

四川大学高等教育研究机构在开展高等教育研究、创办杂志、培养教育学人才之外，还举办了多次全国甚至是国际会议，开展校本研究，对学校提出决策咨询报告，参与学校的管理服务研究，也直接参与学校的其他相关工作，获得了广泛的社会认可。主要有以下成果。

2005年，发展研究中心荣获中国高教学会"首届全国高校优秀高等教育研究机构"称号。

2007 年，成都市新闻出版局对 41 家期刊进行综合质量考评，《高等教育发展研究》获 2007 年度期刊综合质量考评一级。

2008 年发展研究中心荣获中国高教学会"第二届全国高校优秀高等教育研究机构"称号。

2011 年，发展研究中心荣获四川省高教学会"第一届优秀高等教育研究机构"称号，中国高教学会"第三届全国高校优秀高等教育研究机构"称号。

2015 年，发展研究中心荣获四川省高教学会"第二届优秀高等教育研究机构"称号，中国高教学会"第四届全国高校优秀高等教育研究机构"称号。

2017 年，四川大学发展研究中心荣获"第三届四川省高等教育学会优秀高等教育研究机构"称号。

2017 年，四川大学发展研究中心（中美大学战略规划研究所）荣获中国高等教育学会"第五届优秀高等教育研究机构"称号。

七、机构历史总结

（一）1990 年及以前：勃发期

在当时思想异常活跃、百花齐放的时代风气下，全国高等教育研究逐渐从自觉走向全面铺展的阶段，教育部号召开展高等教育研究，全国各高校逐步建立高教研究机构，开办杂志以交流研究成果。

原四川大学、原成都科技大学、原华西医科大学也顺应时代潮流，成立研究机构，外聘兼职研究员，积极开展高教研究，探索高等教育改革相关事宜，创办高教研究杂志，交流研究成果。

（二）1991—2000 年：发展期

在当时的办公水平下，各高校的管理服务节奏较慢，高等教育还属于精英教育，教风学风较为务实。在信息技术不发达的年代，高教研究信息交流主要通过纸质杂志实现。全国开展的高等教育研究还属于层次较为高级的活动。

原四川大学、原成都科技大学，及合校后的四川联合大学、原华西医科大学在越来越多人参与高等教育研究的同时，将主要精力集中在内刊杂志的办刊工作。

（三）2001—2010 年：高潮期

国家实行高校扩招以来，高等教育逐渐走向大众化。国家实力逐渐提升。在国民经济转型、民族走向复兴的过程中，高等教育事业逐渐转向科研强国的潮流。随着信息时代的逐渐发展，高等教育研究的交流方式逐渐被信息化手段改变。高等教育的大众化研究逐渐脱离实践，造成大量低水平重复研究。尤其各种大学排名的兴起，带来全球高等教育环境和理念的巨大改变，国内高等教育机构的科研地位得到进一步强化，教学受到越来越多的忽视。

四川大学第二次合校后的高等教育研究，主要以教育学人才培养为主，推动高教研究走向深入，但随着机构变迁、人事变动及人员更新失常，高等教育研究在短暂活跃后逐渐走向沉寂，内刊杂志地位没落带来研究活动的进一步减少。

（四）2011—2020 年：转型期

国家建设走向新时代，科研在这个过程中的地位得到空前重视。在信息化时代，随着中国期刊论文数据库的建立，高教研究信息的网络获取方式以及刊物发展的时代印记彻底改变了高等教育研究的面貌，造成内刊的地位一落千丈，从此逐渐走向终结。高等教育研究走向大众化，使高等教育研究内部自我调整，造成两极分化的现象，有的机构以高等教育研究院的形式加强研究实力，走高教研究智库的方式以实现自我革新，而更多高校的高等教育机构走向裁撤，高教研究人才培养迅速集中到少数机构。尤其国家启动"双一流"建设以来，在国外大学排名机构推波助澜的情况下，高教研究工作更加"脱实向虚"，脱离教育人才培养之实，形成科研繁荣之虚。

四川大学高等教育研究机构在学校换届、人事变动、机构变迁及人员更新乏力等情况下，回归到校本研究，未能实现自我革新，在学校"双一流"建设的潮流下，逐渐融入一流大学、一流学科的研究中，从高等教育研究转轨到行政决策咨询研究。

总之，四川大学高等教育研究机构的变迁既有技术革命、时代潮流的历史影响，又有着国家发展、民族复兴的社会背景，更有世道人心、生命历程的具体因素，由此可以一瞥中国高等教育研究事业之一斑。

参考文献

[1] 张东海，孙锦明. 中国高等教育研究 30 年：研究者与研究机构的分析——基于人大复印资料《高等教育》（1980—2007 年）[J]. 现代教育管理，2009（10）.

附一　四川大学高等教育研究机构演变历史简图（1983—2020）

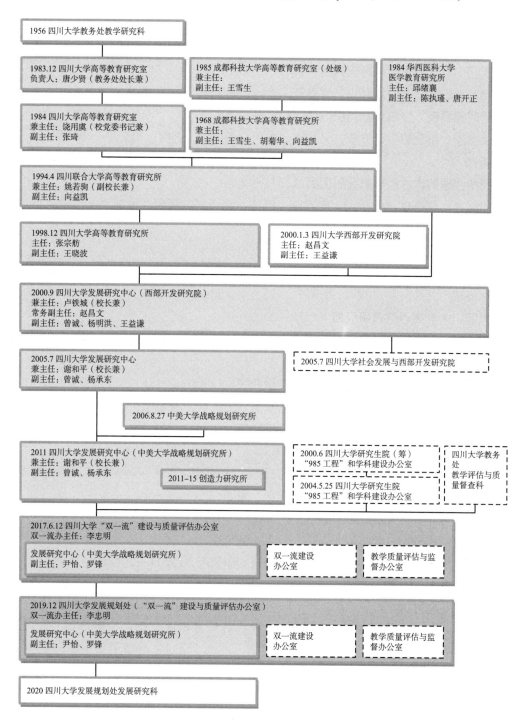

附二　四川大学高等教育研究机构各时期工作人员

原四川大学高等教育研究所（1984—1994）

张琦、唐荣德、王钢、陈永生、李知行、伍玉蓉、陈耀顺、陶育中

原四川医学院医学教育研究所（1984—1985）

邱绪襄、陈执瑾、唐开正、周恩茂、曾诚、赵蜀岷

原成都科技大学高等教育研究所（1985—1994）

王雪生、李全铭、蓝开敏、毛征友、宋川、杨启凤、李明、胡菊华、李天华、向益凯、胡青

原华西医科大学医学教育研究所（1985—2000）

邱绪襄、陈执瑾、唐开正、周恩茂、曾诚、赵蜀岷、高翔、曾诚、张伟、宛小燕、向东

原四川联合大学高等教育研究所（1994—1998）

向益凯、陶育中、伍玉蓉、陈耀顺、李知行、毛征友、兰谦、李天华、胡青、张宗舫、李济琛

原四川大学高等教育研究所（1998—2000）

张宗舫、王晓波、向益凯、陶育中、伍玉蓉、陈耀顺、李知行、毛征友、兰谦、李天华、胡青

原四川大学发展研究中心（西部开发研究院）（2000—2005）

赵昌文、曾诚、杨明洪、王益谦、张宗舫、王晓波、陈耀顺、毛征友、兰谦、李济琛、高翔、向东、宛小燕、胡青、张伟、王晓燕

原四川大学发展研究中心（2005—2011）

曾诚、杨承东、张宗舫、王晓波、陈耀顺、毛征友、兰谦、李济琛、高翔、向东、宛小燕、胡青、张伟、刘莘、张鲜元、简丽、戚娟

四川大学中美大学战略规划研究所（2006—2011）

周敬伟、温松岩、张玉、黄英姿、罗青、杨承东

四川大学发展研究中心（中美大学战略规划研究所）（2011—2017）

刘莘、张鲜元、温松岩、兰谦、高翔、胡青、张玉、黄英姿、简丽、戚娟、罗青、何力、杨珏、李伟斌

原四川大学"双一流"建设与质量评估办公室发展研究中心（副处级，2017—2019）

尹怡、罗锋、张鲜元、胡青、兰谦、张玉、戚娟、何力、杨珏

四川大学发展规划处发展研究中心（副处级，2019至今）

尹怡、罗锋、张鲜元、兰谦、张玉、戚娟、何力、杨珏

高校人才强校战略的路径探析

——以四川大学师资队伍建设为例

四川大学档案馆 高 霏

自我国提出科教兴国战略以来，科技创新和教育事业就处在重要位置，一大批重大原创成果开始领跑全球，中国特色社会主义迈入崭新的时代。党的十九大报告指出，要坚定实施科教兴国战略，要培养造就一大批具有国际水平的战略科技人才、科技领军人才、青年科技人才和高水平创新团队，并将"双一流"建设作为优先发展教育事业的重要内容。"双一流"建设是指世界一流大学和一流学科建设，是目前中国高等教育领域层次最高的国家战略，这意味着建设高等教育强国是国家战略发展的需求，而"双一流"建设是实现高等教育强国的重要途径。众所周知，师资质量是决定大学质量的关键，一流的师资队伍是推进高校"双一流"建设的根本力量。当今中国大学与世界一流大学的主要差距，已从办学资源不足转变为人才资源不足。实施人才强校战略，建设与学校发展定位相匹配的师资队伍已成为当前我国研究型大学"双一流建设方案"的首要任务。

"三强合一"的新四川大学新世纪改革发展的奋斗目标是创建一流的研究型综合大学。在建设世界一流大学的进程中，为打造一支品德高尚、学术卓越、教学优良的师资队伍，学校秉持"人才工作是第一要务，人才资源是第一资源"的理念，以国际化发展为方向，以高层次人才队伍建设为龙头，以青年教师培养为核心，以配套政策落实为保障，深入推进人才强校战略，取得了显著成效。

一、以国际化发展为方向

师资队伍国际化可以推进大学积极开展国际交流合作，参与国际竞争，提升国际影响力，是加快高校"双一流"建设的必然要求。为了提高师资队伍的国际化进程，四川大学采取"请进来，走出去"双轨路径，引进和培养了一批具有国际化视野、国际化观念的骨干教师。

（一）加大海外引进力度

随着近年来经济全球化和人才流动国际化，高校师资队伍建设面临着全球化竞争的机遇与挑战。"千军易得，一将难求"，为了加大海外高层次人才引进力度，四川大学陆续出台了《四川大学外籍教师聘任管理办法（试行）》《四川大学"海外名校博士选聘计划"实施办法（试行）》《四川大学"'985 工程'学科跨越定向人才引进计划"实施办法》《四川大学关于实施国家"千人计划"引进海外高层次人才暂行管理办法》等，实现政策"特区"，面向全球引进高端人才。陆续从剑桥大学、耶鲁大学、哈佛大学等世界著名大学引进高端外籍教师，提高师资队伍国际化水平。此外，四川大学近年来还组团赴海外举行川大推介会，2017 年启动"全球青年学者论坛"，每届邀请 200 余名海内外杰出青年学者参会，促进海内外青年学者交流合作，诚邀其加盟四川大学。2010—2020 年，四川大学外籍师资聘任逐年上升，2020 年高端外籍教师 63 名，全职外籍教师 156 名。见表 1。

表 1　2010—2020 年四川大学外籍师资聘任简况表

类别	2010	2011	2012	2013	2014	2015	2016	2017	2018	2019	2020
高端外籍教师人数	0	6	14	29	35	47	50	66	60	67	63
全职外籍教师人数	21	33	36	46	69	86	95	104	160	142	156

（二）选派赴海外培训交流

为了学习借鉴国际上先进的教育理念和教育经验，开阔教师国际视野、培养大批具有能够参与国际竞争的国际化人才，四川大学开展了多层次、宽领域的国际交流与合作，促进我校教育改革发展。2010 年 1 月，选拔 21 名教学科研一线的骨干教师赴美国亚利桑那州立大学进行为期一个月的语言培训和文化交流。2011 年，实施优秀青年人才国际名校名师培养计划，开展"四川大学优秀青年教师国际名校、名师访学计划"，派出第一批 12 名青年教师分别前往哈佛大学、斯坦福大学、耶鲁大学、剑桥大学等国际名校访学。2016 年，选派了 1 名四川大学专家学者赴牛津大学圣艾德蒙学院任客座教授，并开始实施牛津大学圣艾德蒙学院资深教授客座讲学项目，预计请 10 名牛津大学教授到校讲学。2017 年，四川大学实施优秀青年人才国际名校名师培养计划，修改了"四川大学优秀青年教师国际名校、名师访学"计划的相关文件，将访学学校排名提高到世界前 20 位，试行 5 年，每年重点遴选 10～20 名具有突出发展潜质的优秀博士作为"四川大学人才培育对象"。选拔了 24 人实施"四川大学优秀青年教师国际名校、名师访学计划"。四川大学建筑与环境学院胡昂教授赴牛津大学圣艾德蒙学院任客座教授。国家留学基金选派出 28 名青年出国访学。选派出 101 名教师赴英国牛津大学，28 名教师对德国克劳斯塔尔工业大学进行短期交流学习。2010—2019 年，学校先后有 1200 余名教师赴哈佛大学、斯坦福大学、牛津大学等世界一流大学访学。见表 2。

表2　四川大学 2010—2019 赴海外培训交流情况一览表

年度	赴海外短期语言培训及文化交流（人数）	优秀青年教师国际名校、名师访学计划（人数）	国家留学基金出国访学（人数）
2010	21	—	—
2011	47	12	—
2012	47	54	—
2013	158	115	—
2014	73	66	—
2015	86	47	—
2016	125	24	—
2017	129	24	28
2018	66	13	28
2019	80	21	23

二、以高层次人才队伍建设为龙头

高层次人才在学校学科专业建设中起着十分关键的作用，一流的学者才能吸引到一流的学生和大量的资金。为了进一步加强高层次人才队伍建设工作，四川大学成立了人才工作办公室，聚焦国家发展战略，对标学校"双一流"建设任务，有组织、有谋划地致力于人才队伍发展规划制定、高端人才引进政策完善、人才计划实施等工作，先后出台了《四川大学杰出教授岗位实施办法》《四川大学引进人才实施办法》《四川大学"人文社会科学优秀青年学者百人计划"实施办法》《四川大学关于"千人计划"短期项目岗位国家资助经费管理及使用办法》《四川大学关于国家"千人计划"入选者科研经费配套的实施细则》《关于国家"千人计划"入选者聘任合同签订程序及专家评议组组建暂行管理办法》《四川大学"卓越学者计划"实施办法（试行）》等一系列实施办法，围绕国家的紧缺方向，全面落实"精准引才"和"专项引才"，加大高层次人才的引进和选拔。在选拔过程中，学校严格按照推荐程序，把一批政治思想素质好、专业基础扎实、科研能力强、教学效果好、发展潜力大的教师选拔出来，推荐申报国家"千人计划"，申评国家级的"新世纪百千万人才""享受政府特殊津贴专家"和教育部的"长江学者""新世纪优秀人才支持计划""国家级教学名师"，以及四川省的"学术和技术带头人及其后备人选""突出贡献专家"等荣誉称号，这些优秀专家学者的称号不但可以使优秀人才脱颖而出，充分体现人才的学术水平和地位，增强他们的荣誉感，而且对广大教师也起到了明显的导向和示范作用，极大地加快了校内人才培育的提质增效。

三、以青年教师培育为核心

青年教师是学校的未来。培养造就一大批青年拔尖创新人才，增强高等学校原始创新能力，以提高高等学校的学术水平和人才培养质量，是高等学校的重要职责，也是其主要任务。四川大学通过提升青年教师的学历条件，提高青年教师的任职水平，全方面提升青年教师的胜任能力。

（一）提升青年教师的学历条件

近年来，四川大学先后以硕士研究生和学术型博士作为基本入职条件，同时注重本科院校"985"博士学位的"含金量"。2007年，四川大学共有200名教职工申请在职攻读硕士、博士学位，组织302人参加岗前、英语等各类培训。2008年，近160名教职工申请在职攻读硕士、博士学位，学校提高了新进教职工的基本入职的学历条件。2000年，学校编制教职工9477人，其中取得博士学位475人，占总职工的5%。2020年学校编制教职工8520，博士学位3592，占总人数的42%。见表3。

表3　四川大学2010—2020年教师队伍选留毕业生学位情况统计表

年度	选留毕业生总人数（人）	博士学位人数（人）	博士占比（％）
2010	91	76	83.5
2011	81	79	97.53
2012	173	170	98.27
2013	307	265	86.32
2014	314	295	93.95
2015	190	186	98
2016	275	275	100
2017	348	344	98.9
2018	487	485	99.6
2019	469	469	100
2020	510	509	99.8

（二）提高青年教师的任职水平

青年教师由于其科研视野不够开阔、教学经验不够丰富、教师角色转变不够到位等不足，需要在多方面加强培训。青年教师培训内容不仅应该包括技能（普通话、课件制作、教案编写）的培训，更要包括境界（教学理念和教学态度）和艺术（教学艺术）的培训，应涵盖技能、境界、艺术三个层次。四川大学以提高青年教师的基础知识和专业知识为主，全面提高其教学水平和科研能力，提高其应用计算机、外语和现代教育技术的能力，帮助他们了解学校的历史沿革、发展历程、现状及前景；使其了解教育教学规律，提高教学技能；使其了解本学科领域的学术动态，掌握科研方法，使教师自觉履行《中华人民共和国教师法》规定的义务，做到教书育人、为人师表，学校每年都会定期派出教师参加培训。比如每年选派教师参加由教育部高等教育司举办的"秋季精品课程师资培训计划"，选派部分青年骨干教师参加教育部高等教育司举办的大学英语教师网络在线培训以及国家留学基金委教师英语高级培训班，以及国家外专局"高校师资外语培训计划"英语培训班。2009 年，在江安校区组织文、理、工、医专业的 200 余位教师参加"2009 年四川大学优秀教学示范暨青年教师培训"活动。2016 年，四川大学开始实施校外"短期名师课程教授、短期专家讲坛教授"计划，2017 年，共有 8 位名师到川大进行短期课程与讲座，近 300 名青年教师获益，2018 年，共 5 位名师到川大进行短期课程与讲座，近 200 名青年教师获益。2018 年，选派 50 人参加了教育部教师工作司举办的"加强师德师风建设 做新时代党和人民满意的好老师"网络培训示范班，50 人参加了"海归人才国情校情研习班"，46 人参加了"新晋研究生导师研修培训班"。2019 年，46 名教师参加了"海归人才国情校情研习班"，29 名教师参加"青年教师学术能力提升"培训项目，187 人参加了"新晋研究生导师研修培训班"，169 人次参与"新时代高校管理理念及行政能力培训班""办公自动化精品班""实用英语技能综合班"的培训。这一系列的培训，帮助青年教师迅速完成了从"外部人"到"内部人"的角色转换。

四、以配套政策落实为保障

四川大学在引进更多一流人才的同时制定了一系列的配套政策实施细则，比如《四川大学引进人才资助标准》《四川大学关于国家"千人计划"入选者薪酬待遇的实施细则》《四川大学关于教育部"长江学者"特聘教授科研配套经费管理及使用办法》《四川大学关于四川省"百人计划"入选者资助经费管理及使用办法》《四川大学年薪制教师聘任管理办法》等，积极落实国家和省市人才新政，争取人才支持和优待配套政策，形成省市校三级人才支持叠加放大作用，建立与国际接轨的优质、高效、精细的人才服务保障体系。坚持以事业进人留人，健全人才优先的资源配置机制，在专项科研经费、学科和科研平台、研究生招生指标、博士后研究助手、团队建设等方面优先支持优秀人才，以事业平台聚智，以团队建设凝心。坚持以待遇进人留人，为人才提供具有一定竞争力的薪酬待遇。坚持以感情进人留人，定制并完善高层次人才服务包，为优秀人才提供免税、住房、子女入园入学、医疗健康等支持保障服务。努力营造真诚关心人才、爱护人才、成就人才的良好环境氛围，为他们快乐地工作、生活创造良好的条件，形成"一流大学、一流人才、一流业绩、一流待遇"的业绩考核与绩效分配紧密挂钩的人才激励约束机制。

　　综上所述，四川大学坚持引进和培养、使用并重，强化人才队伍建设支撑保障，打造出了一流的师资队伍。截至 2020 年 12 月 31 日，学校有两院院士 20 人（其中双聘院士 9 人），四川大学杰出教授 7 人、国家"万人计划"领军人才 33 人、青年拔尖人才 16 人，国家杰出青年科学基金获得者 64 人，国家优秀青年科学基金获得者 65 人，国家"973"首席科学家 9 人，高等学校教学名师奖获得者 12 人，总引进各类高层次人才 479 人，提前实现高端人才占比 10％的目标，形成了一支高端人才领军、结构合理、具有国际化视野的高水平教师队伍，为推进一流大学建设夯实了人才基础。

参考文献

［1］四川大学. 四川大学多措并举推进人才强校战略［EB/OL］. 中华人民共和国教育部.（2021－2－3）http://www. moe. gov. cn/jyb ＿ xwfb/s6192/s133/s208/202102/t20210204 ＿ 512559. html.

［2］徐玫瑰，仲盛来. 新时期高校师资队伍建设的思考及对策研究［J］. 教育教学论坛，2016（48）.

［3］朱艺林，刘佳源. "双一流"建设背景下高校师资队伍建设研究现状及对策分析［J］. 江苏科技信息，2020，37（16）.

［4］庞青山，李望梅，蓝清华，等. 研究型大学师资队伍建设三题［J］. 现代大学教育，2019（2）.

"保路运动"与四川大学

四川大学档案馆　肖　茜

　　著名的文学家、历史学家，四川大学杰出校友郭沫若曾慨叹：辛亥首义爆发点在武昌，但其导火线却是四川保路运动。孙中山先生也曾评价：若没有四川保路同志会的起义，武昌革命或者要迟一年半载的。四川保路运动对于辛亥革命的重要性不言而喻。作为"四川进步势力的大本营"和"西南一带传播革命种子的园地"，四川大学在保路风暴血与火的洗礼下，涌现出一大批仁人志士，成为保路运动中极为重要和活跃的中坚力量。

一、山雨欲来风满楼——胡峻的铁路募股政策和铁道学堂学生反抗铁路国有政策

　　胡峻（1869—1909），字雨岚，别号贞庵，四川华阳人，1895 年在京考中进士，选翰林院庶吉士，1898 年授翰林院编修。在京任职期间，胡峻结识了同为川人的刘光第、杨锐和乔树楠等人，受其维新变法思想影响，致力于探求革新之路。1902 年，四川中西学堂和锦江书院、尊经书院合并成立四川通省大学堂，后又改为四川省城高等学堂，受总督和学政直接管理，由胡峻出任第一任校长。胡峻在致力于振兴四川教育的同时，密切关注着川汉铁路的修建、捍卫着川汉铁路的权益。他的铁路募股政策为保路运动的兴起埋下了伏笔。

　　1905 年 1 月，胡峻被任命为川汉铁路公司总理。他认为："铁路交通要政，创始维艰，措施一不当，则弊害资深。往者吾国建设事业，多藉（借）外债，终损主权，今英法领事竟以投资相饵，慎始防微，必绝外款。"因此，他提出了杜绝外资的铁路募股政策，在公司章程第一条明确规定"川省绅民自愿筹集股份，不招外股，不借外债，并且不准将股份售给外国人"。在贫穷落后的旧中国，杜绝外资就意味着路款筹集困难。为了筹集路款，川汉铁路公司采取了"内地集股，仿捐输而行债票之性质"的办法。股份来源在认购之股（商股，由投资者直接出钱投资的股）、官本之股（官股，由政府拨款而来的股金）、公利之股（以铁路公司的名义经营其他项目获得的收入）之外，又引入了抽租之股（租股，摊派在全省农户头上的股份），使广大农民成了铁路的股东，成为铁路利益攸关者。据《四川保路运动史》所载，截至 1910 年年底，公司收入股金 1198 万两，其中官股只有 23 万两，商股只有 245 万两，租股是 928 万两，占总股本的

231

76%。显而易见，铁路国有化涉及的不只是少数商人的利益，而是包括广大农民在内的各阶层人民的利益。因此，当清政府公开出卖川汉铁路路权的消息传来，四川各阶层人士纷纷加入了保路斗争的行列，四川顷刻间成为全国保路运动最激烈的省份。

为了培养铁路人才，胡峻在文庙街设铁道学堂，并兼任铁道学堂校长。以铁道学堂为代表的进步学生对铁路国有的政策进行猛烈的抨击和讨伐，受到了清政府的镇压。1907年6月，总督赵尔丰张榜告示勒令学生不准干预路政，这更激起了学生的愤慨，由此也埋下了保路运动的火星。

二、救时应仗出群才——四川大学师生校友勇立保路运动潮头

1911年5月9日，清政府抛出铁道干线国有政策，宣布将各省商办的铁路干线一律收归国有，不久又与英、美、德、法四国银行团正式签订了粤汉铁路和川汉铁路借款合同，不惜出卖路权以换取列强奴役性的贷款。清政府这种夺路卖路的行径，激起了全国人民的公愤。在"列强瓜分日烈，朝廷懦弱日甚"险恶情势下，四川大学师生及校友奋起抗争，成为保路运动的领导者和中流砥柱。四川保路运动主要领导人中的四川大学（含川大众前身学校）校友有蒲殿俊、罗纶、颜楷、张澜、彭芬、蒙裁成、黄季陆、张森楷。他们在保路运动中的职务见表1所列。

表1　保路运动中的四川大学校友职务表

姓名	职务
蒲殿俊	保路同志会会长，川汉铁路改进会会长
罗纶	保路同志会副会长兼交涉部部长
颜楷	保路同志会干事长，股东大会会长
张澜	股东大会副会长
彭芬（彭兰村）	川汉铁路公司董事局主席
蒙裁成	川北旅省保路同志会会长
张森楷	川汉铁路公司成都局总理
黄季陆	童子保路同志会会长

（一）蒲殿俊

蒲殿俊（1875—1934），字伯英，四川广安人。1904年进士，与颜楷同榜，后官费留学日本法政大学。蒲殿俊与四川大学渊源深厚。虽然其在尊经书院的学习经历史料上鲜有记载，但书院里的新学风气对他日后维新思想的形成关系密切。蒲殿俊留学日本期间就十分关注川汉铁路。他对比中日两国现状，撰写《敬告全蜀父老书》，对四川保路

运动发出了号召，指出："今者吾蜀民与他国争蜀路，其外形虽与战争殊科，而其事之关于全蜀之存亡，关于全蜀人性命财产之安危者，未或相让也。"

为了保卫川汉铁路路权，蒲殿俊不仅积极推进募集股金，而且首倡川汉铁路商办。1904年9月，蒲殿俊联合川省留日学生300余人，开同乡会商量对付办法。商议各自量力认股四万余两，又主动承担向亲友劝募二十万两以为倡导。嗣即上书锡良，提出川路公司应"悉遵外国有限公司之格式"及"厘定股东权利义务以著大公"。1906年，蒲殿俊约集肖湘等300余名川籍留日学生，组成"川汉铁路改进会"，蒲殿俊被选为会长。该会联名上书清政府，要求川路公司改行"商办"。他还出版《川汉铁路改进会报告书》月刊，撰文揭露官僚垄断川路公司造成的弊端，指出"种种之恶果"均是因绅商无权所致。他以清政府颁发的商律为依据，论证商办的合法性；他以川路"租股为大宗，租出于民不出于官"的事实论证商办的合理性，要求铁路商办，明确股东权利，改订租股征收办法。他还大声疾呼，川汉公司的改革如不立即进行，"路权将终归于外人之手"，"固不止四川一省之不幸也，此川汉铁路之成败，关系中国全局者也"。1907年年初，蒲殿俊放弃即将面临的毕业考试，一度由日本回国，专为路事奔走。蒲殿俊舍"小我"成"大我"的做法表现出他高度的爱国主义热诚。以他为首的留日学生的这一系列举措广泛动员了群众，统一了人们的思想。

鉴于蒲殿俊留学日本期间的言行所展示出的领导才能及积累的威望，1909年10月14日，他被选举为四川谘议局议长，成为四川资本主义立宪派的领导人。1910年1月、6月、10月，为了争取速开国会，早日实现宪政，立宪派连续三次发起国会请愿运动。但清政府预备立宪不过是"予其名、夺其实的骗局"而已，三次请愿运动均告失败。1911年夏，蒲殿俊为保路又到京请愿，依然遭到斥责。此时，蒲殿俊对清政府趋于失望，他痛感清政府不可救药，失信于民，势将走向日暮穷途。他断言"专治之威非终古所能容也"，意识到"国内政治，已无可为，政府很明显的不要人民了。吾人欲救中国，舍革命无他法"。其态度由温和变得激进并有了"想革命"的倾向。蒲殿俊这一思想转变，对他在保路运动中的活动产生了巨大的影响，促使他成为保路运动的核心领导者和"破约保路"最为坚定的精神旗帜，是"当时斗争中的健将"。

1911年5月，清政府宣布举借外债，铁路国有，全川哗然。蒲殿俊亲拟呈文，请王人文代奏清政府暂缓接收川路，指出："取销商路，事系剥夺人民既得之权利，俱应由资政院议决。四川川汉铁路系本省权利，存废应由本省谘议局议决。"这是在保路运动中，他以民权反对君权的最早表述。在他看来，路权在民，只有资政院和谘议局才能真正地代表人民，清政府应该"遵法律而顺舆情"。有了路权在民，"保路"即"保国"的理论武器，蒲殿俊猛烈抨击铁路国有是"务国有之虚名，坐引狼入室之实祸"，引起了全川人士的共鸣。"破约保路"的请求被清政府拒绝后，蒲殿俊等人大力倡议组织四川保路同志会，群起争路。1911年6月17日，保路同志会成立，蒲殿俊任会长，发表了《保路同志会宣言书》《讲演部启示》《致各府厅州县有司启》等文稿，号召全川群众起来"破约保路"。当时，"同志会攘臂一呼，全蜀响应，风潮尤为剧烈。"闰六月初五日，蒲殿俊等人提出了《遵先朝谕旨四川川汉铁路仍归商办意见书》，提出川路不可不争，"惟争路可以据约，不争路并难保款"。

鉴于蒲殿俊在保路运动中发挥的实质性领导作用，总督赵尔丰将之视为眼中钉，称"川人争路之焰，至于极点，皆由邓孝可、罗纶、颜楷、张澜等鼓吹而成，而蒲殿俊覆暗中为之主谋，以为后援"，遂予以镇压。1911 年 9 月 7 日，总督赵尔丰下令逮捕蒲殿俊等人，"指为反逆，诡词入告"。蒲殿俊在被逮捕时，镇定自若，自认"立宪方开，我辈当无死理"。因倡赋诗会文消遣，有临死无畏之概。

（二）罗纶

罗纶（1876—1930），字梓卿、梓青，原名晋才，四川西充县人。14 岁考入成都尊经书院，从宋育仁、骆成骧学，后中举。戊戌变法期间，在成都参加"强学会""蜀学会"，参与出版《蜀学报》。戊戌变法失败后，清政府下令在各地搜捕维新派人士，为免遭陷害遂由罗晋才改为罗纶。1907 年来到成都，任绅班法政学堂斋务长，兼任游学预备学堂国文教习，继续从事变法维新活动。当时革命风潮日益高涨，罗纶与刘行道、熊焘、张澜、徐炯、王铭新出面支持参加立宪运动的学生，人称"六君子"。

1909 年 10 月 14 日，罗纶当选四川谘议局副议长，针对川汉铁路公司症结所在，提出"路事"整理具体措施，使得人们失去的信心逐渐恢复，唤起了人们保路的意识。保路运动中，由于采取了"留谘议局作后盾，议长暂不露面，作幕后支持者"的斗争策略，罗纶经常以主导的身份出现在前台，起着不可替代的组织、宣传鼓动作用。时人赞赏为"蒲殿俊的谋略""罗纶的演说"，他们各显所长，各尽其能，相辅相成，相得益彰。

1911 年 6 月 17 日，四川铁路公司召开股东大会，罗纶在会上充分发挥了他的组织宣传才能，以高超的演讲技巧调动了群众情绪，使保路同志会顺利诞生。保路运动的亲历者黄绶先生曾回忆当时的情景："罗纶起来发言说：'盛宣怀签订之四国借款合同，丧权辱国，招致危亡，必须坚决反对！既夺川路，又夺川路股本，已不能容忍，还要封锁舆论，不准发有关路事电报，真是岂有此理。盛、端歌电，实为苛政；夺路劫款，只发股票，实为骗局！压迫川人，违背朝旨，实为残臣！步埃及、印度后尘，大借外债，招致亡国之祸，实为汉奸！'几个'实为'还未讲完，罗纶已经咽喉哽哽，索性放声大哭起来，台下会众更是哭成一片，连维持秩序的警察也丢下警棍，伏案痛哭。"

保路同志会成立后，作为交涉部长的罗纶每日八方奔走，四处演讲，鼓动群众入会、保路废约。旬日之间，成都各机关、学校、团体、街道、各行各业都成立了保路同志会，入会人数达十余万人。罗纶除积极领导发展保路同志会外，还亲自动笔对四国借款合同逐条签注，深刻驳诘，指斥盛宣怀等卖国奸谋和四国帝国主义掠夺中国国权的险恶行径；并于 1911 年 6 月 25 日率领成都各界绅民二千四百余人前往督署，将签注四国借款合同的全文呈交护理总督王人文代奏。呈文引起了卖国投降派占统治势力的清政府的恼怒，保路运动受到清政府高压政策的"实力弹压"。9 月 7 日，罗纶、蒲殿俊、张澜等 9 人被新任总督赵尔丰诱捕。在绳捆索绑、刀枪指胸的恐怖气氛里，罗纶从容不迫地反驳赵尔丰的"借争路造反"的责难，侃侃而谈："我系川人，遵德宗钦批：川路准归商办，钦定商律，股东有任免总理之权；钦定资政院谘议局章程，院局有议决国债及本省权利存废之权。盛、端收路不还股本，借款合同，丧失权利甚大。且奏派股东会已销之李稷勋为总理，激成人民罢市罢课。我尽议员天职，保路保川，即是保国，何谓造乱？"驳得赵尔丰目瞪口呆，无言以对。

罗纶在保路运动中的言行受到了四川各县广大农民群众和哥老会的景仰，由此与这些社会基础力量建立了密切联系。罗纶任交涉部部长时，曾委托卸职军官吴凤梧劝说川南哥老会领袖侯宝斋出山办保路同志会，以抗清吏；在他被捕前三天，还收到温江农民领袖吴庆熙的密函，表示愿意以武装力量支持他尽早独立。后来这两股武装力量对于截断雅安的巡防边军进攻成都以及对市内的平乱均起到了关键性的作用。

（三）颜楷

颜楷（1877—1927），字雍耆，四川华阳人，清末翰林院编修，四川公立法政专门学校第三任校长，著名的书法家。颜楷曾请业受知于刘止唐、王闿运、俞樾、翁同龢。甲午对日战败，维新思想大兴，颜楷当时在北京读书，深受影响。戊戌变法失败后，颜楷当日目睹父亲的好友——蜀中前辈刘光第、杨锐二人在囚车中被押赴刑场处决，十分震惊，放声痛哭，愤慨异常，并出钱将刘、杨尸体收敛暂殡。人们对他这种义举都很钦佩。1904 年，颜楷以第六名联捷成进士，翌年奉派日本东京帝国大学，攻读法政。1908 年，他学成回国，因考试成绩优异，加给侍讲衔。

1911 年，四川的保路运动蓬勃兴起，因铁路公司股东会需要有一位资望高、能够和本省大员打交道的人来负责主持，蒲、罗等人坚请生于阀阅世家，又是翰林院侍讲且处于而立之年、年富力强的颜楷参加股东会。颜楷认为"铁路准归商办"系先皇帝（光绪）批准定案，不能轻易变更。川人保路，不仅是铁路股东的利益，也是全川人民的利益，自己是川人，不能坐视，他便毅然接受并以保路救国为己任，全力投入其中。6 月 17 日，召开铁路股东代表临时大会，颜楷担任主席，当提到讨论四国借款合同时，他亲眼看见群众的激烈情绪，触发了他爱国、爱川的激情。当天宣布成立四川保路同志会时，他抑制不住激动的心情，觉得"见义不为，是无勇也"，就主动担任了保路同志会干事长职务。1911 年 8 月 5 日，铁路公司召开全川股东代表大会，四川总督赵尔丰亲临会场。众股东推举颜楷为股东大会会长，张澜为副会长。颜楷慷慨陈词："筑路系国家安危，积资为川人血汗，不能不拼死力争……"8 月 24 日，"破约保路"发展至成都全城罢市、罢课，附近州县纷纷响应，情况日趋严重。赵尔丰约见颜楷，要求开市，颜楷与之面争，阐述"文明争路"的道理。对于颜楷在保路运动中的所作所为，赵尔丰极度不满，称其为"少年喜事之人"，并以"乱党"相威胁，颜楷毫不畏惧。1911 年 9 月 7 日，赵尔丰将颜楷押禁在督院，幸不久清帝退位，他才免遭杀害，共被羁押了 2 个月零 9 天。1913 年，四川都督胡文澜在呈报北京政府的文件中评价他道："颜楷系四川保路同志会干事长，以徇徇儒者，乃见义则大勇。"

（四）张澜

张澜（1872—1955），字表方，四川南充人，伟大的爱国主义者，著名的民主主义革命家、教育家，中国民主同盟的创建者和领导者、中国共产党的亲密朋友。张澜曾担任四川大学前身之一的国立成都大学校长。

1902年，张澜被选送入尊经书院受教，专攻经史。1903年，张澜受知于掌院骆成骧，被推荐为四川的官派留学生，入日本东京弘文学院师范科学习格致（生物）。在日期间，张澜阅读了大量有关西方政治、历史、教育、社会等方面的书籍以及卢梭、孟德斯鸠、斯宾塞、远藤隆吉、久保天随诸家名著，极大地丰富和改变了自己的知识结构，并且通过对人类社会发展史和西方政治制度的研究，使维新变法思想从感性上升到理性。

1905年，张澜回国后在南充和成都两地实践教育救国理想，从事教育和社会革新。1907年与刘行道、熊焘、罗纶、徐炯、王铭新出面支持参加立宪运动的学生，人称"六君子"。张澜教育救国的梦想很快因列强的侵略和清政府的腐败而破灭，他认识到只有推翻清政府，赶走列强，才能实现发展教育、救国救民的愿望。因此，他挺身而出加入了保路运动，成为四川保路运动的中坚人物。

保路运动爆发后，正在南充的张澜即联络川北的陈报一、陈朴安等人，一同前往成都。一路经过蓬州、华山观、锦屏镇等地，所经之处极力宣传保路爱国的意义，当地民众无不响应。张澜抵蓉后，蒲、罗有重要之事都征求张澜的意见。张澜的学生曾回忆，"多次听到蒲、罗、张等人对路事的密商和对策"。

面对高涨的反抗怒潮，清政府急令赵尔丰在川汉铁路特别股东大会召开之前赶赴成都上任。与此同时，四川各县也相继推选股东代表在成都开会商讨对策。1911年8月2日，四川保路同志会召开全体大会欢迎股东代表，到会者近万人。会上，张澜以股东代表身份登台演说："吾辈为爱国而来，今爱吾国，必破约以保路，故能赞吾人破约保路则爱吾国者，虽仇亦亲之；不赞吾破约保路之贼也，虽吾亲亦仇之。"

8月5日，川汉铁路公司股东大会在成都召开，作为川北地区南充的代表，张澜当选为川汉铁路股东大会副会长，成为保路运动的领导人之一。当日下午股东特别大会正式开会，新任四川总督赵尔丰和各道台衙门的官员作为官方代表应邀出席。赵尔丰耀武扬威，夸夸其谈，为朝廷的卖国行为狡辩，称四川人民太穷，负担已经很重，要一口气募足筑路的资金很不容易，朝廷在深思熟虑之后，为了减少川民的负担和加快铁路建设的速度，所以才向外国人借款筑路，并威胁代表们不得违抗朝廷的旨意。他讲完后，坐在台上得意扬扬，到会的乡绅怕背上"犯上作乱"的罪名，一时无人起来反驳。这时，张澜快步走上讲台，以高亢洪亮的声音对赵尔丰的讲话逐条进行了有力驳斥，号召大家一定要同心协力，誓死保路废约。

8月8日，股东特别大会正式召开，股东们全体反对铁路国有，通过了《遵先朝谕旨四川川汉铁路仍归商办意见书》，提出了"撤职李稷勋""质问邮传部"和"代奏纠劾盛宣怀"的三项决议。张澜拟定《川汉铁路公司特别股东会请赵尔丰代奏纠劾盛宣怀、李稷勋文》，其文所述为："……譬如临危将死，召家人为久诀之词，兼部署其身后之事。此即使暴客操刀，刑官决犯，恐亦不忍不贷以须臾，俾得从容尽意。……股东等生命财产，与本路息息相关，不远千里而来，固当逐日开会讨论，统筹全局，力求归墟，不敢鲁莽毕事。惟议事方始，即来此意外之部咨，四川川汉铁路公司一息尚存，实不能斯须忍受。"这篇呈文宣告了川人誓死破约保路的决心。

8月10日，张澜与颜楷以全体股东的名义请赵尔丰代奏纠劾盛宣怀、李稷勋，电令李稷勋本人限期辞职。

8月12日，张澜主持特别股东大会，提出辞退李稷勋，通过办一钱捐提案，主张全川每人每日凑一钱来自筹自修川汉铁路。

8月14日，张澜主持特别股东大会，通过三项决议：质问邮传部盛宣怀；吁请川督代奏，暂遵先帝（光绪）谕旨，四川境内川汉铁路仍归商办；从速提回存于上海、宜昌各处款项。

8月24日，与股东代表一致决议通告全川：自本日起实行不纳正粮，不纳捐输，以后不担任外债分厘。

9月7日，赵尔丰诱捕了张澜等9人。其实张澜等人被捕前早有消息，外国学生连让三由于佩服张澜等人为民任事、忠勇慷慨，闻讯后预先通知他们赵尔丰准备对其下毒手，并答应他们，"如欲出省，外国人甘愿担任一切，尽力援助"。但张澜拒绝了外国学生的好意，表示坚持斗争，决不出走。由于张澜在保路运动中多次与赵尔丰针锋相对，赵尔丰便怀恨在心。据当时成都电报局的周祖佑在上邮传部的报告中讲，"张以种种难题质问，词语侵人，季帅颇愠"。因此，张澜被捕后，赵尔丰特意将张澜和罗纶两人大刀架颈、洋枪抵胸，胁迫他们屈服。张澜临危不惧，侃侃而谈，据理力争道："既然准许四川人民出钱来修川汉铁路，断不能说路权不属于出了钱的四川人民；既然'庶政公诸舆论'，断不能说四川人民争取自己的路权属于大逆不道。要是出尔反尔，把路权从人民手中夺取，出卖给外国，这简直是引狼入室，为害不浅！"他的话充分体现了反抗封建专制的民主精神。赵尔丰理屈词穷，拍案大叫："张澜，你太强横！"当即喝令士兵做出一副要立即处决张澜的架势。张澜毫不退缩，大声抗辩说："我代表川民股东，痛苦深，故呼吁烈，怎么是横强蛮干？"赵尔丰被驳得哑口无言，只好将他们九人囚禁于督署中，加以"抗命朝廷"之罪，"候旨听斩"。张澜先生在囚禁中，不为威武所屈，不为生死所动，与蒲、罗诸人歌咏唱和，写有《回家乐》一首，每句嵌一鸟名，表现了他临危不惧的气魄。

（五）蒙裁成

蒙裁成（1859-1928），字公甫，号君弼，四川盐亭人，光绪初年举人，曾任绵竹县教谕，成都府学教授，绅班法政学堂监学。1910年8月，四川谘议局办机关报《蜀报》，以"监督行政，促进立宪"为宗旨，宣传"预传立宪"与"地方自治"，蒙裁成先生是出资人之一。1911 年，清政府宣布决把川汉铁路收归官办后，蒙裁成与省谘议局议长、议员蒲殿俊、罗纶、张澜、胡嵘、彭菜等，反对最为激烈。

随着保路运动的深入，蒙裁成先生召集在蓉的同乡（绝大多数是法政等学堂及中学堂的学生）召开川北旅省保路同志分会，强调保路就是保川，要求旅省同乡共同努力，促进保路运动的开展，发动会员写信回家乡劝说亲友积极支持各县、乡成立分会和协会。

保路运动中，作为股东代表的蒙裁成与张澜、颜楷等人一起与总督赵尔丰针锋相对，毫不畏惧。8 月 14 日，特别股东会在张澜的主持下通过了三条议决。蒙裁成与张澜、颜楷等几位股东代表拿了决议再次去见赵尔丰。赵尔丰见决议第一条即"质问邮传部盛宣怀"，不觉怒火中烧，斥责道："真是胆大妄为，竟要质问起盛大臣来，盛大臣奉圣上旨意办事，质问他即质问圣上，你们还要不要头上这颗脑袋。"蒙裁成高声回道："盛宣怀欺君罔上，卖国祸民，为何质问不得？"赵尔丰又就第二条决议"呼请川督代奏，暂遵先帝（光绪）谕旨，四川境内川汉铁路仍归商办"发难，道："尔等只知有先帝，难道心里全无今上吗？"蒙裁成驳道："万岁还是个幼君。"赵尔丰恼羞成怒，拿出辞官相威胁："尔等如此顽劣不化，纠缠不休，冷了本督之心，我决意辞官了。"蒙裁成顺势回答："大帅如辞官不做，那就更可无所顾忌代为上奏了。"气得赵尔丰端茶送客。

9 月 7 日，四川总督赵尔丰，扣捕蒲殿俊等九人，蒙裁成闻讯自请赵尔丰逮捕，愿与蒲等同死，因蒙裁成为朝廷命官，被单独关押于巡警道署。

（六）张森楷

张森楷（1858—1928），字元翰，号式卿，晚号端叟，后又改名石亲。重庆合川人，清代历史学家、教育家、实业家。晚清举人，曾入成都尊经书院学习，因好发疑古言论，被院方以"离经叛道"名义削籍除名。后转入锦江书院就读，弃经攻史。1909 年，应聘任成都府中学堂历史教员，郭沫若为其学生。1925 年，受聘国立成都大学国史教授。

1911 年，四川爆发了震惊全国的保路运动。此时，张森楷先生在成都府中学堂任教，已 54 岁，出于强烈的爱国热情，他毅然暂置教席，加入保路斗争行列。他大声疾呼，指斥清政府的铁路国有政策是祸国殃民的误国政策，要救国弭祸，只有坚持破约保路。其主张甚为激烈，即使同清政府最后决裂，亦所不惜。张森楷的行动和主张，深得各界爱国群众的支持。

1911 年 9 月 7 日，四川总督赵尔丰悍然下令以武力镇压保路运动，并逮捕进步爱国人士，枪杀请愿群众，制造骇人听闻的成都血案。张森楷闻讯，怒不可遏，立即往四川高等学堂与校长高凤祥等人商议办法。最后大家决定派出以张森楷为首的 7 人亲赴将军玉昆府，请求释放蒲殿俊、张澜等人。在刀光剑影、暗藏杀机的情势下，充当代表去面质手握屠刀的刽子手，此等重任需要超人的胆量和自我牺牲的精神。张森楷在玉昆面前义正词严地指出："蒲、张等人乃忠君爱国之中坚，以书生言事，非欲逆谋。而赵尔丰诱捕诸人乃火上浇油之举，促使人人自危，殊非地方之福。将军为国家、为地方计，铁路之事，务须审慎处置，否则民急变起，局势将不可收拾。"玉昆施以搪塞，称自当向总督转达，但要张森楷具呈"事由单"和"公牒"以为保。张森楷等信以为真，连夜写就保释蒲、罗诸人的"事由单"和"公牒"交送玉昆。

过了一天，不仅玉昆给赵尔丰的签批没有回音，城里戒严的防军却有增无减，形势更加紧张。张森楷唯恐夜长梦多，事久生变，乃断然提出联名写保释"公呈"。既为"公呈"，须以公家的名义。张森楷首先想到以谘议局的名义出具，但在谘议局碰壁，遂转到铁道学堂，以川汉铁路公司名义写就公呈交由铁路总理曾培迳呈督署，逼使赵尔丰做出答复。数日后，获督署批示："同志会阴谋不轨，围攻督署，策划火烧良医巷，事在危机，因而采取断然措施，弥此大难。今已奏报朝廷，应候圣旨查办。"众人见此颠倒黑白的批复，无不面面相觑。只有张森楷慨然发言道："堂堂督署，诬良为叛，人性何在？法理何存？蒲、罗等人盛年有为，因争路之故，性命旦夕不保，民气消沉，国何以存？森楷垂老向尽，不能惜此区区余年，一定要据理力争，义无反顾。"张森楷毅然写成控诉书2000余言，直陈将军府严加驳斥。上书十余日，毫无反响。为此，张森楷又联络各界人士，以绅学名义投词督署质询，日数几起。张森楷虽未直接领导保路运动，但是他在整个运动之中发挥的作用是不容忽视的。

（七）黄季陆

黄季陆（1899—1985），字学典，四川叙永人。美国俄亥俄州立大学毕业，硕士学位。1927年，年仅27岁的黄季陆出任国立成都大学教授。1943年，44岁的黄季陆出任国立四川大学校长，并任国民党四川省党部主任委员。

他9岁即受其兄长同盟会会员黄寿宣的委派，去监狱探望狱中的革命志士，传递消息，12岁即发起组织童子保路同志会，登台演讲，慷慨陈词，名动一时。1911年，四川保路运动正风起云涌，势不可挡。是年4月，保路同志会在成都川汉铁路公司门前举行成立大会，声讨清政府丧权辱国，要求收回路权。年仅12岁的黄季陆也登台慷慨陈词，疾呼："我们要争气，要保路……要把路权收回来！"全场震惊。吴汝成在《回忆黄季陆》一文中提到了年幼的黄季陆在保路演讲中险些遇难的经历：其时黄季陆年纪虽幼，但行动机智，口齿敏捷，有演说天才，颇得同盟会会员曹叔实等人嘉许，曾领率他至成都盐市口、春熙路一带茶坊酒肆，扶持其站立于桌上，大声疾呼，进行反清保路宣传，遭清朝官僚、四川总督赵尔丰所派鹰犬嫉视，以手枪对准射击，子弹恰好击中黄季陆身上所藏银圆，弹头落地，得以不致洞穿而死，幸而脱险。7月11日，黄季陆、黄斌带领六名小学生模样的少年到成都铁路公司，手持保路同志会的简章，要求给已经集合了300人的小学生保路同志会以一席之地，表达了以死相拼、参与保路的决心。他们态度真挚恳切，肺腑之言感动了在场的人们。之后童子保路同志会登台演讲，积极倡议小学生捐款助修商办川汉铁路，保路护路。

蒲殿俊、罗纶等 9 名四川保路同志会的领袖人物被捕后，黄季陆又带领童子保路同志会成员参与了上千人的请愿队伍，和市民一起在总督府的门前"环跪痛哭"，毫不畏惧。据《黄季陆先生怀往文集·黄季陆先生小传》所记："七月十五日……赵尔丰令军队开枪，杀死请愿群众数十人，学典亦在请愿人群中，幸安然脱险。"

（八）彭兰

彭兰（1875—1939），字兰村，四川双流人。幼入邑庠，中举人，为案首（第一名）。光绪维新期间，被选派赴日本留学，入日本弘文学院。1908 年，彭兰任四川通省工业学堂监督。1910 年，清政府颁行君主立宪，彭兰被选充四川省议会议员。清末筹建川汉铁路，代表双流县民股股东的彭兰在省垣出席川路股东代表大会时，被选为第二届股东大会董事会主席。适逢清政府邮传部大臣盛宣怀等倡铁路国有政策。1911 年，彭兰与蒲殿俊、罗纶、张澜、颜楷、邓孝可等人竭力反对，时人称之为保路斗争"十大王"。1911 年 9 月 7 日，彭兰与蒲殿俊、罗纶等九人被赵尔丰诱捕，禁于督署。

在蒲殿俊、罗纶、张澜等人的带动下，四川保路运动在全川搞得轰轰烈烈。当时四川大学的在校师生，包括当时在附中读书的郭沫若、李劫人等都是保路运动的积极参与者。校园内外，时常响起同学们"废约保路兮，吾头可断，志不移"与"川粤铁路不争回，不死复何期"的歌声。

三、引起中华革命先——四川大学师生校友推动保路运动向武装起义发展

（一）《川人自保商榷书》

1911 年 6 月 17 日，"四川保路同志会"成立，号召全川人民拼死"破约保路"。并派会员分路讲演，举代表赴京请愿。全川各地闻风响应，纷纷成立保路分会和协会，参与者至数十万。8 月，素有刽子手之称的赵尔丰接任四川总督，刚一上任即不顾全川人民的强烈反对，强行收回川汉铁路宜（昌）万（县）段路权，令群众更加激愤。8 月 24 日，保路同志会在成都举行大会，通过全城罢市罢课的决定。传单一出，成都万众一心，商人罢市、学生罢课以示抗议；接着南自邛雅，西迄绵州，北近顺庆，东抵荣隆，千里内外，府县乡镇，一律闭户，风潮所播，遍及全川。与此同时，捣毁经证局、自治局、巡警分署、外国教堂等事件也接连发生，清政府陷于窘境。9 月 1 日，四川人民开始宣布不纳正粮、不纳捐税、不负担外债。9 月 5 日，在铁路公司特别股东大会上，出现《川人自保商榷书》（以下简称《商榷书》）的传单。《商榷书》以巧妙而隐晦的言辞，一方面要川人"竭尽赤诚，协助政府""厝皇基于万世之安"；另一方面，又揭露清政府"日以卖国为事""夺路劫款转送外人，激动我七千万同胞幡然醒悟"，号召川人"一心一力，共图自保"。接着，《商榷书》提出保护官长、维持治安、一律开市开课开工与制

造枪炮、编练国民军、设立炮兵工厂、修筑铁路等现在的自保条件和将来的自保条件。《商榷书》还指出："凡自保条件中，既经川人多数议决认可，如有卖国官绅从中阻挠，即应以义侠赴之，誓不两立于天地。"《商榷书》号召川人共图自保，隐含革命独立之意。《商榷书》的作者之一刘长述正是"戊戌变法六君子"之一刘光第的儿子，其由胡峻保荐到四川省城高等学堂学习。

《商榷书》为急于寻找机会镇压保路斗争的总督赵尔丰等人提供了口实，赵尔丰于1911年9月7日先后逮捕保路运动领导人和积极分子共十二人，蒲殿俊、罗纶、颜楷、张澜、彭荣、王铭新、叶秉诚、蒙裁成、阎一士等9人为校友。其中，四川法政学堂监学蒙裁成和四川省城高等学堂毕业生阎一士听说他人被抓后，主动要求"同死"。赵尔丰的蛮横手段，激起了成都人民的强烈反对。就在蒲、罗等人被捕的同一天，数万群众有的头顶光绪牌位，有的手握香烛，潮水般涌向总督衙署，要求放人。面对手无寸铁的人民群众，赵尔丰竟然命令卫队开枪扫射，当场打死群众30余人，伤者不计其数。赵尔丰还派巡防军分站各街口，开枪乱击行人及学生小儿。第二天，天降大雨，城外居民得悉城内凶耗，人人头裹白布，冒雨奔赴城下，示哀请愿。赵尔丰又下令官兵开枪，击毙群众数十人。对督署内外被枪杀的群众，赵尔丰竟下令三日内不准收尸，制造了著名的"成都血案"。成都血案成为全川同志军武装围攻成都的导火索。

（二）罗泉井会议和同志军起义

在蒲、罗等立宪派掌握保路同志会领导权的时候，四川同盟会并没有袖手旁观，而是积极参加保路同志会，把它作为革命活动的场所，用"外以保路之名，内行革命之实"的办法，进行秘密活动。革命党人中有许多人，如杨庶堪、张培爵、龙鸣剑、吴玉章、曹笃、朱国琛都是四川大学的校友。革命党人积极联络各地哥老会首领，吸收他们加入同盟会，准备武装起义。8月4日，龙鸣剑、王天杰等在资中罗泉井与各路哥老会首领秦载赓、罗子舟、胡重义、胡朗和、孙泽沛、张达三、侯治国等举行会议，决定发动起义，将保路同志会改称保路同志军，预定9月起义。罗泉井会议是中国资产阶级革命党人把四川保路运动引向反清武装斗争的一次重要会议。它团结了各地哥老会，统一了起义的指挥和步调，为全川同志军起义作了重要的思想和组织准备。

成都血案发生后，龙鸣剑、曹笃、朱国琛等人在木牌上刻"赵尔丰先捕蒲、罗，后剿四川，各地同志速起自保自救"等文字，然后在木板上涂以桐油，通过锦江传警各地，时谓"水电报"。水电报乘秋潮顺流，传遍西南。

成都附近十余州县以农民为主体的同志军，在同盟会和哥老会的率领下，四面围攻省城，在城郊红牌楼、犀浦等地与清军激战。各州县同志军一呼百应，把守关隘，截阻文报，攻占县城。大竹李绍伊、犍为胡潭等会党首领揭竿而起，西昌地区彝藏同胞攻城逐官，川西北藏羌土司聚众举义。全川各族人民浴血奋战，反清斗争势如燎原，形成四川独立的有利形势。暴风雨般的同志军起义将清政府在四川的统治打开了一个不可弥补的缺口。清政府惊恐万分，急调端方率鄂军入川镇压，全国革命党人加紧活动，革命大有一触即发之势，从而引发了武昌起义。同志军围攻成都，表明通过龙剑鸣、王天杰等同盟会会员的努力，保路运动的领导权从立宪派的手中转移到革命派手中，同志会转变为同志军，"文明争路"转变为暴力革命，保路爱国运动转变为同盟会领导的武装反清运动，成为辛亥革命的一个组成部分。

鉴于成都一时难以攻下，同志军决定改变战略，除留下部分兵力继续围城外，其余同志军分兵进攻各府州县把反清烈火引向全川。最终，全川同志军大起义加速了全国革命高潮的到来，从而成为辛亥革命的导火线。1911 年 9 月 25 日，四川大学校友、同盟会会员吴玉章、龙剑鸣、王天杰领导荣县独立，建立了辛亥革命时期第一个县级革命政权。武昌起义进一步推动四川的独立革命。11 月 21 日，广安州组成大汉蜀北军政府。22 日，蜀军政府在重庆成立，宣布同盟会的政治纲领。川东南五十七州县响应独立。27 日，成都宣布独立，成立大汉四川军政府，蒲殿俊被推举为首任都督。同日，入川的湖北新军在靠近成都的资中县反正，杀死端方。至此，清朝在四川的统治彻底覆灭。

四、结语

四川保路运动戳穿了清政府的腐朽统治这只"纸老虎"，鼓舞了革命派和全国人民的斗志，迎来了资产阶级民主革命的高潮，成为武昌起义的前奏，在辛亥革命史上有着非常重要的地位。

对于四川辛亥革命，四川大学校友朱德同志在《辛亥革命杂咏》中有极为准确的评价："群众争修铁路权，志同道合会全川，排山倒海人民力，引起中华革命先。"另一位四川大学校友郭沫若指出："辛亥革命的首功应该由四川人来担负。"其中，走在保路运动和辛亥革命潮头的四川大学校友更是功不可没。

四川大学光荣的革命传统，深厚的红色基因，激励了一代代川大人，形成了勇立潮头的进取精神和心怀祖国的革命情怀。这种精神和情怀必将继续激励着新时代的川大人在中国共产党的坚强领导下，勠力同心、感恩奋进，开拓进取、砥砺前行！

参考文献

[1] 冯玉祥. 我所认识的蒋介石［M］. 北京：中国青年出版社，2015.

[2] 戴执礼. 四川保路运动史料［M］. 北京：科学出版社，1959.

[3] 蒲殿俊. 流年之慨［J］. 蜀报，1910（7）.

[4] 方然. 民主的求索者——张澜［M］. 北京：群言出版社，2005.

[5] 郭沫若. 反正前后［M］. 重庆：作家书屋，1943.

[6] 戴执礼. 四川保路运动史料［M］. 北京：科学出版社，1959.

[7] 成都市政协文史资料委员会. 辛亥四川风雷［M］. 成都：成都出版社，1991.

[8] 中国人民政治协商会议四川省成都市委员会文史资料研究委员会. 成都文史资料选辑·第 1 辑［M］. 内部资料，1981.

[9] 张澜. 张澜文集［M］. 成都：四川教育出版社，1991.

[10] 隗瀛涛，赵清. 四川辛亥革命史料 [M]. 成都：四川人民出版社，1981.

[11] 张澜. 张澜诗选 [M]. 北京：中国文史出版社，1986.

[12] 林淇. 张澜传 [M]. 上海：上海文艺出版社，1993.

[13] 中国人民政治协商会议四川省射洪县委员会文史资料委员会. 射洪文史资料·第9辑 [M]. 内部资料，1994.

[14] 方志钦. 辛亥革命简史 [M]. 广州：广东人民出版社，1980.

五四运动中的川大学人

四川大学档案馆 刘 乔

莽莽神州，济济多士。大厦将倾，侍为干栋。悠悠国魂，飘摇靡止。谁其招之，青年学士。青年学士，无党无偏。拼将热血，主张国权。拼将毅力，挽回国权。青年青年，其共勉旃。国家于汝，有厚望焉。

——四川学生救国会《救国警告书》

图1 成都高师①所在的皇城校舍至公堂

---

① "成都高师"即"国立成都高等师范学校"简称，后同。

图 2　成都高师校内的明远楼

图 3　成都高师校印

　　民国初年，针对袁世凯在政治上的复辟帝制、文化上的尊孔复古，全国范围内兴起了新文化运动，之后发展为五四反帝爱国运动。四川大学的进步师生，始终站在这场爱国运动的前列，学校成为五四运动在四川的策源地，在全国发挥着重要影响。

一、山雨欲来风满楼——五四运动的前夕

（一）"中国思想界的清道夫"吴虞

　　吴虞是四川通省法政学堂以及四川公立外国语专门学校、四川公立国学专门学校的教员。作为"中国思想界的清道夫"，吴虞在陈独秀的《新青年》刊物上发表《家族制

度为专制主义之根据论》，吴虞还对封建的宗法制度加以批判，击中中国封建宗法社会要害，触及封建遗老痛处，也使长期受封建思想禁锢的青年学生受到振奋，特别是在五四运动高潮中，他写下《吃人的礼教》一文，并积极配合鲁迅先生猛烈抨击封建旧礼教，被胡适誉为"只手打倒孔家店的老英雄"。

图 4　新文化运动的杰出代表人物吴虞

正是在吴虞等教师的进步思想的影响下，成都高师的青年学生站在了革命风暴来临前的斗争前列。

（二）披露日本"大东亚"侵略计划

成都是西南地区的教会中心，也是军阀混战的场所，备受帝国主义和封建军阀的蹂躏，青年学生们在进步教师以及《新青年》一类进步刊物的影响下，思想不断觉悟，寻找救国救民的真理。

图 5　五四运动时期，街头张贴的爱国标语

1914 年，日本帝国主义蚕食中国的"大东亚"侵略计划被披露后，从成都高师去日的留学生将这个计划小册子寄回了学校。学生们传阅后十分激愤，纷纷捐款，翻印 5000 册寄往川内各地。1915 年 5 月，袁世凯和日本签订丧权辱国的"二十一条"，成都高师学生又翻印 7000 册"大东亚"侵略书散发全川，并成立宣讲队在市内和郊区宣传，引起广大人民对国家命运的强烈关注，对四川人民以实际行动抵抗日本侵略起到了推动作用。

（三）成立四川学生救国会及发表《救国警告书》

当时，马克思主义还未在四川传播，但成都高师学生已经在救国救民的道路上开始了探索。1918 年 6 月 30 日，成都高师和四川公立外专、法专等 12 所学校的 60 名学生代表，在川汉铁路公司召开了四川学生救国筹备会；7 月 7 日，四川学生救国会召开成立大会，通过章程，推选成都高师学生为负责人，并发表了《救国警告书》，向全川父老表示青年学生奋起救国的决心，大声疾呼"全川各级学校一致力争，群起反对，各就本地组织学生救国会，共谋国家前途"。四川学生救国会的成立和《救国警告书》的发表，是"五四"前四川地区一次较大规模的活动，由成都高师向川内各地扩展，矛头指向日本帝国主义和北洋军阀政府，是五四运动前的一次舆论准备和组织准备。

二、还我河山壮此行——五四运动在学校的爆发

（一）川大校友与舆论前沿

1919 年 1 月 18 日，巴黎和会召开，北洋军阀政府在丧权辱国的《巴黎和约》上签字，举国震动，五四爱国运动在北京爆发。消息一传到四川，立即得到成都学生的响应，站在这个运动最前列的是成都高师的学生。

图 6　四川省城高等学堂分社中学堂学生——郭沫若、李劼人与同学们

其实早在巴黎和会期间，我国的外交失败情形就已经被川大校友、《京华日报》记者周太玄，川大校友、《川报》驻京特约通讯员王光祈的通讯和文章所报道，这些文章被他们的同窗李劼人刊登在其主办的《川报》上。这些报道在成都高师引起强烈反应，很快就"燃起了青年学生脑子里久已潜炽着的火焰，引起他们密切注视和会的动向"。

图7　周太玄　　　　　　　　　　　图8　王光祈

5月4日，王光祈将他在北京目睹的爱国学生火烧赵家楼的情况，专电发回了成都《川报》编辑部，《川报》于5月7日在"紧要新闻"栏目刊登；5月17日又在头版头条位置刊登了王光祈关于五四运动的详细报道："这样一来，在成都许多人——尤其是前进的含有革命性的知识分子的圈子中，无异是投下了一颗大的炸弹！"

（二）四川学界外交后援会

图9　袁诗荛　　　　　　　　　　　图10　张秀熟

5月17日，刊登有王光祈通讯文章的《川报》送到成都高师，正在食堂吃早饭的国文部二年级学生袁诗荛拿着报纸登上桌子，大声朗读，学生们愤怒不已，"登时似火山爆发了，群众嚷成一片，食堂变成了会场，一致通过拍发通电，声援北京学生爱国运动，声讨北京卖国政府，要求罢免亲日派曹汝霖、章宗祥、陆宗舆，呼吁全国各界一致拒绝'巴黎和约'签字"，反对"二十一条"，誓雪国耻。成都高师学生联络各校学生救国会等爱国组织，成立四川学界外交后援会，通电全省各县，反日救国。5月22日，成都高师全体学生向北京有关方面拍发通电，要求惩办卖国贼，释放被捕学生。这是目前查到的四川学生最早就五四运动向北京拍发的通电。

5月25日，由成都高师的学界人士发起，在少城公园召开四川学界外交后援会成立大会，宣布四川学界外交后援会成立，大会由四川公立法政专门学校校长熊晓岩主持，7位学生代表相继讲话，并慷慨陈词："吾辈学生对此次爱国运动，是头可断，身可碎，万不可以我大中华之国土国权断送于日本！"

5月28日及30日，以成都高师国文部学生、四川学界外交后援会负责人张秀熟、袁诗荛为代表的学界召开了两次国民大会筹备会，商讨"声援拒约外交、抵制日货事项"，并通电各方：电巴黎公使等在和会拼死力争，不能稍有退让；电各国和会代表，请主张公理；电北京政府请惩国贼；电广东护法政府，如北方不肯惩办国贼，则请征讨北方恶政府；邀各省国民大会组织大中华民国大会总机关，一致行动。这些行动的结果就是促使四川督军熊克武于5月31日发出了"拒绝欧会签字"的通电。这标志着五四运动由学生发端，推向各界民众，最后延伸到了上层首脑人物之中。

在包括四川人民在内的全国人民的坚决斗争下，北京政府罢免了国贼，中国外交代表拒绝签字，五四爱国运动取得了初步胜利。

图11　人民英雄纪念碑五四运动浮雕

三、反帝反封风云涌——五四运动的深入

（一）抵制日货与反对封建军阀

五四运动是一次彻底地反对帝国主义和封建主义的爱国运动，集中表现在提倡国货、抵制日货上。

1919 年 7 月 13 日，由成都高师学生袁诗荛发起，与成都总商会联合组织了以学界为主体的成都商学联合会，提倡国货，振兴实业，这是五四运动深入发展的标志。成都商学联合会宣讲团活跃在成都街头和郊县，号召群众抵制日货，挽救民族危亡，并组织"仇货检查队"，对经营日货的商家进行清查。日本制造"福州惨案"的消息传到四川，更是引起民愤，四川公立工业专门学校全体学生发表斗争声明，四川公立农业专门学校组织学生讲演队到县城去宣传"救亡抵制仇货之妙法"。

图 12　成都高师学生张秀熟
与《二声集》

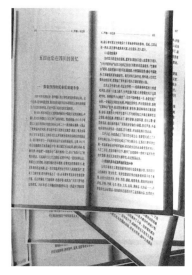

图 13　成都高师国文部学生张秀熟的
《五四运动在四川的回忆》

"五四"期间，学生对卖国军阀也是十分仇恨。在军阀刘存厚部打伤并抓走学生后，30 余所学校联合通电控诉其罪行。袁诗荛发表《对这次军学冲突的感言》，谴责反动军阀。教职员工也同情支持学生们的正义行动，成都高师及五大专门学校校长，联名致函靖川总司令部，抗议军阀暴行。在学生运动和社会舆论的围攻下，刘存厚释放被捕学生，并惩凶、调防、慰问学生。学生们团结一致，不畏强权，无畏前行。

图 14　四川各界声援五四运动

（二）创办进步刊物传播新思潮

五四运动最深远的影响，是进一步促进了文化思想上的变革、新文化运动的蓬勃开展。青年学生不满足阅读外省的进步刊物，决心自己创办刊物，传播新思潮。四川地区最有影响的进步刊物是《星期日》《四川学生潮》《威克烈》《半月》《直觉》等，这些都是川大师生编辑的。

1.《星期日》

图 15　《星期日》（局部）

　　《星期日》于1919年7月13日创刊，它是在吴虞的指导下，四川地区"五四"以后创办最早的宣传新文化的刊物，每周星期日出版。四川公立法政专门学校教员孙少荆为经理，编辑是李劼人。《星期日》创刊的目的是"在落后的四川传播新思潮，开展新文化运动"；《星期日》宣传十月革命，主张在中国实行社会主义，并配合五四运动批判封建社会的旧礼教、旧道德、旧思想等。吴虞著名的《吃人的礼教》和《说孝》就是首先发表于《星期日》，再由《新青年》转载的。《星期日》观点新颖，语言犀利，成为全国"五四"时期的著名刊物之一，与《每周评论》《星期评论》《湘江评论》齐名。

图16　李劼人

2.《四川学生潮》

图17　《四川学生潮》（局部）

《四川学生潮》于1920年5月23日创刊，是四川全省学生联合会宣传新文化、领导学生投入革命运动的刊物，主编是成都高师国文部三年级学生袁诗荛等，编辑部设在成都高师校内。《四川学生潮》的目的是要"先唤醒青年，再叫青年去唤醒社会的人"，是学生自筹经费、自编、自校、自己发行的刊物，主要内容涉及国内政治、社会生活、揭露军阀本职、宣传"劳工神圣"、倡导男女平等、支持妇女解放、介绍学术思想、揭露教育中的黑暗现象。《四川学生潮》是"五四"时期在四川流传广、影响大的刊物之一。

3.《威克烈》

《威克烈》于1919年12月创刊，由四川公立外国语专门学校的学生邓奎皋、杨铭等人在吴虞的指导下编辑出版。《威克烈》突出讨论学校问题，要求实行改革，改进管理，废弃烦琐考试，推行男女同校、婚姻自由等，这些内容在当时的省内刊物中是较早、较新的，深受青年学生的欢迎。

图18 《威克烈》（局部）

4.《半月》

《半月》于1920年8月1日在四川公立外国语专门学校出版，它是学生吴先忧、巴金等人在袁诗荛的支持下编辑出版的。《半月》结合当时青年学生学习生活中遇到的问题，针对当时社会、政治、经济、文化等方面的黑暗现状进行评论。巴金在该刊上署名发表了三篇文章，即《怎样建设真正自由平等的社会》《I. W. W. 与中国劳动者》《世界语之特点》。《半月》也是川内影响广泛的进步刊物。

图 19　《半月》（局部）

图 20　巴金

图 21　青年时代的巴金（右一）

5. 《直觉》

《直觉》是 1920 年由成都高师及附中学生刘先亮、秦德君、王怡庵、马静沉等人编辑出版的半月刊物，主要涉及男女恋爱、婚姻自由等问题，是一个文艺性刊物，其观点新颖有趣，在当时算是别开生面。

"五四"期间，这些进步刊物的主办或编辑均是川大的师生，他们不满现实，要求改革，倡导民主，追求进步，传播新思潮，使"窒息在封建统治下的四川，到处都响起怀疑和反叛的号角"，在四川将五四运动发展深入了下去。

不论是五四运动前夕，还是五四运动爆发，或者是五四运动的深入发展，进步的川大师生始终站在斗争的前列，不仅使学校成为五四运动在四川的策源地，更深刻诠释了川大师生"天下兴亡匹夫有责"的爱国大义与社会担当。

播火：王右木与马克思主义
在四川大学的早期传播①

作为一种外来思想理论，马克思主义传入中国社会，在知识分子群体中经历了从"接收"到"接受"的过程。这一过程究竟是如何实现的，其间经历了哪些波澜起伏，逐渐引起了学界的关注并成为中共创建史的热点问题。

中国地域广袤，各地输入外来思潮的时间存在"由东向西"的渐进过程。四川地处内陆，接受外来思潮同样经历了这个"西学东渐"的过程。五四运动前后，社会主义的思潮除借助报刊等常规媒介传播外，一些早期信仰者的思想"播火"尤其值得关注。在四川马克思主义传播史上，王右木就是这个地区的早期"播火者"。既有研究主要集中于王右木与马克思主义在四川传播的宏观考察②，但大多忽视王右木传播马克思主义赖以实现的契机，即任职于国立成都高等师范学校（简称"成都高师"）。正是这一契机，才使他与成都的知识阶层产生了密切接触，成为其"播火"的重要条件。

此外，由于王右木早年之事少有相关文字材料留存后世，既有研究多从相关人士的回忆录出发，在相关论点上往往以讹传讹。特别是王右木成为马克思主义者的时间和马克思读书会的来源等问题，更与实际情况存在较大出入。③ 诸如此类的问题，为笔者的后续研究留下了空间。本文将利用相关第一手资料，对王右木任职成都高师时期"思"与"行"进行探讨，在厘清既有旧说的基础上，揭示马克思主义在四川大学的早期传播

---

① 本文为"四川大学历史·文化·精神传承弘扬计划"项目资助成果。

② 目前学界关于马克思主义在四川早期传播的研究成果较多，无法一一赘述，其中较具代表性的有：匡珊吉的《马克思主义的传播与四川人民的觉醒》，杨天宏主编的《川大史学·中国近现代史卷》，刘宗灵的《从"并行不悖"到"百川归海"——四川地区早期马克思主义者的聚合之途及群体特征分析》，等等。

③ 例如张秀熟后来在其回忆文章中称：1921 年春，四川马克思主义信仰者，中国社会主义青年团员，稍后成为中国共产党党员的王右木同志，首先开始了在社会群众中的活动。言即王右木在 1921 年就彻底转向马克思主义。这与事实不符。同时，该回忆称王右木在 1921 年春创办《人声》杂志，也属回忆有误。王创办该杂志是在1922 年春。参见张秀熟：《四川社会主义青年团的建立前后》（1954 年），中国社科院现代史研究室等编《"一大"前后——中国共产党第一次代表大会前后资料选编（二）》，人民出版社，1980 年版，第 495 页。

样态。①

一、五四运动前后马克思主义在成都高师等学校的引介

辛亥革命至五四运动前的四川大学,主要包括两大源流:成都高等师范学校和五大专门学校。辛亥革命后,全国被分为六大学区,每个学区设立一所标志性的高等学校。1916 年 5 月,北洋政府教育部决定将四川高等学校和四川高等师范学校合并,改为国立成都高等师范学校。这是四川大学校史上被冠以"国立"的开端。成都高师成立后,学校发展势头较快,无论是在学生人数还是教育经费方面,都有了较大的增长。根据1918 年教育部统计,成都高师在专任教师和学生人数方面,仅次于北京高师,位列全国第二;年度经费名列全国第四,仅次于北京、南京、武昌三个高师之后。不仅如此,1916 年,成都高师还开始招收来自朝鲜、越南和匈牙利的留学生。截至 1919 年前夕,在校学生从 1916 年的 214 人,增加到了 1919 年的 373 人;教职员工从 1916 年的 45 人增加至 1919 年的 78 人。除成都高师外,其余五大专门学校在 1919 年前夕也取得了很大发展。

1915 年 9 月,陈独秀在上海创办《青年杂志》,正式开启了一场席卷全国的,反对传统封建思想、道德与文化的思想革命。在四川,青年学生借助这些进步期刊逐步实现了思想启蒙。随着川籍留日学生的宣传鼓动,成都各高校学子的思想逐渐解放。这些高校中以成都高师的表现最为突出。为了纪念"五九国耻",抵制日货,1918 年,成都高师等校学生发起了一次抵制日本在成都设立领事馆的集体抗议行动。为了反对中日军事密约,1918 年 6 月 30 日,成都高师联合市内其他专门学校以及中小学,有共计 60 余名代表在川汉铁路公司成立四川学生救国筹备会,并发出《救国警告书》,号召全川学校"共谋国家前途"。四川学生救国会的成立和《救国警告书》的发表,是"五四"前"四川地区一次较大规模的有鲜明政治色彩的集会和活动",是五四运动前的舆论准备和组织准备。这些集体行动充分说明了成都高师在四川教育界的重要地位。

1919 年 5 月 4 日,北京爆发了著名的五四运动。消息传到成都后,成都知识界迅速掀起了一场声援北京被捕学生的运动。据阳翰笙回忆:"'五四'时期成都闹得热火朝天,各学校都在闹。"5 月 22 日,成都高师全体学生致电北洋政府,要求惩办卖国贼,释放被捕爱国学生。25 日,由成都高师发起学界外交后援会成立大会,大会得到了教育界的积极响应,60 余所公私学校,学生 6000 余人,各界人士万余人参加,大会宣布

---

① 国立成都高等师范学校和五大专门学校——四川公立法政专门学校、四川公立国学专门学校、四川公立农业专门学校、四川公立工业专门学校、四川公立外国语专门学校(简称"法专""国专""农专""工专""外专"),是目前四川大学的重要源头。本文主要探讨王右木与成都高师的马克思主义传播,兼及其他专门学校。但为表达规范与准确,除标题和极个别地方外称"四川大学"外,其余仍然忠实于文献,以"成都高师"或者"法专""国专""农专""工专""外专"。

成立四川学界外交后援会，成都高师国文部学生张秀熟①、袁诗尧②当选为负责人。7月 17 日，经设在上海的全国学生联合会批准，"四川学界外交后援会"更名为"四川全省学生联合会"，会址设在成都高师校内，仍然由张秀熟、袁诗尧担任正副理事长。这充分体现了成都高师的进步学生在四川学生运动中举足轻重的作用，而成都高师则在整个成都的五四运动中扮演着"神经中枢"的角色。为此，沙汀也评论道："当'五四'的高潮涌进三峡的时候，这个学校（成都高师）不仅是当日四川反帝反封建运动的主要基地，许多前所未有的文化事业，也是从这里发动的。"

五四运动对于中国最大的影响在于思想文化方面的变革。在《新青年》等进步杂志的引领下，北至北京，南至广州，西至成都，东至上海，各种进步杂志如同雨后春笋般地涌现。1919 年 7 月 13 日，在法专教师吴虞的指导下，少年中国学会成都分会创办的《星期日》周刊，更是成为引领青年学生思想的重要刊物。在《星期日》的带动下，四川各种刊物如同雨后春笋一般涌现。成都高师和五大专门学校师生们纷纷创办刊物，传播新思潮。这些刊物中颇为有名的有：《四川学生潮》（四川全省学生联合会主办，成都高师学生袁诗尧主编）、《威克烈》（四川公立外国语专门学校学生在吴虞的指导下创办）、《半月》（四川公立外国语专门学校学生巴金等人创办）、《直觉》（成都高师及附中学生刘先亮等主办）等。这些杂志纷纷宣传新思潮，批判旧传统，同时积极引进西方学说。

需要说明的是，"五四"前后成都思想界的异常活跃，实得益于有成都报界"大总管"之称的陈岳安。此时期他主持下的"华阳书报流通处"（"五四"后改"洋"为"阳"），积极购进反映新思潮的杂志，成为成都了解外部世界的重要窗口。③ 此外，他还为成都本地报刊的发行大开方便之门。例如《国民公报》《蜀报》《川报》《威克烈》《星期日》等，其中不少是民办宣传新文化的期刊，但因资金微薄，无力雇人发售，便由书报处代订、代售。这种外引加内培并举的方式，有效地改变了成都地处内地信息闭塞的不足。为此，刘弄潮④说："我们要看的新的东西就到他那里，有许多统计数字也离不开他，从他那里得来的。"可见，流通处及时推动了新文化运动在成都的激荡。

在流通处的帮助下，大量省内外报刊在成都街头涌现，各种外来思想如同潮水般在四川知识界弥漫开来。"凡是中国所没有的，都受到欢迎，认为是'新'的"，例如巴枯宁、克鲁泡特金的无政府主义、基尔特社会主义、圣西门的空想社会主义、醒狮派的国

---

① 张秀熟（1895—1994），四川平武人，1920 年毕业于成都高师国文部，著名教育家，1926 年加入中国共产党，曾任中共特支委员，川西特委书记、川康特委委员，新中国成立后任川西文教厅厅长、四川省教育厅厅长、副省长等职务。

② 袁诗尧（1897—1928），四川盐亭人，1917 年考入成都高师，"五四"时期积极参加学生运动，被推选为四川省学联副理事长，创办《四川学生潮》，毕业后前往川北从事革命工作。1925 年，袁诗尧加入中国共产党，担任盐亭县首任教育局长兼根据国民师范学校校长，1928 年被捕牺牲。

③ 著名教育家舒新城回忆他与陈岳安的交往时，曾高度评价其书报流通处的作用。

④ 刘弄潮（1905—1988），原名刘作宾，四川新都人，1918 年就读成都第一师范学校，1921 年与阳翰笙等一起建立成都社会主义青年团（该组织后未经团中央批准）。

家主义以及马克思主义……各种思潮"如潮似水，纷至沓来，弄得学生们眼花缭乱，应接不暇"，在当时无疑给青年学生造成了很大的思想困扰，即"一时间，又觉得这新的东西什么都好，又仿佛不知道该信奉什么"。

正当此时，俄国先后发生十月革命、建立工农政权以及发表《加拉罕宣言》，使马克思主义受到国内知识阶层的强烈关注。在位于西南腹地的政治与经济重镇的成都，十月革命的消息也随着报刊传来。据陈毅同志回忆，十月革命的消息传入四川较迟，四川思想界对其称呼颇有意思，"不说共产党，也不说马列主义"，而称为"过激派革命"，例如将其称为"过激党和富人作对，搞共产"。尽管如此，十月革命及其揭橥的马克思主义还是在四川被悄然推介开来。

最早在四川介绍马克思主义的是成都《国民公报》。该报在五四运动前后，曾陆续刊登过一些介绍马克思主义和俄国十月革命的文章。例如 1919 年 5 月 13 日至 16 日，《国民公报》分篇连续转载了《布尔什维克之解释》一文，对马克思主义、无政府主义和法国、美国的大同主义进行了介绍。《国民公报》也成为早期"在川独一无二地、比较全面地刊载介绍马克思主义和俄国十月革命"的报纸。此时期马克思主义的引介，迅速引起了包括成都高师在内的成都青年学生的注意。在《国民公报》之后，《星期日》也开始刊登介绍马克思主义的文章，例如《俄国革命后的觉悟》、《波尔雪勿党的教育计划》（"波尔雪勿"即布尔什维克的译音）、《社会主义劳动问题》等文章。特别是在 1919 年 12 月出版的文章指出，社会主义是"福音"，因此我们应该"欢天喜地，争先恐后的欢迎。消除我们往日的'三灾八难'"。此外，《四川学生潮》《威克烈》《半月》《直觉》等刊物也陆续登载对于马克思主义的介绍文章。一时之间，马克思主义成为青年学子关注的时髦话题。这一情形，诚如周佛海所言："近一年来谈社会主义的杂志很多，虽其中也有短命的，但是都似乎有不谈社会主义则不足以称新文化运动的出版物的气概。"

在五四运动后，马克思主义这一外来思潮在成都高师广泛传播。然而，作为"一种需要注解的新的外来学说"，青年学生往往很难准确理解其真实含义。当时各种思潮在国内泛滥传播，其中不少也打着"社会主义"和"马克思主义"的旗号"蹭热度"，即"东挪西扯地说几句马克思主义，说几句共产主义，来出出风头"。泥沙俱下的结果，就是青年学生往往很难对马克思主义产生准确认识。此种情形，正如李劼人所观察：青年学生"对于现状都非常不满，都有一种爱国热情，都不再相信 18 世纪法国式革命能够救中国，但对于苏联革命的成功，对于布尔什维克主义，因为得不到许多资料作深入研究，仅止朦朦胧胧认为是一种崭新东西，值得欢迎而已"。可见，对于马克思主义，包括成都高师在内的青年学子往往存在着较为模糊的认知。

青年学生急于改变旧世界的群体心理，往往使他们不加分辨地接收来自不同派别的思想。为此，巴金即形象地描绘了自己当年的心态："五四运动像一声春雷把我从睡梦中惊醒了。我睁开了眼睛，开始看到一个崭新的世界""面对这一个崭新的世界，我有点张皇失措，但是我已敞开胸膛尽量吸收，只要是伸手抓得到的新东西我都一下子吞进肚里。只要是新的、进步的东西我都爱；旧的、落后的东西我都恨。"因此，各种新思想如同潮水般涌来，青年学生自然分不清马克思主义、无政府主义的区别，更不会在意马克思、卢梭、尼采、达尔文、克鲁泡特金的差别，只要是新的，就通通拿过来作为反抗礼教、解放个性、解放人类的武器。特别是无政府主义，因反公权、强调平等的特点，一度深受学生欢迎。

例如尽管时隔多年，巴金仍然清晰地记得当年看到无政府主义者克鲁泡特金的《告少年》时，自己激动与震撼的心情："它们是多么明显，多么合理，多么雄辩。而且那种带煽动性的笔调简直要把一个十五岁的孩子的心烧成灰了。"他由此迅速成为一名无政府主义者。身为四川学生运动的骨干，成都高师学生袁诗荛也是如此。他在 1921 年与巴金等《半月》的同人组织了倾向无政府主义的团体"均社"，[①] 并发表了《宣言》，称将建立一个无私产、政府、法律、军警、教会，且"各尽所能、各取所需；教育普及，智能均等"的"自由、平等、互相爱助的社会"。可见，尽管马克思主义已在成都传播，但学说众多，导致青年学生对于马克思主义的认识往往存在很大的偏差。在这个时候，王右木前来成都高师任职，成为推动马克思主义在成都高师乃至成都传播的重要人物。

二、王右木任职成都高师后的思想转变与创办《人声》

王右木，原名丕昌，曾用名过燧、燧氏、猷谟等。1887 年出生在四川江油县（今江油市）。1913 年毕业于四川通省师范学堂理化专科。1914 年前往日本，开始就读于应庆大学学习理化，后为探索救国道路而转学进入明治大学法治经济科，专攻社会科学。在此期间，王右木结识了李大钊、陈独秀等人，还加入了由李大钊组织的"神州学会"。[②] 但此时的王右木仅为民主主义者[③]，并非大多数论著中所称的马克思主义者[④]。

1918 年秋，王右木以优异成绩毕业于明治大学并踏上了回国的旅途。1919 年 6 月，王右木受聘成都高师并担任学监，主要讲授经济学和日文。同时，他还在成都高师附中、女子师范学校、法专和农专兼职讲授经济学课程。任教于成都高师的王右木平易近人，生活俭朴。据当年的学生回忆，他每次上课后，从来不到教员准备室去等工友给他打洗脸水和泡盖碗茶，更不到学监室和教务处说学生的坏话。他总是把一项旧呢帽戴得矮矮的，悄悄走到教室侧边来找同学闲谈。下课后又有很多同学围着他谈问题，要一直

---

① 巴金在回忆中提及自己和"几个青年"参与《半月》的编辑和组织"均社"的情况，并未提及参与者的姓名。但巴金显然与袁诗荛有过密切来往，他的小说《春》里的"方继荛"的原型就是袁诗荛。

② 据杜钢百回忆，他当时因考取成都高师被人质疑并举报，而负责审查的就是王右木。杜也由此与王多次接触。

③ 据王右木本人自述，他在日本期间因坚持"德谟克拉西（即民主）"学术思想，一度被指责为筹安会成员。参见《王右木给施存统的信——关于成都团的恢复和发展》（1923 年 4 月 30 日）。

④ 张秀熟后来在其回忆文章中称，1921 年春，四川马克思主义信仰者、中国社会主义青年团团员、稍后成为中国共产党党员的王右木同志，首先开始了在社会群众中的活动。言即王右木在 1921 年就彻底转向马克思主义。

谈到下堂课的钟声响了他才脱身的。他用学监的身份指导学生课外活动，经常教育学生"要研究新的社会科学，从旧的国故中走出来，做中国的新青年"。此时期王右木的思想始终处于活跃阶段，他始终鼓励学生大胆接受新思想，正式开始了他在成都高师的"播火"历程。

例如他建议成都高师学生杜钢伯"要留心时事、新事物，多阅读新书报，才能适应潮流，推进社会"，鼓励他"做中国的新青年"，并给他介绍《新青年》等杂志。在王右木的引导下，成都高师的学生运动骨干张秀熟、袁诗荛等人开始聚集在他身边研究与传播新思潮。张君培（四川早期工人运动的先驱，此时在成都高师当小工、上夜校）后来即向沙汀坦承：在四川新文化运动的人物中，"他最为佩服的是已故的王右木先生"，王将全部精力投入青年和工人中，甚至无暇吃饭，"一天只吃一两个锅盔"。由于受到《新青年》等杂志的影响，王右木开始关注马克思主义。1920 年春夏之际，陈独秀等在上海建立了共产主义小组。该年暑假，王右木前往上海，与陈独秀等人会面，了解中共早期党组织的基本情况。这是他思想变化的重要节点。

尽管王右木任职成都高师，但生活十分简朴甚至清苦。据梁国龄（梁华）回忆，由于他的薪水大多花在办刊物和帮助工人学生上，导致"物质生活是过得非常的坏"，"他家的老婆孩子们当不了一些工人的老婆孩子"。[①] 王右木任教成都高师之时，正值五四运动前夕无政府主义在思想界（尤其是高校）大行其道。与很多共产党人的情况类似，王右木在成都期间同样经历了从无政府主义到马克思主义者的转变过程。1920 年年底，他与袁诗荛联合向四川省会军事警察厅申办《新四川旬刊》，该刊宗旨"研究学术，改进社会，建设新四川为宗旨"。[②] 该报刊看似仅为一学术刊物，但实际上则是以宣传与研究无政府主义为旨趣。关于这一点，王右木后来在给团中央书记施存统的信中有所表露。据他在信中说，当时成都的杂志中，《半月》和《新四川十日刊》（又称《新四川旬刊》）以"社会主义之趋向"。这里的"社会主义"实为无政府主义。因为他们当时"只以读日本森户辰南著《克鲁泡特金研究》为主"，而"社会主义派别，全不明瞭（了）"。直到他后来阅读到《新青年》杂志以及《社会问题总览概况》后，"始于派别鲜然"。[③] 所谓"派别鲜然"，实际上是他已将马克思主义与无政府主义区别开来。

王右木这里提及的《社会问题总览概况》，即《社会问题总览》，为日本学者高畠素之的著作，由李达在日本翻译后寄回国内，1921 年由中华书局出版。该书较为系统地介绍了马克思主义的唯物史观、剩余价值学说，同时对"修正派社会主义""工团主义""无政府主义"进行了批判。此书连同李达翻译的《唯物史观介绍》《马克思主义经济学说》一起，有力地推动了马克思主义学说在国内的传播。可见，正是因为受到了《新青

---

① 参见梁国龄（梁华）《关于四川党组织情形的回忆》。梁华（1906—1956），四川广汉人，1923 年入党，先后担任四川省委秘书处交通科长、成都市委员兼工人部长、中共驻南京代表团组织部秘书，中央统战部人事室主任，新中国成立后相继担任西南局组织部副部长、四川省委监委书记等职务。本文是梁华 1941 年 2 月在延安所作。

② 参见《王右木、袁诗荛致四川省会军事警察厅呈》（1920 年 12 月 25 日）。

③ 参见《王右木给施存统的六封信》（1923 年夏）。

年》杂志和《社会问题总览》的影响，王右木才于 1921 年逐渐服膺马克思主义。① 关于这一点，他后来在《新四川十日刊》的基础上创办《人声》时也做了说明，即追求"人类均等幸福之坦道"而"正前《新四川》之失"。同时，他还在《人声》出版宣言中旗帜鲜明地提出"直接以马克思主义的基本要义，解释社会上一切问题"。因此，1922年 2 月 7 日，《人声》的创办，标志着王右木放弃无政府主义彻底转变为坚定的马克思主义者。②

《人声》积极宣传马克思主义。其创刊号登载了大量宣传马克思主义和十月革命的文章，例如王右木《一年来自治运动之回顾与今后的新生命》《〈红色的新年〉按语》《〈十年后之日本〉按语》、袁诗荛《红色的新年》等文，积极支持陈独秀、李大钊、李达等人的观点，讴歌十月革命是"赤色化的发源地，实行劳农（应为"工"——引者）主义的新俄国"。该文因为旗帜鲜明地赞颂十月革命，引起了成都卫成司令部的注意，认为其"语极离奇"，并训令警察厅警告《人声》编辑部"言论务求中正，不得在涉离奇"，否则将其停刊。③ 但王右木不为所动，继续通过《人声》宣传马克思主义，直至1922 年 6 月后者被当局停刊。

尽管该刊持续时间不足半年，但作为四川地区第一份旗帜鲜明地宣传马克思主义的杂志，它不仅在成都地区发行，还借助学缘网络传播到了川北南充等地。④《人声》对包括成都高师在内的四川青年学生产生了很大的影响⑤，进而在四川共产主义运动史上写下了浓墨重彩的一笔。

三、从"社会主义读书会"到"马克思读书会"的转型

众所周知，除了创办《人声》外，1921 年冬，王右木还在成都高师明远楼组织了"马克思读书会"。关于这个读书会，既有论说大多强调其在四川地区马克思主义传播史上的重要意义，隐含着该读书会是王右木首创之意。但实际上，该读书会是他在陈毅等人创办的"社会主义读书会"基础上加以引导而成。而正是在这个指导读书会的过程中，王右木逐渐放弃无政府主义，转而成为马克思主义的坚定信仰者。

五四运动时期，新旧文化在成都激烈交锋。而当时成都留法勤工俭学预备学校中思

---

① 据张秀熟回忆，1921 年暑假，他与袁诗荛前往南充，出发前见到王右木，后者"表现得英气勃勃"，称"成都的学生大有希望"以及工人也受到了五四运动的影响，进而提出"需要把这些进步力量组织起来，向着俄国十月革命的道路走去"。可见，在 1921 年中下旬，王右木就开始向马克思主义道路转变。

② 1923 年 6 月，恽代英在给团中央的报告中高度评价了王右木的坚定立场。参见《恽代英给团中央的信——请适当指导四川团的工作》（1923 年 6 月）。

③ 参见《成都卫成总司令部陆军第三军司令部训令》（1922 年 2 月 10 日）。

④ 据张秀熟回忆，当时他与袁诗荛在川北南充中学任教，成为《人声》在川北的特约通讯员和代派员，"每期代销二十至三十份"。

⑤ 1922 年 10 月 23 日，新成立的团成都地委（以成都高师学生童庸生为书记）报告团中央，坦承王右木对他们的影响，"此地方团未成立时，我们老早受了王右木先生的感化，因为王先生他创了一个《人声》报社，我们有多少都是这报社的成员"。参见《团成都地委向团中央的报告》（1922 年 10 月 23 日）。

想十分活跃，学校自由讨论的风气也较为盛行，学生们时常根据个人阅读兴趣与爱好自发组织读书会。1918 年夏天，陈毅和成都第一师范学校的学生刘弄潮等七八个同学组织了一个读书会，据刘弄潮回忆，陈毅因为性格"热情洋溢，坦白豪爽"，自然成为读书会的领导，但这个读书会"只是读书而已，开始说不上有什么思想色彩"，只是大家互相分享新发现的文章。1917 年 5 月 27 日，吴玉章在北京留法预备学校开学典礼上发表的一篇演讲，指出"'社会主义'一名词，早已通行于世界"，且"今日为社会主义盛行时代"，并对社会主义派别中的"急烈"和"平和"各方进行了介绍。① 该文刊登于《旅欧杂志》，进而引起了以陈毅等在川留法预备学校学生的注意。为了弄清"社会主义"的基本概念，明确读书会主题，在陈毅的倡议下，读书会正式被命名为"社会主义读书会"。

五四运动以后，读书会的参与人数和范围进一步扩大，一些成都高师的学生也加入进来，例如袁诗荛、肖华清等。由于无政府主义同样打着"社会主义"的旗号，使很多人无法分清什么是社会主义。正如刘弄潮所说："那时，读书会的人，弄不清楚什么是马克思科学社会主义，什么是无政府主义者标榜的社会主义。"直到 1920 年，吴玉章到成都演讲《科学的社会主义》，才使读书会成员的认识有所澄清。而袁诗荛、肖华清等人，他们逐渐从信仰无政府主义转向了"科学的社会主义"。可以说，直至 1920 年夏之前，王右木与该读书会都没有发生直接的关系，而吴玉章到成都来，成为该读书会的名称从"社会主义读书会"改为"马克思读书会"的重要契机。

1920 年，吴玉章来到成都。读书会闻讯，派成都高师学生肖华清和刘弄潮前往拜会并邀请吴玉章讲演"科学的社会主义"，并将地点定在成都高师校内。消息传出后，市内的中学、专门学校和华西协合大学不少学生前来听讲，人数大大超出原有会场容纳量。不得已之下，肖华清等人不得不与时任成都高师学监的王右木联系，将地点改为高师校内的致公堂，进而使此次演讲得以顺利进行。在演讲中，吴玉章开门见山地指出"科学的社会主义，就是马克思主义"，他同时介绍了马克思主义的三个组成部分。本次讲演意义重大，"使一些在各种社会主义流派迷惘中的朋友，进一步认识了今后信仰的方向"。特别是读书会的会员们更是"恍然大悟"，并认为应该将读书会改名为"马克思主义读书会"（实际名称为"马克思读书会"）。根据吴玉章的建议，读书会决定进一步扩大组织，吸收更多的人入会。同时，鉴于王右木对本次活动的积极支持，兼之他思想颇为活跃，在原来会员介绍下，"公推王右木同志任指导"，主要负责"拟定读书大纲""分组学习讨论"和"报告心得纪要"。

这个"马克思读书会"是公认的四川地区第一个宣传与传播马克思主义的群众性组织。王右木在担任该读书会的指导老师后，迅速行动起来，主要从组织和思想两个层面着手对读书会进行了改造。

首先，他不断扩大读书会的范围，并将包括成都高师校内读书会在内的其他学校读

---

① 参见吴玉章《甚愿吾国青年目光注于全世界》（1917 年 5 月 27 日）。

书会集合起来"暗中指导",然后将其"改为各校共通的读书会"。① 会员的对象为大中学生、中小学教员、新闻工作者、社会知识青年以及少数工人,每周开会一次。

其次,不断增加读书会的讨论深度。尽管此时的王右木尚未彻底成为马克思主义者,但他仍然对研究马克思主义持浓厚的兴趣。据读书会成员刘弄潮回忆,在王右木的引导下,读书会成员一起讨论"资本论""劳动创造价值""剩余价值",进而触及资产阶级剥削无产阶级的问题;在讨论马克思的政治学时,读书会讨论到社会主义实现必须突破旧有生产关系,实行社会主义革命。此外,王右木组织大家讨论陈望道翻译的《共产党宣言》、恽代英翻译的《阶级斗争》等。同时邀请恽代英前来读书会讲课,激发了大家的讨论热情。② 从读书会成员的讨论深度来看,他们已经对于马克思主张的科学社会主义产生了较为深刻的理解,而这种理解也在一定程度上强化了王右木的马克思主义立场。

此外,王右木还亲自担任主讲,根据不同的对象采取灵活的讲课方式,阅读范围也从最初的报纸和社会主义讨论集、《新青年》《新潮》等刊物扩展为马克思书籍及李大钊关于"问题与主义"的论战等文章,使会员逐渐发展到三四十人,流动听讲的最多时达到百人。据目前保存的一份读书会名录显示,48 名成员中,来自西南公学、农专、外专、成都高师、华西大学、蓉城女子学校、省立女子师范、工专等学校的共计 25 人,占 52%;其余则来自高等蚕业讲习所和实业女子讲习所以及自由职业。

可见,包括成都高师在内的青年学生在读书会中占主要比例,但读书会同时也吸引了其他职业的人参加,形成了以成都高师为核心的同心圆模式:成都高师—成都主要高校—社会其他行业(其他地区)。而在这个同心圆中,王右木又在其中扮演着"播火者"的关键角色。在王右木的指导下,马克思读书会的影响日著,甚至辐射到四川其他地区。1923 年年初,川南泸县青年团在恽代英的指导下,也借助川南师范学校建立了"马克思学说研究会",明确以"研究马克思学说"为宗旨。③ 因此,即便后来王右木遇害,读书会这种形式依然保持着强大的影响力。

例如据杨尚昆回忆,1924 年尚在成都高师附中上学的他,经四哥杨闇公的介绍,认识了几位成都高师的学生,进而在他们那里常常听到一些革命道路方面的学说,受到诱导和启发。不仅如此,杨闇公还介绍他认识甲种工业学校的廖恩波,参加了廖组织的读书会,阅读了《欧洲社会思想史》等书,从中知道了马克思主义著作,初次接触到马克思主义学说。这是读书会在传播马克思主义方面所发挥的作用。而在发展组织方面,随着四川党和团组织的建立,为了避免引人注目,王右木遇害后马克思读书会又更名为"社会科学读书会",但它却增加了另外一项组织功能——"吸收新同志及训练同志"。④

---

① 参见《王右木给施存统的六封信(三)》(1923 年夏)。
② 据王右木在给团中央负责人施存统的信中称,读书会在恽代英来讲课时,大家情绪更是"为之一振"。参见《王右木给施存统的六封信(刘)》(1923 年夏)及《钟心见 1980.1.20 谈话记录摘要》。
③ 参见《泸县马克思学说研究会简章》(1923 年 1 月 3 日)。
④ 参见《张霁帆给团中央的信——关于四川团的工作和各阶层状况》(1924 年)。

可见，读书会这种特殊的形式和功能，在研究马克思主义在中国的早期传播史时应予以充分注意。

从前述可知，王右木任职成都高师前后的思想状态存在从民权主义、无政府主义再到马克思主义的变化过程。甚至直至1920年下半年，他仍然处于无政府主义向马克思主义过渡的重要阶段。尽管如此，正因为他开放活跃的思想，才使他对于马克思主义始终存在兴趣，进而才会指导读书会开展深度讨论。然而，也正是因为读书会内部的激烈又不失深度的讨论与分析，反过来也强化了王右木的马克思主义信仰，最终使他转变为一个彻底的马克思主义者。

四、结语

作为一种外来理论，马克思主义在传入地方社会后往往会经历一个颇为相似的扩散模式，即从思想、行动再到组织。王右木在创办刊物和组织读书会宣传马克思主义的同时，还积极参与1922年成都高教界的争取教育经费独立运动，并在其中担任领导职务；积极投身工人运动，举办工人夜校；此外，王右木还指导成都高师学生童庸生等人建立了成都青年团组织。[1] 无论是创办《人声》、组织马克思主义读书会、参与社会运动还是指导建立成都青年团组织，王右木和成都高师都在其中扮演着核心角色。在王右木这个"播火者"的宣传和实践动员下，包括成都高师学生在内的一大批青年学生从无政府主义信仰中走出来，选择了"科学的社会主义"。例如王右木积极投身1922年6月的争取教育经费独立运动，在当时引发了广泛关注。为此，王右木认为：四川经过前次学潮后，一般学生脑中，颇将"马克思"三字印入，成都旧日安派（即安那其派，无政府主义）空气，已不为青年所重。[2] 在他的引领下，一大批成都高师学生走上了革命道路并成为四川共产主义运动的先驱。[3] 同时，王右木还与团中央、中共中央取得联系，积极帮助成都团组织的建立，并于1923年10月建立中国共产党成都独立小组。正值四川党、团组织积极发展之时，[4] 1924年，王右木在广州参加会议后经贵州返川，在土城一带遇害。此番变故对于四川的共产主义运动而言无疑是一大打击。所幸在王右木遇害前后，任职于成都高师的恽代英、吴玉章、杨闇公等人，薪火相传，继续在校内外传播马克思主义，[5] 而马克思读书会这种特殊的形式，不仅成为传播马克思主义的重要手段，而且对于考察与吸收新成员意义重大。王右木通过在成都高师组建读书会和出版《人声》，不仅奠定了成都高师在四川地区马克思主义传播史上的桥头堡地位，而且依托学

---

[1] 参见《团成都地委向团中央的报告——关于团地委的成立情况》（1922年10月23日）等。

[2] 参见《王右木致团中央负责人的信——关于成、渝、川北团的筹建情况》（1922年10月11日）。

[3] 例如张秀熟、袁诗荛、童庸生、蒋茂荃、谢国儒、李维仁、刘度、尹道耕、詹沐臣、杨辅臣等。

[4] 成都地委成立后，积极发展团组织，截至1924年2月，成都地委下设11个支部，主要集中各类学校。参见《王右木、黄钦给团中央的信——成都团组织发展情形及今后工作要点》（1924年2月25日）。

[5] 例如1922年9月，吴玉章任职成都高师校长后，支持王右木以平民教育社为名，在高师校内培训工人骨干，宣传马克思主义、俄国革命及各国工人运动史。

校的智识阶层传播马克思主义，更是成为马克思主义在全国传播的普遍性特征。

参考文献

[1]《四川大学史稿》编审委员会. 四川大学史稿 第 1 卷 四川大学 1896—1949［M］. 成都：四川大学出版社，2006.

[2] 阳翰笙. 阳翰笙选集 第 5 卷 革命回忆录［M］. 成都：四川文艺出版社，1989.

[3] 中共江油县委党史办公室. 四川马克思主义运动先驱者——纪念王右木诞生一百周年［M］. 成都：四川大学出版社，1988.

[4] 沙汀. 沙汀文集 第 4 卷 短篇小说 1931—1944［M］. 成都：四川文艺出版社，2018.

[5] 陈子展. 中国近代文学之变迁［M］. 上海：中华书局，1936.

[6] 中国人民政治协商会议四川省江安县委员会文史资料研究委员会. 江安文史资料选辑 第 5 辑［M］. 内部编印，1991.

[7] 四川现代革命史资料组. 四川现代革命史研究资料 第 2 期［M］. 内部编印，1980.

[8] 中国社科院现代史研究室."一大"前后——中国共产党第一次代表大会前后资料选编（二）［M］. 北京：人民出版社，1980.

[9] 聂元素. 陈毅早年的回忆和文稿［M］. 成都：四川人民出版社，1981.

[10] 中共四川省委党史研究室. 中国共产党四川历史［M］. 北京：中央文献出版社，2009.

[11] 李劼人. 李劼人全集 第 7 卷 散文［M］. 成都：四川文艺出版社，2011.

[12] 谭兴国. 巴金的生平与创作［M］. 成都：四川文艺出版社，1988.

[13] 唐金海，张晓云. 巴金散文选集［M］. 天津：百花文艺出版社，2009.

[14] 中华人民共和国民政部. 中华著名烈士 第 3 卷［M］. 北京：中央文献出版社，2000.

[15] 葛懋春，蒋俊等. 无政府主义思想资料选［M］. 北京：北京大学出版社，1984.

[16] 党跃武，陈光复. 川大记忆 校史文献选辑 第 4 辑［M］. 成都：四川大学出版社，2011.

[17] 清华大学国学研究院. 杜刚百文存［M］. 南京：江苏人民出版社，2018.

[18] 中共江油市委党史研究室. 四川马克思主义运动先驱者 王右木［M］. 北京：光明日报出版社，2017.

[19] Arif Dirlik, *The Origins of Chinese Communism*［M］. New York & Oxford：Oxford University Press，1989.

[20] 张际发. 有关王右木与《新四川》、《人声》旬报的几件史料［M］. 民国档案，1990（1）.

[21] 四川省档案馆. 四川革命历史文件汇集（1923—1925）［M］. 内部编印，1986.

[22]（日）高畠素之. 社会问题总揽［M］. 李达译. 上海：中华书局，1921.

[23] 卞杏英. 上海革命简史 [M]. 上海：学林出版社，1990.

[24] 刘树发. 陈毅年谱 上册 [M]. 北京：人民出版社，1995.

[25] 吴玉章. 吴玉章文集 上册 [M]. 重庆：重庆出版社，1987.

[26] 中国人民政治协商会议四川省委员会文史资料委员会. 四川文史资料选辑 第 28 辑 [M]. 成都：四川人民出版社，1983.

[27] 刘伯承，吴玉章，杨尚昆，等. 忆杨闇公同志 [M]. 成都：四川人民出版社，1980.

御寇与革命

——简述抗战时期四川大学的救亡运动和革命斗争

四川大学档案馆　谭　红　雷文景

一、历史回溯：在灾难深重的民族危机中探索救亡之道

翻开四川大学校史，最初的 50 年就是一部中国近代史的缩影。

1900 年前后，清王朝统治下的中国，腐朽不堪，民不聊生。外受西方列强对领土的侵扰，经济上背负着巨额债务，内有硝烟四起的农民起义，内忧外患，封建王朝处于风雨飘摇之中。无论洋务运动还是戊戌变法，都挽回不了其日落西山的命运。艰难时局下创办的"中学为体，西学为用"的新式学堂，短时间内在学术上难有建树，不仅没有培养出勤王之师，反而出现大量的"王朝掘墓人"。川大和华大办学的早期阶段，启蒙了辛亥革命在四川的先驱，造就了共产主义在四川的传播者，培养了新民主主义革命中大量先进人物（包括日后新中国党和国家领导人），为四川及西南各地的现代化人文和科技发展留下了宝贵的物质和精神遗产，并延绵至今。

回望历史，1911 年辛亥革命的成功和 1912 年民国政府的建立并没有从根本上改变中国人民被三座大山压迫的命运，国家很快陷入军阀混战中，各路军阀割据一方，国家远没有形成真正统一的状态，军阀为军事集团利益搜刮民脂民膏，随意加税，任意征兵，中国人民仍生活在水深火热之中。直到抗日战争全面爆发，军阀割据局面才以意想不到的方式暂时中止。

新思想、新文化如星星之火开始在四川传播，法政学堂教师吴虞就是其时的代表人物，他在《新青年》等杂志上发表了一系列反对封建礼教，提倡解放思想的犀利文章，成为推动四川地区新文化运动的一面旗帜。五四运动前后，中国知识界的先进分子开始坚定信仰马克思主义，四川地区最早的新文化运动和马克思主义思想的传播者大多出自川大——王右木、恽代英、杨闇公、吴玉章[1]，一个个如雷贯耳的名字，他们都是四川大学前身之一的国立成都高等师范学校（简称"成都高师"）的名师和中国革命的先

---

[1] 吴玉章（1878—1966），名永珊，玉章是其号。四川荣县人。著名的社会活动家、教育家、语言学家。1892 年入尊经书院。1903 年赴日留学。他是同盟会会员，辛亥革命中在四川首举义旗，曾任孙中山秘书。1925 年加入中国共产党。1922 年 8 月至 1924 年 3 月任成都高师校长。

行者。

1920 年，王右木创立"马克思读书会"；1922 年，他组建四川社会主义青年团，还创建了四川第一家宣传马列主义思想的《人声》；1923 年，在中共中央同意下秘密组建中国共产党成都支部，这是四川地区第一个共产党组织，从此四川地区的革命之路和全中国以及全世界联系到了一起。

1922 年，吴玉章出任成都高师校长，其间不仅有力保护进步学生组织，还把成都高师变成了马列主义思想孵化的摇篮，积极地推动了四川地区进步思想的传播。早在 1924 年，吴玉章、杨闇公等 20 余人在成都娘娘庙街 24 号成立中国青年共产党，创办月刊《赤心评论》，宣扬共产主义，并派学生前往工厂组织工人运动，发动罢工，深入农村，组织农会。

从 1931 年起，日本帝国主义有目的、有预谋的对华侵略让中国陷入了近代以来最黑暗的时期。1894 年甲午战争之后，日本占领台湾；1905 年日俄战争之后，日本驻军东北，安置移民，开始长期、全面地在中国的土地上进行经济、思想、文化殖民统治。驻军东北仅仅是日本军国主义的第一步，1931 年"九一八"事变，日军侵占东北全境，建立伪满洲国。经过 1935 年的华北事变，1937 年的卢沟桥事变，全面抗战开始，北京、天津、上海、南京先后沦陷。随后的几年，日本帝国主义占领我国大部分领土，大江南北一片焦土，生灵涂炭。

地处西部边陲的四川向来是中华民族反抗封建制度和外来侵略的中坚力量，发生在成都的"保路运动"就是辛亥革命的先兆和导火线。川大师生具备不屈不挠的革命斗争精神，保路运动中的"保路同志会"，勇敢无畏的学生军，充满传奇色彩的"水电报"，都有着川大学子的身影，川大涌现出了张培爵①、龙鸣剑②等"捐躯赴国难，视死忽如归"的"辛亥革命真正英雄"。

抗战期间，作为全中国的大后方，四川人民展现出了大无畏的牺牲精神。"无川不成军"——由巴蜀儿女组成的 300 万川军出川，"一寸山河一寸血"，抗日川军伤亡 60 余万。与此同时，巴蜀大地也是支持抗战出粮最多的省份，全国无出其右，充分体现了"抗日战争的胜利是以爱国主义为核心的民族精神的伟大胜利"。

正面战场上，出川将士"失土不回复，誓不返川"，在"偌大的中国放不下一张安

---

① 张培爵（1876—1915），字列五，四川隆昌人。1903 年考入四川高等学堂优级师范科理科。1906 年加入同盟会，在校内外开展革命活动，成立"剪辫队"，进行革命宣传，组织同乡会。1911 年 11 月，与同盟会会员杨庶堪、夏之时发动重庆起义，成立蜀军政府，张培爵任都督。次年春，成渝两地军政府合并，成立四川军政府，尹昌衡、张培爵为正、副都督，旋后军民分治，张改任四川民政长（省长）。后与邹杰（酉阳县人，也是四川高等学堂学生，同盟会会员）密谋讨袁，二人被捕，英勇牺牲。四川大学后来修建了"列五馆"，即为纪念校友张培爵烈士而命名。

② 龙鸣剑（1877—1911），字顾山，四川荣县人。1906 年入四川师范学堂，1908 年去日留学，加入同盟会。后与吴玉章等策划荣县独立，是为四川光复的先声，被吴玉章赞为"辛亥革命真英雄"。在保路运动中，龙鸣剑与王天杰、秦载赓等组织同志军，反对赵尔丰的大屠杀，为动员人民起义，他在木牌上书"成都危急""各路同志速起自救自保"等字样，投入锦江，传遍沿江各县，让同志军向蓉城增援，时谓"水电报"。

"静书桌"的危急时刻，在作为大后方的成都，川大师生从抗战第一天就投身于民族解放斗争之中。"九一八"事变发生的当天，华大学生就自动带上印有"誓雪国耻"的黑纱，四个醒目的白字表示不忘国耻、决不投降、誓死维护国家尊严的决心。

抗战伊始，经过辛亥革命和大革命时期的洗礼，经历多次分分合合，由学堂变迁为专门学校再逐渐重组、合并为今四川大学的重要分支——国立四川大学，另一分支华大也初具规模，办学主权尘埃落定，建成了中国西部地区最早的现代化医学专业和远东第一牙科专业，虽然学生人数较少，但真正实现了精英教育。1931年合并的国立四川大学拥有文学院、理学院、法学院、教育学院等四学院，共11个系，2个专修科，学生1337人，成为当时国内有影响和地位的综合性大学。在学校变迁的20多年里，贯穿教育体系里的新文化、新思想逐渐融入了川大人的血脉，新一代的青年学子不再用义和团的方式反抗侵略压迫，他们在先进分子的领导下扛起了"科学"和"民主"两面大旗，从根本上改变了斗争的进程。

和全国其他地区一样，川大的共产党组织经历了不断被破坏、不断重建的螺旋式的发展过程，到抗战爆发前夕，川大诸前身都建立了党的基层组织，仅当时国立成都大学，有确切记录的党员、团员人数均已达到30余名。党领导下的学生进步社团如"野火烧不尽，春风吹又生"，他们组织形式多样的爱国活动，宣传抗日，与国民党和地方军阀斗智斗勇，面对迫害不屈不挠，经历了一次又一次血与火的洗礼和考验。

川大诞生在近代历史的凄风苦雨中，注定从一开始就踏上一条筚路蓝缕之路，同处于苦难中的国家和民族共命运、同呼吸。在校园中各种新思潮的激荡之下，共产主义成为最强劲的力量，在救亡图存的民族危机之中，闪耀着光辉。

二、国立四川大学：烽火岁月五任校长的跌宕起伏

在长达14年艰苦卓绝的抗战历程中，川大先后有五位校长执掌校印。在烽火四起、国将不国的历史背景下，这些校长的升迁去留也诠释了一所大学在军阀混战、战时教育、救亡图存、国共斗争之下的命运起伏。

1931年，国立成都大学、国立成都师范大学、公立四川大学"三水汇流"，完成了四川大学发展史上的一次重要组合，国立四川大学正式成立。作为国立四川大学第一任校长，王兆荣[①]本该一展宏图，大有作为，然而王兆荣上任之时正值敌寇压境，国难当头，生存是首要问题，其面临教学设施十分短缺、教育经费捉襟见肘的难题，学校艰难维持，难求发展，大有"巧妇难为无米之炊"的处境，与此同时，四川军阀内战也严重影响教学秩序，在此内忧外患的多重危机下，川大国难教育乏善可陈，但王兆荣奠定学校发展基础之贡献功不可没。

---

① 王兆荣（1887—1968），字宏实。四川秀山人。1918年毕业于东京帝国大学法科。回国后，先后在北京法政专门学校、安徽省立法政专门学校、上海中国公学担任教务长、校长。1932年至1935年任国立四川大学校长。

　　1932年下半年，四川军阀刘湘和刘文辉在成都城内武力相争，川大皇城校区前门与后门皆为军队攻守据点，师生300人一度被困校内，迫使学校提前放假。其间刘文辉、田颂尧两军在城区展开了大规模巷战，为争夺城内的制高点皇城煤山①，双方均组织敢死队进行反复争夺，战斗尤为激烈，煤山几经易手，双方死伤逾千。一波未平一波又起，当战火平息，学校赔偿还未得到支付之时，军阀刘湘在"剿赤"会议上决定变卖皇城地基，将所得经费150万元作"剿共"之用。面对军阀政权强制变卖校产的行为，川大师生强烈反对，校长王兆荣致函成都地方法院，控告刘湘越权变卖川大校产皇城实属非法，指责刘湘侵犯川大权利，危害四川教育，并向报界散发声明，呼吁社会舆论支持。校园不存，何谈教学，遑论发展，时局之混乱、办学之艰辛是我们今天身处和平稳定的社会环境中难以想象的。

　　王兆荣掌校时期，每年办学经费60万元，但各方拖欠赖账实际到账仅40万元，不到预算之七成，大部分预拨的款项，如盐税中分拨的教育经费，还得由学校自行向川南盐务稽核所讨要。1933年3月9日，成都市教职员联合会派代表到重庆向刘湘提出解决教育经费困难问题，未获结果；4月10日，成都省立中学以上校长到教育厅索薪；4月27日，省立各校长联名陈述目前经费艰窘，呈请省教育厅转请24军军部拨现款1万元，以济燃眉之急。

　　1935年，王兆荣在举步维艰、四面楚歌中三请辞呈，最后得以脱身离任，继任者任鸿隽②走马上任，此时防区制取消，四川军阀一统天下的局面被打破，当时的《川报》在社论《任鸿隽抵蓉后吾人对川大的希望》中指出，任鸿隽执掌川大"乃四川教育界的福音，是与旧时代军阀制度之打破，防区制之毁灭，新省政府之成立，具有同等意义的事情"。

　　任鸿隽一俟就职，就宣布他改造和建设川大的宏图大略，在民族教育与新文化两方面树立起新风。1935年10月18日，川大理学院举行了学校历史上首次颇具象征意义的升国旗仪式。翌年5月，又成立了以任鸿隽为主任的"四川大学国难教育委员会"，此举旨在期许四川大学在国难当头的情形下，肩负民族复兴的责任，而要肩负此重任，他认为：第一要输入世界的智识，要拿智识开通来补偿四川的地形闭塞；第二要建设西南的文化中心，使之成为文化策源地的综合大学。任鸿隽推行强力改革，四川大学由"本土大学"向真正意义上的"国立大学"大步迈进，包括马克思主义在内的各种新思潮、新思想也随之在校园中传播，学校风气焕然一新。

　　任鸿隽抱着忧国忧民之心入川，他认为四川是"中华民族复兴的策源地和根据地"，

---

　　① 时皇城为国立四川大学的校本部和文学院、教育学院所在地；煤山是皇城内的一个常年堆积煤渣的山包，地点在今成都体育中心。

　　② 任鸿隽，字叔永。四川垫江县人（祖籍浙江吴兴）。1908年赴日留学，参加同盟会。辛亥革命后曾是孙中山秘书之一。留美博士。在美国期间与杨杏佛、赵元任等创办中国科学社并任社长。1918年回国，先后担任北京大学教授，教育部专门教育司司长，东南大学副校长，中华文化教育基金会理事长，1935年8月至1937年6月任国立四川大学校长。

在他执掌川大期间，要求各学院结合抗战需要制订出了"国难"教育计划，调整课程，如理学院组织盐化工、燃料化工以及机械动力等课题研究，得到了社会上的积极支持并取得了显著成果。1935 年夏，川大成立西南社会科学研究处，它的目标是结合四川地方特色研究战时国家需要的课题，社会经济组调查经济发展状况、调价指数等，人文组研究边区民族，搜罗蜀中文献，考察蜀中金石古物等；学校还与迁川的国防工业厂矿研究部门合作，进行与抗战有关的军事课题的研究；与军政部五十工厂、川康铜业管理局合作进行枪炮原料的采冶、制造的研究和生产；与中央水利委员会进行四川地区水电资源调查、勘测研究，努力为抗战提供后援服务。

1936 年 4 月 19 日，川大举办首届运动会，在运动会开幕式上，校长任鸿隽及四个学院的院长亲自率领运动员举行入场式，任鸿隽说："今日这运动有三点意义：一、读书不忘运动，运动不忘读书，一洗文弱之耻；二、养成合作互助的道德；三、养成公平正直之习尚。……这次运动会虽为创举，但希望下季即能影响于全市全省，明年活动于全国，他日更于世界纪录中占一席位。"

从任鸿隽开始，国内名流学者在 20 世纪三四十年代大量涌入川大，使学校办得很有生气，一时蔚为大观，受到海内外的瞩目。以 1935—1936 年为例，高层职员中川籍人士由 80％大幅下降到 39％，教员中川籍人士由 72％下降为 59％，外省人超过了本省人。从教职员的留学背景看，高层职员中留学日本者，由 53％下降为 20％，教员由 54％下降为 31％，留学欧美者则分别由 47％、46％上升为 80％、69％，欧美留学者中，留学美国的又超过留学欧洲的。

1935 年"一二·九"运动后，平、津、沪、宁大批学生辗转入蜀，川大作为四川唯一的国立大学，自然成了诸生向往的目标。"一二·九"运动发生时，任鸿隽正在北平开会，耳闻目睹了爱国学生英勇奋战的悲壮场面。返校后，立即在全校师生大会上报告了他的亲身见闻，痛斥日伪暴行，在他的影响下，全校师生纷纷集会，以教职员和全体学生名义通电全国，强烈要求国民党最高当局停止内战，一致抗日，维护主权，严惩汉奸。在给北平学生的电报中，川大人表示了同仇敌忾、誓作后盾的决心。从 1936 年暑假开始，任鸿隽用登广告的方式进行宣传，在平、津、沪、宁及两广等地招生，任鸿隽办学的开明态度和爱国热情，各地学生已有所闻，次年投考川大者甚众。同时，任鸿隽因势利导，不仅大量接纳外省籍学生，而且大幅度减少学费，并在学生贷款和奖学金方面对学生予以照顾和优待，解除穷苦学生的后顾之忧。此后，外省籍（包括沦陷区转学而来）的学生逐年大幅上升，一度达全校学生的 45％以上。[①]

从各地来的学生，大多是抗日救亡运动的骨干分子或学有所长的人才。他们的到来给古老的川大平添了许多活力，吹进了民主自由的新风，带来了近代科学的信息。他们和川籍同学融洽相处，共同吹响抗日救亡的号角。1936 年考（转）入川大的学生中，

---

① 参见国立四川大学档案 189 卷。

有受中共北方局和北平中华民族解放先锋队总部派遣的韩天石①、王潞宾②等一大批北平学生；有康乃尔③等上海学生；这些优秀学生的涌入，与川籍进步学生王怀安、胡绩伟④、熊复、缪海稜、陶然、邓照明、周海文、张宣、郭琦、丁洪、于北辰等结合起来，掀起了轰轰烈烈的抗日救亡运动。在任鸿隽掌校期间，这些学生发起组织了中华民族解放先锋队成都队，并在省、市抗敌救亡组织中担任负责工作，走上街头，深入农村，宣传抗日。许多人后来成为四川地区党组织的负责人，或奔向革命圣地延安。

任鸿隽在任期间还有一个"大手笔"，他选择锦江河畔望江楼侧为川大的新校址，占地 2000 多亩的望江校区在抗战后期投入使用，对川大的发展有不可估量的作用，惠泽至今。

然而一件意想不到的"文字风波"⑤ 导致了校长任鸿隽的离任。此后张颐⑥代理校长，他基本按照前任校长任鸿隽的办学方针实施校务。经过张颐的悉心经营，加上处于大后方的地利之故，四川大学的教育水准在全国高校中持续名列前茅。据《新四川月刊》统计，川大 1938 年 10 月在校学生人数为 1200 人，教授 124 人，经费 72 万，图书仪器费 120 万，仅次于中央大学（1940 人，160 人，172 万，215 万），整体实力远高于其他国立、公立、私立大学。

1939 年 7 月 27 日，日军出动飞机 108 架，投弹 358 枚，炸死炸伤 1107 人，炸毁 82 条街道，川大皇城校本部和南校场理学院、法学院中弹着火，至公堂、明远楼一带的办公区、教学区，留青院、菊园一带的宿舍区，图书馆、博物馆等共 127 间房屋变成废墟。据目击者回忆，从国立四川大学缀有"为国求贤"匾额的地方进去，但见一片残垣破瓦，竹林还在冒烟，血迹斑斑，腥味扑鼻，苦瓜架挂着逃难人们的片片血衣，迎风

---

① 韩天石原为北京大学物理系学生，"一二·九"运动的骨干分子，平津学生"南下宣传团"第一团团长，北平民先总队委员之一。1936 年初入党后，为北京市学联党团委员，以后在"三三一"反对国民党迫害爱国学生的抬棺游行中暴露，被北京大学校长以"闹事""捣乱"为由开除。于是中共党组织派遣他来四川开展抗日救亡工作。1936 年 3 月，韩天石转学入国立川大理学院物理系，为中共北方局和北平中华民族解放先锋队总部负责人之一，南下宣传团第一团团长。1938 年 3 月，韩天石出任中共成都市委书记。1938 年底，韩天石参加中共川西特委，担任特委委员兼青委书记后，直接领导四川大学党总支。

② 王潞宾又名王广义，山东大学党员学生，与韩天石一同从北平转入国立川大理学院生物学。

③ 康乃尔原是上海暨南大学史学系学生，因参加救国会，从事救亡运动被学校开除，1936 年 10 月转来国立四川大学文学院史学系，为国立四川大学抗敌后援会主席，《战时学生旬刊》社社长，也是上级党组织与川大党支部的单线联系人，后赴延安，与韩天石先后担任中共中央青年工作委员会秘书长、团中央秘书长。

④ 胡绩伟于 1939 年赴延安后担任《解放日报》的负责工作，后来成为《人民日报》的社长兼总编辑。

⑤ 任鸿隽的夫人陈衡哲为四川大学教授，在校教授西洋史。她发表在北平《独立评论》上的《川行琐记》《四川印象记》等文章，表述她个人对四川浓厚的封建气息的看法和不满，引起了省内外一些四川名人的强烈反对和激烈批评。四川官僚政客利用这些事件暗中推波助澜，致使成都报纸和京沪报纸出现一些攻击任鸿隽的流言蜚语。任鸿隽对四川封建势力的压迫深为苦闷和气愤，他以一个知识分子重名节的清高，于 1937 年 6 月断然辞职，与夫人一同离开了川大。

⑥ 张颐（1887—1969），字真如。四川叙永人。1907 年加入同盟会。1911 年毕业于四川高等学堂二部（理科），参加四川保路运动。1913 年赴美、英留学，先后获密执安大学、牛津大学哲学博士学位。之后，到德国、法国、意大利进修考察。1924 年应吴玉章校长之请拟到成都高师任教务长，返国途中闻吴去职，遂改去北京大学当教授。1936 年从欧美考察回国后应聘到国立四川大学任文学院院长。任鸿隽去职后，1937 年 6 月张颐任国立四川大学代理校长。1939 年离开。

飘荡，触目惊心。这次轰炸后，川大加速了向峨眉的迁校进程。

1939 年，经历了一场"拒程运动"的轩然大波后，程天放①终于掌握校印，四川大学经历了抗战教育最艰难的时日。程天放上任后，立即决定将学校迁至峨眉山中，远离城市以躲避日寇轰炸，保护学校安全，避免无谓牺牲。与此同时，身为国民党中央委员的程天放在迁移峨眉的计划中还暗藏"心机"，即为了控制川大，使川大进步势力远离成都抗日救亡中心，也远离学术文化中心，达到钳制师生的思想和学术自由的目的。3000 余人的大学客居峨眉山，交通不便，与外界交流困难，水电全无保障，物资极度匮乏，师生困守山中，其运作之难可想而知。在峨眉的四年间，程天放压制进步势力，在政治上大搞党派活动，竟然把峨眉山的几十名和尚都拉入国民党"三青团"。在这样的思想管控和党化教育下，学校教育发展难有进展，学校名师相继流失，仅剩专任教授100 余人，共产党党组织和学生运动陷入停顿，可谓万马齐喑。

1943 年，世界反法西斯同盟军进入反攻阶段，法西斯德国败局已定，日本也受挫于太平洋战场。国内局势相对稳定，这一年，黄季陆②接替程天放掌校四川大学，上任即提出学校回迁计划，声言"西南最高学府的川大，当时竟在神秘的山谷中残喘着，这的确与时代相背驰"，他审时度势，运筹帷幄，很快就将庞大的机构和数千名师生及家属返迁回成都，"一时嘉蓉道上飙轮竞驰，青衣江头触舫相接"，回迁后在成都望江楼新校址开学行课。黄季陆利用兼任国民党四川省党部主任的身份，调动各种关系和社会力量，在学校回迁、维修重建、经费筹集方面起了积极的作用，学校有了一个较为安定的环境，"不仅招生数大增，而且院系设置，办学规模不断扩大，教师阵容日益强大"，四川大学再一次出现名师荟萃、学者如云的盛况，如向楚、钱穆、朱光潜、冯友兰、萧公权、谢文炳、徐中舒、彭迪先等，专任教授常年保持在 200 人左右，学生人数超过中央大学和北京大学跃居全国第一。在战时中国的高等教育中，川大以完善的教学体系雄踞四川，带着"全国独善"的美誉，迎来了抗战的最后胜利，为后来新中国的建设培养了大批的青年才俊，实现了建校初期"仰副国家，造就通才"的宏伟目标。

三、私立华西协合大学："五大学"联合办学的时代华章

辛亥革命前夕，伴随着西学东渐，废八股、除科举，改书院、兴学堂，由此激发新式学堂大量兴起，四川大学的源头学校四川中西学堂即开办于 1896 年。与此同时，教会学校也大量增长，四川各地外国教会所办中小学数量达数百所，学生人数众多。兴办

① 程天放（1899—1967），江西新建县人。毕业于上海复旦大学，留学美国，获多伦多大学政治学博士。先后任江西、安徽、湖北省政府委员兼教育厅长、安徽省政府代主席、安徽大学校长、浙江大学校长、中国驻德国大使、四川省国民党党务培训班主任等职务，为国民党中央委员。1939 年至 1942 年任国立四川大学校长。
② 黄季陆（1899—1985），原名黄学典，四川叙永县人。辛亥革命时参加保路运动，后加入同盟会。1927 年任国立成都大学教授，1931 年被选为国民党后补中央执行委员，1939 年任国民党四川省党部主任委员，1943 年 1 月兼国立四川大学校长。1945 年当选国民党中央执行委员。

大学以培养"未来中国教会领袖"也就顺理成章成为外国教会迫切的愿望，而戊戌变法之后中国社会对革新强烈要求，也从过去怀疑、敌视教会活动，改变为对教会筹办大学给予许可和支持，在这样的历史背景下，1910 年由美、英、加拿大三国的五个基督教差会①联合创立的华西协合大学在成都正式开学。

近代中国社会动荡不安，在此历史阶段创办大学教育殊非易事，华大首任校长美国人毕启②博士功不可没。从 1913 年至 1946 年的 30 多年间，毕启不辞辛苦往返美国多达15 次。要知道，百年前兵荒马乱的年代，从成都经乐山、上海到美国一般需耗时数月，还得经历长江航运三峡险滩时常发生翻船的危险，旅途之艰辛是今人难以想象的。抗战结束后，当在中国经历数十年荣辱的七旬老人毕启博士离开成都荣归故里时，国民政府授予他采玉大勋章（Order of Brilliant Jade）③，以表彰他"将自己的一身奉献给这个国家的教育事业"。

1930 年前后，中国收回教育主权，之后华大办学权被收回，这所由西方人创办的教会学校的办学宗旨得到修改，张凌高④掌校华大，从此中国人开始主持校政。

当抗战全面爆发后，华东华北相继沦陷，不甘为敌奴役的文化界和教育界的人士，为了保存我国文化教育命脉，延续中华文明，随战区高校纷纷内迁。成都地处西南边陲的"天府之国"，远离战区，而华西坝草色如茵，花光似锦，被誉为抗战时期教育文化的"天堂"。其时，先后有 5 所大学迁徙而来，集中在华大所在地华西坝办学。1937年，中央大学医学院率先迁移华西坝。翌年，金陵大学、齐鲁大学师生迁至坝上。随后金陵女子文理学院师生分别从武昌和上海等地奔向成都，当年秋季开学。备受磨难的燕京大学最晚来到成都。人们习惯称这一时期为抗战"五大学"时期。据《五大学联合办学纪念碑文》所记："抗战军兴，全国移动，华西协合大学张校长凌高博士，虑敌摧残我教育，奴化我青年，因驰书基督教各友校迁蓉，勿使弦歌中缀。其卓识宏谋固已超乎寻常，使人感激而景仰之矣。既而金陵女子文理学院，金陵、齐鲁两大学先后莅止。而燕京大学亦于太平洋战起被迫解散，旋即复校成都，于是有华西坝五大学之称。"⑤ 这是华大办学历史上独居殊荣也最为辉煌的时期。

"众志成城天回玉垒，一心问道铁扣珠门"（吴宓教授语），其时"五大学"汇聚华西坝，东道主华大校长张凌高，中央大学医学院院长戚寿南，金陵大学校长陈裕光，金

---

① 此处即美以美会（M. E. M，又称卫理公会）、浸礼会（A. B. M. U.）、英美会（C. M. M.，又称中华基督教会）、公谊会（F. F. M. A）和 1918 年加入的圣公会（C. M. S）。

② 毕启（Joseph Beech，1867—1954），英国人，教育家、传教士。惠斯联大学神学博士。1903 年来华。1913 年至 1930 年担任华大校长。

③ 此勋章设立时间为 1933 年 12 月 12 日，是中华民国国民政府时期以及台湾地区最高荣誉勋章，因纪念蒋介石母亲王采玉而得名。

④ 张凌高（1890—1955），四川璧山人，教育家。华大文学学士，美国西北大学文学硕士，美国德鲁大学哲学和神学博士。华大首任中国籍校长。

⑤ 《五大学联合办学纪念碑文》原件题名为《纪念碑》。雷文景的《华西坝：当年风物当年人》（四川大学出版社 2010 年版）第 39 页录文据金开泰、孟继兴《华西九十年》（光碟）档案扫描件整理。

陵女子文理学院校长吴贻芳，齐鲁大学校长刘世传①，燕京大学校长梅贻宝，各大学校长每周召开一次联席会，教务长每月召开一次教务会，训导长也有例行的联席会，还召开不定期的教授联席会。各校教师允许跨校讲学，高年级的学生可以自由选课。除了内迁学校的学生，华大还接收了另外 30 所战区大学的借读生，和来自中国香港、澳门以及朝鲜等地的侨生与留学生。华大紧缩本校师生用房，租用和新建简易校舍，竭尽全力挖潜资源，可以说，为了迎接和安顿远方的"客人"，华西坝的建筑和设备以及人力和物力被发挥到了极致。彼时，坝上的师生骤然增至四五千人，拥有文、法、理、医、农等五个学院，六七十个学系。面对战时的困境，纷扰的局面，整整 9 年，"五大学"齐心协力、弦歌不辍，表现出同舟共济、精诚团结的高尚精神。在国破家亡、民族存亡岌岌可危之时，华大在西南一隅幸得苟安，华西坝上的高等教育不仅没有萎缩，反而得到了良好发展。除了医学教育力量强劲，其他科系也名师云集，迎来了一大批国内顶级的学术大师如陈寅恪、钱穆、顾颉刚、吕叔湘、吴宓、李方桂等，在抗战时期的大后方呈现出前所未有的强大师资力量和人文荟萃的教育景象，金陵大学在离开华西坝时曾有总结："八年在川，虽在艰难困苦之中，所设科系与学生人数，仍岁有增，是为本大学播迁时期。"

当时教会在成都办有医院 4 所，即仁济男医院、仁济女医院、仁济牙症医院和存仁眼耳鼻喉专科医院。这几所医院原只提供给华大医科学生临床教学和实习，而中大和齐大医学院的高年级学生迁来华西坝后，都需要利用这几所医院进行临床教学。经过协商，进行了统一财经和行政管理调整等工作后，1938 年 7 月，决定组成华大、中央大学、齐鲁大学"三大学联合医院"，由中大医学院院长戚寿南任总院长，对各医院统一领导，提供各校共同使用的病床计 380 张。这个联合医院使众多中国名医聚集华大，使华西坝成为战时大后方医学与医学教育的重镇。

另外，华大还建立了麻风病院、结核病疗养院、精神病院和六七个学生实习处与附属工厂。中国文化研究所、华大边疆研究所、农业研究所、历史研究部等 9 个学术机构也于此间相继成立，学校在全国的地位得到了极大的提高，办学质量也在国际上获得了认可。

华大医科、牙科及制药系学生在毕业前，按规定由政府征调去军队中服务一年才准予毕业。1936 年"西安事变"后，华大医牙学院本科四年级和制药系三年级学生 32 人，根据当时的抗日形势和教育部的规定，由学校安排赴南京受战备卫生勤务军事训练。在抗战全面爆发的 1937 年，华大医科毕业生陈文贵担任国民政府第一防疫大队队长，负责包括延安在内的华北战区的防疫工作。② 在 1939 年"6·11"大轰炸中，日寇飞机 27 架轰炸成都，投弹近百枚，市民死伤严重，华大校园及附属学校也中弹 4 枚，华大药学系一年级女生、防护队员黄孝逴不幸牺牲。华西坝"五大学"学生战地服务团

① 齐鲁大学迁蓉办学后先后由刘世传、汤吉禾、吴克铭担任校长。汤吉禾因学生指控其贪污而被罢免。
② 参见四川大学校史展览馆"陈文贵专柜"中陈文贵的回忆手稿复制件。

防护大队队员在这场轰炸中雷厉风行，迅速集合奔赴现场救护伤员，他们平时的认真演练，在此时"火线"上阵，救死扶伤，赢得市民交口称赞。从 1942 年起连续 3 年，华大这 3 个专业的应届毕业生约 100 多人，先后应征去军队或军事机关服务。

在抗日战争中，华大进步师生的爱国革命活动还得到了一些外籍人士的同情和帮助，这些国际友人积极支持抗日民族统一战线，参加世界反法西斯的战斗。美籍教授解难（Kennard. J. S）和德语教授魏璐诗（Ruth F. Weiss）的住处就是中共党员和进步群众活动的据点，常常提供给世界学联代表与成都学联中党组织和中华民族解放先锋队成都队的负责人韩天石、胡绩伟、张文澄①等举行座谈会。解难在得知为抗日募捐的音乐会将遭到当局压制时，向求援的金女大同学周曼如（党支委）等说："别怕，他们不会把你们怎么样，我明天去找校长力争。"魏璐诗同情中国人民的抗日救亡活动，她创办了英文刊物《成都新闻》。西安事变后，为了加强对外宣传，民先队派邓照明、尹智祺两人每周与魏璐诗联系一次。邓照明撰写了关于中国学生运动的报道，经魏璐诗的推荐在国外青年刊物上发表，向全世界介绍中国学生英勇参加抗日救亡运动的情况。②

出生于四川的著名国际友人文幼章（James. G. Endicott）更是自始至终支持中国革命，他在抗战时任教华大，曾任过蒋介石的"新生活运动"的政治顾问，但经过一年多的观察，看清了"'新生活运动'不过是在搞法西斯主义，毫无价值可言"，便毅然辞去了这一职务。通过与周恩来等中共领导人的接触，他逐渐理解和支持了中国革命。文幼章曾亲手打倒前来监视的特务，让学生领袖安全避开。他在 1945 年参加华西坝学生组织的"五四"营火晚会上发表公开演说："现在国民党当局奉行的是假三民主义，特务横行霸道。我亲眼看见特务打散了一个纪念'五四'的集会，听说他们还要来冲今晚华西坝的营火会。我们几千人还怕他几个特务！我的力气大，他们来了，我帮助你们打。"他一生致力于世界和平友好事业，是世界著名的和平战士，在他去世后，其后人将他的骨灰撒在了他的出生地乐山的大渡河中。中国人民对外友好协会授予他"人民友好使者"的称号，这是对外国友人的最高荣誉。

抗战时期，国内战事频繁、交通阻塞，加上国际反法西斯战争也正处在紧张阶段，中国各基层单位与国外的交往大量减少，甚或濒于断绝。但华西坝聚集着几所教会大学，华大因其特殊条件，开展了一些与各国学术界或国际友好人士的交往活动，其中，1942 年由华大文学院院长罗忠恕发起成立的"东西文化学社"在抗战时期做出了特殊的贡献。牛津大学教授在致中国各大学教授的信函中说："贵国人士，在严重的抗战期中，犹力求高等教育之推进及人文科学之继续探讨，吾人对此不胜景仰之至。""吾人所处之时代，有空前之机会能使人类互相发生影响，利用各民族之文化优点，以造人类之幸福。"这表达了中英两国学者对中西文化交流的愿望和追求。"五大学"校长联名给牛津、剑桥大学的回信中指出：中英两国在战时为击败公敌应密切提携，战后应谋更深之

---

① 张文澄其时任川康特委秘书。
② 参见《邓照明同志回忆录》，由川大校史办根据 1984 年北京召开的"川大校史座谈会"录音整理。

谅解，以加强对科学文化的合作。中国许多著名的学者、科学家踊跃加入学社，"五大学"校长张凌高、梅贻宝、陈裕光、汤吉禾、吴贻芳及省建设厅厅长何北衡、教育厅厅长郭有守均为名誉社员。英、美、德、印度等国的许多学者也纷纷加入，其中包括哲学家罗素、量子力学的开山鼻祖普朗克、物理学家爱因斯坦和印度文豪泰戈尔等名流。1942年11月，英国议会访华团一行四人来成都访问，在华大广场向大学生作题为《战后的问题》的演讲，听众逾三千。一时之间，华西坝成为中国抗战时期东西方文化交流的中心。[1]

四、救亡图存：抗战旗帜下的血雨腥风

1928年，四川军阀以"二一六"惨案[2]为投名状投靠蒋介石，镇压革命师生，四川地下组织被破坏殆尽，校园进步力量遭受重创，之后几年里四川长期处于白色恐怖之中。1933年，中共四川省代理书记苟永芳[3]被捕，地下组织成员郑万禄叛变；1934年，四川省委书记刘道生因惧怕白色恐怖潜逃。1935年，继任的四川省委书记刘克潜、组织部长蒲正林被捕变节，四川地区和川大的革命运动在很长一段时间处于低潮阶段。[4]

风雨如晦，黑夜如磐，但校园中仍有星光闪烁。1932年，参加荣县农民起义的地下党员饶世俊[5]从荣县监狱出狱进入华大就读，在华大秘密组建了共青团支部。1935年，川大刊印出版宣扬进步思潮的刊物《文艺月刊》，这是后来如雨后春笋般生发于校内外的前卫刊物的滥觞，在校园以及四川的进步刊物中具有发轫的意义。

1935年爆发的"一二·九"运动是四川大学历史上中国共产党领导的青年救亡运动的分水岭，此后，川大的学生运动逐渐活跃，党组织活动也日渐恢复。随着西安事变和平解决，抗日民族统一战线正式形成，延安成为敌后战场的抗战中心，中国的政治格局从此改变。国统区政治腐败，经济乏力，人民生活艰辛，而在陕北"解放区的天是明朗的天"，为全国青年一心向往之圣地。仅1941年7月延安一地就汇集了川大校友30余人，并成立了"川大旅延同学会"。

1936年，同盟会元老、四川抗日统一战线主要奠基人张曙时被上级派到四川，和韩天石分别重启党组织建设，发展中共党员，开始恢复校内的党团活动，一时党组织建

① 参见华西校史编委会《华西医科大学校史》（四川教育出版社1990年版）第三章第四节；罗义蕴、罗耀真《掬水移月——西出蜀道有知音》（四川教育出版社2011年版）第19页、第84页。

② 1928年2月16日，国民党当局以杨廷铨被打死为借口，逮捕国立成都大学、国立成都师范大学和省立第一师范等教员、学生100多人，并于当日杀害了14位革命志士，其中9名为川大学生，史称"二一六"惨案。

③ 苟永芳，化名王明远，内江人。1926年考入成都高师英语部。中共成都师大党支部书记。离校后曾担任过中共川东特委书记、社青团四川省委宣传部长、中共四川省委组织部长，1933年年底遭叛徒出卖被捕，在狱中英勇不屈，1934年1月牺牲于成都东较场。

④ 参见四川省文史研究馆《第二次国内革命战争四川大事记》（四川人民出版社1983年版）相关条目。

⑤ 饶世俊，共产党员，1932年到华大制药系学习，任华大所在南区的区委组织委员，后继任书记。1935年离校后继续从事革命活动。1938年3月至1939年年底，历任中共成都市委组织部长、自贡市委书记、阆中中心县委书记、三台中心县委书记等职。

设如火如荼。1937年年底，川大的第一个党小组正式建立，"战训女同学会"支部，《大声》周刊支部，华西坝"五大学"支部等遍地开花，四处结果。此时的中国共产党已经完全摆脱了大革命失败时四面楚歌的状况，而是立足延安，公开行动和秘密行动相结合，形成敌进我退，时机成熟则积极进行革命活动，一旦暴露便就地撤退隐蔽的斗争策略。这一方面有考虑后路的国民党中间派默许，另一方面有基层民众对当局极端腐败和不抵抗政策的痛恨，校园党组织呈爆发性增长，学生成为成都救亡运动的主力军。1940年年初，成都有党员约250名，据川大老党员郭治澄回忆[1]，同一时期川大有党员123名，占成都市党员的一半，是当时四川各大中学中最大的一个党的基层组织，也是当时党在成都的重要活动据点。在中共南方局的一份报告中指出：川康特委"在青年工作方面，没有大的青年组织，但各大学都有组织，四川大学学生都在我党影响下"。

在国统区，党组织的路线方针政策，很多需要通过学生社团的名义实施，于是在地下组织领导下进步学生社团大量涌现，最具影响的是中华民族解放先锋队成都队（以下简称"民先队"）与海燕社和民主青年协会。1936年，北平党员学生韩天石和王广义按照地下组织指示考入四川大学，在校内联络各路进步同学积极展开救亡组织工作，他们不仅有敌占区的斗争经验，还直接参与了"一二·九"运动的组织工作，由他们发起和领导的"民先队"，一开始就具备清晰的斗争思路、成熟的斗争经验和完整的组织形式。民先队在党组织的直接领导下迅速发展，除本校同学之外，校外的华大附属中学、华美女中以及省立师范和天府中学的学生相继加入，和海燕社合并后队员发展到200余人，成为成都青年运动的中坚力量。由民先队主办，胡绩伟担任主编的《星芒报》出版后，其发行量在当时四川报界中居第一位。民先队编印刊物，组织同学进行街头宣传，发起募捐，声援上海"七君子"大会，发起成立"成都各界救国联合会"，组织全市"五卅"纪念大会，在川大的抗日救亡活动中起到骨干作用，为四川抗日救亡和反对国民党专制运动积累了重要力量。

抗战后期，在中共南方局地下组织成员、川大教授李相符的指导下，华西坝"五大学"和四川大学学生创立了"中国青年民主救亡协会"（简称"民协"），以"团结学校青年，争取新民主主义在中国的实现"为宗旨，从成立到成都解放，始终是成都青年运动的主力军。青年学子们有着黄金般的纯洁之心，将满腔热血投身革命事业，他们恪守地下组织秘密工作原则，有着严密的组织系统、组织纪律以及严格的思想教育，影响并团结了一大批进步教授和青年，与国民党展开斗智斗勇的较量，将中国共产党的抗日救亡主张渗透到校园及成都社会各阶层。民协接续了之前民先队的斗争，在成都多数重要政治事件中发挥了不可替代的作用。

抗战胜利后，一些"民协"成员随华西坝的四个教会大学离开，但这并未影响"民协"的活动，他们在之后的斗争中对国民党政权的最后灭亡起到了催化作用，为中共解

---

[1]　参见郭治澄同志在1984年11月22日川大校史北京座谈会的发言稿《郭治澄：我所知道的成都学生抗敌救亡宣传团第一团（1937—1939）》（1984年12月16日第四次修改），川大校史办1985年1月25日印。

放区输送了一大批先进的俊彦学子。为建立新中国献出生命的川大学子江竹筠[①]、何懋金、马秀英、郝跃青[②]、黄琪（黄辉蓉）等英烈都是"民协"成员，由此可见"民协"在爱国斗争中参与的深度和广度。

全面抗战爆发前后，在川大校园涌现出数十个学生社团。1945年，3000余名川大学生中参加进步社团的就有400余人。1946年，华西坝内迁大学复员前，"民协"直接领导的社团有40多个，会员有300余人，受"民协"影响的社团另有二三十个。这里面有的社团成立时间短，成员不多，影响力有限，但都是中国革命史上的星星之火，他们为推翻腐朽黑暗的旧制度起到了添砖加瓦的作用，为此我们更要铭记那些为革命事业牺牲的"朝阳学术研究社"的烈士——汪声和、李惠明[③]、张国维[④]、徐达人[⑤]、杨伯恺[⑥]，"牛津团契"的烈士——王开疆[⑦]、詹振声[⑧]。

知识分子斗争的首要工具当然是纸和笔，伴随抗战烽火，学生们化笔为刀，在国民党舆情管控下兴办进步报刊，虽屡遭查禁，却屡败屡战，才华横溢的川大学子在其中当仁不让地扮演了主要角色，是名副其实的时代先锋。

进步报刊大量涌现的时间开始于"一二·九"运动爆发之后，此时一致对外的呼声业已高涨。川大师生参与编撰几十种刊物，此外，因地制宜编写壁报和剪报也是其更为便捷的宣传方式。川大的"时事研导社"的前身就是"时论剪贴社"。华大的"时事研究会"也主要采用这两种宣传形式。

然而办刊之路并不平坦，即便国共合作之后，国民党对共产党仍抱有高度的戒惕，对舆论宣传的管控并未松懈。以《大声》周刊为例，其曲折的办刊历史足以说明一切。

该刊由著名中共党员车耀先主办，"民先"的川大学生张文澄、彭为果、胡绩伟是刊物的主要撰稿人，刊物遵循"假话宁可不说，真话总要说点"的原则，发行面甚广，省内读者遍及73县，南京、上海、北平等地均有其读者和代销点。出刊不久，即被查封，20天后，刊物更名《大生》，仅出5期又被封杀。七七事变爆发后的第三天，刊物再次更名为《图存》与读者见面，只出3期再次被禁。然而编者不屈不挠，再次将刊物出版，并且复刊为旧名《大声》。一年半之间，11次查封，11次更名，在阻碍重重、举

---

① 江竹筠，重庆巴县人，原名江竹君，即著名烈士江姐。1944年5月，江竹筠考入国立四川大学农学院植物病虫害系，学号为331044，在校用名江志炜。1946年暑假离开川大。1949年11月14日牺牲。

② 何懋金，重庆万县人，国立四川大学1943级农学院农经系学生，"黎明歌唱团"发起人；马秀英，重庆忠县人，国立四川大学1943级法学院经济系学生，学号32477，1947年秋毕业；郝跃青，重庆万县人，国立四川大学1944级理学院物理系学生，学号330516。三人于1949年11月27日牺牲于重庆中美合作所。

③ 李惠明，四川大邑人，国立四川大学1943级文学院史地系学生，学号32163，在校用名李慧明。1949年11月27日牺牲。

④ 张国维，湖北汉川人，国立四川大学1942级法学院经济系学生。1949年11月27日牺牲。

⑤ 徐达人，四川大邑人，国立四川大学1944级文学院中文系学生。1948年牺牲。

⑥ 杨伯恺，四川地区党组织的创建人之一，中共党员，中国民盟卓越领导人。1929年受校长张澜聘请，任国立成都大学政治系社会学教授，在课堂上宣讲马列主义政治经济学和社会学。1949年12月7日牺牲。

⑦ 王开疆，四川广安人，1946年华西协合大学先修班学生。1950年在征粮剿匪中牺牲。

⑧ 詹振声，重庆人，1947年考入华西协合大学医学院。1952年在抗美援朝中牺牲。

步维艰的办刊环境下，撰稿人无稿费可得，工作人员无津贴可领，同人还得自掏腰包维持出刊。可以说，《大声》之命运浓缩了中共地下组织在国民党专制统治下的顽强抗争，也再现了中国新民主主义革命进程中共产党员百折不挠的斗争精神。

整个抗战期间，"民先"和"民协"成员是成都党组织开展救亡活动的主力军，川大学子中的先进分子在成都许多重大政治事件中扮演了重要角色。

1937 年抗战全面爆发后，国共两党经过数月的多轮谈判，宣布停止内战，一致抗日。国共第二次合作开始，在抗日战场上形成了一致对外的态势。不过在大后方的国统区，国民党顽固派却对共产党影响力的扩大进行了千方百计地阻挠，制造了震惊全国的"凤凰山机场案""稻草案"等大事件。

1937 年年底，四川大学教授黄宪章和学生康乃尔、王玉琳①率"川大抗战后援会"同学去凤凰山机场工地慰问民工，黄宪章即席发表了两次演说，其内容被国民党视为"煽动宣传""内容多含挑拨性质"，更加上"破坏国防重要工程"的莫须有罪名。一月之后，川康绥靖公署将黄宪章逮捕。此举激起校内外文化界、教育界和新闻界一致愤慨和联名抗议，代理校长张颐亲自致电教育部和省府要求无条件放人，黄宪章在狱中坚定表示："救亡无罪，政府如果继续压制民众运动，这将是抗战前途的一个莫大危机。"虽然黄宪章不久即被无罪释放，但当局并未就此罢休，他们将参与机场慰问的 37 名师生列入黑名单并暗中监视，谋划进一步打击。

果然，几个月之后，学校当局又制造了一起冤案，他们居然伪造假证，诬蔑学生康乃尔、王玉琳在采购慰问机场劳工的稻草时贪污经费。此举意在污化康、王，将其挤出"川大抗战后援会"，剥夺两人的领导权。然而事与愿违，在地下组织的安排下，康、王在法庭上慷慨陈词，并出具有利证据将国民党顽固派的阴谋公之于世，终于真相大白，康、王被宣告无罪，当局所作所为，作茧自缚，顿失人心。两起事件都发生于国共合作之后不久，提醒共产党人在合作中保持警惕。

回顾历史，前文所述"拒程事件"也并非偶然，当一个大学校长的任命却引发 86 名教授联名致电国家最高领袖进行抵制，至少说明当局完全丧失了人民的信任。程天放来校导致以朱光潜为首的众教授罢教三周，"本校校长问题，同人前为维护学术尊严，陈述意见……院长、教授皆由学校礼聘而来，与校长不过暂时宾主，迥非长官属僚之比，何得言受其导政"。罢教宣言光明磊落，给国民党官僚政府一记响亮的耳光。声势浩大的"拒程驱孟"事件在中共地下组织和地方势力的调解下，以迫使"CC 派"川大秘书长孟寿椿"下课"为圆满结束，学校打出"欢迎程天放、建设新川大"的旗帜。该事件中的川大人表现的"独立之精神，自由之思想"，给后人留下了值得骄傲的精神财富。

抗战后期的豫湘桂战役中国民党军队大溃退，损失数十万将士，丢失上百座城池。

---

① 王玉琳为王怀安在校用名，其 1938 年为川大总支负责人，1939 年赴延安后担任延安市青年联合会主任，陕甘宁边区高等法院推事。

全国一片哗然，人民无不哀愤。国军如冯玉祥所描述，"壮丁变瘦丁变病丁变死丁，幸而不死放下枪杆，脱去军装形同乞丐一般"，悲乎！这样的队伍何以保家卫国，何以解救人民于水火，这样的政党何以能领导国民，建设强大的国家。社会各界将矛头直指蒋介石和中央政府，要求结束专制、实行宪政、组建联合政府。为此川大和华大师生发起了一场声势浩大的"国事座谈会"，其名为座谈会，实际上是盛况空前的对国民党政府的声讨大会。会上，以张澜为首的参政员分别发表演讲，揭露时弊、痛斥贪腐，与会者多达 2000 余人，人数之多，气氛之隆重，为川大多年来前所未有，打破了几年来由于国民党高压政策导致的学生运动沉寂的局面。这场半数川大青年学生积极参与的盛会，体现了民意，体现了作为国家未来的青年一代从思想上、行动上已经和旧社会一刀两断，也预示着中国人民已经做好了准备，迎接新中国的诞生。

五、结语

纵观四川大学抗战救亡的精彩历程，时间轴上变奏出"入川与出川""救亡与革命"的双重音符。抗战期间，虽然共同面对外敌，但国共两党由于意识形态隔若云泥，致使校园之中始终都充满着专制与自由之间的张力、控制与反控制的较量，杀伐与血腥从未间断。"救亡"一词包含了双重涵义：既是共同抗击日寇、挽国家于危难的救亡，也是中华民族的前途最终走向何方的"救亡"。在救亡过程中，有像乐以琴、黄孝逴、缪嘉文这样的川大学子挺身而出，牺牲在抗击日寇的战争中，但更多的先进青年却牺牲在国民党统治的屠刀下。毫无疑问，一代热血青年和时代精英的光荣事迹应该成为后来者的精神财富，激励向往自由和光明的莘莘学子和青年才俊，以史为鉴，铭记过去的民族苦难，以热血之躯捍卫国家和民族大义，再次谱写出不负时代的青春之歌。

参考文献

[1] 华西校史编委会. 华西医科大学校史 1910—1985 [M]. 成都：四川教育出版社，1990.

[2]《四川大学史稿》编审委员会. 四川大学史稿 第 1 卷 四川大学 1896—1949 [M]. 成都：四川大学出版社，2006.

[3]《华西坝风云录》编辑组. 华西坝风云录 纪念民主青年协会成立六十周年 [M]. 内部编印，2004.

[4] 文忠志. 文幼章传 [M]. 李国林等译，成都：四川人民出版社，1983.

[5] 罗义蕴，罗耀真. 掬水移月 西出蜀道有知音 [M]. 成都：四川教育出版社，2011.

[6] 中共四川省委党史研究室. 中国共产党四川历史大事记 1950—1998 [M]. 成都：四川人民出版社，2000.

[7] 马洪林，郭绪印. 中国近现代史大事记 1840—1980 [M]. 北京：知识出版社，1982.

[8] 四川省人民政府参事室，四川省文史研究馆. 抗日战争时期四川大事记 [M]. 北京：华夏出版社，1987.

档案史料中的华西大学抗美援朝志愿手术队^①

四川大学档案馆　杨胜君　王金玉

1950 年 6 月 25 日，朝鲜战争爆发。美国无视我国的警告，将战火蔓延至鸭绿江边，严重威胁到新中国的主权及人民生命财产安全，中央政府决定"抗美援朝，保家卫国"。10 月 25 日，中国人民志愿军打响了抗美援朝战争第一枪。四川大学师生积极响应抗美援朝号召，从开展各种教育活动，到组织增产节约、捐款捐物、参军参干、组织英文翻译队，川大人积极投身各项抗美援朝运动中。其中，原华西大学（简称"华大"）组织的两次志愿手术队为抗美援朝战争做出了突出的贡献。

一、西南整形外科手术队

1951 年 4 月，西南抗美援朝志愿整形外科手术队正式组建，这是由宋儒耀教授带队的一支战场医疗服务队。队伍在北京改编为中国红十字会国际医防服务队第五大队第一队，是全国医疗队中唯一一支整形外科手术队，分配在长春第三军医大学外科学院整形科工作，于 1952 年 2 月工作结束返校。

（一）队伍组建

抗美援朝战场上，美军大量使用凝固汽油弹，使大批志愿军的面部、颌面等裸露部位遭受严重烧伤，对志愿军战士的身体及心理造成了严重的伤害。当时华大的口腔医学在国内外名声斐然，特别是宋儒耀教授，他在美国留学期间，经历了第二次世界大战，学习到很多关于战争中面部创伤的相关治疗知识。鉴于此，1951 年 4 月，中央军委电令西南卫生部组建一支援朝整形外科医疗队，由宋儒耀教授担任队长并负责选拔队员。

接到命令后，宋儒耀教授组建了一支由 4 名口腔科医生、1 名外科医师、1 名骨科医师、2 名护士、1 名技工，以及 1 名秘书组成的队伍。根据档案资料显示，赴朝医疗队由宋儒耀（矫形外科教授）担任领队，邓显昭（外科医师）担任副领队，队员有王翰章（医师）、曹振家（医师）、吕培锟（医师）、侯兢存（医师）、彭学清（护士）、杨泽君（护士）、吴银铨（秘书）、张连俊（助理员）。

---

　　① 本文系中国高等教育学会校史研究分会 2020—2021 年度研究课题"抗美援朝战争中有关华西大学志愿手术队的文献整理和研究"（项目编号：XS202012）阶段性成果。

图1　西南整形外科手术队成员合影（1952年2月摄于新南门）

注：照片由邓显昭之子邓长春先生提供。

同时，宋儒耀根据在美国时的所学，凭借记忆，结合自己的思考，画出在外科整形手术中所需要的医疗器械图纸，交由学校进行生产。在短时间内，校机器房的同志们利用简单的设备为他们制造出很多特别的医疗器械，这些器械在前线的医疗救治中发挥了巨大的作用。

（二）奔赴后方

1951年4月26日，由方叔轩校长主持，华大全体师生员工为手术队举行了热烈的欢送会。在中朝两国的国旗下，手术队接受了学生会、工筹会、团总支和同学们的献词、献花和献章。宋儒耀教授在会上代表大家致谢，并介绍了手术队制定的三项公约：其一，任何困难情形下不闹情绪；其二，不与友队发生摩擦；其三，彼此不闹意见，并要保证完成任务回来。

手术队于1951年4月30日从成都出发，随队携带应用器材5箱，途经重庆，奔赴北京，而后至长春第三军医大学外科学院开展救护工作。

在手术队全体队员于1951年7月的来信中，我们看到手术队的行程是非常紧密的：5月30日从重庆码头乘船出发，6月1日在宜昌借宿一夜，次日清晨换乘江汉号轮船前往武汉，并于6月4日到达；6月5日午后乘列车北上，7日清晨抵达北京；因为等候山东、杭州、太原等地医疗队，在京共住20余日；6月27日，中国红十字国际医防服务队第五大队编成（手术队编入第五大队第一队，为整形外科队）；28日午后离京，当日午夜出关，次日清晨到达沈阳；到沈阳后入住东北军区卫生部招待所；7月3日换上戎装冒着滂沱大雨离沈登车，继续前进；当夜到达工作地点。

（三）在战场上

由于各志愿服务队工作期限只有 3 个月，为时过短，工作上刚熟悉而又换班，来去浪费时间、人力，因此，1951 年 6 月，为便利于工作和需要，中央人民政府卫生部延长志愿手术队工作期限为开始工作起 6 个月。

手术队所救治的伤员以烧伤为主，也有炸弹伤，不会直接威胁生命，因此往往将伤员拉到后方救治。手术队全体队员于 1951 年 7 月的来信写道：手术队是和来自上海和天津的医务工作者一起紧密配合开展工作的。由于大部分面颌整形外科伤员都在这里接受治疗，因此手术队的工作相当繁重。但志愿军伤病员的意志相当坚强，积极配合医疗队员的救治工作，因而手术队的工作开展得也很顺利。他们在信中表示保证完成上级交办的任务，不辜负学校和全西南人民的希望。

西南志愿整形外科手术队在后方救治伤者 1000 余人。开始，真正可以做手术的只有宋儒耀教授。白天，由宋教授主刀手术，同时现场指导青年医生观摩学习。晚上，宋教授还要编写讲义，并给年轻的医生、护士们培训。经过一段时间的学习，年轻医生们可以主刀手术了，这时宋教授还是会在一旁监督指导。宋教授曾说："虽然我不可能把我们最可爱的人变成最美丽的人，但我要尽可能使他们美丽一些！"

由于长春军医大学（时第三军医大学）整形外科是初建，物资条件较差，宋教授和手术队的同志们便积极提出建议，并想办法帮其克服困难，如：帮助医生们研究业务，整顿整形科病房工作制度；当护理人员忙不开时，他们就亲自动手给伤员打水喂饭，整理病床等；在医院管理上也提供了很大的帮助。同时，因大家在出发时原本是准备过江工作的，所以准备的医疗器械是比较简单的。到达工作地点后，就遭遇了一些困难，手术队的同志们发明了一些手术器械和六个技术方法，解决了这些难题。

所有队员都全身心积极投入救治工作。邓显昭时常在深夜照看病伤员，为病危及严重伤患者守病，建立医病制度，减少了医疗事故，解决伤员的思想、生活、医疗等问题，热心帮助工作人员学习，在工作人员中具有较高的威信。曹振家在伤员施行手术后，不醒不下班，并提出建议，制定了住院医师应守候全身麻醉病人至全醒的制度。张连俊在整形科换药室工作时，每日工作在 10 小时左右，伤员用过的纱布及绷带，都亲自洗涤，每周节省纱布 80 张，绷带 20 卷。

在长春军医大学 1951 年 10 月给华西大学的感谢信中，我们也能看到手术队勤奋工作的身影。信中写道：医疗队到达后立即开展了突击治疗，早起晚眠，几乎牺牲了所有的假期，精心设计治疗方案，精准实施手术治疗，同时做好了术前安慰和术后照顾。宋儒耀队长更是不辞辛苦，经常在手术室从天明忙到半夜，最多时曾一天给 6 名伤员进行手术治疗，为他们及时解除痛苦、快速恢复健康、重返前线贡献力量。伤员们反映说："华西医疗队同志对我们像亲兄弟一样。"

（四）载誉而归

1952 年 2 月，西南志愿整形外科手术队工作结束，返回学校。宋儒耀队长于 2 月 12 日午后抵达华大校园。在接受记者采访时宋队长说，全队同志们都非常健康，工作非常愉快。因在抗美援朝工作中做出突出贡献，手术队集体记小功一次，宋儒耀队长记大功一次，邓显昭副队长记小功两次，队员张连俊、彭学清、曹振家各记小功一次。在抗美援朝医疗工作中，西南志愿整形外科手术队是唯一的一个集体记功单位，这是非常难得的。

2 月 1 日上午，全校师生员工在第二广场举行了欢迎手术队立功返校的大会。到会的除了本校和附中师生外，还有济川中学的师生。宋儒耀队长、邓显昭副队长，分别代表手术队全体同志向时任华大校长刘承钊献锦旗和奖状。其中锦旗是志愿军伤病员亲手做成并送给手术队的纪念品，奖状是志愿军后勤部颁发给手术队的，是无比珍贵的纪念品。大会上，宋儒耀队长、邓显昭副队长和王翰章、曹振家、吕培锟、侯竞存、张连俊 5 位队员为全校师生员工作了报告。

由于烧伤后的整形治疗需要经过长期的反复治疗和手术，1952 年 3 月，宋儒耀教授重返前线工作，对已被转送至北京的伤员进行后续治疗。同行的还有牙学院预防牙医学系王巧璋主任，口腔外科学系助教王模堂同志等人。

在战场上成长的西南志愿整形外科手术队，客观上促进了我国口腔医学的发展。宋儒耀教授分别于 1951 年和 1952 年，在第三军医大学及北京协和医院开设整形外科培训，为我国培养第一批专业的口腔医学人才，促进了我国口腔医学的迅速发展。1957 年，宋教授创办了中国医学科学院整形外科医院。在宋教授的言传身教下，经过战场洗礼的手术队青年医生们快速成长，在返回后很快成为口腔医学院的中坚力量。不久，口腔医学从医学类中的二级学科上升为与基础医学、临床医学、预防医学、中医学、中西医结合等比肩的七大医学一级学科之一，为建立具有中国特色的口腔医学打下了基础，让华西口腔医学享誉世界。

二、四川外科手术队中的川大人

1953 年 1 月 15 日，四川抗美援朝志愿外科手术队在成都正式组队，到北京后改为中国红十字会国际医防服务队第十二队。在朝鲜期间，手术队在朝鲜前线中国人民志愿军第十四前沿兵站医院及中国人民志愿军第二基地医院工作。和上一次不同的是，这支队伍工作地点在朝鲜，并且队员不全是华西医生，其中华西医生有杨振华和敬以庄两名，杨振华后来还担任队长。

图 2　杨振华医生与敬以庄医生合影（摄于第十四前沿兵站医院）

注：照片由杨振华之子杨光曦先生提供。

（一）组队赴朝

1953 年 1 月，为了继续加强抗美援朝的斗争，争取更大的胜利，四川省人民政府卫生厅致信华大医学院等单位，组织一支抗美援朝外科手术队，赴朝鲜为"最可爱的人"服务。手术队人员大部分由省直属单位指派，其中有川大校友、省人民医院院长谢锡琮队长，华大医院医生及胸腔麻醉师杨振华副队长，队员有党新民、陈树德、萧庆叙、吴志安、薛露华、萧玉曾。在入朝前，增补了华大外科医生敬以庄。

1 月 12 日，杨振华接到校长的通知，得知上级和抗美援朝会核准了申请，将于 15 日去卫生厅报到，参加志愿手术队工作。杨振华立即进行准备，将教学和业务工作向医学院及医院商讨接替办法并做好交接，准备尽全力去搞好手术队的工作。

1 月 15 日，四川抗美援朝志愿外科手术队在成都组队，共 9 名队员，有医师 6 名，护士 2 名及消毒员 1 名，队伍经由重庆、武汉赶赴北京。组队以后大家订立了公约：保证要在党和上级的领导下完成一切任务，要抓紧急救，搞好治疗，不使伤员多流一滴血、多受一分钟痛苦。到北京后，抗美援朝总会答应了手术队期望被派到最前线去工作的请求，四川外科手术队是 1953 年首先入朝的医疗队。

（二）救死扶伤

四川外科手术队在 1953 年 3 月初入朝后分配到第十四前沿兵站医院，属于最前线的上甘岭地区。队员们随即投入紧张的工作中。入朝后，谢锡琮队长因身体原因回国接受治疗，便由杨振华改任队长，继续带领大家投入紧张的工作中。

在备战期，伤病员不多，手术队配合了备战任务，在医院里进行了教学工作，借以提高医护同志们的理论和技术水平。到了六七月，随着反击战的开展，杨振华所在的医院是接收伤病员较多的一个，工作变得紧张而繁忙起来。在大家的努力下，医院胜利地完成了反击战的重大任务。

1953年9月，华大外科医生杨振华、敬以庄在参加抗美援朝手术队后给院长寄来一封信，详细介绍了当时的情况。手术队工作的兵站为所有骨折的伤员都做了石膏固定，共约1000个石膏固定，且没有发生任何循环障碍的并发症。同时，在治疗方面手术队介绍了一些技术，改进了一些方法，使在兵站工作的同志们能精确地诊断紧张性气胸，会利用简单材料自制胸腔水压表。为了减少胸部受伤人员的痛苦，手术队根据朝鲜战场的条件改进了苏联的胸腔积极引流法，缩短了治疗时间，降低了致残率。同时手术队也开展了战伤外科的学习，认识到现代战场的复杂性与严重性。

伤员经过初步处理伤病后，需要被转运到后方。经过妥善的处理和仔细地检查，在转运的过程中没有一名伤病员死亡，安全到达后方医院24小时内也没有发生过死亡，这与手术队的前期工作是密不可分的。此外，在前方手术队工作的医院里的死亡率也只有0.6％，且都是严重的伤病员。在敌机猖狂的时期，工作愈见紧张。为了安全，伤员的接收和后送都在黑夜里进行，手术也在夜里做，夜间成为最宝贵的时间。在反击战的紧张阶段，杨振华所在医院一个晚上就要收入和转出约800名伤员，还有二三百名留院治疗的伤病员。他们每天在救治伤员的同时，夜里还要搞好新收入院伤员的分类，既要将其抬到分散在山沟里的病室中去，又要将后送的伤员抬上汽车，这是很繁重的工作。白天若有空袭，更要加快把伤员背、抬到坚固的防空洞内，在那里照常进行必要的治疗。

同时，杨振华和他带领的队员们，在战斗中发挥医务工作者忘我的工作精神，把伤病员的痛苦当作自己的痛苦，把治疗任务当作战斗任务一样看待，顽强克服工作中的各项困难。他们利用汽油桶创造了消毒器，克服消毒灭菌的困难；他们为了攻克创伤性休克这一重要的死亡威胁，加强对休克的理论学习，并且贡献出自己的鲜血来抢救休克伤员。在某次战役里，全院每个同志都献过一次血，个别同志献血达3次之多；他们用玻璃瓶制成大漏斗，把纱布反复洗净消毒后用来替代滤纸，解决了因缺乏大批漏斗和滤纸而造成的输血输液困难，用此方法后，在12小时很容易给伤员们静脉输入三四万毫升液体，既使伤员得到了及时治疗，又节省了人力；他们还把打车胎的气枪的活瓣改变方向用来作吸引器，克服了手术室内因没有吸引器，在紧急手术时的许多困难和不便。

（三）光荣返校

1953年7月27日，《朝鲜停战协定》在板门店签订，中国人民志愿军取得了此次战争的胜利。

抗美援朝战争结束后，志愿军后勤部卫生部为了进一步提高部队医疗技术水平，开办了短期军医训练班，并抽调部分医疗队来完成这项任务。1953年9月，杨振华所在的第十二队接到命令，到第二基地医院报到，与第八、第十三、第二十二队共同举办军医训练班。杨振华担任训练班副主任。经过 3 个月的培训，100 多名军医在整体业务水平上得到了极大的提高，获得了上级的肯定。杨振华由于工作成绩突出，在 1953 年 9 月荣立三等功，并经中国人民志愿军后方勤务第九大站政治处批准，获发中国人民志愿军立功证明书。1954 年 2 月 25 日至 3 月 12 日，中国人民志愿军后勤部卫生部召开"中国人民志愿军三年卫生工作总结大会"，谢锡瑺、杨振华代表四川外科手术队参加大会。会议结束后，杨振华经安东、大连、北京、汉口、重庆返回成都。

1954 年 4 月，杨振华医生返回学校。杨振华利用在朝鲜战场上的经历，正式组建了胸外科。华西外科由原来的大外科，开始陆续组建胸外科、骨科、肝胆科等科室。杨振华在战场上处理胸部战伤的实操经验，也被他搬上课堂。在他的教导下，下一代的青年医生们得以茁壮成长。

参考文献

[1] 四川大学馆藏档案 [Z].

[2] 王金玉. 揆文奋武——抗美援朝战争中的川大英烈 [M]. 成都：四川大学出版社，2021.

[3] 王翰章. 翰墨荟馨——一个医生的历程 [M]. 北京：人民卫生出版社，2013.

从川大走出的丹娘

——论江姐就读川大期间对"三勤"政策的践行

四川大学党政办公室　孙化显[①]

江姐在中国可谓家喻户晓，人们歌颂江姐："你是丹娘的化身，你是苏菲亚的精灵，不，你就是你，你是中华儿女革命的典型。"[②] 人们熟知电影中的江姐、歌剧中的江姐、教科书中的江姐，还有小说《红岩》中的江姐。其实，在江姐传奇的人生经历中，与国立四川大学也有着十分密切的联系，我们也更应该关注在川大时的江姐。

1944年，由于时局动荡，日寇入侵贵州，大后方的群众和进步分子都在等待组织的联系，在此背景下，江姐于1944年5月来到成都，化名江志炜[③]，进入国立四川大学农学院植物病虫害系学习。按党组织的安排，江姐在川大最主要的任务是，以普通学生的身份做群众工作，以更隐蔽的身份在学校开展党的地下组织的相关工作，在此期间她很好地践行了周恩来同志于1941年提出党的地下工作者要"勤学、勤业、勤交友"的工作思路，密切联系了大后方群众，有效的组织团结了进步分子，做出了十分可贵的工作成绩。

一、勤于学习：江姐在川大的学业状态

"勤学"可以理解为勤于学习。江姐生性聪慧，在重庆私立孤儿院小学读书时，曾连跳三级，成绩仍是全年级第一；在南岸中学读书时，还曾获得过该校学生最高奖银盾奖。在报考四川大学时，出于隐蔽身份的需要，江姐使用了"江志炜"的名字，并用三个月时间补习完高中三年的全部课程，考上了川大，并且她在川大农学院的成绩依然很好。她选择农学是想到其时国家需要的是农学，而农学正是川大当时的强势学科。1935—1949年，国立四川大学农学院由最初的农学和林学两系逐渐衍生发展出农艺学系、森林系、农经系、蚕桑系、畜牧兽医系、园艺系、植物病虫害系、农业化学系等八

---

① 本文为以下项目成果：四川省社会科学"十四五"规划2021年度项目："从历史人物到文艺典型：革命先辈江姐形象建构与传播研究"（项目号：SC21C035）；四川大学2020年党政研究项目："红色文化融入高校思想政治教育的实现路径研究——以四川大学江姐精神的传承实践为核心"（项目号：2020DZYJ-31）。

② 这是同被关押在重庆渣滓洞集中营的何雪松献给江竹筠的短诗《灵魂颂》的主要内容。

③ 本文根据语境使用"江姐""江竹筠""江志炜"等称呼，实指一人。

个系，对当时农学院的学科实力，英国著名科技史学者李约瑟在考察后曾评价"川大最强的学科是农学"。

在川大的学习生活中，江姐结识了一群优秀的学生和教师。在参加国立四川大学入学考试时，江竹筠结识了董绛云（后为四川农业大学另一英烈校友张大成的发妻），江竹筠、董绛云、张大成三人于1944年9月一同考进了植物病虫害系，江竹筠和董绛云二人关系要好，还住进了同一间寝室，江竹筠住上铺，董绛云住下铺，1945年三人又一起转入农艺系学习。江竹筠、张大成和董绛云等人在国立四川大学农学院求学期间，曾受教于许多名师，如杨开渠、杨允奎、彭家元等都曾担任过他们的专业课任课教师，其中，杨开渠为其讲授农艺学并指导农场实习，杨允奎讲授生物统计学，彭家元讲授土壤肥料学。上述三位教授在当年都是留学归来报效祖国的饱学之士（杨开渠毕业于日本东京帝国大学，杨允奎毕业于美国俄亥俄州立大学，彭家元毕业于美国衣阿华州立大学），值得一提的是，这三位先生也都是深具爱国情怀的卓越志士。其中，杨开渠是在1927年加入共产党、后在白色恐怖期间抵沪赴日的老党员，他与杨允奎在全面抗战时期的四川稻麦改进场和国立四川大学农学院稻作室（今四川农业大学水稻所）曾为抗战粮草输出做出了重大贡献；而彭家元不仅本身是四川土壤肥料学创始人，其胞兄彭家珍更是舍身炸死清廷顽固保皇派良弼，逼退清宣统帝，后被孙中山追授为陆军大将军。在学好功课之余，江姐还会刻苦研读进步书报到深夜，做好摘录与笔记。进入二年级后，她还主动向同学学习学校没有开设的俄语。

"勤学"要求地下工作者在校保持优秀成绩，这也是为了更好地团结师生中的进步力量。江姐看到化学系学生蒋国基因为功课好，品学兼优，参加进步社团后影响了一些中间同学靠拢，深受启发。江姐和民协骨干赵锡骅谈论这件事，指出"小蒋功课好，在中间同学里很有威信，他们喜欢和他接近，比较听他的话。你们比较暴露，特务又故意把你们加以赤色渲染，使中间同学对你们疑惧，不敢靠近。我们常缺课，自修时间更少，确实有些脱离群众，是一个问题"。民协很快采纳江姐的意见建议，确实收到了很好的效果。此外，江姐也时刻注意学校里成绩优良的学生，尝试多与这些同学建立联系，室友黄芬回忆江竹筠时说："我还告诉志炜，李淑瑷是我们班上的高才生，她在学校年终考试总是第一名，还参加全校的讲演比赛，得了冠军。志炜听后，对她印象很好，叫我要团结李淑瑷，多和她交流思想。从此，我和志炜的交往又加深了一步。"

"勤学"不仅是江姐个人的学业状态，同时也是其开展校园地下工作的一种方式，以积极的奋斗精神感染青年同窗，以优良的学习状态团结进步群体，可谓一举多得。

二、勤于业务：江姐在川大的社团活动

"勤于业务"可以理解为组织同学和群众参加社团活动或社会运动等。江姐不仅是一个用功的好学生，也是当时川大学运组织的主要负责人之一。虽然江姐接到了避免暴露的指令，但她一直以学生的身份积极参加学校一些社团的具体工作。她入学后就参加

了民协、进步学术团体女声社和文学笔会。根据共青团中央青运史研究室的记载，当时"四川大学就有20多个进步社团，参加人数达四五百人，华西协合大学通过团契这种合法的组织形式把同学团结起来，阅读进步书刊，举行座谈讨论，思想觉悟都有不同程度的提高，不少学生走上了革命道路。如牺牲在重庆中美合作所的江姐（江竹筠）曾经是成都进步社团的活跃分子"。江姐参与的女声社是积极为女同学谋取切身利益，并积极参加全校学生运动的进步社团，成立于1945年，借出版壁报《女声》宣传进步思想，提倡妇女解放。江姐是女声社副社长，也是壁报《女声》的负责人，《女声》刊头妇女手擎火炬的形象就由江姐设计，后来江姐离校，《女声》壁报也随之停办。川大女生院在女声社后又组织成立了一个叫"自由读书会"的进步团体，江姐带头阅读了《约翰·克利斯朵夫》和《安娜·卡列尼娜》等名著。这两个社团的独特之处在于，它们在救亡启蒙以外还学习研究中国妇女独立解放之路。女声社的创立人黄立群在回忆文章中写道："江姐和我同是农学院的学生，同住农学院女生宿舍，她自接任女生社副社长职务后，我很高兴，她沉稳细致，语言不多，但很中肯。她很快就提出了如何巩固发展女声社，使它真正成为女同学要求进步的学习和活动阵地的意见。她说，读书会就要多读点书，以提高我们的思想觉悟和文学水平。她把社里的书报、资料整理得井井有条，还制定了学习和出周刊的计划。由于前一段时间校内外斗争紧张，我把学习计划都丢在一旁，是江姐帮助纠正了我的工作偏差。"独特的女声社自会招致反动派的"特殊关照"，每次碰到反动头子训导长丁作韶带两个训导员和女生院舍监突击，江姐总能沉稳应对。

文学笔会是川大一个影响较大的进步学术团体，1944年由青年诗人杜谷、孙跃冬发起成立，江竹筠加入了这个团体，并积极参与工作。会内建立了民协小组，出版了《旗》（诗歌）、《山水·阳光》（小说散文），《野花与剑》（杂文）等三种壁报，内容丰富，版面美观，很受同学欢迎。壁报中有时载有在蓉进步作家的作品。文学笔会还经常举行文艺座谈会、报告会、纪念会和演出活动。成都市第一台秧歌舞《兄妹开荒》，就是该会于1947年排演的。它以学术文艺宣传活动而著称，是一个在群众中影响较大的团体，在历次革命活动和革命斗争中都积极带头参加，经常负责起草宣言等文件，是学生运动的骨干力量之一。江姐在文学笔会做的工作还包括关心不同社团之间的团结和发展。当时，文学笔会取消了只收有文学素养的学生的限制，吸收了许多其他社团的同学，江姐建议文学笔会的负责人要积极帮助兄弟团体以实现共同发展。但是开始并不顺利，江姐在劝解中引用了校内其他社团的经验："1944年冬天，《华西晚报》报道了四川大学先修班的问题，发生了营业厅被砸事件，四川大学进步同学用17个学术团体的名义声援慰问《华西晚报》。反动分子便以维护校誉为理由，组织'护校团'，指责进步同学盗用四川大学名义，并拿出黑名单说：'所谓17个学术团体，不过就是那么七八个人。'这影响了一部分中间同学，使进步力量处于被动。"文学笔会负责人在江姐的循循善诱中接受了意见。

除了组织、参与社团运动，江竹筠还组织、参与了学生运动。1994年10月21日成都市警察局镇压学生运动时殴打学生，40多人被捕，江姐听闻国民党反动派不抗战却欺压学生的行为，叫上黄芬去调查真相并在同学之间广泛传播真相。黄芬回忆这次运动里，江姐发挥了不可忽视的组织作用，更多积极分子被团结起来。可见，江姐在川大的勤于业务主要表现为对于社团活动、学生活动的积极关注与组织参与，使当时学校很大一批进步社团有效发挥了作用。

三、勤于交友：江姐在川大的"朋友圈"

"勤交友"是指党的地下组织成员积极为同学们办实事。1944—1948 年期间，川大学生运动都同社团的活动密不可分。这段时期川大的民协工作者不仅依靠学生社团积极组织开展学生运动，还根据形式变化，把握时机，鼓励进步分子办食堂，尽量利用各种资源为战区学生和家庭困难的学生提供帮助。毛泽东同志曾明确指示，应该广泛地展开统一战线的工作，即交朋友的工作。江姐颇受同学们信赖，能与觉悟程度各异的同学相处、关心、帮助同学，并通过言谈、举止和琐事，给同学以启迪、感染，从不强加于人。例如，江姐虽然按照隐蔽要求不会公开参加进步活动，但还是会带女同学走出学校，深入工人工作前线，在参观中感受纺织女工的辛苦。

为了和同学更好地交流，江姐也会和大家一起看电影。有时遇到《妮娜倚嘉》这种讲述反苏反共的美国电影时，江姐会气愤地劝说同学不要去看。她最喜欢的电影是苏联电影《丹娘》，有一次和同学谈起这部电影时，她说："丹娘最勇敢，她从容就义，宁愿死，啥都不肯说。"一次，江姐同一位安徽籍的进步同学说："革命是艰巨的事业，难免有牺牲，贪生怕死的人是不能干革命的。如果被捕了，千万不可牵连别人。"在和同学交流俄国作家廖抗夫剧本《夜未央》时，江姐笑说："有你们献身的时候，你几个已经暴露了，难免有被捕的可能。但是，牺牲并不是目的。如果被捕了，只说一点自己公开的活动，其他一概推说不知道，更不涉及别人。把法庭和刑场作为新的战场，揭露反动派，宣传革命真理，斗争到最后一刻。讲些什么话，都要先想好，到时候才能沉着从容。你小说、诗歌看得多，热情，还要注意冷静。"丹娘面对酷刑毫不屈服的坚韧勇敢的精神陪伴着江姐日后的革命道路，烈士何雪松此后就曾为江竹筠写过一首题为《灵魂颂》的诗："你又镣铐着回来了/毒刑没有屈服你的忠贞/许多同志因你的忠贞而安全了/革命工作因你的忠贞会开展飞腾/你，你是丹娘的化身，你是苏菲亚的精灵/不，你就是你，你是中华儿女革命的典型。"

江姐对同学的照料还体现在生活的各个细节，例如她在入学考试曾遇见一位来自郫县（今成都市郫都区）农村名叫董绛云的女同学，后来她们碰巧既是同班同学又是同寝室友。即使江姐比董绛云年长三岁，但江姐一直亲和待人，董绛云追怀江姐时表示："她信任我，爱护我，尊重我，从未引起过我一点反感。我生平少遇这样好相处的朋友。"同为室友的黄芬，也时常被江姐关照。在黄芬的回忆中，"上英语课，老师要同学先预习。江志炜花了不少时间查英文单词。我记得有一次有一篇课文叫'The song on the river'（河上之歌），内容是描写拉纤河工在河边拉船时唱的号子。江志炜告诉我，河工如何可怜，冬天也赤脚在水里走，十分辛苦，赚来的钱勉强够糊口。社会上贫富悬殊，穷人受苦，我们应该努力改变这个局面。在川大，一年级的第一学期由于功课不太紧，晚饭后，我们常去锦江河畔的大路或望江楼公园散步。散步回来，同屋的同学就拿出扑克牌打桥牌玩，往往玩至深夜，影响第二天上课。江志炜就建议大家别再玩扑克牌，浪费宝贵时间，不如多复习功课或看课外书。这件事我印象很深，使我决心从此不再玩扑克牌，这个习惯保持到现在。"

除了同寝室友，江姐也默默关注着周围其他同学的情况。例如，"王云先同学由于家贫，只能一边在邮局工作，一边在四川大学读书，难免缺课。江竹筠就主动帮助她，把教师讲授的要点转告给她，又将记得很工整的笔记或英文生词本借给她。王没有在校住宿，课余就在江竹筠寝室自修。如果下雨不能回家，她就和江竹筠挤在狭小的双层床上睡觉"。

此外，女生院伙食团这种关系着女生最切身利益的生活事宜也在江姐的关注范围内。例如，"女生院伙食团每年要选一个年度经理主持全年的伙食管理工作，这年准备选陈光明当年度经理。陈起初嫌耽误时间太多，不太想当。江竹筠知道后，就鼓励她说：'对同学们真正的福利事业，我们应该多做一些，而且要把它做好，使同学们相信我们是真正关心爱护大家的。'后来，陈光明高高兴兴地担任了这个职务，做得很有成绩，还被推选在学生自治会负责。陈回忆这段往事，很感动地说：'我们在当年的学生运动中，能出头露面做点事情，是依靠进步同学，特别是民协组织的支持。这也与江姐对我的精心扶持分不开。她差不多在每一个关键问题上都给我出主意。态度谦和诚挚，在无形中给人以感染，她是那么平易。当时，我甚至未察觉到她的特殊作用。'"陈光明在竞选理事长时，江姐正值产假，但她依然没有懈怠，而是叮嘱董绛云多做女同学工作，一定要选上陈光明。这些都是江姐对川大女生院同学的关心，此外，她还积极帮助女生院的工人，女生院一位电工穷苦到小孩手指都被老鼠咬伤，江姐和同学一起捐钱救济被咬伤的孩子。

正如周恩来同志所说，我们在白区进行斗争，一没有政权，二没有武装，经费也很少，我们依靠什么？就是依靠正确的路线、坚定的信仰、严密的组织、严明的秘密工作纪律、灵活机智的战略战术和群众的拥护，以及朋友的帮助才取得胜利的。对江姐来说，艰难困苦都可以想尽办法去克服、去战胜，在川大女生院的时候，她就鼓励大家向有经验的人请教，自己买染料和白布来染布，解决穿衣的问题。江姐作为从川大走出的"丹娘"，在离开川大以后也一直贯彻"勤学、勤业、勤交友"的准则，赢得革命同志信服与信任。

四、结语

《礼记·礼器》中讲"其在人也，如竹箭之有筠也，如松柏之有心也"。筠就是坚韧的竹皮，而"竹筠"喻坚贞，江姐（江竹筠）的一生人如其名，一身傲骨，如筠如竹。

江姐代表的"红岩"精神成为巴蜀革命历史的光荣象征，在她身上，爱国、奋斗、团结和奉献不是空喊的口号，而是用生命去实践的信仰，我们相信，这信仰的力量很大程度上与川大的思想沃土与志士情怀息息相关。现今，在江姐就读国立四川大学农学院时曾居住的女生院旧址，修建了江姐纪念馆，小小一座院落，青瓦灰墙，红门朝向不远处的文理图书馆，诉说着历史的风雨兼程，鞭策着新时代的川大青年。

参考文献

[1] 潘坤，瞿晓静. 江竹筠烈士在四川大学农学院的求学岁月 [J]. 四川档案，2021 (1).

[2] 赵锡骅. 江姐在四川大学 [J]. 红岩春秋，2004 (6).

[3] 党跃武，陈光复. 川大记忆·校史文献选辑·第 4 辑 [M]. 成都：四川大学出版社，2011.

[4] 何盛明. 锦江怒涛 1944—1949 [M]. 成都：四川大学出版社，2006.

[5] 共青团中央青运史研究室，团上海市委青运史研究室，中共上海市委党史办，等. 解放战争时期学生运动论文集 [M]. 上海：同济大学出版社，1988.

[6] 四川大学校史编写组. 四川大学史稿 [M]. 成都：四川大学出版社，1985.

[7] 成都市政协文史和学习委员会. 成都文史资料选编·解放战争卷上·黎明前夜 [M]，成都：四川人民出版社，2006.

向楚的治学生涯

四川大学档案馆　刘　乔

向楚（1877—1961），字先乔（仙樵），斋名空石居，生于四川巴县（今重庆巴南区），是著名的文史学家。向楚师从赵熙，是"赵门三杰"之首；他潜心于教育与学术研究，先后在国立成都高等师范学校（简称"成都高师"）、成都大学、成都师范大学、四川大学任教。向楚著述颇多，在四川大学任教期间，其编纂的《巴县志》，是优秀的地方志书，其诗集《空石居诗存》具有极强的艺术性与感染力。

一、向楚与大师赵熙的师生情

向楚1877年生于四川巴县，他天资聪慧，勤奋刻苦，8岁入私塾学习经史子集，20岁那年以优秀的成绩考入重庆东川书院，受教于赵熙门下。时任荣县县长、兼任东川书院山长的赵熙是清末著名的书法家、诗人，他对"诗古文辞"颇有研究，有独到之处。赵熙对勤奋聪慧的向楚很是赏识，精心指导。向楚对诗词书画样样擅长，甚为出众，与同学周善培、江庸一起，被称为"赵门三杰"，向楚是三杰之首。1898年，赵熙提拔向楚为书院的斋长，第二年，赵熙"入京参预明年例转御史廷试"，向楚也一同"从学赴京"。跟随恩师多年，亦师亦友，向楚受到的影响最深，他继承了赵老的学术思想和治学精神，以及对于书画的大家风范。

赵熙主持书院是"以治学当为古今中外之学，不以耳目尺寸之学"为宗旨，以"读书之根柢在通经，通经之根柢在通小学"为基础。这种打好扎实基础、博览群书的做法对向楚的影响很大，对于他之后的治学生涯也是有指导意义的。

赵熙是清末的书法名家，"初出于颜（真卿）赵（孟頫），中年以后端严劲重，上追唐贤，不规规于一家者，盖由学养性情使然"，尤其是对碑帖的领悟和应用，形成了独创性的"赵字"。在老师的影响下，向楚对书法、画论都颇有研究，尤其潜心碑帖，并将碑学的精髓融进帖学之中，形成一种碑帖交融的书法风格。"访碑踏遍大荭山，便作戎州界石看。认取金轮新造字，好扪烟墨洗苔瘢。"（《又题伯希新得武周石刻》）他还与黄宾虹等人创建了蓉社，开始了成都书画界人士的自由组合；后来扩大为蜀艺社，并为诸多入蜀的书画家题画，其中包括为张大千、董寿平等大家的题画诗。向楚的字功力深厚，字体清雅脱俗，是著名的书法大家。

赵熙与向楚年龄相差不过10岁，他们这种亦师亦友的情谊一直为后人所称赞。从向楚的几首诗文中，我们可以看到浓厚的师生情谊。"世路饱经为客久，师门老觉负恩多。羽毛又被风吹力，愧读平头六十歌。"（《六十生日香宋师宠以长句赋谢》）时为大家的向楚，在恩师的面前，还是十分的谦虚。向楚经常和老师相聚，随四川大学迁往峨眉，也邀请老师畅游峨眉，"念乱可忘师友乐，凌云一醉定何如"（《峨眉重阳雨中寄怀香宋师》）。向楚曾写《重阳赴荣县祝香宋师八十一寿》（赵熙也号香宋）一诗，"秋高木落雁南翔，晓发轻装向旭阳。四角车尘分野色，十年韵事续慈香。长星酒意心先醉，九日花期菊有芳，天为吾徒留此老，儒林文苑鲁灵光。"那时的向楚已经 71 岁高龄，不顾路途遥远，亲赴荣县给恩师祝寿，内心深感幸运与快乐，师生情谊深厚可见一斑。

二、向楚在四川大学的教育实践

向楚和四川大学渊源深厚，在四川大学从事教育工作长达二十余年。1924 年，被成都高师校长吴玉章聘为国文部教授兼主任；1926—1927 年，任国立成都大学、国立成都师范大学两校的教授以及国文系主任；1927—1931 年，任公立四川大学中国文学院院长，并代理四川省教育厅长。前面所谈及的三所任职学校，即公立四川大学、国立成都大学、国立成都师范大学，于 1931 年合并为国立四川大学，向楚担任国文系主任，后为学校文学院院长（长达二十年）、文科研究所所长。1949 年，他被推选为四川大学的代理校长。向楚有着刻苦严谨的治学精神，深厚的文史功底，是蜀中的一代名家，他的教育理念值得现代教育家借鉴。

第一，关爱学生，胆识过人。

1932 年，向楚在担任国立四川大学文学院院长时，发生了一件十分危急的事件。时局动荡，军阀混战，为了争夺皇城内煤山这个全城最高点，四川军阀刘文辉与田颂尧在成都市区开展枪战，而学校文学院在旧皇城内原成都高师的旧址里，一时陷入枪林弹雨之中。被围困在皇城内四川大学的师生员工，纷纷在墙角或床下躲避枪弹，几天几夜无法喝水吃饭，部分寝室也被洗劫一空，学生多有伤亡，一时人心惶惶，胆战心惊。这种危及的情况让向楚十分担忧，为了师生的安全，他亲自给刘文辉和田颂尧打去电话，呼吁停战半个小时，好让学生们转移到安全的地方。刘、田二人十分惊讶，同时也为向楚的过人胆识所折服，双方停止了枪战。枪战刚停，向楚立刻带领 300 多学生离开皇城，步行到了位于南较场的川大理学院避难。向楚临危不惧，指挥调度十分镇定自若，受到了师生的赞扬，人称"向楚一介学人，却凛凛有武人之威"。

第二，在教学中宣传进步思想。

早在 1906 年，向楚就加入了同盟会，是思想激进的革命党。在之后的教学生涯中，他也积极宣讲进步思想。他利用讲课或者自习指导时，与学生讨论古今形势，介绍学生阅读进步报刊，如《民报》《国粹学报》，以认清国内外的形势；向楚讲授明代顾炎武、黄宗羲等的著作，唤醒学生民族思想的觉醒。不仅向学生宣讲进步思想，向楚还与学校领导者密切联系，交流治学之事。向楚受聘于成都高师，与当时的校长吴玉章交情甚笃，他们经常讨论进步思想，并积极配合吴玉章的革命活动。吴玉章在学校创建进步组织，关心学生进步社团活动，宣传马克思主义思想。向楚与吴玉章的思想保持一致，在教学中宣传马克思主义思想，鼓励学生参加进步社团，推进新思潮在学校的传播与扩展。向楚在国立成都大学、国立成都师范大学任职期间，与校长张澜私交甚笃。张澜经常去向楚家中看望，共同讨论国内形势、治校治学等大事。

第三，聘请名师，临危受命代校长。

向楚在四川大学两次担任校长，即 1927 年任四川公立国学专门学校校长，1949 年任国立四川大学代理校长。

在四川公立国学专门学校，向楚"以民族文化的继承发扬为己任，投入全部心力经营"。他聘杰出的历史学家蒙文通为教务主任，聘曾为《川报》社长的宋师度为学监，"合三人之力，既负责行政又兼任教学"。他还请来当时的名儒讲学，比如著名的经学家龚道耕教授经学，碑学名家及书法家余舒教授诸子学，戏曲史专家卢前教授词曲，成都"五老七贤"之一的徐子休讲授宋元哲学。教师阵容强大，加上学院鼓励学生自己阅读典籍，自行钻研，治学效果很好，教学质量很高。

任国立四川大学代理校长时，向楚也表现出了非凡的气魄。1949 年年底，人民解放军挺进西南，合围成都，川大校长黄季陆去了台湾，学校校务无人负责；加上当时胡宗南想驻兵川大，学校校舍及财产严重受到威胁；另有传闻，曾对川大学生痛下毒手、制造了"四九惨案"的王陵基要血洗川大。在这种危及的情况下，德高望重的向楚临危受命，被全校教师推选为代理校长。向校长临危不乱、处变不惊，配合党的地下组织，领导全校师生进行了护校运动。先转移大部分同学进城或将其疏散在学校附近，同时留下必要的人员留守学校并安排留守负责人，还对驻扎在校内的国民党士兵进行了策反工作，动员这些国民党士兵也来看守学校、保护学校。直到成都解放，人民解放军军代表进驻川大，时年 72 岁的代理校长向楚才安排通知各系同志返校，并组织了移交仪式，将川大完整交给了军代表曹振之。向楚有担当的行为让广大师生敬佩，也让军代表为之称赞。

第四，治学刻苦，经验丰富。

在川大教学时，向楚的文学水平和教学经验达到了顶峰。向楚在川大主要研究文字音韵学、训诂学、诗古文辞等，国学基础扎实，记忆力好，理解能力强，有"活字典"的美誉。向楚高徒黄稚荃谈到先生，称其"为学，兴趣甚博，平居于词曲、书画、小说，无不深有研究"。据向楚的孙子向在淞回忆，"（祖父）学生众多，凡有人向他请教，他都能讲所问问题属于哪一类文章、哪一本、哪一篇，告诉他们，甚至可以将某些有关段落一字不漏地背出，逐句逐字加以解释"。更令人赞叹的是，向楚去重庆巴县修《巴县志》，他需要什么书，便会写信回成都请人去取，并说明放在哪一间房、哪一个书架、哪一格、哪一部中，无一差错。向楚将这些经验与体会毫无保留地传授给学生：熟读深思是学习的有效经验之一，重要的书必须熟读、精读，最好能背诵其精要部分，只靠泛泛浏览是不够的。他要求学生学而能思，读活书，反复背诵的同时理解作者的用心，将其变成自己的东西，才能运用自如。这些独到的见解，使学生受益，也涌现出了很多优秀的学生，其中知名的有姜亮夫、黄稚荃、文百川、徐仁甫、罗孔昭、陶亮生、殷孟伦等人。姜亮夫回忆在学校的学习生活，曾谈道："虽然这个学校的外表是破破烂烂的，可是教育的实际效果是扎扎实实的。"

第五，见解独特，任教育厅代厅长。

1927—1931 年，向楚除了担任川大文学院院长外，还在四川省教育厅任代理厅长。任职期间，向楚积极促成国立四川大学的成立，即国立成都大学、国立成都师范大学、公立四川大学三校的合并，合并后的国立四川大学是当时国内 13 所国立大学之一。这是学校历史上著名的"三水汇流"，是学校历史发展的重要里程碑，标志着川大国立化和近代化的进一步启动。

向楚也敢直言自己对教育的独特见解。在《向蒋委员长建议改进全国暨川省教育书》中，向楚谈曾谈道："今之谈教育根本者，皆谓世界教育之第一线，先教其所以为人，所谓以此为基点是。优秀者为国士，一般者为国民。欧美日本由小学而中学而大学，其教本为一线之贯……国语课本、尤多荒谬。"他建议"在高小时，宜节选重要简明之经训若干条，使之诵守……初中以上，可选经读。使初中学生，稍接受重要经训。大学中文系、乃请授经学"。对于各阶段的教材，向楚认为"部定初中国文课程标准，有精读、略读、二种"。所有教材改革的根本在于"定品行之甲乙，立人格之基础"。做人的培养是最为重要的，可见向楚的眼光长远，对教育的见解独到。

第六，编纂《巴县志》，为地方志书精品。

1926—1936 年，向楚两次被聘为《巴县志》的总纂。巴县早在清乾隆时期就开始重修县志，但是"时局多变，时做时废"，直到向楚被聘为县志总纂，才完成了这项宏伟的工程。旧志只有"建置""疆域"等 11 类，新志增加了"交通""物产""革命军始末""选举""交通"等类，新《巴县志》有 23 卷，附文征 1 卷。向楚将大量珍贵的明清历史资料保留在志书中，对云贵川军阀在巴县的苛捐杂税进行了详细的记录；在亲自撰写的"事纪"与"蜀军革命始末"中，向楚将亲身经历记载下来，并保存不少辛亥革命前后的史料。向楚"取舍之间又很审慎周密，处处以良史笔法行之"，两年就完成了这部受史学界好评的优秀作品。如今的学者想要研究了解重庆的历史风物，向楚版《巴县志》是必不可少的志书。

三、结语

向楚治学从政数十年，以个人学识与人格魅力令人折服。孙中山曾亲笔书写"蔚为儒宗"四个字赠之，对他的道德及学识给予了极高的评价。向楚曾说："若讲经学史，须严别汉代之古文今文，若通经致用，则宜择其有裨于今日国家之政教者。"这也是向楚治学生涯的真实写照。

参考文献

［1］《四川大学史稿》编审委员会. 四川大学史稿［M］. 成都：四川大学出版社，2006.

［2］罗中枢. 四川大学——历史·精神·使命［M］. 成都：四川大学出版社，2009.

［3］向楚. 空石居诗存［M］. 成都：四川大学出版社，1988.

［4］任一民. 四川近现代人物传·第4辑［M］. 成都：四川大学出版社，1987.

［5］向在渌. 向楚传略［J］. 成都大学学报（社科版），2007（3）.

［6］向在渌. 我的祖父向楚［J］. 成都大学学报（社科版），1984（1）.

［7］黄稚荃. 向楚先生和他的〈空石居诗存〉简介［J］. 文史杂志，1989（1）.

［8］胡栋. 赵熙书法艺术思想评析［J］. 成都大学学报（社科版），2006（1）.

［9］赵念君. 香宋先生年谱［J］. 成都大学学报（社科版），1996（4）.

［10］赵念君. 香宋先生年谱（续）［J］. 成都大学学报（社科版），1997（1）.

［11］向楚. 向蒋委员长建议改进全国暨川省教育书（节录）［J］. 国光杂志，1935（9）.

［12］谭红. 从政有声，治学有成——向楚先生生平记略（上）［N］. 四川大学报，2012－2－20.

［13］谭红. 从政有声，治学有成——向楚先生生平记略（下）［N］. 四川大学报，2012－3－5.

罗念生与国立四川大学

四川大学艺术学院　付文芯

2019 年 11 月 10 日，在希腊《每日报》上，习近平主席发表署名文章《让古老文明的智慧照鉴未来》，文中特别提到中国翻译家罗念生。习近平主席指出，中国翻译家罗念生一家三代致力于希腊文学、戏剧的翻译和研究，为增进两国人民友谊作出了重要贡献。

罗念生（1904—1990），出生于四川省内江市威远县，是我国享有世界声誉的古希腊文学艺术学者、翻译家，从事古希腊文学与文字翻译工作 60 余年，译著和研究论文超千万字，达 50 余种，著作有《罗念生全集》10 卷，为中希两国的古老文化交流做出了不可磨灭的贡献。

图 1　罗念生先生

罗念生先生翻译的《伊利亚特》《伊索寓言》，古希腊三大悲剧家埃斯库罗斯、欧里庇得斯和索福克勒斯的悲剧作品如《俄狄浦斯王》《阿伽门农》等，以及亚里士多德的《诗学》《修辞学》，是每一位中文世界的文学爱好者必读的西方经典。他晚年与水建馥合编的《古希腊语汉语词典》，更是目前汉语学界唯一一本古希腊语辞书。

目前，国内外对罗念生的关注更多在古希腊文学的研究及翻译上，他作为教师的身份却鲜为人知。他曾于抗战时期在国立四川大学文学院、外文系执教，在川大留下了弥足珍贵的印记。

罗念生在国立四川大学担任讲师及教授[①]，其执教共分为两个时期，第一个时期为1937—1940年，第二个时期为1943—1946年。

一、第一个时期（1937—1940）

1937年，朱光潜受四川大学张颐校长邀请，担任文学院院长兼外文系主任，他一上任便立即着手充实文学院的师资，通过自己的影响力与学术圈中的人脉，聘请了卞之琳、罗念生、周煦良、顾绶昌等名家来授课，大大增强了川大文学院、外文系的力量。罗念生在川大教授过英文、希腊悲剧、希腊罗马古典文学、英诗等课。

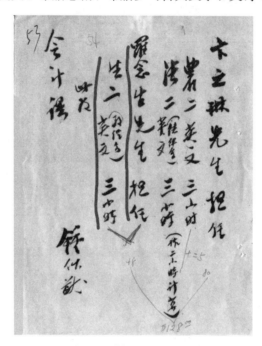

图 2　罗念生的英文课授课时间记录

当时，川大被誉为是全国唯一一所保存完整的国立大学，而同城的教会大学——华西协合大学也汇集了一批知名学者，这些学者不乏同时在两校授课的，一时间，川大与华大成为当年中国文化教育的重镇，四川的文化学术可谓异常繁荣。

为了宣传抗日战争和支持社会正义，进行思想启蒙，打破沉滞的文化气氛，1938年年初，罗念生与朱光潜、谢文炳、何其芳、卞之琳、方敬等人创办了抗日救亡杂志《工作》半月刊[②]，每人轮流出钱对付每期的纸张和印刷费用。

---

①　他于 1938 年任讲师，1939 年任副教授，1940 年起任教授。

②　《工作》于 1938 年 7 月出完第 8 期之后停刊。

　　《工作》办刊目的主要是面向当时的大学生、中学生以及社会知识界，宣传抗战、针砭时弊、支持正义、传播文化。办刊形式是自费、自写、自编、自印、自销。《工作》以发表散文为主，包括杂文、随笔、速写、通讯等，撰稿人有罗念生、何其芳、朱光潜、卞之琳、谢文炳、沙汀、周文、陈翔鹤、陈敬容等。该刊所载文章内容有对沦陷区和作战区情况的记录，如董叔昭《淞沪战场的一景》、张旋的《从六安到汉口》、罗念生的《忆马拉松战场》等；也有对社会黑暗、丑恶现实的揭露；还有对祖国河山、风土人情的描述，如王苑的《漫谈香港》。其具有鲜明的现实性和战斗性。因为刊物的主办者多数在川大工作，所以刊物的编辑工作是在川大进行的，《工作》名下的通讯处为"成都四川大学菊园"，即罗念生、朱光潜、卞之琳等人所住的教师宿舍。

图 3　罗念生与妻子马宛颐抗战期间在四川留影

图 4　罗念生与儿子罗锦鳞于抗战期间在国立四川大学留影

受到罗念生、朱光潜、卞之琳、何其芳等人创办《工作》的影响，1939 年春，川大"文艺研究会"的学生们在校园内编印了文学期刊《半月文艺》。虽然因为印刷困难，《半月文艺》经常不能按期出版，但罗念生、谢文炳等人依然积极支持学生们的工作，不但给予指导，还撰写了许多文章投稿。10 期 9 本的全套《半月文艺》，导师们共发表了 17 篇文章，罗念生个人就有 6 篇。①

四川师范大学文学院龚明德《老川大〈工作〉和〈半月文艺〉》一文中，详述了关于《半月文艺》的情况。他说，与学生们水平参差不一的文字对应着的，是教授们老到耐品的好文章；《半月文艺》每期的编稿主持者都非常尊重他们导师的文章，只要导师有文章投来，只要有可能，大多安排在头条位置，如第 3 期叶麐的《谈朗诵诗》、第 7 期罗念生的译诗《迎灰曲》② 等。龚明德在文章中提及了罗念生发表于创刊号上的《谈新诗》③。他说，通过细读谈论新诗的理论文字，可以看出作者的思考具有深度，同时也与现实紧密相融，并"感觉罗念生所谈对新诗的看法，都是他长期思考的问题，包括对一些诗现象的观察，也让人耳目一新"。面对罗念生的文章，龚明德感叹道："像这类美妙的素描文字如果不入作家文集、不被读者欣赏，简直太遗憾了!"

1939 年 7 月 27 日，成都遭到大轰炸，川大遭受重创，皇城校本部和南较场理学院、法学院均中弹着火，至公堂、明远楼一带的办公区、教学区、宿舍区、图书馆、博物馆中共有 127 间房屋变成了废墟。学校已经无法教学，为了躲避空袭，川大举校迁往峨眉山。当时学校在峨眉山以伏虎寺（本部和文、法、师范学院）、报国寺（教职员宿舍）、万行庄（含保宁寺、理学院）、鞠槽将军府（新生院）等四处大寺庙为校舍，同时在峨眉山附近搭竹棚作为补充，于 9 月 21 日正式开课。

罗念生携妻儿随川大迁峨眉山后就改任副教授，次年任教授，担任英文、希腊悲剧、希腊罗马古典文学、英文诗歌等课程授课老师。

据罗锦鳞④回忆："我们家住在报国寺，进大殿侧门，第一间就是。"罗锦鳞所指的"大殿"，即峨眉山报国寺"七佛殿"。当年冯玉祥将军为抗日募捐，曾到过峨眉山，还住在罗念生家。冯将军赠给罗念生"还我河山"的墨宝，已 4 岁的罗锦鳞便目睹过。

---

① 统计数字源自龚明德的《老川大〈工作〉和〈半月文艺〉》。
② 《罗念生全集》（第 9 卷）收录此文。
③ 《罗念生全集》（第 8 卷）收录此文。
④ 罗锦鳞：中国著名戏剧导演、中央戏剧学院教授、博士生导师，罗念生之子。

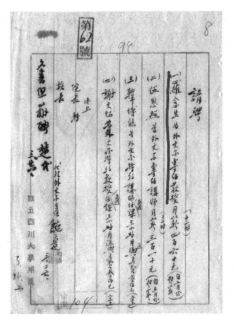 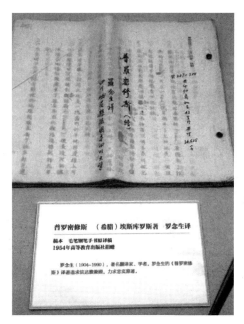

图 5　罗念生代理川大外文系主任亲笔　　　图 6　国家典籍博物馆收藏的罗念生亲笔书稿
书写的聘书

1940 年，因学校内部原因，罗念生与谢文炳、叶石荪等人相继离开川大。

二、第二个时期（1943—1946）

1943 年，黄季陆出任川大校长，力主迁川大回成都，川大迁址至望江公园旁。罗念生由饶孟侃介绍回到川大，负责的教学内容同以前在川大时大致相同，教授英文、英国文学史等课程。据著名作家萧赛回忆："那阵子，正处在抗战中期，川大的教授宿舍是一列平房，前后两间。外带厨房，同罗念生结邻的有外语系、文学系的刘盛亚、陈治策，饶孟侃、谢文炳、杨白莘等教授。"

不久之后，罗念生当选为系主任，在川大一直工作到 1946 年。

川大 1944 级史地系的刘朝湘同学评价罗念生是一个风趣、自信、乐观的人，他回忆道："我的外语成绩向来很差，罗老师却能给予恩科及格，说明他为人宽厚，有的同学戏称他是'放生委员'。……直接受到罗老师的教诲，师生深情就不消说了。"[1]罗念生老师的亲切教诲，热情关心，让刘朝湘难以忘怀，尤其"作为著名教授的潇洒风度，以及他所体现出来的人生价值"，给他留下非常深刻的印象。

---

① 参见刘朝湘的《我的老师罗念生》（威远县政府信息公开网，原载于《内江日报》）。

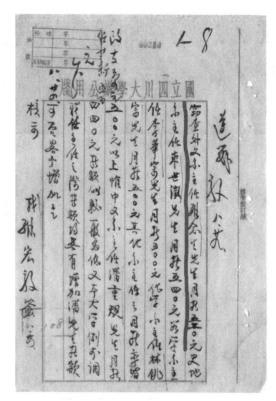

图 7　罗念生在川大任外文系系主任的相关文件

在川大这段时间，罗念生除了教学和管理工作，还继续翻译古希腊文艺作品，通过古希腊人抗击侵略、反对战争的经典译作来激发青年学生的爱国热情，鼓励中国青年奋发图强，坚持抗战。"临街的茶社，楼下车马喧嚣，楼上大讲希腊戏剧。罗先生声音小，大家都挪椅子朝他面前挤，连川剧名角'红灯教主'王国仁也来旁听。后来，当年听讲的刘铭还发表了希腊戏剧的论文。在那兵荒马乱的年代，在寒酸蹩脚的茶楼，罗先生不忍心拒绝这批热爱希腊戏剧的年轻人。"①

罗念生的妻子马宛颐是京剧"名票"，喜欢中国戏剧、川剧，在川大京剧社团担任导演和教师。而儿子罗锦鳞，当时在川大附属小学就读，经常被一些抗日剧团叫去扮演一些儿童角色，一直到四年级才离川北上。罗锦鳞说："那时川大非常红火，很多大学生也常常带我们玩……离我家很近（的地方）就是锦江！大学生常带我去江边游泳，回来就会被母亲训诫，挨打……"

这个时期，罗念生还在《新民日报》《新民晚报》《成都快报》等多家媒体上发表了文艺作品。

1946 年 9 月，罗念生离开国立四川大学，之后经长沙、青岛，辗转回到北平。

罗念生先后在川大执教 6 年，作为四川大学外文系的教员之一，他为国立四川大学

---

① 引自萧赛的《"孤舟蓑笠翁，独钓寒江雪"——记古希腊戏剧翻译家罗念生教授》。

外文系的英语专业在国内的学术地位做出了巨大贡献，为该系英语专业的发展壮大奠定了坚实的基础。同时，因为他在古希腊戏剧方面的教学与研究，对四川大学文艺学学科也有着深远的影响。

如今，罗念生的儿子、八十高龄的罗锦鳞和孙女罗彤继续追随着先生的脚步，孜孜不倦地奔走于传播希腊戏剧的道路上。

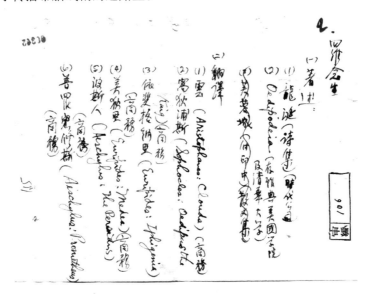

图 8　罗念生在川大期间著述、翻译的部分作品目录

特别致谢

本文图片由罗念生之子罗锦鳞提供，资料来源为四川大学档案馆（校史办）馆藏档案。

参考文献

[1] 罗念生. 罗念生全集 [M]. 上海：上海人民出版社，2007.

[2] 易明善. 1938 年：何其芳在成都 [J]. 文史杂志，2015（5）.

[3] 卞之琳. 何其芳与《工作》[J]. 新文学史料，1983（1）.

[4] 龚明德. 老川大《工作》和《半月文艺》[J]. 现代中国文化与文学，2011（1）.

从四川中西学堂看近代四川高等外语教育

四川大学档案馆　甘露华

一、四川中西学堂的创设及对四川高等外语教育的影响

1896 年，洋务派代表人物、时任四川总督兼广东巡抚的鹿传霖创办了以学习"西文西艺"为特征的四川中西学堂（今四川大学的前身之一），是近代四川高等教育的发端。

19 世纪末，清政府为挽救政治危机颁布了废书院、兴学堂的诏令，各地纷纷兴办起新式学堂。作为资深的洋务派代表，鹿传霖深知兴学堂搞教育对国家的意义，学校兴设之初，他就在当年上奏清廷的奏折中这样写道：

> 讲求西学，兴设学堂，实为今日力图富强之基。川省僻在西南，囿于闻见，尤宜创兴学习，以开风气。臣前于《议覆条陈时务》折内，业经具奏在案。随即咨请总理衙门选派熟谙英、法语言文字者各一员，咨送来川充当教习。并向南、北洋咨取学堂应用书籍，派委员赴上海添购各种洋书以备肄习，购觅地基建修学堂房舍。惟款项难筹，或饬成绵道于土厘项下先筹拨银五万两，发交盐局生息，暂作创办经费。兹由京选派英文副教习长德、法文记名副教习恩禧，现已随带洋书来川。其南、北洋咨送及购买书籍，亦陆续运到。惟修建学堂，约须八月始可竣工。①

由此篇奏折可见，中西学堂之建立在于学习"西文西艺"，而咨请总理衙门选派熟谙英、法语言文学的六教习来川则是中西学堂筹建的重要措施。其后，鹿传霖在四川洋务总局呈文的批示中，更明确指出：

> 学堂于英法语言文字，均能翻译，中西算法，亦能明晰。若再宽以岁月，范其志趣，严甄别以生其严悼，宏奖借以激其奋兴，使知有所观感，急自濯磨，数年而后，次第可收得才之效，于时世不无裨益也……四川省风气未开，更宜倡为始基，以冀造就多才。是以修建学堂，延聘教习，广选子弟，肄业西学语言文字，兼习汉文。②

---

① 参见四川大学档案馆馆藏档案《四川中西学堂档案》第 1 卷。
② 参见台北故宫博物院编《光绪朝宫内档案》中"鹿传霖奏折"部分。

作为当时已睁眼看世界的洋务派代表人物，鹿传霖已深知富国强兵首先要"建立学堂，讲求时务"，"中外通商，交涉日多，非得通达时务之才，不足以言富强之术。"①而要造就通达时务之才，须得讲求时务，创设新学，而以"西文西艺"为内容的新学则必以"西文"为基础，不借助语言工具，无法学习西方的科学与文化。所以，建设近代高等外语教育必然成为近代高等教育开创之初的重要工作，完成这项工作的四川中西学堂则开创了近代四川官办高等外语教育的先河。

四川中西学堂的课程，标榜"分科治学"。英文科、法文科最初以各自的语言文学课为主，包括语音、拼法、精读、翻译等专业课程。算学馆建立后，按照四川总督的批示进行科目合并，外语科与国学科一起成为学生必修的基础课程。学校实行"分级授课"，一般先上附学（相当于预科），一年后升入内堂作"学生"，三年学成毕业。其中佼佼者，可提前升入内堂做"学长"，亦是总计三年毕业。②而学校考核"学生"即以"及时饬加英法语言文字拼法、算学、舆地，迎机而导，心得必易"。而对于中学文理尚未清通、习"西文"已属不易的学生，只能在"附学"中再加琢磨了。可见外文水平一直是学生考试升级中的一项重要科目，而外语教育在四川中西学堂的教学安排中则显得尤为突出。

在办学经费方面，作为当时第一所省级新式学堂，从办学之初即得到了四川总督鹿传霖的大力支持，他动用土厘为学校购地建房、延聘外教、添置设备、购买书籍。当时国内能够买到的英、法文原版书刊和国内出版的相关书刊，学校图书馆皆悉数购回。据1902年统计，在馆藏一万余册书中，除大量英、法文字典和文法、史册书籍、万国舆图等，更多的是英、法文地理书和物理书、机器书，几何书、数学书等西方自然科学书刊和教本。同时，图书馆也收藏了宣传西方资产阶级革命启蒙读物的原版本和近人严复、林纾等人的中译本。《天演论》《原富》《法意》《忏悔录》等书籍都在收藏之列。其种类之多、数量之大、品种之齐，在当时的四川是首屈一指的。这不仅支持了学校教学需要，更在一定程度上传播了西方文化知识，为封闭的四川注入了新鲜的空气。

二、四川中西学堂创设的时代背景及影响

进一步将四川中西学堂创设和发展的历程放在当时风起云涌的历史背景中研读，会对这一段历史有更深层次的理解。1861年辛酉政变后，为了挽救清政府的统治危机，清政府中的部分官员如曾国藩、李鸿章、左宗棠、张之洞等，主张引进、仿造西方的武器装备和学习西方的科学技术，创设近代企业，创建新式学堂，洋务运动由此展开。1862年7月，恭亲王奕䜣、李鸿章、曾国藩奏准在北京设立同文馆，附属于总理衙门。该馆为培养翻译人员的"洋务学堂"，最初只设英文、法文、俄文三班。随着洋务运动

① 参见台北故宫博物院编《光绪朝宫内档案》中"鹿传霖奏折"部分。
② 参见四川大学档案馆馆藏档案《四川中西学堂档案》第5卷。

的深入，不少翻译官从同文馆毕业后被派往各地衙门任职，他们只懂"西文"，不知算学、格物、机器、航海等"西艺"为何物，难以胜任对外交涉事务，解决这一问题需要调整外语学堂的课程设置。许多外语学堂采用的是借"西文"通"西艺"的培养模式，对口语和听力的训练也比较重视。同时在"西文"的基础上，增加"西艺"科目，学制也相应延长。1867 年，京师同文馆天文算学馆开始招生，开设了不少自然科学实用技术的学科，课程逐年增加，有些课程已分化得相当细、相当专业，如算学就分成数理启蒙、代数、几何原本、平三角、弧三角、微积分等。学制从 3 年调整至 8 年，增加了不少的"西艺"课程，外语仍然是主课。以下是该学馆的 8 年制课程表：

表 1　京师同文馆的八年课程表①

年次	学习内容	年次	学习内容
首年	认字写字，浅讲辞句	二年	讲解浅书，练习文法，翻译条子
三年	讲各国地图，读各国史略，翻译选编	四年	数理启蒙，代数学，翻译公文
五年	讲求格物，几何原本，平三角，弧三角，练习译书	六年	讲求机器，微分积分，航海测算，练习译书
七年	讲求化学，天文测算，万国公法，练习译书	八年	天文测算，地理金石，富国策，练习译书

由该课程表可见，学校的教学重点是翻译。教学上遵守循序渐进的原则，目的是帮助学生由学习"西文"进而涉及其他学科，主要包括以"算学"为主的实用科学，反映了其借"西文"求"西艺"的办学模式。至此，京师同文馆实现了立足外语、兼顾其他学科，向综合性学校发展的转变。

京师同文馆是清代在北京开办的采用班级授课制的第一所洋务学堂。在京师同文馆之后，洋务派先后在上海、广州又建起两所同文馆，为传播西方科学文化知识、培养新式人才做出了贡献。

相较之下不难发现，四川中西学堂在创设目的、学校体制、课程设置、发展轨迹等许多方面都与之有相似之处，如都是采用班级授课的洋务学堂，开创之初都以外文语言教育为主，其后陆续增加算学等其他科目。1902 年，京师同文馆并入京师大学堂后更名为译学馆，成为现在北京大学外国语学院的前身。而四川中西学堂则成为现在四川大学的前身，亦是四川高等外语教育的源头。到 1898 年鹿传霖创建四川中西学堂之时，京师同文馆等外语学校已经逐渐完成了从专门的语言学堂，到以外语为主的综合性教学机构的转变。而四川中西学堂则是在借鉴了各地同文馆，特别是京师同文馆的先进经验，同时汲取当时各地兴办综合性新式高等学堂的办学理念，兴办的以学习"西文西艺"为基础，兼习算学、舆地等新式技艺的新式高等学堂。而将这一办学理念体现得较充分的举措即设立四川中西学堂算学馆。1899 年，四川洋务总局行文确认"西洋学业，

① 资料来源：［清］宝鋆等，《筹办夷务始末（同治朝）》，中华书局，2008 年。

无论格致测量，莫不由算学入门""算学为测绘、格致之源，富强致用莫不以此为阶梯"，逐增设算学科。时任四川总督的奎俊在四川洋务总局的呈文中也明确批示："学堂之设，本不仅通解语言文字也，学堂应责成教习对在堂诸生将天文、舆地、测算、格致各学、各国史策，由浅入深，逐步诱导，俾之精益求精也。"[①] 算学馆设立后，四川中西学堂除外语和国学基础课程外，另加了 10 类 26 门专业课程，使四川中西学堂成为以外语教育为依托、多学科兼顾的综合性新式学堂。这从其部分课程表中亦可看出（见表 2）。

表 2　四川中西学堂课程表（部分）[②]

科目	课程	学分
外语	语音，拼法，文法，精读，翻译	/
国学	/	/
数学	数学启蒙	6
几何学	形学务旨，几何原本	16
平等代数学	代数务旨	12
平等三角形	平三角举要，数理精蕴，弧三角举要，历象考成	40
平行重学	重学图说	7
高等代数学	代数术，代形合参，代微积拾级，代数难题，微积溯源，曲线说	163
高等三角学	三角数理，作线务旨	48
高等重学	重学	30
测地学	测地绘图，行军绘图，绘图法原	48
测天学	历象考成，谈天，天文揭要，航海要术，且白尔司天算全表用法	110

从建校之初仅设英法文法专业，到算学馆的设立，四川中西学堂同样经历了以西文起，借西文求西艺，并最终转变为近代综合性高等学校的发展过程。这样的发展模式在近代多所高校创立之初是普遍存在的，它从一个侧面反映了语言作为一种学习研究别种文化的工具，在或主动或被动地进行文化交流的时候是最起码和重要的工具。所以，清末像鹿传霖等认识到这一问题的人们，主张从外语教育入手逐渐引入对西方各种先进文化的全面学习，"方今舟车交通，履欧美若户庭；假令不能读西书，不能与之对语，即不能知其情状"[③]。1903 年颁布的《学务纲要》指出："今日时势，不通洋文者，于交涉、游历、游学、无不窒碍。"[④] 晚清时期的中国，虽然自强乃至图存是现实的历史情境，激烈的东西方文化冲突却是本质所在。要在这场冲突中化被动为主动，对外来文化

---

① 参见四川大学档案馆馆藏档案《四川中西学堂档案》第 1 卷。
② 资料来源：四川大学档案馆馆藏档案《四川中西学堂档案》第 1 卷。
③ 朱有瓛：《中国近代学制史料·第 2 辑·上册》，华东师范大学出版社，1987 年。
④ 舒新城：《中国近代教育史资料·上册》，人民教育出版社，1961 年。

的态度是关键，而兴办高等外语教育不仅表明了当政者的态度，更为进一步了解、学习西方文化培养了人才，提供了工具。因而随着外语教育之兴起而来的必然是对西方科技、管理等文化的全面学习，并亟须将这一学习的成果、培养的人才迅速运用到救亡图存的现实中。四川中西学堂英文科首届毕业生钱为善，后留学英国伦敦斯芬伯大学学机电，归国后曾出任四川电话局局长，后任四川工业学堂校长；法文科毕业生胡骧，留学法国巴黎大学，回国后授翰林院检讨，任四川机器局局长；算学科毕业生何鲁，留学日本东京高级工业学校，回国后任教于新式学堂，是四川近代著名的数学、物理学家。

　　鸦片战争之后，中国的一些有识之士为西方的船坚炮利所震撼，又痛感国家人才匮乏、国力疲弱。在与外国人往来交涉、与外来文化接触及抵抗外国侵略的过程中，这一部分中国人逐渐认识到西方的坚船利炮远胜于中国，洋人的声光化电确实有可用之处，"师夷长技以制夷"的想法油然而生。但要师夷、制夷，首先得知夷。要知夷，懂得外国语言文字、了解外国民情风俗及各方面情况是先决条件。因此，培养"通夷言，晓夷情"的新式人才，即既通晓外语又了解外国先进技术的专业人才成为当务之急，因而开办以西文、西艺为主的新式学校的问题就十分现实地被摆在人们面前，这在客观上促进了外语教育的发展。而外语作为知夷之手段，其目的在于师夷之"长技"，而这一"长技"，随着中国近代化进程的迅速展开，由最初的坚船利炮、声光化电迅速发展到交通、邮政、外交及管理等近代社会生活的方方面面。而作为技术载体的人才培养在当时是远远不能满足社会发展的迫切需求的，所以在清末民初的中国，中国内政外交的许多方面为外国人所把持，一方面是因政府的软弱无能所致，另一方面也是人才培养滞后所造成的。技术方面人才缺乏，而管理方面更是如此。对人才的迫切需要成为新式高等学堂迅速发展的动力。1905年，清政府废除了科举制度，各地新式学堂如雨后春笋般发展起来，其数量和学生人数如表3所示。

表3　各地新式学堂数量及人数（部分）①

年代	1895年	1896年	1897年	1898年	1899年	1902年
学堂数	3	14	17	14	150	/
学生数	/	/	/	/	/	6912
年代	1907年	1908年	1909年	1912年	1916年	1919年
学堂数	37888	47995	1626720	/	/	/
学生数	1024988	1300739	/	2933387	3974454	5704254

三、四川各高校外语教育的发展

　　随着学制改革和四川高等教育的进一步发展，四川中西学堂于1902年与锦江书院

---

① 参见林正珍：《晚清学制的变迁及西方教育制度的引介》，《通识教育》1994年第4期。

和尊经书院合并为四川通省大学堂，次年改名为四川省城高等学堂，辛亥革命后又改名为四川高等学堂，此后又经过国立成都高等师范学校、国立成都大学等阶段的曲折发展，最终于1931年经"三校合并"成为国立四川大学。虽然学校历经变化，但由四川中西学堂传承下来的传播先进科技与文化的宗旨并未改变，坚持发展外语教育和其他先进科学技术专业教育为四川打开了"了解世界的窗户"。在这一时期，四川高等外语教育的发展一方面体现出了其作为基础学科的重要性，另一方面也展现出其专门性的发展方向。如四川中西学堂一样，之后各高校都将外文作为重要的基础学科，四川省城高等学堂（即四川高等学堂）"以中国经史之学为基础，俾学生心术归于纯正，而后以西学输其智识，练其艺能，务期他日成材，各适实用，以仰副国家造就通材，慎防流弊之意"[①]。在正科部的公共课程中，外语（英、德、日语任选，而医科则增习拉丁文）是与经学、儒学并列的重要课程；教学方法上也用了当时较为先进的纳式文法。如表4是1912年就读四川高等学堂正科二部理科九班的郭沫若先生当年的课表。

表4　1912年四川高等学堂正科二部理科九班课表[②]

课目	内容	课时/周	课目	内容	课时/周
国文	名家之文选读	2	伦理	宋儒学案	2
英文	纳氏文法	4	英语	姜伯氏读本	4
德文	第一读本	3	物理	热学、力学	4
化学	水盐化合物、金属单体及元质	5	代数	定理及方程式	4
解析几何	调和列点及共轭割线应用	3	三角	球面三角	2
微积	逐次微分及推断式	3	体操	兵式教练	2

从郭沫若先生的课表可以看出学校课程体系配置的先进性，以"西文、西艺"为主要内容，目的是培养能够切实服务社会的有用人才，而作为西学基础的外语课程明显居于重要地位，在一周有11学时之多，已超过传统学科位居各科之首。而在学校附设的铁路学堂更以英文直接讲授各科课程，这在现在看来对外语教学都是极高的要求。

继四川高等学堂之后，虽然学校发展历经曲折，但都设有专门的外语部或外文系，在课程设置上都将外语（主要是英语）作为学生必修的重要基础课程，对外语教学予以极大重视。如1918年，国立成都高等师范学校的课程设置就将英文部单列，主要课程有：英语及英文学（讲读、作文、文法、会话）、国文及国文学（讲读作文及文学史）、历史（西洋史）、哲学（哲学概论）、美学（美学概要）、言语学、法语。各部系都必须将英语作为本科公共课，同时又将第二外语作为除国文部外其余各部（系）的必修课之一。在教师方面，国立成都高等师范学校在英语部聘请了卢观泰教西洋史，郑昀教英语

---

① 舒新城：《中国近代教育史资料》，人民教育出版社，1981年。
② 参见四川大学档案馆馆藏档案《四川高等学堂档案》第15卷。

言语学，朱光吉教英文学，唐绍虞教英语作文，胡海伦教英语会话，廖学章、周光鲁教英语，吴瀛梁、毛作孚教日语，还有来自日本和英美等国的外籍教员 10 余名，其对外语教学的重视可见一斑。①

这一时期，四川高等外语教育发展的另一重要事件是外语专门学校的建立。1903年的癸卯学制确立了建设高等专门学堂的体制，全国掀起了"废科举，兴学堂"的浪潮，四川因此开办了四川通省法政学堂、四川通省农政学堂、四川存古学堂、四川通省工业学堂、四川通省藏文学堂五大专门学堂。其中四川通省藏文学堂于 1914 年改称四川公立外国语专门学校，成为第一所外语专科学校。该校学制为预科一年，本科三年，只设了英语和法语两科，各科本语种课程有文法、讲读、会话、作文等，此外学生还须学习国文、语言学、历史、地理、经济、第二外语、世界语等课程。季叔平和廖天祥先后担任过外专校长，其中廖天祥掌校时期支持新文化运动，思想比较开明，外专的学生在五四爱国学生运动中也表现得比较活跃。虽然外专以其规模和人数在当时五大专科学校中是较小的（1916 年仅有学生 95 人，教师 15 人），但并不妨碍学校培养出优秀的人才。巴金先生于 1919 年以李尧棠的名字考入外专，先上补习班，后上预科，最后上法文科，1923 年结束学习留学法国。在学校中，巴金先生开始了对英语、法语和世界语的学习，而在世界语研究方面，巴金先生亦被视为我国世界语运动的先驱者之一。对于4 年的校园生活，巴金曾在回忆录表述：他在学校中大量阅读世界古典文学名著，如狄更斯的《大卫·科波菲尔》、斯蒂芬孙的《宝岛》，都是他特别喜欢的。那种用第一人称传述的手法，对后来巴金的文学创作也产生了比较大的影响。②

1927 年五大专门学校合并组建公立四川大学，四川公立外国语专门学校改为公立四川大学的外国文学院。因公立四川大学不设校长职位，而由五院学长组成"大学委员会"共同代行校长职权，当时担任外国文学院学长的是杨伯谦。这种松散的体制决定了学校发展必会面临种种困难，但也使公立四川大学的学科建设具有了专和深的特点。以一份 1929 年 8 月从外国文学院毕业的学生课程表为例，该生 4 年共修了 34 门课共 124个学分，具体包括（括号内是学分）：英国文学史（6）、美国文学史（3）、英文诗选（6）、莎氏剧本（6）、肖氏剧本（2）、希腊文学史（3）、希腊罗马文选（4）、文艺复兴时代文选（3）、希腊罗马史（3）、西洋史（6）、英国史（6）、欧战史（3）、伊氏见闻杂记（3）、威史斐特师传（2）、培根论文（3）、弱氏论文（3）、因氏论文（3）、双城记（4）、金银岛（2）、中古文选（3）、近世短篇小说选（4）、古典学（3）、修辞学（2）、中作文（6）、英作文（6）、法文（4）、拉丁文（2）、希腊文（6）、政治学（3）、经济学（3）、社会学（3）、心理学（3）、国际法（3）、教育学（3）、伦理学（3）。③课程之多，划分之精确细致比之现代水平都无不及。但在当时动乱的时局下，学校行政事务的频繁

① 参见四川大学档案馆馆藏档案《国立成都高等师范学校档案》第 30 卷。
② 巴金：《巴金选集（第 10 卷）》，四川人民出版社，2000 年。
③ 参见四川大学档案馆馆藏档案《公立四川大学档案》第 19 卷。

变化（1928 至 1931 年间外文学院学长分别有杨伯谦、谭其莘、严迪恂、宋光勋）、教学经费的严重不足都严重制约了学院的发展。1930 年，外国文学院只有本科生 25 人，同时对实用的英语会话和应用文课程的缺失也是学院教学中的不足。总体来说，公立四川大学外国文学院虽然在自身发展上面临许多困难，但它在继承四川公立外国语专门学校的基础上，进一步发展了四川的高等外语教育，为"三校合并"后国立四川大学的外语教学奠定了基础。

国立四川大学成立后，外国文学系归于文学院，最初谢文炳、金尤史先后出任系主任，张颐代理校长时期更聘请到著名教育家、翻译家朱光潜任文学院院长兼外文系主任。1935 年，全系有教授 5 人、特约教授副教授及专任讲师 12 人、学生 61 人。教学内容从培养高级译著人员、写作人才和外文教师的目的出发，课程设置更为务求实际。以下是外文系开设的主要课程：基本英语（一）（二）、语音学、文学入门、西洋通史、圣经故事、希腊罗马神话、英国文学史、英国短诗选、英国长诗选、英国小说、近代戏剧、希腊戏剧、英文会话、高级作文、杂体文、传记文学、英国十八世纪文学、英国十九世纪文学、英国短文、现代英美散文、文学批评、第二外国语。[①] 一、二年级主要进行语言文字的基础训练，注重读写；三、四年级则将文学与语言文字的学习并重，所选课程除文学入门、文学批评之外更注重对原著作品和讲演的研习。同时，更加注重学生的听、说、写三种基本功的训练。以英语课为专门训练课，每周 5 学时的上课时间中，3 学时为师生之间的直接会话时间，2 学时讲修辞和学生自己作文。高级作文课着重讲英语修辞和各种文体的性质与形式，使三年级的学生能写出通顺流利的英文作文。在外国文学研读方面，注重培养学生对外文作品的批评和鉴赏能力。杂体文课讲授游记、日记、书信等杂散文和各种文体的形式、性质，指导学生选读上述各种体裁的作品，培养了学生写作各种文体的能力和运用英文的能力。课程教材选用原文参考书和教科书，教学亦全用英语，相当重视口语练习和实际运用，毕业生以在全国各高校担任外语教学工作者为多。

四、结语

从四川中西学堂至现今四川大学，学校虽历经磨难，但终将这一文脉流传，百年来更是培养过朱德、巴金、郭沫若、杨尚昆等国家领导人和文坛泰斗，50 余位中国科学院和中国工程院院士以及各行各业的优秀人才，为四川地区的发展和整个社会的进步做出了重要的贡献。而承继于四川中西学堂的四川高等外语教育和学校的发展一起经历了萌芽、发展和逐渐完善的过程。作为近代国民"开眼看世界"最直接的工具，外语教育在新式教育兴起之初作为最主要的新式科目受到了极大的关注与重视，这从四川中西学堂建立之初的情形可见一斑。其后随着近代教育的进一步发展，更多的现代教育科目与

---

① 参见四川大学档案馆馆藏档案《国立四川大学档案》第 5 卷。

内容被引入近代高等教育的领域中，而外语教育也逐渐建立起作为近代教育基础性学科的地位，其在四川近代高等外语教育史上体现为清末民初各院校对于外语教育工作的建设和发展，以及专业性的外语高等教育专科学校的建立。1931年，"三校合并"建立起的国立四川大学，作为清末民初以来四川高等教育之集大成者，它设立的外文系亦是汇集了前期各校外语教育之成就，不仅有专业研究之深，亦具实用教育之利，在整个大学教育中是重要的工具性的基础学科，至此，近代四川高等外语教育已初具雏形，而将其发展完善的过程则至今仍在进行之中。

追根溯源，由四川中西学堂开始的四川高等教育近代化以外语教育为开端，在此过程中，外语教育处处走在各学科教育近代化之先。因为中国高等教育的近代化实则是在清末国难危亡的形势下文化层面上国家救亡之产物，是传统文化在危机之下被迫变革、与外来西方文化进行交流融合的结果，而高等外语教育则是这一交流融合最直接的反映。四川高等外语教育的发展过程是整个中国近代高等外语教育发展的一个典型范例，对此问题的探讨不仅有利于对中国近代高等外语教育发展过程和问题的研究，也能在一定程度上揭示近代中国高等教育发展规律。

参考文献

[1]《四川大学史稿》编审委员会. 四川大学史稿 [M]. 成都：四川大学出版社，2006.

[2] 党跃武. 川大记忆——校史文献选辑 [M]. 成都：四川大学出版社，2011.

历史上的川大校门

四川大学档案馆（校史办公室）　沈　军　陈玉峰

校门，历来是一所学校重要的展示窗口，它见证时代变迁、承载岁月洗礼、感知文化兴盛，不仅是校园建筑的重要组成部分，同时扮演着校园第一印象的"门面"角色。它是一道校园文化景观，是学校品牌形象和人文精神的象征，是对学校历史文化和精神理念的默默诠释和解读，更是一代代校友心中难以磨灭的文化地标。因此，校门的意义在于其不仅是一扇"门"，它的变迁大致能够反映学校的发展变迁、教育的兴盛交替。

本文发掘四川大学各个时期的校门，特别是历史中国立四川大学、华西协合大学和成都工学院的校门，通过文字与图片的方式，力求还原当时的学校发展情况。通过各个时期的校门了解当时的人和事，不仅可以展示学校丰厚的历史底蕴，也从侧面折射出我国教育事业的发展轨迹。

一、四川通省大学堂

1902 年，四川总督奎俊奉旨合并四川中西学堂、尊经书院，组建了四川通省大学堂，学校设在尊经书院旧址，即现在的成都市文庙西街，它仿照京师大学堂的教学模式办学，是一所中西结合、文理兼备的近代综合性高等学校，它的成立标志着代表四川传统教育的尊经书院和代表四川近代高等教育的四川中西学堂向近现代高等教育的过渡和转型。同年，四川总督岑春煊转发清廷指令，改大学堂为高等学堂，于是，四川通省大学堂改名为四川省城高等学堂。1903 年，锦江书院正式并入，完成了今四川大学历史上的第一次三校合并。

在四川省城高等学堂的校门处挂有著名经学大师王闿运的集句联"考四海而为隽，纬群龙之所经"，此联上句出自西晋左思《蜀都赋》，下句出自东汉班固《幽通赋》。此副著名的对联在尊经书院时就挂在校门旁，其蕴含了川大学人宏伟的志向和博大的情怀。

此时的校门为四川常见的庙宇式多重进门结构，有高大的屋檐、挺拔的立柱，进门上方是高悬的学堂牌匾，下方有高高的门槛，大门两侧的门檐下挂有照明的灯笼，墙上张贴有学校的准则。由于是从传统中式书院转型而来，这时四川省城高等学堂的校门还带着浓烈的旧式书院的气息，这是目前已知的川大最早的校门照片（见图 1）。

图 1　四川省城高等学堂校门

二、华西协合大学

　　鸦片战争后，大批西方传教士进入四川，在传教布道的同时开设医院、新办学校。1904 年，英国、美国和加拿大的基督教差会筹划在成都开办一所全新的大学。1905 年 11 月，华西协合大学临时管理部成立后，在成都南郊锦江南岸选定了一大片空旷地带作为大学的校址。1907 年，学校开始兴建校舍，由于华西协合大学的兴建，这里便有了"华西坝"的称呼。1908 年 10 月，《华西成都基督教大学筹办方案》正式拟订，华西协合大学筹办者之一的客士伦曾这样解释：这个大学要发展为一个最完备的高等学府，使西部各省的学生不必远到外国留学就可以学得他们所需要的任何科学。

　　1910 年 3 月 11 日，华西协合大学正式成立，和其他教会大学一样，它具有基督化、西方化、国际化的特点，实施的教育以西学、神学为主，教员多来自英国、美国和加拿大，早期办学经费主要来自各差会。

　　1912 年，在华西协合大学邀请下，英国建筑专家荣杜易一行来到中国，他首先考察了北京的中国古典建筑，然后对川西一带地方建筑进行了深入研究，并在此基础上设计出中西合璧的建筑蓝图。在整个校园的建筑设计图中，荣杜易在校门的设计上花足了功夫，使它既有成都城门楼壮观的风采，又有中式屋顶，且含西方建筑宏伟高大的模样。校门的圆拱门在中国颇为多见，当年成都的牌坊造型为荣杜易设计华西协合大学校门提供了不少借鉴。其校门变化见图 2、图 3。

图2　刚落成的华西协合大学校门，门楣上的校名还没有刻上（拍摄于1915年11月13日）

图3　已落成的华西协合大学校门，校名已镌刻其上（拍摄于1921年11月1日）

荣杜易绘就设计蓝图后，曾颇为得意地把它发表在英国的建筑专业杂志上，还将其存放在英国皇家科学院展示于世。在百余年后的2018年，这批设计蓝图回归华西坝——荣氏后人将这批设计蓝图捐赠给了学校。

华西协合大学校门是一座青砖黑瓦的"品"字形中式门楼，门楼共分三层，第一层中间为巨大圆拱，二三层交界处有红砂石牌匾，正反面分别刻有"华西协合大学校1910"和"WEST CHINA UNION UNINERSITY A.D.1910"。门楼有中国传统建筑的飞檐、吻兽和宝顶。1954年4月，其因市政建设被拆除，校名石碑不知所终。1996

年 3 月 28 日，成都府南河工程施工时在原校门附近一口水井上发现了英文石碑，碑身为红砂石，重约 800 斤，长 1.25 米，宽 1.2 米，上面镌刻着英文校名，如今它被作为镇馆之宝安放于四川大学校史展览馆内（见图 4），等待着它的"孪生兄弟"——另一块中文校名石碑的归来。

图 4 四川大学校史展览馆内的华西协合大学校门校名英文面石碑

三、国立四川大学

1931 年 10 月 26 日，四川省政府接国民政府令将校名定为国立四川大学，校址位于皇城煤山之崖，即今成都市天府广场，是当时国内 13 所国立大学之一。11 月 9 日，在皇城至公堂举行了国立成都大学、国立成都师范大学、公立四川大学的合并仪式暨国立四川大学开学典礼。从此，成都地区各公立高等学校众水归流。国立四川大学的成立标志着四川大学国立化的启动。

民国成立后，处于城内中心位置的皇城贡院先后被用作军政府和其他民政办事机构，也曾因军阀破坏沦为废墟。在战火平息的间隙，不少学校在残垣断壁的荒地上兴建房舍，立学治学，国立四川大学便是其中之一。

国立四川大学的校门不是成立时修建的，而是在原有皇城城门洞上镶嵌了国立四川大学校名而成。这座校门最显著的是门前的牌坊上有"为国求贤"四个大字，寄托着无数前贤师长教育救国、振兴川大、造福桑梓的梦想（见图 5）。

图5　国立四川大学校门

2002年，四川大学江安校区开工建设，在校内的景观水道尽头按1∶1比例再塑国立四川大学时期校门（见图6）。

图6　四川大学江安校区按1∶1比例再塑国立四川大学时期校门

四、成都工学院

1953年7月，全国高等工业学校行政会议明确提出要以办好高等工科院校及大学理科为重点，会上还作出了将四川大学工学院和四川化工学院于1954年暑期合并建立四川工学院的决定。同年12月，西南高教局致文四川大学及四川化工学院：兹决定四川化工学院与四川大学工学院合并，在成都另组建独立的四川工学院。同年12月11日建院筹委会成立并举行第一次会议，会议决定将新建学院的院址定在四川大学以西、工农速成中学以南的新桂乡地区内。该地区位于四川大学与四川医学院、四川音专及其时正在修建的西南民族学院之间，属成都市城市建设计划的文化中心地带，交通便利，便于各校间的交流，并经勘测证明，其地质、水文等自然环境条件等均宜建筑。

1954 年 8 月 27 日，新成立的成都工学院举行了隆重的建校典礼，在我国院系调整背景下，一所崭新的大学就此诞生了。

据学校档案记载，成都工学院成立之初是没有校门的，直到 1956 年才有了修建校门的规划。档案中提到，为了使学校各方面能初具规模，拟在 1957 年年内修建学校校门。校门照片见图 7。

图 7　成都工学院校门

五、四川大学

四川大学望江校区东大门位于九眼桥通往望江公园的路上，这座校门是学校自峨眉迁回成都后一直使用的校门。最初修建于 1943 年，当时只是一个临江而设的简易校门。1953 年，在迎接中国人民志愿军英雄来校访问之前，四川大学才真正有了一个比较像样的校门（见图 8）。

图8　1954 年，四川大学校门（拍摄于 1954 年 8 月 7 日）

2005 年，学校档案中首次提到了对新四川大学校门的改造事宜，"根据成都市建设的要求和教职工的意见，要求学校职能部门对望江校区西门进行维修，并尽快提出华西校区校门、望江校区北校门、东校门的改造设计方案，为加快校园建设和 110 周年校庆做好准备"。这里提到的望江校区北校门就是目前川大望江校区的正大门，大门的后面就是学校行政机构所在地——明德楼。

2010 年 4 月，学校为应对新时期学校发展需要，再次提出对望江校区北校门进行改造，在改造前充分征求学校老领导、老教授的意见，方案中尽量包含原望江校区的风格和元素，并且提出大门高度不低于 12 米的要求。同年 7 月，正式启动望江校区北校门的维修改造工程，该项目维修改造的建筑面积 128 平方米，总投资 240 万元，建设内容主要是对北校门建筑及周边环境，包含北校门门房、牌坊、给排水、强弱电等进行维修改造，全部建设资金由学校自筹解决。同年年底，一座崭新且带有原四川大学校门特色的四川大学望江校区北校门在成都市一环路南一段的磨子桥旁拔地而起，它的建成不仅是今四川大学的"门脸"，也是成都市一个显著的地标。

四川大学望江校区北校门呈中式建筑"品"字形结构，四根方形红色立柱高高耸立，托起左中右三处屋檐，立柱下方由八块造型相同的祥云图案的基石固定整个建筑，上方青色屋檐下装饰着彩绘，檐牙高扬，雕梁画栋。在建筑的正中央镌刻着四个金字大字——四川大学，那是 1985 年邓小平同志亲笔为川大题写的校名（见图 9）。

图9　今四川大学北校门

一所大学的校门不仅是学校地理位置的标识，也是校园文化的具体呈现。今天，当我们走过矗立在华西校区、江安校区的校门，徜徉于巍峨的四川大学北校门下，定会时时追忆前贤师长的风范，体会百年名校的深厚底蕴，感触绵绵不绝的文化薪火传承。

后　记

　　建设世界一流大学和一流学科，是党中央、国务院作出的重大战略决策，对于提升我国教育发展水平、增强国家核心竞争力，具有十分重要的意义。档案工作是高校重要的保障性工作，也是大学治理体系的重要组成部分，在高校建设"双一流"过程中，尤其是在凝练高校办学理念、助力高校履行五大职能、传播弘扬校园文化等方面具有重要价值。

　　近年来，面对"双一流"建设给高校档案工作带来的机遇和挑战，四川大学档案馆（校史办）紧紧抓住当前高校档案工作的热点和难点，以夯实基础、服务大局为工作中心，以馆舍建设、资源开发为重点，以数据信息资源管理、校史文化研究为创新发展的突破点，锐意担当、潜心耕耘，在努力打造与一流大学相匹配的一流档案馆方面做出诸多有益尝试，也初见成效。

　　本书收录了近年来学校档案和校史工作者积极开展档案管理研究、实践探索以及校史编研的主要成果，其中既有对过去工作经验的初步总结，又有面向未来的发展思考，既有档案管理理念变革与技术创新，又有档案文化开发利用与校史编纂研究成果，旨在围绕国家"双一流"建设的重要战略部署，科学地提出落实高校档案事业发展规划的新思路和新对策，这将为四川大学今后一个时期档案校史工作的可持续发展，奠定良好的基础。由于作者和编者水平有限，本书收录论文的科学性、学术性和可操作性都有待加强，诚望大家提出宝贵意见和建议。

　　63年前，四川大学著名校友郭沫若先生曾经写下《题赠档案馆》一诗："前事不忘后事师，自来坟典萃先知。犹龙柱下窥藏史，呼凤舆前听诵诗。国步何由探轨迹？民情从以识端倪。上林春讯人间满，剪出红梅花万枝。"面向未来，四川大学档案馆（校史办公室）将深入贯彻落实党的二十大精神，围绕创建中国特色世界一流大学的奋斗目标，进一步加强党的领导，当好伟大建党精神的弘扬者；聚焦中心大局，当好科教兴国的助力者；坚持创新发展，当好档案治理现代化的推动者；坚定文化自信，当好档案文化资源的开发者；开展提质增效，当好为民服务的践行者，在新的征程中开创档案事业发展新格局和新辉煌，奋力谱写中国高校档案事业现代化的川大篇章！

编　者

2023 年 4 月 6 日